U0110579

古典文獻研究輯刊

十六編

潘美月・杜潔祥 主編

第 2 冊

孔子與《尚書》

何發甦 著

國家圖書館出版品預行編目資料

孔子與《尚書》／何發甦　著 ── 初版 ── 新北市：花木蘭文化
出版社，2013〔民 102〕
序 2+ 目 2+244 面；19×26 公分
（古典文獻研究輯刊 十六編；第 2 冊）
ISBN：978-986-322-153-1（精裝）
1.（周）孔丘　2. 書經　3. 研究考訂
011.08　　　　　　　　　　　　　　　102002350

ISBN-978-986-322-153-1

9 789863 221531

古典文獻研究輯刊
十六編　第 二 冊　　　　　　　ISBN：978-986-322-153-1

孔子與《尚書》

作　　　者	何發甦
主　　　編	潘美月　杜潔祥
總 編 輯	杜潔祥
企劃出版	北京大學文化資源研究中心
出　　　版	花木蘭文化出版社
發 行 所	花木蘭文化出版社
發 行 人	高小娟
聯絡地址	235 新北市中和區中安街七二號十三樓
	電話：02-2923-1455／傳眞：02-2923-1452
網　　　址	http://www.huamulan.tw 信箱 sut81518@gmail.com
印　　　刷	普羅文化出版廣告事業
初　　　版	2013 年 3 月
定　　　價	十六編 30 冊（精裝）新台幣 50,000 元

版權所有‧請勿翻印

孔子與《尚書》

何發甦　著

作者簡介

何發甦，1974 年 3 月生，江西南康人，文學學士，文學碩士，歷史學博士，主要研究方向為中國古典文獻學、中國古代學術思想史。大學期間曾試圖從事文學創作，無果，畢業後任中學教員五年，曲折中亦得幸走上學術之路，省城京城，道路雖如如砥之周道，其直也如矢，而常有如臨深淵如履薄冰之感。磕碰中也總能向前走，是得遇良師益友故。讀點書，教點書，偶有體會，則欣欣然。不惑之年，更無他求，誠願遵先生之路。

提　　要

孔子與《尚書》之關係，於經學史上置於孔子與六經之關係中。本書討論則專注於《尚書》學史，目的在於集中認識此一關係。因此，部份論述內容需要從孔子與六經之關係中剝離。

《尚書》學史大致有三大問題，一為《尚書》的注疏闡釋問題，一為《尚書》的真偽問題，一為孔子與《尚書》之關係問題。《尚書》的注疏闡釋工作一直在進行中，近年來清華簡《尚書》的整理將把該工作推向新的境地。《尚書》真偽問題則成定讞，雖有學者提出質疑，但清華簡《尚書》的整理成果直接給予了回答。

而孔子與《尚書》之關係問題，漢唐以來直至現當代，則一直爭論不休，至今懸而不決。我們對此一二千餘年來爭論做出梳理，認為目前宜遵從司馬遷、班固之意見，這是因為後人之說多出推論，並無實據。

與其汲汲於必意愚誣之事，何如就《論語》之於《尚書》具體之引文、思想之比較作一實證辨析，庶幾能跳離刪編之辨而愈見孔子與《尚書》關係之密切者。何者？刪編之說，無見於《論語》及先秦他書，而孔子以《尚書》授生徒顯見於《論語》，此孔子之思想與《尚書》之思想比較之根據所在。其引《尚書》，雖則至少，然僅此數則亦能見其態度，斷章取義之說，於《詩》則可，於《書》則似未必全相稱。聯繫孔子時代之文獻實際，《尚書》德治思想於孔子德治思想影響之顯著者，當為思維模式。

序

　　發尥的博士論文《孔子與〈尚書〉》將要出版，要求我寫個序，作爲其博士研究生學習階段的導師，師生之誼，自不應推脫。

　　發尥大學本科時就讀於贛南師範學院中文系，對中國古代文學有濃厚的興起，打下了較好的古文功底。攻讀碩士學位期間，師從南昌大學王德保教授，研究中國古典文獻目錄學，具有了相當紮實的文獻目錄學基礎。碩士研究生畢業後，發尥報考了北京師範大學的博士研究生，想對先秦兩漢學術史作出研究。

　　2005 年秋季，發尥來到北京師範大學。我們在討論博士論文選題時，擬定了《孔子與〈尚書〉》。關於孔子與《尚書》關係的研究，是經學史上的一個老論題。前輩學者對此已有相當多的成果。我們認爲，如果對前賢研究成果作出系統的梳理，辨其異同，溯其源流，在此基礎上就某些重要問題作出進一步探討，對於深化孔子與《尚書》關係的認識是有意義的。沿此思路，發尥從目錄學入手，查閱了大量與孔子和《尚書》研究有關的論著，並且認眞梳理之。他把從漢唐到近現代有關此問題的研究分爲若干階段，對各研究階段之特點有所關注，對重要問題（孔子編刪《尚書》等）之爭論，能辨其主流的之說及非主流的之說，於前者還力求說明其承襲關係。此部分的研究，可謂孔子與《尚書》關係之研究史，是有學術價值的。

　　在梳理前賢有關孔子與《尚書》研究成果的基礎上，發尥發現了不少可繼續深入研究的問題，並且有選擇地加以研究。例如，《論語・爲政》引《尚書》「孝乎惟孝，友於兄弟，施於有政」句，發尥對「施於有政」是否出於《尚書》、「孝乎」之「乎」是否爲「於」等問題作了考辨，進而指出《論語・爲

政》此語談的是爲政之事，《尚書》「孝乎惟孝，友於兄弟」談的是倫理關係，然而從倫理而及政事，乃《尚書》之思想。所以，《論語·爲政》所引是符合《尚書》原意的。《論語·泰伯》「武王曰：『予有亂臣十人』」引自《尚書·太誓》。有關此句文字，前輩學者亦多有異說。發甦依據《管子》、《左傳》等先秦典籍引《尚書》之例，指出劉寶楠說更顯通達。此句話意謂：周能與此「十人」同心同德，故能成其立國之偉業。在辨析《論語》引《尚書》問題上，發甦亦注意與春秋時期人們引《詩》作比較，指出後者多有斷章取義之嫌，而《論語》所引則與《尚書》原意大體是相符合的。

關於孔子與《尚書》德治思想的關係，是發甦研究的另一重點問題。他從德治思想形成的歷史背景、德治思想的理論基礎、德治的對象、德治的內容等方面作出討論，指出孔子與《尚書》的德治思想多有異處，然其異中有同，其中最重要的就是施行德治的模式是自上而下單向的。此說雖受徐復觀先生有關論述的啓發，然而發甦依據文獻史料論證此說時，亦不無自己的新見。有關此方面的研究，較爲深刻地揭示了孔子對於《尚書》的思想既有繼承亦有創新。

發甦的博士論文，得到有關專家的肯定。劉家和先生肯定了他由目錄學而入文獻，由文獻考證而入思想的研究方法，晁福林先生認爲，發甦在文獻梳理方面下了「竭澤而漁」之功夫。王和、蔣重躍等先生對發甦的論文也給予了較高的評價。

發甦畢業後，到了高校從事他喜歡的教學和研究工作。我希望他能繼續保持刻苦治學的精神，取得更好的成績。

易寧

2012.08.22

目

次

緒　論

　　本論文寫作旨在探討孔子與《尚書》的關係問題，首先需要對此研究的學術背景做些交代，此爲《緒論》內容之一。論文寫作所依據的主要文獻是《論語》、《尚書》，此二文獻在流傳過程中產生一些問題，故而先對其作些簡要的交代，此爲《緒論》內容之二。論文撰寫的層次及其關係、研究意義亦需要予以交代，此爲《緒論》內容之三。

一、孔子與《尚書》之關係研究之學術背景

　　《尚書》學史上大致有三大問題，一爲《尚書》的注疏闡釋問題，一爲《尚書》的眞僞問題，一爲孔子與《尚書》之關係問題。《尚書》的注疏闡釋工作一直在進行中，近年來清華簡《尚書》的整理將把該工作推向新的境地。《尚書》眞僞問題則成定讞，雖有學者提出質疑，但清華簡《尚書》的整理成果直接給予了回答。

　　孔子與《尚書》之關係，於經學史上置於孔子與六經之關係中。我們的討論則專注於《尚書》學史上，目的在於集中認識此一關係。因此，部份論述內容需要從孔子與六經之關係中剝離。

　　關於孔子與《尚書》之關係問題，漢唐以來直至現當代，則一直爭論不休，至今懸而不決。我們以爲，與其汲汲於必意愚誣之事，不如就《論語》之於《尚書》具體之引文、思想之比較作一實證辨析，庶幾能跳離刪編之辨而愈見孔子與《尚書》關係之密切者。何者？刪編之說，無見於《論語》及先秦他書，而孔子以《尚書》授生徒顯見於《論語》，此孔子之思想與《尚書》之思想比較之根據所在。又其引《尚書》，雖則至少，然僅此數則亦能見其態度。此正可以從點面上把此一關係的認識推向深入。

二、《論語》、《尚書》二文獻之流傳

（一）《論語》文獻簡介

　　研究孔子思想，自應以《論語》為最可靠材料。顧頡剛先生云：「我們要看孔子的真相，這是第一等的原料，雖則裏面已有了些竄改。」〔註1〕楊伯峻先生云：「如果我們要研究孔子，仍然只能以《論語》為最可信賴的材料。」〔註2〕《論語》為孔子弟子所編成，據《漢書‧藝文志》云：「《論語》者，孔子應答弟子時人及弟子相與言而接聞於夫子之語也。當時弟子各有所記。夫子既卒，門人相與輯而論纂，故謂之《論語》。」〔註3〕《隋書‧經籍志》云：「《論語》者，孔子弟子所錄。孔子既敘六經，講於洙、泗之上，門徒三千，達者七十。其與夫子應答，及私相講肄，言合於道，或書之於紳，或事之無厭。仲尼既沒，遂輯而論之，謂之《論語》。」〔註4〕《論語》流傳到漢代，據《漢書‧藝文志》所錄，有三種不同的版本，第一，古文《論語》二十一篇，出於孔子壁中，有兩《子張》篇。顏師古注引如淳曰：「分《堯曰》篇後《子張》問『何如可以從政』以下為篇，名曰《從政》。」第二，《齊論語》二十二篇，多《問王》、《知道》兩篇。第三，《魯論語》二十篇。其傳授，西漢之時，「傳《齊論》者，昌邑中尉王吉、少府宋畸、御史大夫貢禹、尚書令五鹿充宗、膠東庸生，唯王陽名家。傳《魯論語》者，常山都尉龔奮、長信少府夏侯勝、丞相韋賢、魯扶卿、前將軍蕭望之、安昌侯張禹，皆名家。張氏最後而行於世。」〔註5〕西漢至於隋時，其傳授流傳情況，《隋書‧經籍志》云：「漢初，有齊、魯之說。其齊人傳者，二十二篇；魯人傳者，二十篇。齊則昌邑中尉王吉、少府宗畸、御史大夫貢禹、尚書令五鹿充宗、膠東庸生。魯則常山都尉龔奮、長信少府夏侯勝、韋丞相節侯父子、魯扶卿、前將軍蕭望之、安昌侯張禹，並名其學。張禹本授《魯論》，晚講《齊論》，後遂合而考之，刪其煩惑。除去《齊論》《問王》、《知道》二篇，從《魯論》二十篇為定，號《張侯論》，當世重之。周氏、包氏，為之章句，馬融又為之訓。又有古《論語》，與《古文尚書》同出，章句煩省，與《魯論》不異，唯分《子張》二篇，故有二十一篇。孔安國為之傳。漢末，鄭玄以《張侯論》為本，參考《齊論》、

〔註1〕劉夢溪：《中國現代學術經典‧顧頡剛卷》第43～44頁（《漢代學術史略》）。
〔註2〕楊伯峻：《論語譯注》，中華書局，2004年。「導言」第31頁。
〔註3〕班固：《漢書》1717頁（《藝文志第十》）。
〔註4〕魏徵等：《隋書》939頁（《志第二十七（經籍志）》）。
〔註5〕班固：《漢書》1717頁（《藝文志第十》）。

古《論》而爲之注。魏司空陳羣、太常王肅、博士周生烈，皆爲義說。史部尙書何晏，又爲集解。是後諸儒多爲之注，《齊論》遂亡。古《論》先無師說，梁、陳之時，唯鄭玄、何晏立於國學，而鄭氏甚微。周、齊，鄭學獨立。至隋，何、鄭並行，鄭氏盛於人間。」〔註6〕鄭玄所注之《論語》，之所以盛於人間，應當是與其「以《張侯論》爲本，參考《齊論》、古《論》而爲之注」分不開的，也就是說，鄭玄所注之《論語》爲集大成之作，其得以流傳於後世，並非偶然。

（二）《尙書》文獻簡介

1.《尙書》名稱：《尙書》有《書》、《尙書》、《書經》等三種名稱，因爲各時代對《尙書》名稱的使用有異，所以有必要對《尙書》名稱之演變過程作一說明。此方面之說明，學者多有論之。屈萬里先生云：「古者凡公文及函箚皆名曰書。尙書諸篇，大部分爲古代之公文，故先秦但稱此書曰《書》。至漢初始有《尙書》之稱；尙書者，意謂古代之公文也。後世因其爲羣經之一，故又稱之爲《書經》。蓋尙書、書經，二者皆後起之稱，非本名也。今沿漢人例，名之曰尙書。」〔註7〕屈氏從書之含義及此三名稱之所起作了大致的解說。張舜徽先生於此又云：「古者記事之冊，但謂之書。許愼所云：『著於竹帛謂之書，書者如也。』蓋簡冊所錄，皆得命之曰書。昔人溯其本源，而必傅會河圖洛書之說，固已誤矣。且《尙書》之名，所起尤晚。考之周秦故書雅記，凡有稱引，直云『書曰』，若配代爲言，則云『夏書』、『商書』、『周書』，若《墨子·明鬼篇》所引皆如此。無有稱『尙書』者。《太史公自序》云：『余聞之先人曰：『堯舜之盛，《尙書》載之。』』尙書連言，蓋以此爲最朔。《僞孔序》云：『以其上古之書，謂之《尙書》。』孔穎達《正義》曰：『此文繼在伏生之下，則知尙字乃伏生所加。』據此，可知是名定於漢人，亦惟漢人始用是名，固明甚。《論衡·正說篇》曰：『《尙書》者，以爲上古帝王之書，或以爲上所爲，下所書。』則其說又在王肅之前矣，不解知幾何以忽之。」〔註8〕張氏於《書》、《尙書》二名稱之源起論之甚詳。劉家和先生在說明西哲理雅各（James Legge，1815～1897）翻譯《尙書》採用《書經》這一名稱的原因時，也曾對《尙書》這一名稱的演變作了相當簡明扼要的梳理，他說：「在先秦時期，孔子和其他諸子引用《書經》文字時都只稱之爲《書》，或者指出是何代之書，或者說明所引

〔註6〕魏徵等：《隋書》939頁（《志第二十七（經籍志）》）。
〔註7〕屈萬里：《尙書今注今譯》1頁。
〔註8〕張舜徽：《史學三書平議》7頁。

篇名，而無《尚書》或《書經》之稱。到了漢代，開始出現以《書》爲《尚書》的專名。例如司馬遷（前145～前86）在《史記・三代世表》裏說到《尚書》兩次，而《史記索隱》引曰『尚猶久古也』，所以《尚書》既上古之書的意思。《書經》各篇皆先秦時期的文獻，漢代人稱之爲《尚書》是很自然的。在以後相當長的時期內，《書》和《尚書》兩個名稱的並用一直沿襲。唐代初年官修《五經正義》，其中注釋《書經》的那一部仍然稱爲《尚書正義》。下逮宋代，學者們不僅在著述時稱《書》或《尚書》，即便在口頭對話中也是如此，《朱子語類》裏的記錄就是明證。現在通行的蔡沈（1167～1230）注《書經集傳》（以下稱蔡傳），原本的名稱是《書集傳》，蔡氏爲此書作的自序中即如此題名的。明初官修的《書傳大全》雖未稱《書》爲《書經》，但是當時不少學者研究《尚書》的著作已經採用《書經》這一名稱了。如吳澄爲董鼎《尚書輯錄纂注》所作之序即稱《尚書》爲《書經》了。及至清代，儘管《書》和《尚書》這兩個名稱繼續並用，但是官修的《欽定日講書經解義》和《欽定書經傳說彙纂》都正式以《書經》作爲《尚書》的稱謂了。既然《尚書》早就被當作經，稱《書經》當然也是很正常的事。」〔註9〕劉先生於此三名稱源起之論述簡明清晰如此，今爲論述方便起見，多用《尚書》之名稱。

　　2. 我們進行思想研究依據的《尚書》文獻是阮元《十三經注疏》之《尚書正義》本今文部分（主要爲《周書》），而不涉及僞古文部分。然而書之五厄，〔註10〕《尚書》之七厄，〔註11〕今文部分其可信度如何？我們可以先考察一下

〔註9〕 劉家和：《史學、經學與思想》107～108頁。蔣善國《尚書綜述》有專章說明尚書的名稱（書、尚書、書經），所論較爲詳實，見該書第1～3頁。劉起釪《尚書學史》中有「《尚書》名稱的確立」專節討論（見該書第4～9頁），其中較顯著之點是指出「書」由各種史籍通名，變成詞語之類記言體的專名。

〔註10〕 牛弘上表請開獻書之路論及經書之所遭五厄云：秦皇馭宇，吞滅諸侯，任用威力，事不師古，始下焚書之令，行偶語之刑。先王墳籍，掃地皆盡，此則書之一厄。及王莽之末，長安兵起，宮室圖書，並從焚燼，此則書之二厄。及孝獻移都，吏民擾亂，圖書縑帛，皆取爲帷囊，所收而西，裁七十餘乘，屬西京大亂，一時燔蕩，此則書之三厄。屬劉、石憑陵，京華覆滅，朝章國典，從而失墜。此則書之四厄。及侯景渡江，破滅梁室，秘省經籍，雖從兵火，其文德殿內書史，宛然猶存。蕭繹據有江陵，遣將破平侯景，收文德之書，及公私典籍重本七萬餘卷，悉送荊州。故江表圖書，因斯盡萃於繹矣。及周師入郢，繹悉焚之於外城，所收十才一二。此則書之五厄。參看《隋書》（五）1298～1299頁（卷四十九・列傳第十四）。

〔註11〕 段玉裁，《古文尚書撰異》（《清經解（卷五百六十七）》），其序中云：「經惟《尚書》最尊，《尚書》離厄最甚。秦之火，一也。漢博士之抑古文，二也。馬、

《十三經注疏》所據何本而刻成。阮元序云：「謹案《五代會要》，後唐長興三年，始依石經文字刻《九經》印板，經書之刻木板，實始於此。逮兩宋，刻本浸多。有宋十行本注疏者，即南宋岳珂《九經三傳沿革例》所載建本附釋音注疏也。其書刻於宋南渡之後，由元入明，遞有修補，至明正德中，其板猶存。是以十行本爲諸本最古之冊。此後有閩板，乃明嘉靖中用十行本重刻者。有明監板，乃明萬曆中用閩本重刻者。有汲古閣毛氏板，乃明崇禎中用明監本重刻者。輾轉翻刻，訛謬百出。明監板已燬，今各省書坊通行者惟有汲古閣毛本。此本漫漶，不可識讀，近人修補，更多訛舛。元家所藏十行宋本有十一經，雖無《儀禮》、《爾雅》，但有蘇州北宋所刻之單疏板本，爲賈公彥、邢昺之原書，此二經更在十行本之前。元舊作《十三經注疏校勘記》，雖不專主十行本、單疏本，而大端實在此二本。嘉慶二十年，元至江西，武寧盧氏宣句讀余《校勘記》而有慕於宋本，南昌給事中黃氏中傑亦苦毛板之朽，因以元所藏十一經至南昌重刻之，且借校蘇州黃氏丕烈所藏單疏二經重刻之，近鹽巡道胡氏稷亦從吳中購得十一經，其中有可補元藏本中所殘缺者，於是宋本注疏可以復行於世，豈獨江西學中所私哉。刻書者最患以臆見改古書，今重刻宋板，凡有明知宋板之誤字，亦不使輕改，但加圈於誤字之旁，而別據校勘記擇其說，附載於每卷之末，俾後之學者不疑於古籍之不可據，愼之至也。其經文、注文有與明本不同，恐後人習讀明本，而反臆疑宋本之誤，故盧氏亦引校勘記載於其後，愼之至也。」〔註12〕由上觀之，在阮元之所據爲南宋岳珂《九經三傳沿革例》所載建本附釋音注疏本，即宋十行注疏本，而「十行本爲諸本最古者」，加以時人刻書之愼且又附校勘記，則阮氏之「宋本注疏可以復行於世」非虛言也。

　　而爲校勘《尚書注疏》，阮元廣備眾本，阮元、徐養原所作《尚書注疏校勘記》之所據各本有唐石經（用衛包所改之今文，後來注疏本俱出於此）、宋臨安石經（今所存者起《禹貢》之半至《允征》之半，又起《大誓》末至《酒誥》之半）、岳本（宋岳珂用廖氏世綵堂本重加校勘，所謂相臺本也，世甚重之。今考其書，多詳於音讀、句逗而略於字句異同，又往往據疏以改注，不知疏中所述經傳不必盡依元文也。然合二十三參訂，用力甚勤，固當優於諸家。元本未

鄭不注古文逸篇，三也。魏晉之有僞古文，四也。唐《正義》不用馬、鄭用僞孔，五也。天寶之改字，六也。宋開寶之改《釋文》，七也。七者備而古文幾亡。」

〔註12〕見於「重刻宋板注疏總目錄」阮元序，《十三經注疏》。

見，今所依據者，武英殿翻刻本也）、宋十行本（案它本注疏每半葉九行，此獨十行，故世謂之十行本。溯起源，蓋即岳珂《九經三傳沿革例》所謂建本有音釋注疏是也。修板至明正德間止，亦即山井鼎所謂正德本是也。記中稱正德本，據《考文》而言。其中訛字雖多，無臆改之失，考文所引宋板多與之合）等十七種之多〔註13〕，以之付與徐養原校之，其本人則「復定其是非，且考其顛末」。〔註14〕可見校勘之準備充分。

　　3. 相臺本《尚書》

　　我們於此有必要介紹一下岳本和唐石經。岳本又稱相臺本，這是種經注本。據《刊正九經三傳沿革例》：「世所傳九經，自監、蜀、京、杭而下，有建安余氏，興國于氏二本，皆分句讀，稱爲善本。廖氏又以余氏不免誤舛，于氏未爲的當，合諸本參訂爲最精，板行之初，天下寶之。流佈未久，元板散落不復存。嘗博求諸藏書之家，凡聚數帙，僅成全書，懼其久而無傳也。爰仿成例，乃命良工刻梓家塾，如字畫，如注文，如音釋，如句讀，悉循其舊。且與明經老儒分卷校勘，而又證以許慎《說文》，毛晃《韻略》，非敢有所增損於前，偏旁必辨，圈點必校，不使有毫釐訛錯。視廖氏世彩堂本加詳焉。」〔註15〕其所據之版本，有唐石刻本、晉天福銅版本、京師大字、舊本紹興初監本、監中見行本、蜀大字舊本、蜀學重刊大字本、中字本、又中字有句讀附音本、潭州舊本、撫州舊本、建大字本俗謂無比九經、俞韶卿家本、又中字凡四本、婺州舊本、并興國于氏、建安余仁仲，凡二十本，又以越中舊本注疏、建本有音釋注疏、蜀注疏，合二十三本。「專屬本經名士，反覆參訂。始命良工入梓，固自信以爲盡善，正恐掃塵隨生，亦或有之，惟望通經先達不吝惠教。」〔註16〕此種刻本，由廣備眾本，經過明經老儒詳校、良工精刻，其質量可想而知，故而至於今天猶被視爲傑出之善本。〔註17〕

　　4.《唐石經》

　　「唐石經，又專稱《開成石經》、《雍石經》。此石經開始刻於唐大和七年

〔註13〕見於《尚書注疏校勘記序》，《十三經注疏》111～112頁。
〔註14〕《尚書注疏校勘記序》，《十三經注疏》111頁，參看《孳經室集上》第254～255頁。
〔註15〕岳珂：《刊正九經三傳沿革例（及其他一種）》（叢書集成初編）1頁。
〔註16〕岳珂：《刊正九經三傳沿革例（及其他一種）》（叢書集成初編）2頁。劉起釪先生有所辨正，見於其著作《尚書源流及傳本考》268～269頁。
〔註17〕劉起釪：《尚書源流及傳本考》268頁。

（833），成於開成二年（837）。立於長安國子監太學，共二百二十七石。刻《易》、
《書》、《毛詩》、《三禮》、《春秋三傳》、等九經及《孝經》、《論語》、《爾雅》共
十二種，計 160 卷。附刻《五經文字》、《九經字樣》二種（至清康熙三年陝撫
賈漢復補刻《孟子》九石，康熙廿二年，麻爾圖又刻《大學》、《中庸》二石。
但《孟子》在唐時列於子而不列於經，《大學》、《中庸》則原刻在《禮記》中）。
《尚書》用根據唐玄宗命衛包改隸古定文字爲楷體今字的本子。全石都用楷書
一體書寫，各經標題及卷數和字數隸書，書寫者爲艾居晦、陳玠等人，各經只
刻正文，但所根據的仍是某一家的注本，標題後的第二行寫某氏注，就是所據
的本子。《尚書》據僞《孔氏傳》本，十三卷，計 27134 字。初刻時，由於鄭覃、
唐玄度等的校訂，已有磨改的文字，至乾符（874～879）時復有修改，後梁時
又有補刻，北宋時有據監本旁改添注之處。明嘉靖卅四年（1555）地震，石經
倒損，萬曆戊子（1588）時生員王堯惠集其缺字，別刻小石於碑旁。全石今在
西安市碑林，基本完好無缺（《五經文字》原由張參書寫於太學講堂之壁，稱爲
『壁經』。刻唐石經時與《字樣》並附刻之）。」〔註18〕此爲唐石經的大致情況。
在古籍流傳過程中，《唐石經》具有非常之地位，因爲「它成爲五代後一切板刻
本之祖，今一般閱覽的《尚書》各種版本，都是《唐石經》直接或間接的翻刻
本」。〔註19〕《五代會要》指出：「後唐長興三年二月中書門下奏，請依石經文
字，刻九經印板，勅令國子監集博士儒徒，將西京石經本，各以所業本經句度，
抄寫注出，子（按：仔）細看讀，然後顧召能雕字匠人，各部隨秩刻印板，廣
頒天下，如諸色人要寫經書，並須依所印敕本，不得更使雜本交錯。」〔註20〕
此爲五代時監本據《唐石經》詳校精刻的情況。至北宋初，經板不及四千，到
眞宗景德年間達十餘萬。〔註21〕邢昺所言「今板本大備，士庶家皆有之」，正反
映公私家刻書之盛事。當時公私刻本雖多，然而正如岳珂所指言「九經本行於
世多矣，率以見行監本爲宗」。則阮元十三經注疏本所依建本附釋音注疏本，亦
當據於監本，而監本即源於《唐石經》。由此可見《唐石經》的重要性。

〔註18〕 劉起釪：《尚書源流及傳本考》148 頁。
〔註19〕 劉起釪：《尚書源流及傳本考》208 頁。
〔註20〕 王溥：《五代會要》96 頁（卷八・經籍）。
〔註21〕 脫脫等：《宋史》（三七）12798 頁（卷四百三十一・儒林一・邢昺）。（宋眞宗
　　　　景德二年（1005））「是夏，上幸國子監閱庫書，問昺經版幾何，昺曰：『國初
　　　　不及四千，今十餘萬，經傳正義皆具。臣少從師業儒時，經具有疏者百無一
　　　　二，蓋力不能傳寫。今板本大備，士庶家皆有之，斯乃儒者逢辰之幸也。』
　　　　上喜曰：『國家雖尚儒術，非四方無事，何以及此。』」

5. 《尚書》的改寫

　　東晉梅賾所獻的《古文尚書》，共有經文五十八篇。其中包括西漢《今文尚書》二十八篇，但從《堯典》中分出下半爲《舜典》一篇（當時本缺了這一篇，取王肅本補之），《皋陶謨》中分出下半爲《益稷》一篇，《盤庚》仍爲三篇，《顧命》中分出下半爲《康王之誥》一篇，共成三十三篇，又從《百篇書序》中採十八個篇題，從當時的一些古籍中搜集文句，聯綴成二十二篇（因《太甲》、《說命》各三篇）；另外新撰僞《泰誓》三篇。以此來符合劉向、桓譚、鄭玄所言古文五十八篇之數。〔註22〕梅氏所獻之《古文尚書》用「隸古」文字書寫，即一般所謂的「隸古定」文字，即是用隸書的筆法來寫「古文」的字形，〔註23〕以示其爲眞古董。僞《孔安國序》云：「科斗書廢已久，時人無能知者，以所聞伏生之書者論文義，定其可知者爲隸古，定，更以竹簡寫之。」陸德明以爲「隸寫古文」，其釋之云：「《尚書》之字，本爲隸古，既是隸寫古文，則不全爲古字。今宋齊舊本及徐、李等音，所有古字，蓋亦無幾。穿鑿之徒，務欲立異，依傍字部，改變經文，疑惑後生，不可承用。」〔註24〕孔穎達疏云：「言『隸古』者，正謂就古文體而從隸定之。存古爲可慕，以隸爲可識，故曰『隸古』。以雖隸而猶古，由此故謂孔君所傳爲古文也。」〔註25〕顏師古釋之云：「蓋言以孔氏壁中科斗文字依傍伏生口傳授者，考校改定之，易科斗以隸古字，定訖，更別以竹簡寫之，非復本文也。近代淺學乃改隸古定爲隸古字，非也。按直云隸古即是隸古字，於理可知，無所闕少，『定』者爲『定訖』耳，今先代舊本皆爲『隸古

〔註22〕見劉起釪《尚書源流及傳本考》49頁。參考《經典釋文卷一》、《尚書正義‧尚書序》孔穎達注疏。僞孔氏古文之所以風行，最終取得正統地位傳下來，據劉起釪分析，一是當時人喜歡其經文的完整，注釋的簡明，二是王朝的提倡。具體的說來，就是僞孔氏古文總結和承襲漢代經學成就，吸收魏和西晉以來的各種經說，著重把古文家所推崇的聖道王功貫穿在經文和傳注中，再加進自己時代所需要的東西：一爲懲於王莽、曹丕及本朝之初皆利用《尚書》堯舜成例篡奪政權，爲使本朝政權鞏固，便特別強調維持封建綱常；一爲盡力宣揚堯舜禹湯文武周公之道使一脈相承的。因而在《大禹謨》中給編造了一個舜授禹的「危、微、精、一」的「眞言」。另外，全書用簡潔文字作到每句都有解釋，幾乎達到當時「今譯」的地步，這在《尚書》著作中是比以前所有過的都優異的著作，因此被人們樂於接受，到立於學官，作爲官定課本。見《尚書源流及傳本考》49～50頁、52～53頁。
〔註23〕裘錫圭：《文字學概要》78頁，商務印書館，2005年。劉起釪以爲「隸古定」之意思是「用隸書的筆劃來把古籀的字體寫定」，見《尚書源流及傳本考》53頁。
〔註24〕陸德明，黃焯：《經典釋文》2頁（卷一‧序錄‧條例）。
〔註25〕《十三經注疏》116頁（孔穎達疏《尚書序》）。

定』，不爲古字也。」〔註26〕劉起釪先生指出，「這種『隸古定』成了我國文字中一種很獨特的奇奇怪怪的字體，一般又稱它爲『隸古奇字』。」〔註27〕可是這種文字並不符合文獻流傳的需要，於是出現了把它改爲「今字」的現象。如東晉范甯（339～401）把僞孔傳《古文尚書》變爲今文。〔註28〕天寶三年（744），衛包改古文從今文。〔註29〕其實在此之前伏生傳《書》，即用「今文」。可見，用當時通用文字書寫爲文獻傳播之客觀需要。〔註30〕《唐石經》中《尚書》字體即據衛包所改「今文」（楷書）而刻成。「可惜衛包不懂文字學，有很多地方以意爲之，差不多每篇都改錯了一些字。後來讀尚書的，便都只有讀衛包改錯了一些字的楷書本了。」〔註31〕看來這確實是《書》之一厄。可事實上，對於《僞古文尚書》二十五篇來說，這種影響甚於其他三十三篇，因爲後者還有可

〔註26〕　顏師古：《匡謬正俗》（叢書集成新編）12 頁（卷二）。

〔註27〕　劉起釪，《尚書源流及傳本考》207 頁。王國維於《漢時古文諸經有轉寫本說》指出，梅賾之僞書其古字亦非全出杜撰。《觀堂集林卷七》330 頁。

〔註28〕　劉起釪以范甯改成之字體爲楷書，見《尚書源流及傳本考》208 頁。劉先生認爲《隋書·經籍志》「《今字尚書》十四卷孔安國傳」爲范甯改寫本。

〔註29〕　三載七月詔曰：「朕欽惟載籍，討論墳典，以爲先王令範，莫越於唐虞，上古遺書，實稱於訓誥，雖百篇奧義，前代或亡，而六體奇文，舊規猶在。但以古先所制，有異於當今，傳寫浸訛，轉疑於後學，永言刊革，心在從宜。《尚書》應是古體文字，並依今字繕寫施行：典謨無乖於古訓，庶遵簡易，有益於將來，其舊本仍藏之書府。」見於王欽若等：《冊府元龜》（第一冊）562 頁（卷五十·帝王部·崇儒術二），中華書局，1982 年。又《新唐書·藝文志》今文尚書十三卷下注云：「開元十四年，玄宗以《洪範》『無偏無頗』聲不協，詔改爲『無偏無陂』，天寶三載又詔集賢學士衛包改古文從今文。」見於歐陽修、宋祁：《新唐書》（第五冊）1428 頁（卷五十七·藝文志第四十七）。

〔註30〕　據裘錫圭《文字學概要》：西漢時代通行的主要字體是隸書，輔助字體是草書。大約在東漢中期，從日常使用的隸書裏演變出了一種比較簡便的俗體，我們姑且稱之爲新隸體。到東漢晚期，在新隸體和草書的基礎上形成了行書。大約在漢魏之際，又在行書的基礎上形成了楷書。楷書出現後，隸書和新隸體並沒有很快就喪失他們的地位。經過魏晉時代長達二百年左右的時間，楷書才最終發展成爲占統治地位的主要字體（該書 74 頁）。應該指出，儘管楷書在漢魏之際就已形成，但是在整個魏晉時代，使用楷書的人卻一直是相當少的，恐怕主要是一些文人學士。當時一般人所用的仍然是新隸體或介於新隸體和早期行書之間的字體（該書 92 頁）。已發現的東晉碑刻所用的字體，大都是新隸體。東晉時代的墓誌，少用八分，多數用新隸體（該書第 93 頁）。進入南北朝之後，楷書終於成了主要的字體。到了南北朝，就出現了在鍾王楷書的影響下由新隸體演變而成的一種楷書。在南北朝早期的碑刻、墓誌上，占統治地位的字體已經不是新隸體，而是這種楷書了（該書 94 頁）。

〔註31〕　劉起釪：《尚書源流及傳本考》208～209 頁。

能通過校勘加以糾正，〔註32〕況且其與伏生內容相同的篇章至少隋唐時代還存在著今古文的相關注本。例如《隋書‧經籍志》中尚且著錄著馬融注的《尚書》十一卷，鄭玄注的《尚書》九卷，徐邈撰的古文尚書音一卷，顧彪撰的《今文尚書音》一卷等著作。〔註33〕因此，我們認為，隸古定字體對今文《尚書》造成的負面影響在很大程度上可以得以彌補。

6. 西漢的今古文《尚書》文獻異同程度

伏生所傳今文《尚書》〔註34〕與孔安國所獻古文《尚書》，其文獻之異同程度如何？《史記》云：「孔氏有古文《尚書》，而安國以今文讀之，因以起其家。逸《書》得十餘篇，蓋尚書滋多於是矣。」〔註35〕所謂「以今文讀之」，王國維云：「蓋古文《尚書》初出，其本與伏生所傳頗有異同，而尚無章句訓詁，安國因以今文定其章句，通其假借，讀而傳之，是謂『以今文讀之』。其所謂讀，與班孟堅所謂齊人能正《蒼頡》讀、馬季長所謂杜子春始通《周官》讀之『讀』，無以異也。」〔註36〕劉起釪先生於此指出，這實際上主要在文字方面，像唐代把「隸古定」字體的《尚書》改成「今字（楷書）《尚書》」一樣。〔註37〕《漢書》敘及同樣的事情：「孔氏有《古文尚書》，孔安國以今文字讀之，因以起其家，逸書得十餘篇，蓋《尚書》茲多於是矣。遭巫蠱，未立於學官。安國為諫大夫，授都尉朝，而司馬遷亦從安國問，故遷書載《堯典》、《禹貢》、《洪範》、《微子》、《金縢》諸篇多古文說。」〔註38〕則孔安國所獻古文《尚書》多十餘篇。那麼，其相同之二十九篇〔註39〕文字有多大差距？《漢書‧藝文志》中說：

〔註32〕 如姜廣輝指出，這一部分（除去《舜典》後增篇首二十八字外）就是今文《尚書》的內容，只是個別文字參酌馬融的《尚書注》和鄭玄的《尚書注》而有所改易而已；實際與伏生所傳《尚書》的內容相合，只是篇章有所分合。見於《中國經學思想史（第二卷）》183頁（「《尚書》今、古文真偽新證」）。

〔註33〕 魏徵等：《隋書》913～914頁（《經籍志》）。

〔註34〕 司馬遷、班固皆云，伏生之書亡數十篇，獨得二十九篇。見於《史記》3124頁（《儒林列傳》）；《漢書》3603頁（《儒林傳》）。

〔註35〕 司馬遷：《史記》3125頁（《儒林列傳》）。

〔註36〕 王國維：《觀堂集林卷七》310～311頁（《史記所謂古文說》）。

〔註37〕 劉起釪：《尚書學史》（訂補本）106頁。

〔註38〕 班固：《漢書》3607頁（《儒林傳》）。

〔註39〕 關於伏生所傳今文《尚書》之篇數之爭論，學者的見解大致有以下三種：1. 伏生所傳原為二十八篇，合後得《泰誓》為二十九篇。王充、馬融、王肅、《隋志》等。2.伏生所傳原為二十九篇，其一篇為《書序》。朱彝尊《經義考》、陳壽祺《左海經辨》等。3.伏生所傳原為二十九篇，其一篇《康王之誥》由《顧命》篇中分出。龔自珍、皮錫瑞等。《史記‧周本紀》中將《顧命》與《康王

「秦燔書禁學，濟南伏生獨壁藏之。漢興亡失，求得二十九篇，以教齊魯之間。訖孝宣世，有歐陽、大小夏侯氏，立於學官。《古文尙書》者，出孔子壁中。武帝末，魯共王壞孔子宅，欲以廣其宮，而得《古文尙書》及《禮記》、《論語》、《孝經》凡數十篇，皆古字也。……孔安國者，孔子後也，悉得其書，以考二十九篇，得多十六篇。安國獻之。遭巫蠱事，未列於學官。劉向以中古文校歐陽、大小夏侯三家經文，《酒誥》脫簡一，《召誥》脫簡二。率簡二十五字者，脫亦二十五字，簡二十二字者，脫亦二十二字，文字異者七百有餘，脫字數十。」〔註40〕此中有一前提問題，就是劉向所依據校書之底本中古文是否即爲孔安國所獻。龔自珍提出十二點懷疑，〔註41〕劉起釪先生已辨其非，指出，雖然這種中古文是否即孔安國獻上之家傳本，並沒有記明，但漢武帝明詔求書，孔安國作爲五帝博士，家有藏書不容不獻。因此，中秘之藏有古文本，其由博士孔安國把家藏古文獻上，完全是應當有的事，正像中秘藏有今文本是有朝錯從伏生那裏抄來獻上的一樣；由於朝錯所受及孔安國所獻，才有中秘書。〔註42〕劉先生的論述應該更符合情理。由上觀之，則其文本之差異原本並不算大，可以說程度並不嚴重（下文還將論及）。班固之《藝文志》源自於劉向之《別錄》、劉歆《七略》。〔註43〕《藝文志》云，劉向校經傳諸子詩賦；向卒，使劉歆卒父業。〔註44〕劉向、劉歆父子校書，當是相當之嚴格，觀「校讎」之含義便知。劉向《別錄》：「讎挍，一人讀書，校其上下，得繆誤爲校；一人持本，一人讀書，若怨家相對。」〔註45〕因此，如上述《漢書‧藝文志》這樣結論的得出，是相

之誥》作爲兩篇，《儒林列傳》中言伏生所傳《尙書》二十九篇，當可從。見於姜廣輝主編，《中國經學思想史第二卷》168～170頁（「《尙書》今、古文眞僞新證」一文）。

〔註40〕班固：《漢書》1706頁（《藝文志》）。

〔註41〕龔自珍著，王佩諍校：《龔自珍全集》（《説中古文》）。

〔註42〕劉起釪：《尙書學史》（訂補本）107頁。「才有中秘書」之「書」應是指《尙書》。

〔註43〕《隋書‧經籍志‧簿錄篇》尙著錄劉向撰《七略別錄二十卷》、劉歆撰《七略七卷》。見《隋書》991頁。

〔註44〕班固：《漢書》1701頁（《藝文志》）。

〔註45〕蕭統、李善：《文選》（上冊）106頁（卷六《魏都賦》注所引）。又見宋姚寬撰《西溪叢語》（卷上）：劉向《別錄》云：「讎挍書，一人持本，一人讀對，若怨家，故曰讎書。」（姚寬、陸游、蔣凡禮：《西溪叢語家世舊聞》40頁，中華書局，1993年）宋李昉等撰《太平御覽卷六百十八》：劉向《別傳》曰：「讎校者，一人持本，一人讀折，若怨家相對，故曰讎也。」（李昉等：《太平御覽》（三）2776頁（卷六百十八‧學部一二‧正謬誤））所言雖略由差異，然其意清楚。參看孫欽善《中國古文獻學史簡編》72～73頁。

當正常的。

　　7. 時代的變遷與字體的演變對《尚書》文本（今文部分）的影響

　　伏生所傳今文《尚書》與孔安國所傳古文《尚書》之文字系統是不同的。王國維考定漢代古文經書寫的字體是六國古文〔註46〕，裘錫圭先生指出，近幾十年出土的大量六國文字資料給王國維的「六國用古文說」增添了很多新的證據。〔註47〕因此，孔安國因以起其家的古文《尚書》字體應是六國古文，這是沒問題的。裘先生不同意王國維秦用籀文說，他認爲，「從有關的古文字資料來看，籀文並不是秦國在統一全中國前夕所用的文字，小篆是由春秋戰國時代的秦國文字逐漸演變而成的，不是由籀文『省改』而成的。」〔註48〕裘先生指出，「在春秋戰國各國的文字裏，秦國文字對西周晚期文字所作的改變最小，這一點是古文字學者所公認的。秦國文字跟從西周晚期流出下來的《史籀篇》相合之處比較多，本來是很自然的事。」〔註49〕裘先生又指出，小篆跟統一前的秦國文字之間並不存在截然分明的界限。秦始皇要用秦國文字統一全中國的文字，李斯等人所做的工作是整理、統一的工作，不是創新的工作。〔註50〕因此，或許我們可以說，在秦國流傳中《尚書》的書寫字體整體上可能是類似籀文的文字系統。〔註51〕可是，「在春秋時代，秦國文字在作風上已經跟其他國家的文字有了相當明顯的區別。到了戰國時代，東方各國文字的變化大大加劇，秦國文字跟他們的區別也就越來越突出了。」〔註52〕這種時代變遷、字體演變對《尚書》文本產生了多大的影響呢？伏生傳授的源自秦朝以漢代通行字體隸書寫成的《尚書》（秦朝時通行字體是小篆，或許秦朝本《尚書》字體爲小篆），其與孔安國古文《尚書》有多大的差距，這種差距正可以反映出此種影響的程度。

〔註46〕　王國維：《觀堂集林卷七》305～307 頁（《戰國時秦用籀文六國用古文說》），中華書局，2004 年。
〔註47〕　裘錫圭：《文字學概要》55 頁。
〔註48〕　裘錫圭：《文字學概要》64 頁，裘先生以爲，「《史籀篇》應如漢人所說，是周宣王太史籀所作的一部字書，籀文就是周宣王時代的文字，只不過在後來的傳抄過程中已經產生了一些訛誤。」（見該書第 51 頁）
〔註49〕　裘錫圭：《文字學概要》51 頁。
〔註50〕　裘錫圭：《文字學概要》65 頁。
〔註51〕　裘錫圭指出，「所謂大篆，本來是指籀文這一類時代早於小篆而作風跟小篆相近的古文字而言。」（見於《文字學概要》51 頁）戰國時代秦國文字的正體後來演變爲小篆，俗體則發展成爲隸書，俗體雖然不是對正體沒有影響，但是始終沒有打亂正體的系統（見該書 52 頁）。
〔註52〕　裘錫圭：《文字學概要》64 頁。

上文所言劉向以中古文校歐陽、大小夏侯三家經文的結果是：《酒誥》脫簡一，
《召誥》脫簡二。率簡二十五字者，脫亦二十五字，簡二十二字者，脫亦二十
二字，文字異者七百有餘，脫字數十。據顧炎武所著錄，《唐書經》中《尚書》
總字數爲 27134〔註53〕。據周文德先生依據阮元《十三經注疏》本統計，《尚書》
總字數爲 25640〔註54〕，其中今文古文相同部分即眞《尚書》部分總字數爲
17446，除去《書序》字數若干後的字數應該是接近漢代《尚書》的字數。因此，
文字異者七百有餘與正文字數相比，其比值應該小於二十分之一。故而，這七
百有餘之相異文字，雖不能說少，但也不能說很多，況且是說「文字異者」，並
非說「文字誤者」。也因此我們似乎可以這麼說，時代的變遷與字體的演變對《尚
書》文本（今文部分）的影響並非如我們想像的這麼大，因爲文本比較的結果
顯示，它們大體上還是相同的。

　　8. 小結

　　如上所述，王國維認爲戰國時秦用的籀文與六國用的古文皆源自殷周古
文，並且認爲秦居宗周故地，其字皆有豐鎬之遺，故籀文與自籀文出之篆文，
其去殷周古文反較東方文字_{即漢世所謂古文}爲近〔註55〕。可是，時代的變遷與字體的演
變對《尚書》文本的影響並不是很大。伏生《今文尚書》與孔安國《古文尚
書》，其文獻異同既如上述，事實上反映的是傳自伏生的秦系《尚書》與傳自
孔子的六國系《尚書》文獻差異，而後來之《尚書》之分今古文，其主要區
別也並不是在文本方面。〔註56〕僞《古文尚書》中的包含著伏生今文二十八
篇（被析成三十三篇）眞《尚書》。《唐石經》是根據僞《古文尚書》刻成。
今阮元《十三經注疏》之《尚書正義》，其底本爲南宋岳珂《九經三傳沿革例》
所載建本附釋音注疏本，在廣備包括唐石經、岳本（即相臺本）等重要板本
的基礎上，最終經過阮元氏親自校勘，因此可以認定，今傳《十三經注疏》
之《尚書正義》爲質量相當好的傳本之一。故而，我們似乎可以得出如下結
論：阮元《十三經注疏》中《尚書正義》所含之眞《尚書》三十三篇即伏生

<hr/>

〔註53〕顧炎武：《金石文字記（及其他一種）》（二）（叢書集成初編）301 頁（卷五）。
〔註54〕周文德：《〈尚書〉數據庫》3 頁。
〔註55〕儘管裘錫圭等人似乎不同意秦用籀文說，但裘先生在其《文字學概要》列秦
　　　　國文字爲秦系文字對應六國文字，反映的同樣是同源異流的事實。
〔註56〕孫欽善先生指出，今古文的區別主要在三方面，第一，經書寫本不同，主要
　　　　表現在三方面：1.書寫字體不同。2.彼此有異文，即文字或語句不同。3.篇章
　　　　不同。第二，說解不同。今古文作爲學派的區別，主要表現在這一方面。第
　　　　三，宗旨不同。（見孫先生著作《中國古文獻學史簡編》第 45～48。）

之《尚書》部分，對於研究《尚書》思想來說，是大體可靠的文獻。於「十三經注疏」武英殿刻附考證本、阮文達公刻附校勘記本、明北監本、明毛晉汲古閣本諸本中，張之洞認為，「阮本最於學者有益，凡有關校勘處有一圈，依圈檢之，精妙全在於此。」〔註57〕自然，其中《尚書正義》亦不例外。劉起釪先生指出，《尚書》雖然在流傳中除西周極少幾篇誥詞外各書篇大都程度不等地受過後來文字的影響，但總之是唯一保存下來的夏商周政治活動中最早的歷史見證，是研究這三代的第一手文獻資料，同時書中更保存了我國古代豐富的人文科學的和自然科學的各種重要資料。〔註58〕良非虛言。

三、論文之層次及其關係、撰寫目的

　　如緒論開始已經作出交代，本論文寫作旨在探討孔子與《尚書》的關係問題，為此，本文擬從以下三方面入手，其一，學術史對於孔子刪定《尚書》（附及作《書序》）的問題的討論，此部分寫作主要在綜述往哲時賢見解的基礎上，略作歸納辨析。其二，依據《論語》引《書》的具體情況，來探討孔子對《書》的闡釋是否符合《書》的文本意義。其三，對《尚書》與孔子的德治思想作出較為全面比較。由於德治思想與天命思想聯繫緊密，本論文對《尚書》與孔子的天命觀也作了梳理。由此構成了本論文的三個層次四個部分。如果說第一層次第一部分討論的是外在的關係，第二、第三層次第二至第四部分討論的則是內部的關係，如果說第二層次第二部分討論著眼於點，第三層次第三第四部分討論則著眼於面。這樣的三個層次，其關係是逐層遞進的。本論文的寫作目的，即是通過這樣的研究，試圖能使得對孔子與《尚書》的關係的認識達到一個較深入的程度；這也正是本論文研究的主要意義。

〔註57〕張之洞，范希曾：《書目答問補正》1 頁。
〔註58〕劉起釪：《尚書學史》（訂補本）1 頁。

第一章 學術界對於孔子與《尚書》關係問題的爭論

　　自古以來前輩學者對於孔子與《尚書》關係問題的爭論頗多，其中最主要問題是孔子是否刪次《書》及作《書序》，或以爲孔子刪《書》（或明確爲刪《書》百篇）作《書序》，或以爲孔子刪《書》未作《書序》，或以爲孔子編次《書》（未刪《書》）作《書序》，或以爲孔子編次《書》未作《書序》，或以爲孔子既未刪也未編次《書》更沒有作《書序》。其論述，久遠且眾多。現大致以時間分其爲五個階段，各階段以探討的問題爲中心，綜述略加分析如下。

第一節　由序《書》到爲《書》作序——從司馬遷到班固

　　楊雄以爲：「傳，莫大於《論語》。」〔註1〕《漢書‧藝文志》指出：「《論語》者，孔子應答弟子時人及弟子相與言而接聞於夫子之語也。當時弟子各有所記，夫子既卒，門人相與輯而論纂，故謂之《論語》。」〔註2〕但對於孔子與《書》的關係這一問題，《論語》本身似乎並沒有提供能夠使我們較爲滿意的答案。孟子、荀子也沒有說到孔子與《書》有什麼關係〔註3〕。《論語》引《書》九次，其中包括今文二十八篇中的一次〔註4〕。這種引《書》自然是

〔註1〕班固，《漢書》3583頁（第11冊）。
〔註2〕班固，《漢書》1717頁（第6冊）。
〔註3〕蔣善國，《尚書綜述》7頁。
〔註4〕劉起釪：《尚書學史》（訂補本）49頁。第二章將對引書展開論述，本章從略。

對孔子與《書》關係的某種說明，但對於漢唐以來人們常說的孔子序《書》、為《書》作序等問題，我們似乎難以得到任何啓示。

而《論語・述而》所云「子所雅言，《詩》、《書》、執禮，皆雅言也」一語，似乎是唯一一處對孔子與《書》的關係問題給予了說明。雅之義，漢儒、清儒多釋為正。《孔注》云：「雅言，正言也。」《鄭注》云：「讀先王典法，必正言其音，然後義全，故不可有所諱。」清儒劉台拱《論語駢枝》云：「夫子生長於魯，不能不魯語。惟誦《詩》、讀《書》、執禮必正言其音，所以重先王之訓典，謹末學之流失。」又云：「王之所以撫邦國諸侯者，七歲屬象胥諭言語，協辭命，九歲屬瞽史諭書名，聽聲音，正於王朝，達於諸侯之國，是謂雅言。」並認為「雅」、「夏」古字通。劉寶楠又發明之，以為孔子之雅言即是周西都音，即如後世之居官臨民所說之官話，其云：「周室西都，當以西都音為正。平王東遷，下同列國，不能以其音正乎天下，故降而稱《風》。而西都之雅音，固未盡費也。夫子凡讀《易》及《詩》、《書》、執禮，皆用雅言，然後辭義明達，故鄭以為義全也。後世人作詩用官韻，又居官臨民，必說官話，即雅言矣。」〔註5〕宋儒有釋為素、常者。朱熹即作如此解釋，指出：「《詩》以理情性，《書》以道政事，禮以謹節文，皆切於日用之實，故常言之。」〔註6〕朱熹此說，當源自二程，程子（指程顥或程頤）云：「孔子雅素之言，止於如此。若性與天道，則有不可得而聞者，要在默而識之也。」現當代學者楊樹達、楊伯峻先生即認同漢儒、清儒的意見，楊伯峻先生更直接地說，雅言即普通話，即當時中國所通行的語言〔註7〕。錢穆先生釋雅言云：「古西周人語稱雅，故雅言又稱正言，猶今稱國語，或標準語。」〔註8〕似乎蔣善國先生認同宋儒釋雅為常之義〔註9〕。其實，雅之本義為鳥名，其訓素、正，皆屬於假借〔註10〕。因此，漢儒、清儒的解釋誠然不誤，而宋儒的解說亦不能否定。如果依照漢儒之解釋，則孔子於《尚書》，由於誦讀需要，求「義全」而「正言其音」，依照清儒之解釋，則孔子每誦讀《尚書》之時，正言其

〔註5〕 劉寶楠，《論語正義》269～270頁。上所引《論語駢枝》亦見於此。
〔註6〕 朱熹，《四書集注》97頁。下所引程子之言見於此。
〔註7〕 楊伯峻，《論語譯注》71頁。
　　　　楊樹達，《論語疏證》164～165頁。
〔註8〕 錢穆，《論語新解》180頁。
〔註9〕 蔣善國，《尚書綜述》11頁。
〔註10〕 段玉裁，《說文解字注》141頁「雅」字條。

音，是爲了鄭重其事，所謂「重先王之訓典，謹末學之流失」，宋儒之解釋，
是針對孔子談論的內容而言，認爲孔子常言《詩》、《書》、執禮，而罕言性與
天道。漢儒說孔子出於誦讀《書》的需要而正其音，揭示的是孔子的讀《書》
方法，其解說顯得較爲平實，清儒說孔子誦讀《書》鄭重其事而正其音，揭
示的是孔子讀《書》時候的態度，有附會之嫌疑，而宋儒的解說，揭示的是
《書》爲孔子日常談論的常有內容之一，似乎更注重了對於《論語》的全面
把握，因爲子貢曾說：「夫子之文章，可得而聞也；夫子之言性與天道，不可
得而聞也。」（《論語・公冶長》）可見，無論哪一種解釋，說明的均爲孔子讀
《書》的情況，只是解說之側重點的不同，其揭示孔子與《書》的關係，僅
此而已。

　　《論語》文本對於孔子與《書》關係的這種說明，得到了後來道家說法
的支持。《莊子集解・天運篇第十四》：孔子謂老聃曰：「丘治《詩》、《書》、《禮》、
《樂》、《易》、《春秋》六經，自以爲久矣。孰知其故矣，以奸者七十二君，
論先王之道，而明周召之迹，一君无所鉤用，甚矣夫人之難說也，道之難明
邪？」老子曰：「幸矣，子之不遇治世之君也。夫《六經》，先王之陳迹也。
豈其所以迹哉？今子之所言，猶迹也。夫迹，履之所出，而迹其履哉！夫白
鶂之相視，眸子不運而風化；蟲雄鳴於上風，雌應於下風，而風化。類自爲
雌雄，故風化。性不可易，命不可變，時不可止，道不可壅。苟得於道，无
自而不可，失焉者，无自而可。」〔註11〕我們於此不論道家之對於儒家的態
度。其論孔子與《書》的關係，我們有必要分析「治」之含義。《說文》釋其
義爲河流名稱，《段注》指出：今字訓理，蓋由借「治」爲「理」。「理」之義，
段注有云「戴先生《孟子字義疏證》曰：『理者，察之而幾微必區以別之名也』
是故謂之分理」。〔註12〕據此，「治」之義接近今天我們常說的「研究」。先秦
道家以爲《尚書》是孔子據以研究先王之道的文獻（「陳迹」）之一。

　　今傳《論語》中未見孔子與《書》關係的進一步說明，一種可能是，在
孔子其時，這是弟子間人所共知的事實，沒有必要於此添足，一種可能是，
孔子或其弟子有所論述，但今傳《論語》未載錄。因此給後世留下千古懸案。
然而到了漢代，孔子與《書》之關係有了明確的說明。

　　司馬遷（約前145～前86）論及孔子與《尚書》的關係，見於《史記》

〔註11〕《莊子集解・天運篇第十四》
〔註12〕段玉裁，《說文解字注》540頁「治」條與15頁「理」條。

有多處。例如「太史公曰：五帝、三代之記，尚矣。自殷以前諸侯不可得而譜，周以來乃頗可著。孔子因史文次《春秋》，紀元年，正時日月，蓋其詳哉。至於序《尚書》則略，無年月；或頗有，然多缺，不可錄。故疑則傳疑，蓋其慎也。」〔註13〕又如「孔子之時，周室微而禮樂廢，《詩》、《書》缺。追迹三代之禮，序《書傳》，上紀唐虞之際，下至秦繆，編次其事。曰：『夏禮吾能言之，杞不足徵也。殷禮吾能言之，宋不足徵也。足，則吾能徵之矣。』觀殷夏所損益，曰：『後雖百世可知也，以一文一質。周監二代，郁郁乎文哉。吾從周。』故《書傳》、《禮記》自孔氏。」〔註14〕再如「孔子以詩書禮樂教，弟子蓋三千焉，身通六藝者七十二人。」〔註15〕「序《尚書》」、「序《書傳》」之「序」，《說文段注》云：又攴部曰：次弟謂之敘，經傳多假序爲敘。《周禮》、《儀禮》序字，注多釋爲次弟是也。〔註16〕則「序」即「次弟」，也即「編次」之義。其實《史記》文本本身已經指出孔子編次《尚書》之事實，《儒林列傳》即指出「孔子閔王路廢而邪道興，於是論次《詩》、《書》，修起禮樂」〔註17〕。所以，在太史公看來，孔子與《尚書》之關係，表現在兩方面，其一、孔子編次了《尚書》，其二、孔子以《書》教弟子。

　　司馬遷的這種看法，溯其根源，可能有三方面，一是從其父親司馬談處

〔註13〕司馬遷，《史記》487頁（《三代世表》）。
〔註14〕司馬遷，《史記》1935～1936頁（《孔子世家》）。
《史記‧孔子世家》文中「序書傳」之「書傳」之所指，有多說。陳夢家先生認爲：「書傳」可能是司馬遷所見所用「書序」一類的資料（見陳先生所著《尚書通論》中第四部「尚書補述」之「書序形成的時代」，見該書第278頁，第283頁。）張舜徽先生認爲「書傳謂古代史料」（見張先生著作《漢書藝文志通釋》第29—30頁）。劉起釪先生著作《尚書學史》中可能有兩種意見，似乎未統一：一、「序《書傳》即整理排列殘缺《書》篇的工作歸之孔子」句中，似乎《書傳》即是指《書》（見該書第12頁）；二、「序書傳」寫爲「序《書》、《傳》」（見該書第109頁）。馬雍先生認爲：《書傳》即是指《尚書》，與後來稱解釋《尚書》的「注釋」爲《書傳》者不同。他說：「先秦人對於《書》、《傳》分得很清楚，大約因爲前者被認爲是可靠得檔案文獻，而後者只是後人記載的歷史傳說而已。可是《書》和《傳》的關係非常密切，所以，人們有時也把《書》稱作《書傳》。」（見馬先生著作《〈尚書〉史話》第7頁並該頁頁面底端注釋。）
〔註15〕司馬遷：《史記》1938頁（《孔子世家》）。
〔註16〕段玉裁：《說文解字注》444頁「序」字條。「序」之義，清江聲《尚書集注音疏》（清經解卷四百，第936頁）解釋較詳，認爲「序」於此有多義。崔適《史記探源》（中華書局，2001年，第12頁）謂序乃次序之序，非序跋之序。
〔註17〕司馬遷：《史記》3115頁（《儒林列傳》）。

得來，一是從其師董仲舒、孔安國等處得來，一是從「六經異傳，百家雜語」
處得來。有關此問題之師承，我們無法查考，而其他兩處來源，我們可以稍
作分析。司馬遷父親臨終遺言中述及了孔子與《書》的關係，其云：「夫天下
稱誦周公，言其能論歌文武之德，宣周邵之風，達太王王季之思慮，爰及公
劉，以尊后稷也。幽厲之後，王道缺，禮樂衰，孔子修舊起廢，論《詩》、《書》，
作《春秋》，則學者至今則之。」〔註18〕「論」之義，《說文》曰：議也。《段
注》曰：凡言語循其理得其宜謂之論，故孔門師弟子之言謂之「論語」。〔註
19〕若依《段注》此義，則其義爲孔子研讀《書》。《段注》又云：論以侖會意，
侖部曰：侖，理也。得其分則有條而不紊，謂之條理。〔註20〕而顧頡剛先生
指出：「《論語》這個名詞也是由竹簡來。『論』字古但作『侖』，就是把竹簡
排比爲一冊的意思。」〔註21〕楊伯峻先生即認爲「論語」的「論」是「論纂」
的意思。〔註22〕我們依據上下文「孔子修舊起廢，論《詩》、《書》，作《春秋》」，
顧楊二先生解釋不容否定。依此而論，則司馬談認爲孔子整理了《書》。對照
司馬遷的意見，我們發現司馬氏父子的觀點在此方面應該是一致的。

司馬遷作《史記》，「厥協六經異傳，整齊百家雜語」，〔註23〕然而據上所
述，有關孔子與《書》之關係，傳世的先秦文獻並無較爲明確的答案。而出
土的郭店楚簡《性自命出》篇中談到聖人與《詩》、《書》、《禮》、《樂》的關
係，其云：「《詩》、《書》、《禮》、《樂》，其始出皆生於人。《詩》，有爲爲之也。
《書》，有爲言之也。《禮》、《樂》，有爲舉之也。聖人比其類而論會之，觀其
先後而逆訓之，體其義而即度之，理其情而出入之，然後復以教。」〔註24〕
其義即是說：「《詩》、《書》、《禮》、《樂》四部經典，起初都產生於人爲。《詩》，
是有意作出來的；《書》，是有意說出來的；《禮》和《樂》是有意推舉出來的。
對於《詩》、《書》、《禮》、《樂》這四部經典，聖人比較其類別而加以條理綜
會，觀察其先後次序而反覆從逆向和順向兩個角度加以整理，體會其意蘊而
加以節制、限制，條理其實情而反覆出入其中，然後又以之進行教育、教化。」

〔註18〕司馬遷：《史記》3295 頁（《太史公自序》）。
〔註19〕段玉裁：《說文解字注》91～92 頁。
〔註20〕段玉裁：《說文解字注》91～92 頁「論」字條，15～16 頁「理」字條。
〔註21〕劉夢溪主編：《中國現代學術經典・顧頡剛卷・漢代學術史略》44 頁。
〔註22〕楊伯峻：《論語譯注》25～26 頁。其「導言」中「『論語』命名的意義和來由」。
〔註23〕司馬遷：《史記》3319～3320 頁（《太史公自序》）。
〔註24〕荊門市博物館：《郭店楚墓竹簡》179 頁。

〔註 25〕這裏就明確地指出聖人編次或整理了《書》，並以之作爲教育教化文本。論者多以爲或傾向以認爲聖人是孔子〔註 26〕。

《性自命出》之作者，目前學術界存在三種主流意見，或以爲子游，或以爲子思，或以爲公孫尼子〔註 27〕。子游（前 506～前 445）〔註 28〕爲孔子親傳的重要弟子，以「文學」著稱，《論語》中多有其言行之記錄〔註 29〕，而《漢志》中未見其著作。子思（前 483～前 402）的著作見於《漢志》，有《子思》二十三篇，注云：「名伋，孔子孫，爲魯繆公師。」又有《公孫尼子》二十八篇，注云：「七十子之弟子。」《子思》亡於宋以後，《公孫尼子》亡於宋代〔註30〕。然而不敢否定此二書中包含上述孔子與《書》之關係言論記錄。況且此

〔註 25〕郭沂，《郭店竹簡與先秦學術思想》241 頁。

〔註 26〕李天虹，《從〈性自命出〉談孔子與詩、書、禮、樂》，《中國哲學史》2000年第 4 期。

〔註 27〕龐樸先生以爲郭店楚簡是思孟學派的著作，是早期儒家心性學說的重要文獻；補足了孔孟之間思想鏈條上所曾經缺失的一環（《孔孟之間──郭店楚簡的思想史地位》，《中國社會科學》1998 年第 5 期）；姜廣輝以爲該篇爲子思所作（《郭店楚簡與〈子思子〉──兼談郭店楚簡的思想史意義》，《哲學研究》1998 年第 7 期）。陳來先是傾向於認爲該篇屬於《公孫尼子》，後又認爲是子游之作（《郭店楚簡之〈性自命出〉篇初探》，《孔子研究》1998 年第 3 期；《儒家系譜之重建與史料困境之突破──郭店楚簡儒書與先秦儒學研究》，1999年 10 月武漢「郭店楚簡國際學術研討會」論文集，武漢：湖北人民出版社，2000 年）廖名春以爲該篇爲子游所作，《孔子研究》1998 年第 3 期。參見丁四新《郭店楚墓竹簡思想研究》第四章《〈性自命出〉的心性論與學派歸屬》，北京：東方出版社，2000 年。

〔註 28〕錢穆，《先秦諸子繫年》附「諸子生卒年世約數」。下同。

〔註 29〕《爲政》：「子游問孝。子曰今之孝者，是謂能養。至於犬馬，皆能有養；不敬，何以別乎？」《里仁》：「子游曰：『事君數，斯辱矣；朋友數，斯疏矣。』」《雍也》：「子游爲武城宰。子曰：『女得人焉耳乎？』曰：『有澹臺滅明者，行不由徑，非公事，未嘗至於偃之室也。』」《先進》：「德行：顏淵，閔子騫，冉伯牛，仲弓。言語：宰我，子貢。政事：冉有，季路。文學：子游，子夏。」《陽貨》：「子之武城，聞絃歌之聲。夫子莞爾而笑，曰：『割雞焉用牛刀？』子游對曰：『昔者偃也聞諸夫子曰：「君子學道則愛，人小人學道則易使也。」』子曰：『二三子！偃之言是也。前言戲之耳。』」《子張》：「子游曰：『子夏之門人小子，當灑掃應對進退，則可矣，抑末也。本之則無，如之何？』子夏聞之，曰：『噫！言游過矣！君子之道，孰先傳焉？孰後倦焉？譬諸草木，區以別矣。君子之道，焉可誣也？有始有卒者，其惟聖人乎！』」又：「子游曰：『喪致乎哀而止。』」又：「子游曰：『吾友張也爲難能也，然而未仁。』」

〔註 30〕陳國慶編，《漢書藝文志注釋彙編》100 頁、102～103 頁。下引先秦儒家類亡佚之書見於此書。參看《漢書》1724～1725 頁《藝文志》儒家類之相關內容。

二書之外，先秦儒家類亡殘之書尚有曾參（前 505～前 436）之《曾子》十八篇、漆雕開（前 510～前 450）之《漆雕子》十三篇、宓部齊之《宓子》十六篇、《景子》三篇、世碩之《世子》二十一篇、李克（前 455～前 395）之《李克》七篇等，這些書多爲孔子弟子或七十子弟子所著，而《隋志》多未載，可見亡佚已久。此皆爲「祖述堯舜，憲章文武，宗師仲尼」〔註31〕的反映。據此，不管《性自命出》的作者爲誰，派系如何，我們雖然未敢斷然認定這些書中即有孔子與《書》關係的這種論述，但出土的郭店楚簡《性自命出》篇之內容顯示，這種論述確實存在於先秦。況且戰國以來學術思想領域的「百家爭鳴」，似乎並沒有對此種關係的論述提出質疑，如若孔子之弟子向壁虛造此種論斷，以當時的時代、學術環境，竟無起而攻之者？抑或此種攻擊竟至於湮滅乎？當然，我們亦不敢斷然認定司馬遷即看到過上述孔子與《書》之關係之論述，但司馬遷有關這種關係的論述卻與此一致，其所以如此，當不是出於偶然，作爲偉大的歷史學家，司馬遷創作的嚴謹態度是公認的。劉向、楊雄博極群書，皆稱遷有良史之材，服其善序事理，辨而不華，質而不俚，其文直，其事核，不虛美，不隱善，故謂之實錄〔註32〕。因此，我們傾向於認爲，與其說司馬遷是根據傳說而作此論斷，不如說他是看到過相關的材料。誠然，司馬遷以繼承孔子之職志爲其偉大理想〔註33〕，列布衣孔子入世家，敬佩孔子，以爲「至聖」〔註34〕，但應該說太史公並沒有因此而增飾孔子。正如司馬遷在《孔子世家》中認爲孔子作《春秋》有所據一樣〔註35〕，其作出孔子編次《書》以之爲教之論斷，當亦有所據，要之，當據以八家之儒〔註36〕。

　　而到了班固（32～92），有關孔子與《書》的關係的論述，則有了明顯的變化。《漢志》「書」類小序云：「《易》曰：『河出圖，洛出書，聖人則之。』故《書》之所起遠矣，至孔子纂焉，上斷於堯，下迄於秦，凡百篇，而爲之

〔註31〕班固，《漢書》1728 頁（《藝文志》）。

〔註32〕班固，《漢書》2738 頁（《司馬遷傳》）。

〔註33〕司馬遷，《史記》（《太史公自序》）。

〔註34〕司馬遷，《史記》1947 頁（《孔子世家》）。

〔註35〕《孟子・滕文公章句下》：「世衰道微，邪說暴行有作，臣弒其君者有之，子弒其父者有之。孔子懼，作《春秋》。《春秋》，天子之事也；是故孔子曰：『知我者其惟《春秋》乎！罪我者其惟《春秋》乎』」

〔註36〕《韓非子・顯學》指出：孔子之後，儒分爲八：有子張之儒，有子思之儒，有顏氏之儒，有孟氏之儒，有漆雕氏之儒，有仲良氏之儒，有孫氏之儒，有樂正氏之儒（王先愼《韓非子集解》455～456 頁，北京：中華書局，2003 年）。

序，言其作意。」〔註37〕又《儒林傳》云：「古之儒者，博學虖《六藝》之文。《六藝》者，王教之典籍，先聖所以明天道，正人倫，致至治之成法也。周道既衰，壞於幽厲，禮樂征伐自諸侯出，陵夷二百餘年而孔子興，……究觀古今之篇籍，乃稱曰：『大哉，堯之爲君也！唯天爲大，唯堯則之。巍巍乎其有成功也，煥乎其有文章！』又曰：『周監於二代，郁郁乎文哉！吾從周。』於是敘《書》則斷《堯典》，稱樂則法《韶舞》，論《詩》則首《周南》。」〔註38〕又《敘傳》云：「虙羲畫卦，書契後作，虞夏商周，孔纂其業，纂《書》刪《詩》，綴《禮》正《樂》，象系大《易》，因史立法。」〔註39〕由此可見，有關孔子與《尚書》之關係，班固有了孔子刪《書》爲百篇並爲之作序的說法。

　　這可能並非班固一人的看法。與班氏大約同時的王充（27～約96）云：「問說《書》者『欽明文思』以下，誰所言也？曰：『篇家也。』『篇家者誰也？』『孔子也。』」〔註40〕由此可見王充亦認爲《書序》爲孔子所作〔註41〕。後漢統治者爲了統一當時今文經學和古文經學及其這兩派之內對經義的分歧，漢章帝（76～88在位）「稱制臨決」，作出通行天下的結論，最後由班固集中編寫成《白虎通義》一書。〔註42〕因此，《白虎通義》的結論在當時應具有相當的普遍性，代表了很多經學家尤其是官方的意見。其書卷九「孔子論《五經》」指出「孔子定《五經》」〔註43〕。因此，當時孔子刪《書》並爲之作序之說很有普遍性，雖然這裏沒有指明《書》與《序》的篇數。

　　那麼，孔子刪《書》爲百篇並爲之作序的說法究竟源自何時何人？班固的看法，可能直接溯源於劉向（約前77～前6）、劉歆（？～23）父子。《漢志》即源自劉歆《七略》。《漢志》云：「詔廣祿大夫劉向校經傳諸子詩賦，步兵校尉任宏校兵書，太史令尹咸校數術，侍醫李柱國校方技。每一書已，向輒條其篇目，撮其指意，錄而奏之。會向卒，哀帝復使向子侍中奉車都尉歆卒父業。歆於是總群書而奏其《七略》，故有《輯略》，有《六藝略》，有《諸子略》，有《詩賦略》，有《兵書略》，有《術數略》，有《方技略》。今刪其要，

〔註37〕班固，《漢書》1706頁（《藝文志》）。
〔註38〕班固，《漢書》3589頁。
〔註39〕班固，《漢書》4244頁。
〔註40〕王充，《論衡》（卷二十）（《須頌篇》）。
〔註41〕蔣善國，《尚書綜述》65頁。
〔註42〕參看《後漢書·章帝紀》、《班固傳》，莊述祖《白虎通義考》（見新編諸子集成《白虎通疏證》附錄二）。
〔註43〕陳立，《白虎通疏證》444～445頁。

以備篇籍。」〔註44〕而《七略》是在劉向《別錄》的基礎上編著而成。阮孝緒云：「昔劉向校書，輒爲一錄，論其指歸，辨其訛謬，隨竟奏上，皆載在本書。時又別集眾錄，謂之《別錄》，即今之《別錄》是也。子歆撮其指要，著爲《七略》。其一篇即六篇之總最，故以《輯略》爲名，次《六藝略》，次《諸子略》，次《詩賦略》，次《兵書略》，次《數術略》，次《方伎略》。」〔註45〕又《漢志》書類列有「《周書》七十一篇」，班固注云「周史記」，顏師古注曰：「劉向云：『周時誥誓號令也，孔子所論百篇之餘也。』今存者四十五篇也。」〔註46〕此即反映了劉向以爲孔子刪《書》爲百篇。又劉歆《移書太常博士》曾云：「昔唐、虞既衰，而三代叠興，聖帝明王，累起相襲，其道甚著。周室既微而禮樂不正，道之難全也如此。是故孔子憂道之不行，歷國應聘。自衛反魯，然後樂正，《雅》、《頌》乃得其所；修《易》，序《書》，製作《春秋》，以紀帝王之道。」〔註47〕此亦反映了劉歆以爲孔子編次了《書》。楊雄（前53～後18）曾云：「如《書序》，雖孔子亦末如之何矣。昔之說《書》者序以百，而《酒誥》之篇俄空焉，今亡夫。」〔註48〕這裏所說的《酒誥》俄空，是指《百篇書序》裏面沒有《酒誥》這個篇名，即是沒有《酒誥序》，並不是指《酒誥》經文〔註49〕。可見，西漢末年時，孔子刪《書》百篇並有百篇《書序》之說即頗爲流行。

　　劉向、劉歆校書亦在西漢末年，其時實際上並不存在百篇《尚書》及《書序》。《漢書‧楚元王傳》記載，劉向受詔領校中《五經》祕書在漢成帝（前32～前7在位）時，劉歆受詔與父劉向領校祕書在漢成帝河平（前28年～前25）年間，劉向於公元前6年去世後，劉歆復爲中壘校尉。漢哀帝（前6～前1）時，劉歆復領《五經》，卒父前業〔註50〕。又《漢志》書類小序則指出，因恭王壞孔子宅而孔安國所得之《古文尚書》，「以考二十九篇，得多十六篇」，

〔註44〕班固，《漢書》1701頁。
〔註45〕《四庫全書本‧廣弘明集卷三‧七錄序》。今《別錄》、《七略》已不可見；《隋志》、《舊唐書志》、《新唐書志》還見著錄，《宋志》中不見，可能爲宋以後亡佚。
〔註46〕班固，《漢書》1705～1706頁。
〔註47〕班固，《漢書》1967～1968頁（《楚元王傳第六》）。
〔註48〕楊雄，《法言卷四》（《問神篇》）。
〔註49〕見俞樾《操觚齋遺書一‧酒誥召誥脫簡考》，轉引自蔣善國《尚書綜述》66～67頁。
〔註50〕班固，《漢書》1949～1950頁、1967頁（《楚元王傳》）。

是《古文尚書》有四十五篇。劉向曾以中古文校歐陽、大小夏侯三家經文，若中古文即是孔安國所獻，則劉向其時並不存在百篇《尚書》。又《漢志》錄《尚書古文經》四十六卷，班固注云五十七篇，則班固時亦不存在百篇《尚書》。溯源於《史記》，太史公並沒有明確《書》之篇數，無論是伏生之今文《尚書》，還是孔安國之古文《尚書》。《史記‧儒林列傳》所記秦博士伏生於秦亡漢興時得其所壁藏之《書》，「亡數十篇，獨得二十九篇。」並未明確伏生所藏秦系《尚書》之篇數。而孔安國所得之古文《尚書》，較之今文，逸《書》十餘篇，顯然亦沒有達到百篇之數。《漢志》所載《古文尚書經》四十六卷，就是孔安國所獻的孔壁原經〔註 51〕。至於《史記》、《漢書》所載錄《尚書古文經》卷篇之差異，在簡帛書寫時代，是很自然的現象。因為劉向校書時是竹帛並用，後漢時雖已用紙，而簡策尚與之並行〔註52〕。「凡以事與義分篇者，文之長短自著書時既已固定，雖僅數簡，亦自可為一篇。其他則編次之時，大抵量其字之多寡，度絲韋之所能勝，斷而為篇。及縑帛盛行，易篇為卷，一幅所容，與簡篇約略相當。故多以一篇為一卷。然古人手著之文，其始不能規定字數，故有篇幅甚短者，則合數篇而為卷。蓋過短則不能自為一軸，過長則不便卷舒，故亦有分一篇為數卷者，但大抵起於漢以後耳。」〔註 53〕至於《書序》，其見於《史記》者有 45 篇（錄於五帝、夏、商、周、秦五篇《本紀》和魯、齊、宋、燕、晉《世家》中）〔註54〕；《今文尚書》與孔壁《古文尚書》末均有《書序》〔註55〕，篇數與序數相等，則前者為 29 篇，後者為 45 篇。

可見，從司馬遷到劉向、劉歆直至班固時，實際上並不存在百篇《尚書》及《書序》，西漢末起卻流行孔子刪《書》百篇並為之序之說，劉向、劉歆與班固亦予以認同，有何憑依？

與劉向、劉歆校中祕書同時，漢成帝時候有張霸偽造《百兩篇》之說，《漢書‧儒林傳》云：「世所傳《百兩篇》者，出東萊張霸，分析合二十九篇以為數十，又采《左氏傳》、《書敘》為作首尾，凡百二篇。篇或數簡，文意淺陋。成帝時求其古文者，霸以能為《百兩》徵，以中書校之，非是。霸辭受父，

〔註51〕 蔣善國，《尚書綜述》48 頁。
〔註52〕 余嘉錫，《余嘉錫說文獻學》33～34 頁。
〔註53〕 余嘉錫，《余嘉錫說文獻學》31 頁。
〔註54〕 陳夢家，《尚書通論》「史記所涉及的書序」節。
〔註55〕 蔣善國，《尚書綜述》62 頁。

父有弟子尉氏樊並。」〔註56〕王充亦敘及此事云：「孝成皇帝讀百篇《尚書》，博士郎吏莫能曉知，徵天下能爲《尚書》者。東海張霸通《左氏春秋》，案《百篇序》，以《左氏》訓詁，造作百二篇，具成奏上，成帝出秘《尚書》以考校之，無一字相應者。……成帝奇霸之才，赦其辜，亦不滅其經，故百二尚書傳在民間。」〔註57〕王氏增飾其說，已多不實，此不論。所謂百兩篇，是指分析合二十九篇《書》增爲數十湊成一百篇經文，即「推精思至於百篇」（王充語）；其序文兩篇，或以爲《自序》和《書序》各一篇〔註58〕，或以爲整合各篇序言成兩篇〔註59〕。而興起於西漢末盛行於東漢的緯學，亦有孔子刪《書》爲百二篇之說。《尚書緯》云：「孔子求書，得黃帝元孫帝魁之《書》，迄於秦穆公，凡三千二百四十篇。斷遠取近，定可以爲世法者百二十篇，以百二篇爲《尚書》，十八篇爲《中候》，去三千一百二十篇。」〔註60〕緯學「起王莽（9～23在位）好符命，光武（25～57在位）以圖讖興，遂盛行於世」〔註61〕，與今文經學一脈相承，比今文經學更加荒誕〔註62〕，顯然迎合了當時的政治需要，「俾儒家得常定於一尊」〔註63〕。此所云孔子刪《書》爲百二篇可能即是附會西漢末成帝（前32～前7在位）《百兩篇》之說，似乎未明「百兩」之義。

　　應該說，劉向、劉歆、班固知道張霸所獻百篇《書》爲僞造，卻都認爲孔子刪《書》爲百篇並爲之作序，難道劉向、劉歆等西漢末的許多學者皆受了張霸僞造《百兩篇》之說的影響？亦或劉向、劉歆等校書時從儒家類著作中看到了類似於《性自命出》篇中所云聖人整理了《書》的內容？《漢志》儒家類的先秦著作至於《隋志》中已有許多不見著錄，亡殘甚爲明顯，而對於西漢末起所普遍認可的孔子刪《書》百篇並爲之作序說漢唐之際學者們似乎並未提出異議，因此，我們傾向於認同後一種推測。

〔註56〕班固：《漢書》3607頁（《儒林傳》）。

〔註57〕王充，《論衡》卷二十（《佚文篇》）。

〔註58〕蔣善國，《尚書綜述》68頁。

〔註59〕劉起釪，《尚書學史》（訂補本）108頁。

〔註60〕《十三經注疏》115頁（《尚書序》孔疏所指出鄭玄作《書論》所引）。

〔註61〕魏徵等，《隋書》941頁（《隋志・經籍一》）。

〔註62〕孫欽善，《中國古文獻學簡編》54頁。

〔註63〕錢鍾書，《管錐編》（第一冊）293頁，北京：中華書局，1986年。這裏的儒家當是指今文家，因爲當時今古文學爭鬥厲害，今文學家依舊得勢。

第二節　因循舊說，異口同聲——從《大序》作者到劉知幾

西漢末孔子刪《書》百篇並爲之作序說創立後，漢唐學者，無論是經今文學家還是經古文學家還是史學理論家，似乎並無異議。東漢經學家馬融（79～166）、鄭玄（127～200）、三國魏經學家王肅（195～256）皆認爲「《書序》孔子所作」〔註64〕。今傳《十三經注疏》中《尙書序》即《大序》〔註65〕，其論孔子與《書》之關係，大致反映了魏、晉學者的看法，其云：「先君孔子，生於周末，睹史籍之煩文，懼覽之者不一，遂乃定禮樂，明舊章，刪《詩》爲三百篇，約史記而修《春秋》，贊《易》道以黜《八索》，述《職方》以除《九丘》，討論《墳》、《典》，斷自唐、虞以下，訖於周，芟夷煩亂，翦截浮辭，舉其宏綱，撮其機要，足以垂世立教。典、謨、訓、誥、誓、命之文凡百篇，所以恢弘至道，示人主以軌範也。帝王之制，坦然明白，可舉而行，三千之徒，並受其義。」〔註66〕則作者認爲，孔子整理刪次《書》爲百篇，表現爲「芟夷煩亂，翦截浮辭，舉其宏綱，撮其機要」。至於《書序》，《大序》又云：「《書序》，序所以爲作者之意，昭然義見，宜相附近，故引之各冠其篇首。」〔註67〕則似乎未明確作序者。

至於唐代，這一看法成爲傳統。陸德明（約550～630）《經典釋文》中顯示其對孔子與《尙書》關係的看法，其云：「余今所撰，務從易識，援引眾訓，讀者但取其意義，亦不全寫舊文，典籍之文，雖夫子刪定，子思讀詩，師資已別，而況其餘乎？」〔註68〕又云：「書者，本王之號令，右史所記，孔子刪錄，斷自唐虞，下訖秦穆，典謨訓誥誓命之文，凡百篇，而爲之序。」〔註69〕陸氏明確認爲孔子刪《書》爲百篇並爲之作《書序》。孔穎達（574～648）又論及此一關係時指出，「夫書者，人君辭誥之典，右史記言之策。古之王者，

〔註64〕《十三經注疏》118頁（孔疏所指出）。
〔註65〕今傳《十三經注疏》中《尚書序》即《大序》之作者，宋朱熹以爲可能是魏、晉人所作，明、清學者或以爲皇甫謐，或以爲梅頤，或以爲王肅。陳夢家先生認爲爲東晉孔安國。大抵可視爲魏、晉人所作（參見陳夢家《尚書通論》111～131頁）。
〔註66〕《十三經注疏》114～115頁（《尚書正義》）。
〔註67〕《十三經注疏》116頁（《尚書正義》）。
〔註68〕陸德明，《經典釋文》5～6頁。
〔註69〕陸德明，《經典釋文》24～25頁。

事總萬機，發號出令，義非一揆：或設教以馭下，或展禮以事上，或宣威以肅震曜，或敷和而散風雨。得之則百度惟貞，失之則千里斯謬，樞機之發，榮辱之生，絲綸之動，不可不慎。所以辭不苟出，君舉必書，欲其昭法誡，慎言行也。其泉源所漸，基於出震之君，黼藻斯彰，郁乎如雲之后。勳華揖讓而《典》、《謨》起，湯武革命而《誓》、《誥》興。先君宣父，生於周末，有至德而無至位，修聖道以顯聖人，芟煩亂而翦浮辭，舉宏綱而撮機要，上斷唐虞，下終秦魯，時經五代，書總百篇。採翡翠之羽毛，拔犀象之牙角；罄荊山之石，所得者連城，窮漢水之濱，所求者照乘。巍巍蕩蕩，無得而稱；郁郁紛紛，於斯為盛斯。乃前言往行，足以垂法將來者也。」〔註70〕孔穎達氏亦明確指出孔子整理《書》編成百篇；整理體現為「芟煩亂而翦浮辭，舉宏綱而撮機要」。孔穎達氏又明確指出孔子作《書序》，其云：「序者，言序述《尚書》起訖存亡注說之由，序為《尚書》而作，故曰《尚書序》。周頌曰：繼序思不忘。毛傳云：序者，緒也。則緒述其事，使理相胤續，若繭之抽緒。但《易》有《序卦》，子夏作《詩序》，孔子亦作《尚書序》。故孔君因此作序名也。鄭玄謂之贊者，以序不分散，避其序名，故謂之贊；贊者，明也，佐也；佐成序義，明以注解故也。安國以孔子之序分附篇端，故己之總述亦謂之序；事不煩重，義無所嫌故也。」〔註71〕

在唐代的歷史學家中，依舊是傳統的看法，魏徵（580～643）等在《隋志》中云：「暨夫周室道衰，紀綱散亂，國異政，家殊俗，褒貶失實，隳紊舊章。孔丘以大聖之才，當傾頹之運，歎鳳鳥之不至，惜將墜於斯文，乃述《易》道而刪《詩》、《書》，修《春秋》而正《雅》、《頌》。壞禮崩樂，咸得其所。」〔註72〕又云：「《書》之所興，蓋與文字俱起。孔子觀《書》周室，得虞、夏、商、周四代之典，刪其善者，上自虞，下至周，為百篇，編而序之。」〔註73〕由此可見，魏徵等人亦以為在孔子刪《書》編成百篇並為之作《書序》，代表了初唐人的意見。在史學理論家劉知幾（661～721）那裏，仍然是這種看法，其於《史通》內篇論「六家」中《尚書》家論之云：「《尚書》家者，其先出於太古。《易》曰：『河出圖，洛出書，聖人則之。』故知《書》所起遠矣。

〔註70〕　《十三經注疏》110 頁（《尚書正義》）。
〔註71〕　《十三經注疏》113 頁（《尚書正義》）。
〔註72〕　魏徵等：《隋書》904～905 頁（《隋志》）。
〔註73〕　魏徵等：《隋書》914 頁（《隋志》）。

至孔子觀書於周室，得虞、夏、商、周四代之典，乃刪其善者，定爲《尚書》百篇。孔安國曰：『以其上古之書，謂之《尚書》。』《尚書璿璣鈐》曰：『尚者，上也，上天垂文象、步節度、如天行也。』王肅曰：『上所言，下爲史所書，故曰《上書》也。』蓋《書》之所主，本於號令。所以宣王道之正義，發話言於臣下。故其所載，皆《典》、《謨》、《訓》、《誥》、《誓》、《命》之文。至如堯、舜、二典，直序人事；《禹貢》一篇，唯言地理；《洪範》綜述災祥，《顧命》都陳喪禮；茲亦爲例不純者也。」〔註74〕又云：「又有《周書》者，與《尚書》相類，即孔氏刊約百篇之外，凡七十一章。上自文、武，下終靈、景。甚有明允篤誠，典雅高義。時亦有淺末恆說，澤穢相參，殆似後之好事者所增益也。」〔註75〕又在外篇「古今正史第二」中云：「堯、舜相承，已見墳典；周監二代，各有書籍。至孔子討論其義，刪爲《尚書》，始自唐堯，下終秦繆，其言百篇，而各爲之序屬。」〔註76〕顯然，劉知幾也認爲：孔子刪《書》定爲百篇，作《書序》百篇。然而劉氏在分析《書》之內容時批評了《書》之爲例不純〔註77〕，有非聖人之疑，在評價孔子與《尚書》的關係方面，有其獨特性。劉氏的這種批評，放在總個學術史的背景下思考，應有較重要的意義。漢唐經學家、史學家中，我們似乎很難發現對孔聖人的工作提出批評的人；這些經學家、史學家大多在迴護六經的神聖。作此批評當應有一定之膽識，宋以後疑辨思潮漸起，亦體現在疑辨《書》上，這樣看來，劉知幾有首倡之功〔註78〕。

第三節　懷疑與肯定，眞相與假相——從朱熹到陳第

宋、元、明學者對於孔子與《書》關係的認識，懷疑與肯定漢唐學者的均有之，就具體內容而言，在孔子與《書》方面，認爲孔子編次了《書》的意見依舊占主流，而在孔子與《書序》方面，反對的意見占上風，許多學者開始否定孔子作《書序》。漢唐注疏學術受到劉知幾特別是中唐以來疑經辨僞

〔註74〕劉知幾，浦起龍：《史通通釋》（上冊）1～2頁（卷一）。
〔註75〕劉知幾，浦起龍：《史通通釋》（上冊）2頁（卷一）。
〔註76〕劉知幾，浦起龍：《史通通釋》（下冊）330頁（卷十二）。
〔註77〕張舜徽先生認爲劉知幾泥於《漢書·藝文志》所云「書者，古之號令」之言，強分畛域（參見張舜徽《史學三書平議》8頁）。
〔註78〕孫欽善：《中國古文獻學史簡編》186～187頁。

思想的影響，自宋仁宗（1023～1063 在位）慶曆 1041～1048）年間，學術風氣大變，出現懷疑注疏乃至經書，以及探求義理的普遍傾向，無論是新黨還是舊黨，無論是義理學派還是考據學派，無不具有懷疑精神〔註79〕。宋代的思想學術也因此賦予了新的面貌。具體到疑辨孔子與《書》的關係上來說，朱熹（1130～1200）的論述一反傳統，既懷疑孔子刪次《書》又否定孔子作《書序》，顯得頗爲特異。

　　朱熹與門人問答之語，多處論及孔子與《尚書》之關係，見於《朱子語類》之《論語》、《尚書》部分〔註80〕，例如其書卷三十四，《論語十六·述而篇·述而不作章》所錄：徐兄問：「『述而不作』是製作之作乎？」曰：「是孔子未嘗作一事，如刪《詩》定《書》，皆是因《詩》、《書》而刪定。」又問：「聖人不得時得位只如此，聖人得時得位時更有製作否？」曰：「看聖人告顏子，四代禮樂只是恁地，恐不大段更有製作，亦因四代有此禮樂而因革之，亦未是作處。」又問：「如何作《春秋》，恐是作否？」曰：「其事則齊桓晉文，其文則史，其義則丘竊取之矣，看來是寫出魯史中間，微有更改爾，某嘗謂《春秋》難看，平生所以不敢說著，如何知得上面那個是魯史舊文，那個是夫子改底字，若不改時，便只依魯史，如何更作《春秋》做甚？先生徐云『知我者其惟《春秋》乎？罪我者其惟《春秋》乎』，又公羊穀梁傳云『其辭則丘有罪焉耳』，這是多少擔負，想小不能不是作，不知是如何。」行夫問「述而不作章」，曰：「雖說道其功倍於作者，論來不知所謂刪者，果是有刪否？要之，當時史官收詩時已各有編次，但到孔子時已經散失，故孔子重新整理一番，未見得刪與不刪，如云『吾自衛反魯，然後樂正，《雅》、《頌》各得其所』，云『各得其所』，則是還其舊位。」〔註81〕此兩則材料主要是談論《詩經》、《春秋》的「述作」問題，其所謂「刪」，大概就是「因革」之意，改動相當小，所謂「述而不作」，就是「重新整理一番」之意，因此，朱熹認爲孔子只是整理了這兩部書。這種觀點，我們認爲也是對孔子與《尚書》關係的觀點，朱熹對刪《書》說提出了懷疑。其書卷七十八《尚書一·綱領》至之問：「書斷自唐虞以下，須是孔子意？」曰：「也不可知。且如三皇之書言大道，有何不

〔註79〕　孫欽善：《中國古文獻學史簡編》267～269 頁。
〔註80〕　《朱子語類》卷第十九至五十爲《論語》部分，第七十八至七十九爲《尚書》部分。
〔註81〕　《朱子語類》卷三十四（《論語十六·述而篇·述而不作章》），以下所引，有針對同樣問題各人所記不一，並加引錄，以見朱子之意。

可！便刪去。五帝之書言常道，有何不可！便刪去。皆未可曉。」道夫。〔註82〕此也懷疑孔子刪《書》的說法。

可是，即使上述孔子與《書》整理關係之認識，在朱熹的言論中也有為難表現，這是因為《書》本身的問題。「又《書》亦多可疑者，如《康誥》、《酒誥》二篇，必是武王時書。人只被作洛事在前惑之。如武王稱『寡兄』、『朕其弟』，卻甚正。《梓材》一篇又不知何處錄得來，此與他人言皆不領。嘗與陳同甫言。陳曰：『每常讀，亦不覺。今思之誠然。』」〔註83〕「《書》中可疑諸篇，若一齊不信，恐倒了《六經》。如《金縢》亦有非人情者，『雨，反風，禾盡起』，也是差異。成王如何又恰限去啓《金縢》之書？然當周公納策於櫃中，豈但二公知之？《盤庚》更沒道理。從古相傳來，如經傳所引用，皆此書之文，但不知是何故說得都無頭。且如今告諭民間一二事，做得幾句如此，他曉得曉不得？只說道要遷，更不說道自家如何要遷，如何不可以不遷。萬民因甚不要遷？要得人遷，也須說出利害，今更不說。《呂刑》一篇，如何穆王說得散漫，直從苗民蚩尤為始作亂說起？若說道都是古人元文，如何出於孔氏者多分明易曉，出於伏生者都難理會？賀孫。」〔註84〕由此我們似乎可作如此推論，在朱熹看來，如果《書》真正經過孔子整理，當不至於出現如此紕漏，因此孔子與《書》的這種關係，也就值得懷疑。

至於《書序》，朱熹認為：「某看得《書》《小序》不是孔子自作，只是周、秦間低手人作。銖。」〔註85〕「《小序》斷不是孔子做！義剛。」〔註86〕「《書》《小序》亦非孔子作，與《詩》《小序》同。廣。」〔註87〕朱熹為什麼會認為《小序》不是孔子作的呢？因為《小序》無證據，不可信。「問：『《序》云「聰明文思」，經作「欽明文思」，如何？』曰：『《小序》不可信。』問：『恐是作序者見經中有「欽明文思」遂改換「欽」字作「聰」字否？』曰：『然。』」人傑。〔註88〕「問：『張子以別生分類為「明庶物，察人倫」，恐未安。』曰：『《書序》本是無證據，今引來解說，更無理會了。』又問：『如以「明庶物，

〔註82〕黎靖德，王星賢點校：《朱子語類》1977頁（卷七十八，《尚書》一）。

〔註83〕黎靖德，王星賢點校：《朱子語類》1986頁（卷七十八，《尚書》一）。

〔註84〕黎靖德，王星賢點校：《朱子語類》2052～2053頁（卷七十九，《尚書》二）。

〔註85〕黎靖德編，王星賢點校：《朱子語類》1983頁（卷七十八，《尚書》一）。

〔註86〕黎靖德編，王星賢點校：《朱子語類》1984頁（卷七十八，《尚書》一）。

〔註87〕黎靖德編，王星賢點校：《朱子語類》1985頁（卷七十八，《尚書》一）。

〔註88〕黎靖德，王星賢點校：《朱子語類》1989頁（卷七十八，《尚書》一）。

察人倫」爲窮理，不知於聖人分上著得「窮理」字否？』曰：『這也是窮理之事，但聖人於理自然窮爾。』人傑。」〔註89〕

　　爲什麼《小序》不可信呢？在朱子看來是因爲一、《小序》與《書》正文不相符，有矛盾。二、《小序》伏生時未言有之。「某嘗疑孔安國《書》是假書。比毛公《詩》如此高簡，大段爭事。漢儒訓釋文字，多是如此，有疑則闕。今此卻盡釋之，豈有百千年前人說底話，收拾於灰燼屋壁中與口傳之餘，更無一字訛舛！理會不得。兼小序皆可疑。《堯典》一篇自說堯一代爲治之次序，至讓於舜方止。今卻說是讓於舜後方作。舜典亦是見一代政事之終始，卻說『歷試諸艱』，是爲要受讓時作也。至後諸篇皆然。況先漢文章，重厚有力量。今《大序》格致極輕，疑是晉宋間文章。況孔《書》至東晉方出，前此諸儒皆不曾見，可疑之甚！大雅。」〔註90〕「《書序》不可信，伏生時無之。其文甚弱，亦不是前漢人文字，只似後漢末人。又《書》亦多可疑者，如《康誥》、《酒誥》二篇，必是武王時書。人只被作洛事在前惑之。如武王稱「寡兄」、「朕其弟」，卻甚正。《梓材》一篇又不知何處錄得來，此與他人言皆不領。嘗與陳同甫言。陳曰：「每常讀，亦不覺。今思之誠然。」〔註91〕「徐彥章問：『先生卻除《書序》，不以冠篇首者，豈非有所疑於其間耶？』曰：『誠有可疑。且如《康誥》第述文王，不曾說及武王，只有「乃寡兄」是說武王，又是自稱之詞。然則《康誥》是武王誥康叔明矣。但緣其中有錯說「周公初基」處，遂使序者以爲成王時事，此豈可信？』徐曰：『然則殷地，武王既以封武庚，而使三叔監之矣，又以何處封康叔？』曰：『既言「以殷餘民封康叔」，豈非封武庚之外，將以封之乎？又曾見吳才老辨《梓材》一篇云，後半截不是《梓材》，緣其中多是勉君，乃臣告君之詞，未嘗如前一截稱「王曰」，又稱「汝」爲上告下之詞。亦自有理。』壯祖。」〔註92〕「《大禹謨》《序》：『帝舜申之。』序者之意，見《書》中，皋陶陳謨了，『帝曰：「來！禹，汝亦昌言。」』故先說『皋陶矢厥謨，禹成厥功』。帝又使禹亦陳昌言耳。今《書序》固不能得《書》意，後來說《書》者又不曉序者之意，只管穿鑿求巧妙爾．

〔註89〕黎靖德，王星賢點校：《朱子語類》2006 頁（卷七十八，《尚書》一）。
〔註90〕黎靖德，王星賢點校：《朱子語類》1985 頁（卷七十八，《尚書》一）。
〔註91〕黎靖德，王星賢點校：《朱子語類》1986（卷七十八，《尚書》一）。此《書序》指《書》《小序》，應依據上下文來判斷朱子所言《書序》指《書》《小序》，以下同。
〔註92〕黎靖德，王星賢點校：《朱子語類》1986 頁（卷七十八，《尚書》一）。

廣。」〔註93〕「問：『「升自陑」，先儒以爲出其不意，如何？』曰：『此乃《序》說，經無明文。要之今不的見陑是何地，何以辨其正道、奇道。湯武之興，決不爲後世之譎詐。若陑是取道近，亦何必迂路？大抵讀書須求其要處，如人食肉，畢竟肉中有滋味。有人卻要於骨頭上咀嚼，縱得些肉，亦能得多少？古人所謂「味道之腴」，最有理。』可學因問：『凡書傳中如此者，皆可且置之？』曰：『固當然。』可學。」〔註94〕「柯國材言：『《序》稱「十有一年」，史辭稱十有三年。《書序》不足憑。至《洪範》謂「十有三祀」，則是十三年明矣。使武王十一年伐殷，到十三年方訪箕子，不應如是之緩。』此說有理。伯羽。」〔註95〕「石洪慶問：『尙父年八十方遇西伯，及武王伐商，乃即位之十三年，又其後就國，高年如此！』曰：『此不可考。』因云，《泰誓序》『十有一年，武王伐殷』，經云『十有三年春，大會於孟津』，《序》必差悞。說者乃以十一年爲觀兵，尤無義理。舊有人引《洪範》『十有三祀，王訪於箕子』，則十一年之誤可知矣。人傑。」〔註96〕「顯道問『召公不悅』之意，曰：『召公不悅，只是《小序》恁地說，裏面卻無此意。這只是召公要去後，周公留他，說道朝廷不可無老臣。』又問：『「又曰」等語不可曉。』曰：『這個只是大綱綽得個意脈子，便恁地說。不要逐個字去討，便無理會。這個物事難理會。』又曰：『「弗弔」，只當作去聲讀。』義剛。」〔註97〕「伏生以《康王之誥》合於《顧命》。今除著《序》文讀著，則文勢自相連接。道夫。」〔註98〕以上材料都反映了其矛盾處。我們大致可以這樣認爲，在朱熹看來，聖人不應該會犯這樣的錯誤，故而《小序》可疑。

那麼，《小序》是誰作的呢？「《尙書》《小序》不知何人作。《大序》亦不是孔安國作，怕只是撰《孔叢子》底人作。文字軟善，西漢文字則粗大。夔孫。」〔註99〕「《書序》是得《書》於屋壁，已有了，想是孔家人自做底。如《孝經序》亂道，那時也有了。燾。」〔註100〕「問：『「勝殷殺紂」之文是如何？』曰：『看《史記》載紂赴火死，武王斬其首以懸於旌，恐不必如此。

〔註93〕黎靖德，王星賢點校：《朱子語類》2007 頁（卷七十八，《尚書》一）。
〔註94〕黎靖德，王星賢點校：《朱子語類》2028 頁（卷七十九，《尚書》二）。
〔註95〕黎靖德，王星賢點校：《朱子語類》2038 頁（卷七十九，《尚書》二）。
〔註96〕黎靖德，王星賢點校：《朱子語類》2039 頁（卷七十九，《尚書》二）。
〔註97〕黎靖德，王星賢點校：《朱子語類》2059 頁（卷七十九，《尚書》二）。
〔註98〕黎靖德，王星賢點校：《朱子語類》2060 頁（卷七十九，《尚書》二）。
〔註99〕黎靖德，王星賢點校：《朱子語類》1985 頁（卷七十八，《尚書》一）。
〔註100〕黎靖德，王星賢點校：《朱子語類》1985 頁（卷七十八，《尚書》一）。

《書序》，某看來煞有疑。相傳都說道夫子作，亦未知如何。』賀孫。」〔註101〕是亦由此懷疑《小序》為孔子所作之傳說。

朱熹之後，持其說更堅定者，又有明梅鷟。梅鷟撰《尚書考異》，此書辨偽世傳《孔安國古文尚書》，有剏始之功〔註102〕。其書卷一「漢書藝文志」條云：「今按《漢書》與《史記》異者數處：『古文經四十六卷』，《史記》無此句；『孔子纂書，凡百篇，而為之序』，《史記》無此句；『魯共王壞宅，以書還孔氏事』，《史記》不載；『孔安國得古文《尚書》，多十六篇，安國獻之，遭巫蠱事，未列於學官』，《史記》不載；『二十九卷』，《史記》作『二十九篇』，蓋一篇為一卷也。《漢書》與《史記》不同者，若此，宜從《史記》為當。然百篇之序，《史記》班班可見，但孟堅以為孔子為之，晦翁不可也。」〔註103〕又卷一「朱子語錄」條其所云補充朱熹氏之說曰：「《小序》在於二十九篇之數，又《史記》班班可考，孟堅以為孔子所作，則因其流傳之久故也，是則雖非孔子親筆，然先秦戰國時講師所作無疑。」〔註104〕

又卷一「孔安國尚書序」條云：「既曰『言大道』，『言常道』，『歷代寶之，以為大訓矣』，又曰『討論墳典，斷自唐虞以下』，則於『言大道』者盡見刪去，於『言常道』者亦去其三，而於『歷代所寶，以為大訓』者亦為寶非其寶，而不足以為訓，所可寶訓獨二典耳，豈夫子信而好古之意哉？程子覺其言之失，遂為之分疏曰『所謂大道若性與天道之說，聖人豈得而去之哉？若言陰陽、四時、七政、五行之道亦必至要之理，非如後世之繁衍末術也，固非常道聖人所以不去也，或者所謂羲農之書，乃後人稱述當時之事失其義理如許行為神農之言及陰陽權變醫方稱黃帝之說耳，此聖人所以去之也。五典既皆常道，又去其三，蓋上古雖已有文字，而制立法度為治有迹，得以記載，有史官以識其事，自堯始耳』，審如程子之言，則外史所掌，玉石不分，而倚相所讀，疏粺並蓄，此又不通之論也。先儒又覺此言不足為之分疏，則曰『《周禮》外史掌三皇五帝之書，周公所錄，必非偽妄，而春秋時《三墳》、《五典》、

〔註101〕黎靖德，王星賢點校：《朱子語類》2040 頁（卷七十九，《尚書》二）。同頁又錄：江彝叟嘗問：「《洪範》載武王勝殷殺紂，不知有這事否？」曰：「據《史記》所載，雖不是武王自殺，然說斬其頭懸之，亦是有這事。」與「恐不必如此」之回答相矛盾。

〔註102〕《四庫全書總目‧尚書考異》。

〔註103〕〔明〕梅鷟，《尚書考異》卷一。

〔註104〕〔明〕梅鷟，《尚書考異》卷一（「朱子語錄」條按語）。

《八索》、《九邱》之書猶有存者，若果全備，孔子亦不應悉刪去之，或其簡編脫落，不可通曉，或是孔子亦見止自唐虞以下，不可知耳，今亦不必深究其說也』，蓋亦疑而不之從矣。殊不知吾夫子之贊《易》也雖穆姜之言亦在所取，況八卦之說，豈忍盡刊？誦《詩》也雖鳥獸草木之名亦貴多識，況九州之志，豈忍盡除？誰謂聖人之聞孫也而有如此立論哉？」〔註105〕

總而言之，梅氏鷟認爲，孔子信而好古，不曾刪《書》；孔子沒作《書序》，「雖非孔子親筆，然先秦戰國時講師所作無疑」。

許多學者對孔子編或刪《書》說未有質疑，而對孔子作《書序》說，則多加否定。

宋史浩（1106～1194）言及《書序》曰：「此書序也，班固謂先聖孔子作，凡典、謨、訓、誥、誓、命之文，必有史氏紀其所作之由，孔子取史語裁爲法度之言，以信後世，雖謂之孔子作可也。」〔註106〕關於《書序》之作的解說，雖認同班固之觀點，但對《書序》之最初創作者作了說明。孔子就像整理《尚書》正文一樣整理了《書序》。

「九峰蔡氏曰：『今按《周禮》，外史掌三皇、五帝之書，周公所錄，必非僞妄，而春秋時《三墳》、《五典》、《八索》、《九邱》之書，猶有存者，若果全備孔子，亦不應悉刪去之；或其簡編脫落，不可通曉，或是孔子所見，止自唐、虞，以下不可知耳，今亦不必深究其說也。』」〔註107〕蔡沈似乎於孔子刪《書》之說持存疑態度。

而宋金履祥（1232～1303）撰《尚書表注》，其書序云：「夫古文比今文固多，且正但其出最後，經師私相傳授，其間豈無傳述傳會，所以《大序》不類西京，而謂出安國，《小序》事意多繆經文，而上誣孔子。」〔註108〕在《尚書序》後金氏注曰：「《前漢書》言張霸採《左傳》、《書敍》作書首尾，《後漢書》言衛宏作《詩序》。衛宏之云，朱子嘗引之以證《時序》之僞矣。獨《書序》疑而未斷。方漢初時，泰寄且有僞書，何況《書序》之類？且《孔傳》古文其出最後，則附會之作有所不免。若《書序》果出壁中，亦不可謂非附會者。蓋孔鮒兄弟藏書之時，上距孔子歿垂三百年，其同藏者《論詰》、《孝

〔註105〕〔明〕梅鷟，《尚書考異》卷一（「孔安國《尚書序》」條按語）。
〔註106〕〔宋〕史浩，《尚書講義》卷一。
〔註107〕〔元〕馬端臨，《文獻通考・經籍考》3～4頁。
〔註108〕〔宋〕金履祥，《尚書表注序》。

經》,《論詰》既有子曾子門人所集,《孝經》又後人因《五孝之訓》而雜引《時》、《書》、傳記之語附會成書,何爲古缺三字?是夫子舊本,則其爲齊魯諸儒次序附會而作序,亦可知也。」〔註 109〕(案:「朱子嘗引之以證《時序》之僞矣」之「時」當爲「詩」之訛,下同;《論詰》之「詰」當爲「語」之誤)於此,則金氏履祥認爲《書序》爲齊魯諸儒次序附會而作。

馬端臨(1254~1323)云:「孔子生於周末,睹史籍之繁文,懼覽之者不一,遂乃定禮樂,明舊章,刪詩爲三百篇,約史記而修《春秋》,贊易道以黜《八索》,述職方以除《九丘》,討論《墳》、《典》,斷自唐、虞以下,訖於周。」〔註 110〕是馬氏似乎同樣認同孔子編次刪《書》之說。關於《書序》,馬端臨在「經籍考」《書》類前引錄孔安國「《書序》序所以爲作者之意,昭然義見,宜相附近,故引之各冠其篇首,定五十八篇」後注云:「詳此章雖說《書序》序所以爲作者之意,而未嘗以爲孔子所作。至劉歆、班固始以爲孔子所作。」〔註 111〕則馬氏並未認同孔子作《書序》說。

元吳澄(1249~1333)曾受教於朱熹再傳弟子饒魯的門人程若庸,撰《書纂言》,在所列晉梅賾所奏上所謂古文書二十五篇篇名後,吳氏澄云「故今以此二十五篇自爲卷裒以別於伏氏之書,而小序各冠篇首者復合爲一,以置諸後,孔氏序並附焉。而因及其所可疑,非澄之私言也,聞之先儒云耳」,〔註 112〕其書卷一云:「書者,史之所紀錄也,從聿從者,聿,古筆字,以筆畫成文字,載之簡冊,曰書;者,諧聲。伏羲始畫八卦,黃帝時蒼頡始制文字,凡通文字能書者,謂之史。人君左右有史以書其言動。堯、舜以前世質事簡,莫可考詳。孔子斷自堯舜以後史所紀錄,定爲虞、夏、商、周四代之書,初蓋百篇。」〔註 113〕則吳氏澄同樣認爲孔子刪定《書》爲百篇;對《書序》的看法應與朱熹諸儒一致。

元董鼎撰《書傳輯錄纂注》,其云:「愚謂帝王之書,歷代所寶,天下家傳人誦之。人生八歲入小學,教之以《詩》、《書》六藝之文,即此書也。蓋自孔子以前則然矣,孔子初志,木期道行於天下,亦未肯止於剛(案:當爲「刪」之訛)《詩》定《書》而已,及既老而道不行,然後始及於此。所以斷

〔註 109〕　〔宋〕金履祥,《尚書表注》卷上。
〔註 110〕　〔元〕馬端臨,《文獻通考・經籍考》3 頁(「總序」)。
〔註 111〕　〔元〕馬端臨,《文獻通考・經籍考》101 頁。
〔註 112〕　〔元〕吳澄,《書纂言》目錄。
〔註 113〕　〔元〕吳澄,《書纂言》卷一。

自唐虞訖於周者，蓋以前乎五帝爲三皇，世尙洪荒，非後世所可考，後乎三
王爲五伯，習尙權譎，又非聖人所忍爲，故惟自唐訖周而百篇之書定。自是
誦習者簡要而不繁，舉行者中正而無弊，此夫子之意也。」〔註114〕其書卷首
下有一段解說《書序》的文字：「漢劉歆曰『孔子修《易》序《書》』，班固曰
『孔子纂《書》凡百篇，而爲之序，言其作意』，今考序文於見存之篇，雖頗
依文立義而識見淺陋，無所發明，其間至有與經相戾者，於已亡之篇則依阿
簡略尤無所補，其非孔子所作明甚。顧世代久遠，不可復知。然孔安國雖云
得之壁中，而亦未嘗以爲孔子所作，但謂『書序，序所以爲作者之意』，與『討
論墳典』等語隔越不屬，意亦可見。今姑依安國壁中之舊，復合序爲一篇，
以附卷末，而疏其可疑者於下云。」〔註115〕（《書傳輯錄纂注凡例》對此似乎
未作出說明，《欽定書經傳說彙纂》已注明爲《集傳》辨《書序》之文，應爲
蔡氏沈所云。據其自序所言，則董氏觀點與朱熹、蔡沈一致。因此，此同時
能代表董氏之看法。）則董氏認爲：一、孔子定《書》百篇，二、《書序》非
孔子所作。

　　元陳師凱撰《書蔡傳旁通》，其卷一（上）在解說「詳此章，雖說書序，
序所以作者之意，而未嘗以爲孔子所作，至劉歆、班固始以爲孔子所作」文
句云：「《漢書‧藝文志》云『書之所起遠矣，至孔子纂焉，上斷於堯，下訖
於秦，凡百篇而爲之序，言其作意』。《志》乃班固所刪劉歆《七略》中語也。
又案『古《周書》七十篇，孔子所刪去者』。而今每篇亦皆有序冠其篇首，則
知百篇小序決非孔子所作矣。」〔註116〕陳師凱在卷六同樣論及《書序》問題
曰：「《小序》雖出孔壁，然非孔子所作，蔡氏固不取之，猶存於卷末者，以
其具百篇之目故爾。隸古本文自《堯典》第一至《秦誓》五十八中間，《禹貢》、
《湯誓》、《泰誓》不復更端，今虞、夏、商、周各有第一者，後人所次爾。
今因《小序》次第其目，庶可一覽而見百篇之舊，因以知存亡之相半云。」〔註
117〕顯然，陳氏認爲孔子不曾作《書序》。

　　元王天與撰《尙書纂傳》，是書大旨以朱子之學爲依歸〔註118〕。其卷一《堯
典》篇序後云：「按唐孔氏謂『書序馬融王肅並云孔子所作』，至朱子則以爲

〔註114〕〔元〕董鼎，《書傳輯錄纂注》卷首上。
〔註115〕〔元〕董鼎，《書傳輯錄纂注》卷首下。
〔註116〕〔元〕陳師凱，《書蔡傳旁通》卷一上。
〔註117〕〔元〕陳師凱，《書蔡傳旁通》卷六下。
〔註118〕據其自序與劉辰翁、彭翼夫爲此書所作之序及《四庫全書總目‧尙書纂傳》。

非，又云『相承已久，未敢輕議，且附經後』，今是編姑從漢孔氏，引之各冠其篇首云。」〔註119〕雖其編排從漢孔氏，則於《書序》之作者，其意見可能與朱子一致。

明劉三吾（1312～？）等奉勅撰《書傳會選》六卷，糾正《蔡傳》凡六十六條，大體仍準依之〔註120〕，其所論孔子與《書》、《書序》之關係，觀點亦大略與蔡氏一致。明胡廣（1370～1418）等奉敕撰《書經大全》十卷，「其專主蔡傳定為功令者，則始自是書」，其說實亦非廣等所自纂，大旨本二陳氏，一為陳櫟《尚書集傳纂疏》，一為陳師凱《書蔡傳旁通》，《纂疏》皆墨守《蔡傳》，《旁通》則於名物度數考證特詳，雖迴護《蔡傳》之處在所不免。〔註121〕關於孔子與《尚書》之關係，胡氏廣等諸人與劉三吾等奉勅所撰《書傳會選》於此方面所引文獻相同，觀點當亦無異。〔註122〕

當然，肯定孔子編次《書》、作《書序》的學者也大有人在，甚至直接說孔子著《書》。

宋鄭樵（1104～1162）云：「百川異趨，必會於海，然後九州無浸淫之患；萬國殊途，必通諸夏，然後八荒無壅滯之憂。會通之義大矣哉！自書契以來，立言者雖多，惟仲尼以天縱之聖，故總《詩》、《書》、《禮》、《樂》而會於一手，然後能同天下之文，貫二帝三王而通為一家，然後能極古今之變。是以其道光明，百世之上，百世之下，不能及。……仲尼著《書》，斷自唐、虞，而紀年始於魯隱，以西周之年無所考也。」〔註123〕鄭氏注重著書會通之義，認為孔子「總《詩》、《書》、《禮》、《樂》而會於一手」，「仲尼著《書》，斷自唐、虞」，著之義，當是記載，撰寫。如《左傳·襄公二三年》：「著於丹書。」《後漢書·張衡傳》：「著《靈憲》，《算罔論》。」是鄭樵認為孔子著《書》。

宋林之奇（1112～1176）云：「《書》，孔子之所定，凡百篇。孔子之前，《書》之多寡不可得而見。《書緯》云：『孔子得黃帝元孫帝魁，凡三千二百四十篇為《尚書》，斷近取遠，定其可為世法者百二十篇為簡書。』此說不然，古書簡質，必不如是之多也。班孟堅《藝文志》於古今書外，又有《周書》七十一篇。劉向云：『周時誥令，蓋孔子所論百篇之餘。』於周時所刪去者才七十

〔註119〕〔元〕王天與，《尚書纂傳》卷一。
〔註120〕《四庫全書總目·書傳會選》。
〔註121〕《四庫全書總目·書經大全》。
〔註122〕〔明〕胡廣，《書經大全》原序。
〔註123〕〔宋〕鄭樵，《通志》「總序」。

一篇，自周以前疑愈少矣。謂有三千餘篇，非也。」〔註124〕此雖否定《書緯》
關於《尚書》篇數目，但林氏之奇同樣認為孔子刪《書》定為百篇。

　　宋呂祖謙（1137～1181）撰《書說》，門人時瀾增修之，其《增修東萊書
說原序》中云：「周室既東，王迹幾熄，流風善政猶有存者，於橫流肆行之中
有閒見錯出之理。辨純於疵，識真於異，此其門邪？仲尼定《書》，歷代之變
具焉。由是而入，可以睹禹、湯、文、武之大全矣。」〔註125〕是其師弟皆以
為孔子定《書》。

　　宋夏僎（生卒年未詳）撰《尚書詳解》，其解《尚書序》中「討論墳典，
斷自唐虞以下，訖於周。芟夷煩亂，翦截浮辭，舉其宏綱，撮其機要，足以
垂世立教，典、謨、訓、誥、誓、命之文凡百篇，所以恢弘至道，示人主以
軌範也。帝王之制，坦然明白，可舉而行，三千之徒並受其義」文句云：「墳
典之書，傳之既久，不無雜亂。孔子討論而整理之，上去三墳及五典之書，
斷自唐、虞，獨取二典，訖於有周，其間有雜亂難考之處，皆芟除之，而使
至於平夷；浮華無實之言，皆翦截而剔去之，但舉其宏綱，撮其機要，以垂
示後世，用以教人耳。綱網之索謂之宏綱，則言舉大綱而眾目張；機弩之括
謂之機，則言撮機括之至要，非泛而無統者也。惟舉其大綱而撮機要，故上
自唐、虞，下及商周，歷世最久，歷君甚多，而典、謨、訓、誥、誓、命特
百篇而已。大抵孔子定《書》，皆所以發明張大二帝三皇至治之要道，以為後
世人君出治之軌範。軌則如車之有軌，見其所行皆由是；範則如器之有範，
見其所為不能外。是惟吾夫子用意如是。故百篇之書，其間所載二帝三王之
製作，坦易明白。後世可舉是而見於有行，寔非可言而不可行者。惜乎出非
其時，言不見用。百篇之義第傳之三千弟子而已，不獲推而行之。」〔註126〕
其解「書序，序所以為作者之意，昭然義見，宜相附近，故引之各冠其篇首，
定五十八篇」文句，也是順著其意加以闡釋的，也並未指明作序者為何人。
所以夏氏僎亦認同孔子刪定《書》百篇之說。

　　宋錢時（1175～1244）撰《融堂書解》，其書卷二解說《大禹謨》之序云：
「孔子序《書》，獨何所見？首言『皋陶矢厥謨』，次言『禹成厥功』，特斷之
以『帝舜申之』之一語。嗟夫！非聖人安能如此觀書，安能脫去篇章名字，

〔註124〕〔宋〕林之奇，《尚書全解》序。
〔註125〕〔宋〕呂祖謙撰，時瀾增修，《增修書說》原序。
〔註126〕〔宋〕宋夏僎，《尚書詳解》解《書序》。

獨出眞見？斷定聖經，如此其的哉！……孔子深探此旨，不徇篇次名義，直書『皋陶矢厥謨，禹成厥功，帝舜申之』，以明大禹皋陶謨益稷之所由作，此一申字，如天地造化摹寫不可形容之妙，豈後世依經解義所能及其萬一哉？」〔註 127〕由此觀之，錢氏以爲孔子編次《書》並作《書序》。

　　宋魏了翁（1178～1237）撰《尚書要義》，其書爲資料彙編性質〔註 128〕，然其標題同時也反映編者之觀點，如其書卷一爲《堯典》篇其第五目次爲「《書序》孔子所作」下即引用孔穎達正義之「要義」〔註 129〕，認同孔氏穎達之意見。

　　宋陳經撰《尚書詳解》，《四庫全書總目》認爲其「尤近於陸九淵六經注我之說，殆傅金溪之學派者」〔註 130〕。其解說《堯典》篇題云：「夫子讚《易》自伏羲而下，定《書》自唐虞而下，莫不各有其意。然則伏羲、神農、黃帝之書謂之《三墳》，少昊、顓帝、高辛、唐、虞之書謂之《五典》，則二帝而上蓋有書矣。夫子斷自唐、虞者，蓋二帝而上隨時有作，順乎風氣之宜，不先天以開人，各因時而立政，其事則樸略而未備，暨乎堯、舜繼作，人道始備，可以爲百王之冠，後世之所取法，故《書》首二典。觀《論語·堯曰篇稱》堯曰『咨爾舜』而下，是皆夫子斟酌帝王之道，可以通行於天下後世者也。知《堯曰篇》之所載，則知夫子所以定《書》之本旨矣。」〔註 131〕其解說《堯典》篇序云：「此夫子之所作也。《書序》，序所以作書之意，故引之各冠其篇首。」〔註 132〕又云：「吾觀堯自十六以唐侯升爲天子，在位七十載，其國家有大政，事非一端而足，而作史者特以一篇儘其平生之所爲，而夫子序《書》，又以四句而該盡一篇之義。嗚呼！辭約而義盡也如此哉！」〔註 133〕此或頗能代表心學家於孔子與《尚書》之關係方面的觀點：一、孔子定《書》，有其本旨。二、孔子爲各篇《書》作序，「辭約而義盡」。

　　宋陳大猷所撰（東陽人，非都昌陳大猷）《書集傳或問》，其書卷上「或問堯典爲虞書闕疑何也」，其辯駁曰：「孔氏以《堯典》爲虞史所追錄，故謂之《虞書》。按《左氏傳》引《舜典》、《大禹謨》皆云『《夏書·舜典》亦載

〔註 127〕〔宋〕錢時，《融堂書解》卷二。
〔註 128〕《四庫全書總目·尚書要義》。
〔註 129〕〔宋〕魏了翁，《尚書要義》卷一。
〔註 130〕《四庫全書總目·尚書詳解》。
〔註 131〕〔宋〕陳經，《尚書詳解》卷一。
〔註 132〕〔宋〕陳經，《尚書詳解》卷一。
〔註 133〕〔宋〕陳經，《尚書詳解》卷一。

舜陟方乃死』。竊意《舜典》、《禹謨》乃夏史所追錄，故夫子未正之先，止謂之《夏書》，《舜典》爲《夏書》，則《堯典》爲《虞書》明矣。今《舜典》、《禹謨》之爲《虞書》，則是夫子所正也。夫子既正《舜典》、《禹謨》爲《虞書》，安得不正《堯典》爲《唐書》乎？夫一代之書必當題一代之名，班固作《前漢史》於後漢時，止謂之《前漢史》，未嘗題爲《後漢史》也，陳壽作《三國志》於晉時，止謂之《三國志》，未嘗題爲《晉志》也。況夫子斷自《堯典》以爲百篇之首，豈應獨仍其舊而不正其名哉？意必有舛文也，或謂《堯典》、《舜典》、《禹謨》皆謂之《虞書》以見三聖守一道，夫三聖守一道，豈以是見哉？此則不必辨。」〔註134〕觀其所作辯駁，我們可以看出，宋氏同樣視《尚書》爲孔子所正，其書百篇。

宋胡士行撰《尚書詳解》，其書原序云：「《尚書》，史官所紀，孔子刪之，始皇燒之，孔襄藏之。」〔註135〕胡氏士行所解《堯典》小序認爲「此孔子序述一篇之大旨也」。由此，則其認爲孔子刪《書》，作《尚書》各篇序，無疑。

元許謙（1269～1337）撰《讀書叢說》六卷，其書卷一作者曾作考論云：「自堯至襄王六十五君，堯元年至襄二十八年歷年一千七百三十四，而惟十八君之世有書，以亡書考之，亦惟沃丁、大戊、仲丁、河亶甲、祖乙五君之世有書十篇耳，自此二十三君之外其餘豈無出號令紀政事之言？蓋皆孔子所芟夷者。緯書謂『孔子求帝魁之書，迄於秦穆，凡三千二百四十篇』，雖其言未必實，然有書者不止二十三君則明矣。愚嘗謂聖人欲納天下於善，無他道焉，惟示之勸誡而已。故孔子於《春秋》嚴其褒貶之辭，使人知所懼，於《書》獨存其善，使人知所法。是故《春秋》之貶辭多而褒甚寡，《書》則全去其不善獨存其善也，雖桀、紂、管、蔡之事猶存於篇，蓋有聖人誅鉏其暴虐，消弭其禍亂，獨取於湯、武、周公之作爲，非欲徒紀其不善也。至於羿浞之篡夏，幽厲之滅周，畧不及之。觀此，則聖人之心可見矣。」〔註136〕則許氏謙也明確孔子以其標準刪定《書》。

元黃鎮成撰《尚書通考》，其卷一「壁藏異記」條也認定孔子定《書》爲百篇。〔註137〕

〔註134〕〔宋〕陳大猷，《書集傳或問》卷上。
〔註135〕〔宋〕胡士行，《尚書詳解》序。
〔註136〕〔元〕許謙，《讀書叢說》卷一。
〔註137〕〔元〕黃鎮成，《尚書通考》卷一。

　　元王充耘撰《讀書管見》，其論「《堯典》謂之《虞書》」〔註 138〕條中同樣可以看出其認同孔子定《書》之說。

　　元朱祖義撰《尚書句解》，其解說《堯典》篇曰：「《堯書》謂之典，孔氏曰『五典，言常道也』，是以典訓常，蓋謂一書之中所載皆堯之常行也。《堯典》於篇次實居第一，然篇次之數非孔子之舊，乃安國所定，何以知之？孔子所作《書序》《舜典》之後，有《汨作》一篇、《九共》九篇、《槀飫》一篇，其十一篇，而後乃《大禹謨》；《堯典》既第一，《舜典》既第二，又如此十一篇，為孔子所定，則《大禹謨》當第十四，今乃云第三，是知篇次之數安國所定。」〔註 139〕解說《虞書》「書名」云：「堯，唐帝也，書應謂之《唐》，今云《虞書》者，蓋其初《堯典》實題為《唐》，《舜典》實題為《虞》，《禹謨》實題為《夏》，今三篇俱謂之《虞書》者，非史之舊，乃孔子定書之後序正也，何以知之？《左傳·莊八年》引《夏書》曰『皋陶邁種德』，《僖二十四年》引《夏書》曰『地平天成』，《襄二十八年》引《夏書》曰『與其殺不辜，寧失不經』，是莊襄之時夫子未序正，《禹謨》實謂之《夏書》，則《堯典》於孔子未序正前亦謂之《唐書》明矣。雖然，孔子於三聖之書雖不仍舊貫，而必為之序正，不俱謂之唐，不俱謂之夏，必謂之虞者，蓋堯授舜、舜授禹，三聖相授，實守一道，故序正其書，使同其題號者，書同則道同也；夫舜上承於堯，下授於禹，以虞名書則上可以該堯下可以該禹，三聖之道混然一致，略無間斷，夫子之意顧不深歟？」〔註 140〕朱氏又於《堯典》篇序後解云：「《書序》本自作一篇，列於百篇之後，鄭玄、馬融、王肅皆以為孔子所作。然觀其領略大意，而盡於數言至於一字不可增損，蓋聖人之文，非吾夫子莫能為也？本在百篇之後，今冠於每篇之首者，安國之所分也。」〔註 141〕由上觀之，朱氏於孔子於《尚書》之關係方面認為，孔子擬定篇名，編次《書》百篇並作百篇《書序》。

　　明馬明衡主王陽明之心學，撰《尚書疑義》，在於發明聖人之心〔註 142〕。馬氏認為《尚書》為孔子所述，其論之云：「《尚書》載二帝二王之績，歷世自唐虞訖於成周，上下千有餘年，聖人不可作矣。由今可以見其行事之實者，

〔註 138〕　〔元〕王充耘，《讀書管見》卷上。
〔註 139〕　〔元〕朱祖義，《尚書句解》卷一。
〔註 140〕　〔元〕朱祖義，《尚書句解》卷一。
〔註 141〕　〔元〕朱祖義，《尚書句解》卷一。
〔註 142〕　〔明〕馬明衡，《尚書疑義》原序。

獨賴是書焉耳。先儒謂《書》以道政事，夫《書》言政事固矣，要其至而言之，豈道政事而已哉？古者聖人窮而在下，則以其道立言訓後世，如吾夫子之所述是也；達而在上，則以其道立政淑當時，如二帝三王是也。」〔註143〕

　　明王樵撰《尚書日記》，大旨仍以蔡傳爲宗〔註144〕，也在探求「聖人之心」〔註145〕。其書卷一亦云及孔子與《尚書》的關係云：「《書》自《禹貢》以後每篇各記一事，獨典、謨所載不倫，而五篇體制相似，蓋出於一人之手。唐、虞、夏雖曰異代，實相去不遠，舜史記堯事，禹史記舜事，不應皆曰稽古，以理考之，紀載出於虞史，而緒成於夏啓以後史臣之手；稽古等語夏史所加也。《春秋傳》多引爲《夏書》，據所成也。孔子定爲虞書，原所作也，且曰：『虞則上可以該堯，下可以該禹，三聖相授受之淵源於是備矣。』」〔註146〕自亦認爲孔子定《書》。

　　明陳第（1541～1617）撰《尚書疏衍》，是書因宋元諸儒疑古文僞作而作，「陳氏第篤信梅賾古文，以朱子之爲非」。「自第以前如吳栻之《書裨傳》，陳振孫之《書說》，吳澄之《書纂言》，歸有光之《尚書敘錄》，均不過推究於文字難易之間，未能援引諸書得其確證。梅鷟《尚書考異》雖多所釐訂，頗勝前人，而其《尚書譜》則蔓語枝詞，徒爲嫚罵，亦不足以關辨者之口。第之堅持舊說，蓋由於此。」〔註147〕其書卷一「引書證」條云：「昔孔子觀書周室，得虞、夏、商、周之典，刪其善者百篇，與《詩》、《易》、《禮》、《樂》並行，以教後世。」〔註148〕陳氏第亦認同孔子刪《書》之說。

第四節　漢學奈何編次《書》，宋學無奈作《書序》 ——從朱鶴齡到章太炎

　　清代學者對於孔子與《書》關係的認識，其認識水平總體上似乎並未有超越前代，懷疑孔子編次或刪過《書》的聲音似乎消散了，朱熹、梅鷟懷疑精神似乎沒有得到光大發揚，認爲孔子編次了或刪《書》的意見依舊占主流，

〔註143〕〔明〕馬明衡，《尚書疑義》原序。
〔註144〕《四庫全書總目・尚書日記》。
〔註145〕〔明〕王樵，《尚書日記》序。
〔註146〕〔明〕王樵，《尚書日記》卷一。
〔註147〕《四庫全書總目・尚書疏衍》。
〔註148〕〔明〕陳第，《尚書疏衍》卷一。

而甚至孔子作《書序》說也有占上風之**趨勢**，宋代許多學者否定孔子作《書序》的學術探討沒有了**繼續**深入。究其原因，固然有清儒輕視宋儒之偏見的影響，似乎也有不能再繼續否認聖人與《書》之關係的政治需要，更爲關鍵的是，要解決此問題的文獻依據缺乏，縱然清代考據學達到空前的水平，但於此問題還是顯得無奈，而廖平、康有爲等人出於某種需要似乎在此問題上隨己意大肆發揮，生出《書序》爲劉歆僞造之說。

繼承宋儒以來疑辨此問題的學者有朱鶴齡與朱彝尊等人，雖然他們認同孔子編次或刪次《書》之說，但在孔子作《書序》這一問題上在持懷疑或否定態度，但這一看法到了廖平、康有爲那裏似乎得到了歪曲的發展，出現了孔子刪定《書》二十八篇，《書序》爲劉歆僞作的說法。

朱鶴齡（1606～1683）撰《尚書埤傳》，其書卷首「刪次」條備列唐孔氏、程子、朱子等諸家關於孔子刪次《書》之說。〔註149〕其書卷一《虞書·堯典》云：「按典、謨五篇，皆以『曰若稽古』發端，蓋出於一人之手，恐難獨分。《堯典》爲虞史所作，《堯典》篇末言舉舜事。伏生本又以《舜典》合爲一篇，宜後人稱虞書也。唐、虞、夏雖曰異代，實相去不遠，而典、謨載堯、舜、禹、皋陶事皆曰稽古，其爲夏啓以後史臣所作明矣。然亦必唐虞之時，自有紀載，夏史但修纂成篇耳。《春秋傳》多稱《夏書》，據所成也，孔子定爲虞書，原所作也。」〔註150〕又卷四《夏書·禹貢》云：「孔疏當時水土既治，史即錄此篇，其初必在虞書之內，蓋夏史抽入夏書，或仲尼始退其第。」〔註151〕此反映了朱鶴齡認同孔子刪次《書》之意見。

「書序」條備列朱子、林之奇、蔡氏、鄒季友等諸家關於孔子與《書序》關係之說，其言「《史記》盡引今文《書》二十八篇及僞《泰誓》一篇，並不引孔壁所增諸篇，是太史公未見孔壁《書》明矣，然卻多引《小序》，雖亡篇之序亦有之，意西漢時自有百篇之序，故太史公見之，造僞書者亦見之，非專出於孔壁也」〔註152〕，似乎並未表明朱氏鶴齡於此方面的態度，僅僅認爲百篇《書序》存在於太史公與造僞者之前。

朱彝尊（1629～1709）以爲孔子編次了《書》，「非有損益於其間，特序

〔註149〕　〔清〕朱鶴齡，《尚書埤傳》（《尚書埤傳》卷首「刪次」條）。
〔註150〕　〔清〕朱鶴齡，《尚書埤傳》卷一。
〔註151〕　〔清〕朱鶴齡，《尚書埤傳》卷四。
〔註152〕　〔清〕朱鶴齡，《尚書埤傳》卷首「書序」條。

之而已」；於《書序》，則「外史所以達四方者，其由來也古矣」，孔子未作《書序》。關於前者，其云：「《書》何以終《費誓》、《秦誓》也？說經者曰：『周之衰，孔子有望於魯矣，魯之衰，孔子有望於秦矣。聖人念焚書之酷，雖知不免，猶不能廢人事焉。』噫！是非儒者之言也。《周官》外史掌三皇五帝之書，達書名於四方。鄭氏謂『若《堯典》《禹貢》達此名，使知之。蓋書之名既達矣，又慮其久而昧其義也，乃命大行人九歲則諭書名。』然則百篇之書皆掌之外史而諭之行人，非孔子所得而芟夷翦截黜除之也；謂芟夷翦截黜除之者，孔安國之序之文之偽也。司馬遷稱孔子序《書》傳，上紀唐虞之際，下至秦繆，編次其事，而班固亦云序《書》則斷《堯典》。《書》也者，孔子非有損益於其間，特序之而已。夏之書終以《胤征》，周之書終以《費誓》、《秦誓》，無以異也。周公作《多士》，載於《周書》，魯公作《費誓》，亦得載於《周書》，無以異也。且夫平淮徐一也，召穆公、程伯休父《江漢》、《常武》之篇錄於《詩》，安在《費誓》之不可錄於《書》？悔過一也，衛武公《賓之初筵》，列於《小雅》，安在《秦誓》之不可列於《周書》？以無足異之事而必謂聖人有心於望周望魯，毋乃類於讖緯之說乎？秦師之襲鄭也，過周北門，左右免冑而下，超乘者三百人，王孫滿譏其輕而無禮。繆公蓋聞之矣，其作誓曰：『仡仡勇夫，射御不違，我尚不欲。』則悔之之深，匪徒以違蹇叔為憾也。意其封殽屍而還，必告捷於天子而陳其誓辭，遂得掌於史而達之四方。雖末由得其詳，而要非孔子有意以《秦誓》終《周書》，則可信已。」〔註153〕這種從具體內容上否定孔子刪《書》說即是朱熹疑辨思路的體現。

關於後者，其云：「說《書序》者不一，謂作自孔子者，劉歆、班固、馬融、鄭康成、王肅、魏徵、程顥、董銖諸儒是也；謂歷代史官轉相授受者，林光朝、馬廷鸞也；謂齊魯諸儒次第附會而作者，金履祥也；至朱子持論，謂決非夫子之言，孔門之舊，由是九峰蔡氏作《書》傳，從而去之。按古者《書序》自為一篇，列於全書之後，故陸德明稱馬、鄭之徒，百篇之序總為一卷，至孔安國之傳出，始引小序分冠各篇之首，後人習而不察，遂謂伏生今文無序，序與孔氏傳並出，不知漢孝武時即有之，此史遷據以作夏、殷、周本紀，而馬氏於書小序有注，見於陸氏《釋文》，又鄭氏注《周官》引《書序》文，以證保傅，故許謙云『鄭氏不見古文，而見百篇之序』。考馬、鄭《傳》《注》，本漆書古文，是《孔傳》未上之時，百篇之序先著於漢代，初不與安

〔註153〕〔清〕朱彝尊，《曝書亭集》（卷五十九・論・書論一）。

國之書同時而出也。自愚論之,《周官》外史之職掌達書名於四方,此書必有序,而今百篇之序,即外史所以達四方者,其由來也古矣。」〔註154〕此論孔子未作《書序》,是力圖從制度上切入加以說明,然亦屬於推測之辭。

廖平(1852～1932)、康有爲(1858～1927)則認爲孔子刪定《書》爲二十八篇,《書序》爲劉歆僞作。廖氏經學思想凡經六變。《闢劉篇》(又名《古學考》)與《知聖篇》爲其經學二變時期之代表作,其中多論及孔子與六經的關係,其觀點對維新派領袖康有爲影響甚巨。於孔子與六經之關係,廖平之觀點甚爲明確,認爲「六經由孔子一人手定,無與於周公」。他說:「舊以《春秋》爲孔作,《詩》、《書》、《易》、《禮》則爲國史,爲周公之遺,以四經與《春秋》不類,使孔但作《春秋》,則四經當爲舊制,必有異同。今一貫同原,知無新舊之異。《六經》垂教,不能參差;四代同文,必有一人手定可知。歆《移書》猶以經歸孔子;以後報怨,援周公以與孔子爲敵,遂以《易》爲文王周公作;《春秋》爲魯史,《儀禮》出於周公,《書》爲歷代史筆,《詩》國史所存,撝撥仲尼,致使潔身而去。東漢以後,雖曰治經,實則全祖歆說。」〔註155〕認爲「《六經》傳於孔子,與周公無干」,他說:「《六經》傳於孔子,實與周公無干。哀平以前,博士全祖孔子,不祖周公。劉歆《移書》亦全歸孔子。後來欲攻博士,故牽引周公以敵孔子,古文家說以經皆出周公是也。後人習聞其說,遂以周公孔子同祀學官,一爲先聖,一爲先師,此其誤也。古學以《詩》《書》《春秋》爲國史,《周禮》、《儀禮》爲周公手定,《易爻辭》《爾雅》爲周公作,五經全歸周公,不過傳於孔子,與劉歆《移書》相反,與作《六經》賢於堯舜之文不合,此當急正也。崔氏《考信錄》已駁周公著作諸說。」〔註156〕由此可推測,於孔子與《書》之關係,廖氏以爲,《書》爲孔子所定。

具體到《尚書》而言,廖氏認爲「二十八篇爲全《書》」,他詳細論道:「周宇仁據《大傳》文,主博士『二十八篇爲備』之說。予初不以爲然,以古書引用者甚多,不能以佚文以非《書》;及考《百篇書序》,然後悟周說爲是。如《大傳》言『五誥』,孟子引《湯誥》不在五誥中,蓋孔了所筆削爲經者實二十八篇,其餘即孔論之餘,劉向云:『周時誥誓號令』是也。及讀牟默人《同文尚書小傳序》,力主此說,以二十八篇爲孔子刪定本,餘存尚多,即《藝文

〔註154〕〔清〕朱彝尊,《曝書亭集》(卷五十九・論・書論二)。
〔註155〕劉夢溪,《中國現代學術經典・廖平卷》89頁(《古學考》)。
〔註156〕劉夢溪,《中國現代學術經典・廖平卷》94頁(《古學考》)。

志》之《周書》七十一篇也。其《百篇序證案》，以百篇出於衛宏賈逵，蓋聖作之經不應亡佚過半，且既經筆削則聖經也。孟子於《武成》取二三策，以為原文則可；聖經則何以尚待孟子甄別，當亦非所敢言。《書》分帝、王、周公、四嶽，二十八篇各有起文，互相照應，其文已足，不能多加一篇；以義理事證包括無遺，不能於外再有所補。經貴簡要，傳貴詳明；人多以傳為經。孟子引『放勳曰』云云，或以為《尚書》佚文，顧氏以『曰』為『日』，如此之類甚多是也。又孟子紀舜事皆為《尚書》師說，故文體與《尚書》不同。其誤原於《百篇序》。《百篇序》以在《史記》而人不敢駁，實則其說皆不通。古無《舜典》，衛賈創為其名，以湊百篇之數。陳亦韓說：『本無別出《舜典》；《大學》引《書》統謂《帝典》，《子華子》、《孔叢子》亦稱《帝典》。』陳南浦誤於《序》說，並迴護《偽古文》，疑『月正元日』以下實古之《舜典》。按《帝典》古稱《虞書》，以虞包唐，故三統之說言有虞氏而不言唐堯，舉虞以包唐，不必別有《舜典》。且堯舜均稱，二典當並重，西漢以前乃無人引其文，無人道其名，萬不能軒輊若此；即此可悟古無《舜典》矣。舊本堯舜並說，合為一篇，名曰《帝典》；《大學》、《子華子》、《孔叢子》所稱《帝典》，其本名也。後師因其首言堯，稱為《堯典》；諸書之稱《堯典》者，非便文則譯改。《百篇序》本古文家仿張霸而作，孱入《史記》，以為徵信。考張霸《百兩篇》備錄經文，其偽顯著。劉歆欲攻博士經不全，故本其書作《序》，有《序》無經，不示人以瑕；《序》襲《百兩》，非《百兩》襲《序》。《毛序》出於謝；《書序》則劉歆所為，以百篇立名，憤博士『二十八篇為備』之說耳。《偽古文》之作，《偽書序》實為之俑；閻氏攻《偽孔》而不攻《書序》，未得罪魁矣。魏默深以《孟子》、《史記‧舜本紀》之本為《舜典》，據而補之；陳南浦強分『月正元日』以下為《舜典》，皆誤於《偽序》之故。《偽古文》之《五子之歌》、《咸有一德》等篇，本非書名，杜賈引以湊百篇之數，乃亦坿會其名而撰為一篇，則不惟其文偽，並其篇名皆偽也。牟默人分二十八篇為三十一篇，可也；以《史記》所引《序》為真書，則非。據云《書序》不見《史記》者三十七，恐不如此之多，試再考之。」〔註157〕則廖氏認為孔子刪定《書》為二十八篇，《書序》為劉歆偽作。

於孔子與六經關係，廖平在《知聖篇》亦多有論述。「孔子受命製作，為生知，為素王，此經學微言傳授大義。帝王見諸事實，孔子徒託空言，六藝即其

〔註157〕劉夢溪，《中國現代學術經典‧廖平卷》104～105 頁（《古學考》）。

典籍制度。與會六部，則例相同。素王一義爲六經之根株綱領，此義一立，則群經皆有統宗，互相啓發，針芥相投。自失此義，則形體分裂，南北背馳，六經無復一家之言。」〔註158〕又說「或據『非天子不議禮，不制度』，孔子自云『從周』，不應以匹夫改時制。然使實爲天子，則當見諸施行，今但空存其說於六經，即所謂『不敢作』也。孔子惟託空言，故屢辨作、述。蓋天命孔子，不能不作，既有德無位，不能實見施行，則以所作者存空言於六經，託之帝王，爲復古反本之說。與局外言，則以爲反古；與弟子商榷，特留製作之意。總之，孔子實作也，不可徑言作，故託於述。所云『述而不作』，自辨於作也；『不知而作，無是』，『天下有道，庶人不議』，自任乎作也。意有隱顯，故言不一端，且實不作，又何須以述自明乎。」〔註159〕又云：「宰我、子貢以孔子『遠過堯舜』，『生民未有』。先儒論其事實，皆以歸之六經。舊說以六經爲帝王陳迹，莊生所謂『芻狗』，孔子刪定而行之。竊以作者謂聖，述者謂賢，使皆舊文，則孔子之修六經，不過如今之評文選詩，縱其選擇精審，亦不謂選者遠過作者。夫述舊文，習典禮，兩漢賢士大夫與夫史官類優爲之，可覆案也，何以天下萬世獨宗孔子？則所謂立來、綏和、過化、存神之迹，全無所見，安得謂『生民未有』耶？說者不能不進解爲孔子繼二帝三王之統，斟酌損益，以爲一王之法，達則獻之王者，窮則傳之後世。續修六經，實是參用四代，有損益於其間，非但鈔襲舊文而已。執是說也，是即答顏子兼採四代，《中庸》之『祖述』『憲章』，《孟子》之『有王者起，必來取法』也。然先師改制之說，正謂是矣。如謂孔子尊王從周，則必實得文武之會典，周公之則例，謹受而奉行之。凡唐、虞、夏、殷先代之事，既隻字不敢闌入，即成、康以下明君賢相變通補救之成案，亦一概刪棄，如是乃可謂之尊王，謂之不改。今既明明參用四代，祖述堯舜，集群聖之大成，垂萬世之定制，而猶僅以守府錄舊目之，豈有合乎？夫既曰四代，則不能株守周家；既曰損益、折衷，則非僅繕寫成案亦明矣。」〔註160〕又說：「孔子統集群聖之成，以定六藝之制，則六藝自爲一人之制，而與帝王殊。故弟子據此以爲『賢於堯舜者遠』，實見六藝美善，非古所有。」〔註161〕又說：「孔子六經微意俱同，《詩》，爲天；《書》，爲人；《春秋》，王伯；《禮》附《書》；

〔註158〕劉夢溪，《中國現代學術經典・廖平卷》127頁（《知聖篇》）。
〔註159〕劉夢溪，《中國現代學術經典・廖平卷》128～129頁（《知聖篇》）。
〔註160〕劉夢溪，《中國現代學術經典・廖平卷》129～130頁（《知聖篇》）。
〔註161〕劉夢溪，《中國現代學術經典・廖平卷》130頁（《知聖篇》）。

《樂》附《詩》，皆取舊文而潤色之，非僅刪定而已。故《尚書》所言堯、舜、夏、殷，禮制全與《春秋》相同。今《尚書》、三家《詩》諸書可證也。又《書》有四代之文，俗以爲有沿革，乃《大傳》無異同，有大小之分，無沿革之異。唐虞禮制，下與《春秋》相符，正孔子述作六藝之大例。」〔註162〕又說：「六經皆孔子筆削，有翻改舊文之處。或頗震驚其言，不知其說雖新，其理至爲平易。夫由堯舜以至成周，初簡陋而後文明，代有沿革，見之載記，人心所同信者也。孔子修六藝以爲後世法，俟百世，見之載記，亦人心所同信者也。然洪荒初開，禮制實爲簡陋，即茅茨、土芥、大羹、玄酒等類，若於文備之世，傳以爲法，不惟宜俗不合，且啓人輕薄古昔之心。是《帝典》不能實錄其事，亦一定之勢也。夫禮家議禮，易滋聚訟，既折衷於聖人，後世猶多齟齬。今使《尚書》實錄四代之文，事多沿革，每當廷議，各持一端，則一國三公，何所適成？孔子不能不定一尊以示遵守，亦情勢之所必然也。既文質之迥殊，又沿革之互異，必欲斟酌美善，垂範後王，沉思默會，代爲孔子籌畫，則其筆削之故，有不待辯而自明者矣。」〔註163〕又說：「『《春秋》天子之事』，諸經亦然。一人一心之作，不可判而爲二。《春秋》未修之先，有魯之《春秋》；《書》、《詩》、《禮》、《樂》未修之先，亦有帝王之《書》、《詩》、《禮》、《樂》。修《春秋》，筆削全由孔子；修《書》、《詩》、《禮》、《樂》，筆削亦全由孔子。《春秋》據舊史言，則曰『修』；從取義言之，則曰『作』。修即所謂『述』。當日翻定六藝，是爲聖作，人亦稱孔子爲作。其云『述而不作』，言『不作』即作也，言『述』即非述也。與『其文則史，其義則竊取』同意。而作述之事，即兼指六經，不獨說《春秋》。載記總言孔子事，則云翻定六經，製作六藝，其並稱之文，則多以『作』『修』加《春秋》，於《詩》、《書》、《禮》、《樂》，言『刪』『正』。文變義同，無所分別。因『作』『修』多屬《春秋》，故同稱則六經皆得云『作』『修』，而並舉則惟《春秋》所獨。此爲異名同實。後來不識此意，望文生訓，於《春秋》言『作』『修』，得之；於刪《詩》、《書》，正《禮》、《樂》，『刪』則以爲如今刪定文籍，『正』則以爲如今鑒正舊本，遂與『作』『修』大異。亦如說殺、殛爲死型，與投四凶、化四裔之義迥乎不同。不知此義一失，大乖聖人本意，爲經學治述之妨害。判《春秋》與諸經爲二，離之兩傷，一也。以諸經爲舊文，非孔子之書，遂卑賤乎《春秋》，二也。諸經失其宗旨，不能自通，三也。離割形

〔註162〕劉夢溪，《中國現代學術經典・廖平卷》131 頁（《知聖篇》）。
〔註163〕劉夢溪，《中國現代學術經典・廖平卷》133～134 頁（《知聖篇》）。

氣，無貫通之妙，四也。獨尊《春秋》，使聖教失宏博之旨，五也。今力闢舊說之誤，獨申玄解，務使六經同貫，然後經學宏通，聖教尊隆。」〔註164〕

廖氏在文中反覆論述孔子「述」「作」六經之意，認爲從舊史言則爲「修」，從取義言則爲「作」；則孔子修作了《尚書》。

康有爲（1858～1927）在其著作《新學僞經考》中認爲孔子論定《尚書》凡二十八篇；《書序》非孔子所作，爲劉歆僞撰，與廖平的觀點一致。在「史記經說足證僞經考第二」中云：「難者曰：若謂孔子傳《書》只二十八篇，則《史記》所引《書》篇名，《禮記》、《左傳》、《國語》、《孟子》、《管子》、《墨子》、《尚書大傳》所引《書》篇名，非歟？釋之曰：《書》經孔子所論定者凡二十八篇，餘則孔子所未定之《書》；猶《春秋》有已修之《春秋》、未修之《春秋》也。《詩》有刪定之《詩》、已刪之《逸詩》，本固不同。夫『血流漂杵』之虐，孟子不信《武成》，孔子豈肯存之乎！今所見《逸詩》三百餘條，雜引於《禮記》、《左傳》、諸子，人人皆知其非三百五篇之《詩》，則《史記》及諸傳記所引之《書》，豈可闌入孔子所定二十八篇之列乎？不疑《逸詩》，而疑刪《書》，是知二五而不知十也。且《湯誓》爲今學，而《墨子》引之爲《湯說》，凡三條，則百篇所無之名矣。如以『說』爲文誤，不應三條皆誤。如以爲異篇，何以《書序》無之？此類之疑尙多，不能悉數。其詳見《書序辨僞》。二十八篇中，如《堯典》、《禹貢》、《洪範》、《無逸》等文，經緯人天，試問《史記》《湯誥》、《太誓》之文，廁於其間，能相稱否？《漢志》之《周書》七十一篇，如《世俘解》之爲《武成》等類，其或有孔子已刪之《書》存焉，而史遷取之歟？要之，孔子定本之《書》，伏生傳二十八篇，無數十篇之亡，亦無百篇之《序》，可斷斷也。」〔註165〕在「書序辨僞第十三」中，康氏云「《尚書》二十八篇，爲孔子刪定大法，一亂於《太誓》，再亂於張霸，三亂於劉歆，四亂於王肅。然張、王之僞，人皆知之，《太誓》後得，人亦知之。若劉歆僞古文，二千年無人知之者。然劉歆之作僞，近儒劉逢祿、邵懿辰亦漸疑之，《書序》之爲歆僞，更無人知之者矣。」〔註166〕在此章節，康氏作「辨孔子《書》止二十八篇」，「辨《今文尚書》無序」，「辨秦漢經傳諸子引《書》篇名，皆孔子不修之《書》」，「辨《尚書大傳》內《九共》諸篇，亦孔子不修之《書》」，「辨《史記》所載篇目，乃《書序》襲《史記》，

〔註164〕劉夢溪，《中國現代學術經典・廖平卷》135～136頁（《知聖篇》）。
〔註165〕康有爲，《新學僞經考》30～31頁。
〔註166〕康有爲，《新學僞經考》323頁。

非《史記》採《書序》」諸辨。從中我們可以得到上述有關孔子與《尚書》關係的觀點。

在《孔子改制考》一書中康氏同樣明確地認爲六經爲孔子所作，並專論《書》爲孔子所作。在卷九「孔子創儒教改制考」中，康氏認爲六經爲孔子所作，其證據來自《春秋緯‧說題辭》、《春秋緯‧演孔圖》、《論衡‧對作》、《孝經‧鈎命訣》、《孝經‧援神契》、《孝經緯》、《孟子‧騰文》、《禮記‧雜記》、《淮南子‧泛論訓》、《白虎通‧五經》、《後漢書‧張衡傳》、《論衡‧問孔》、《論衡‧遣告》、《論衡‧別通》等。如引《孟子‧騰文》中「徐子以告夷子。夷子曰：『儒者之道，古之人如保赤子，此言何謂也？』」文字作論據，康氏分析道：「『古之人如保赤子』，爲《書‧康誥》文。此爲文、武之道，《墨子》諸篇莫不稱說文、武，安肯盡割以歸儒者，《墨子》一讀可見。而夷子乃歸之於儒，可知《康誥》爲孔子之《書》，而二十八篇之書，亦皆出孔子矣。若墨子所引之《書》，乃墨子所定，與孔子之經各別。其或辭亦略同，而義必相反。可知其它篇名之同異多寡，亦必不同。其《書》之同者，當亦採之先王，而附以己意，各定其《書》以行其教。今《墨子》中所引《書》篇如《相年》，皆二十八篇之所無，蓋墨子之誦《墨經》指此，與吾孔子之經不相關。其它經亦類此，故謂《六經》皆孔子所作。以此推之，若王鳴盛、孫星衍之徒，引《墨子》之《書》以解百篇之逸僞，彼未知學術之源，固不足責。此幸出墨子，尤可信據也。」〔註167〕又云：「秦漢諸子，無不以《六經》爲孔子所作者。《書》言稽古，使爲當時之史筆，則無古可稽。中國開於大禹，當夏時必有征伐之威加於外夷者，故世以中國爲中夏，亦如秦、漢、唐之世交涉於外國者多，故雖稱中國爲大秦、爲漢人、爲唐人也。當舜之時，禹未立國，安得有夏？而《舜典》有『蠻夷猾夏』之語。合此二條觀之，《書》非聖人所作何人所作哉？然則諸經亦莫不然矣。」〔註168〕康氏認爲孔子作經以改制，至於《尚書》，康氏認爲今傳今文二十八篇爲孔子所作。

在卷十「六經皆孔子改制所作考」中，康氏更明確其觀點。「孔子爲教主，爲神明聖王，配天地，育萬物，無人、無事、無義不圍範於孔子大道中，乃所以爲生民未有之大成至聖也！而求孔子之大道乃無一字，僅有弟子所記之語錄曰《論語》，據赴告策書鈔謄之斷爛朝報曰《春秋》耳。若《詩》、《書》、

〔註167〕康有爲，《孔子改制考》240～241頁。
〔註168〕康有爲，《孔子改制考》242頁。

《禮》、《樂》、《易》皆伏羲、夏、商、文王、周公之舊典，於孔子無與，則孔子僅爲後世之賢士大夫，比之康成、朱子尙未及也，豈足爲生民未有範圍萬世之至聖哉？章實齋謂集大成者周公也，非孔子也，其說可謂背謬極矣。然如舊說，《詩》、《書》、《禮》、《樂》、《易》皆周公所作，孔子僅在刪贊之列，孔子之僅爲先師而不爲先聖，比於伏生、申公，豈不宜哉？然以《詩》、《書》、《禮》、《樂》、《易》爲先王周公舊典，《春秋》爲赴告策書，乃劉歆創僞古文後之說也。歆欲奪孔子之聖而攻其聖法，故以周公易孔子也，漢以前無是說也。漢以前咸知孔子爲改制教主，知孔子爲神明聖王。莊生曰：『《春秋》經世先王之志。』荀子曰：『孔子明智且不蔽，故其術足以爲先王也。』故宰我以爲賢於堯、舜，子貢以爲生民未有也。孔子之爲教主，爲神明聖王，何在？曰：在《六經》。《六經》皆孔子所作也，漢以前之說莫不然也。學者知《六經》爲孔子所作，然後孔子之爲大聖，爲教主，範圍萬世而獨稱尊者，乃可明也。知孔子爲教主，《六經》爲孔子所作，然後知孔子撥亂世致太平之功，凡有血氣者，皆日被其殊功大德，而不可忘也。漢前舊說猶有存者，披錄而發明之，拯墜日於虞淵，洗霾霧於千載，庶幾大道復明，聖文益昭焉。」

「孔子所作謂之經，弟子所述謂之傳，又謂之記，弟子後學展轉所口傳謂之說。凡漢前傳經者無異論。故惟《詩》、《書》、《禮》、《樂》、《易》、《春秋》六藝爲孔子所手作，故得謂之經。如釋家佛所說爲經，禪師所說爲論也。弟子所作，無敢僭稱者。後世亂以僞古，增以傳記。《樂》本無文，於是南朝增《周禮》、《禮記》謂之七經，唐又不稱《春秋》，增三傳謂之九經，宋明道時增《孟子》，甚至增僞訓詁之《爾雅》，亦冒經名爲十三經，又增《大戴記》爲十四經，僭僞紛乘，經名繆甚。朱子又分《禮記·大學》首章爲經，餘章爲傳，則又以一記文分經傳，益更異矣。皆由不知孔子所作乃得爲經之義。今正定舊名，惟《詩》、《書》、《禮》、《樂》、《易》、《春秋》爲《六經》，而於經中雖《繫辭》之粹懿，《喪服》之敦愨，亦皆復爲傳，如《論語》、《孟子》、《大、小戴記》之精粹，亦不得不復爲傳，以爲經佐，而《爾雅》僞《左》咸黜落矣，今正明於此。《六經》文辭雖孔子新作，而書名實沿舊俗之名，蓋無徵不信，不信民弗從，欲國人所共尊而易信從也。」〔註169〕

康氏又具體論述伏生所傳《尙書》二十八篇爲孔子所作。「《堯典》、《皋陶謨》、《棄稷謨》、《禹貢》、《洪範》，皆孔子大經大法所存。其文辭自《堯典》

〔註169〕康有爲，《孔子改制考》243～244頁。

光被四表，格于上下；九族既睦，平章百姓，協和萬邦；暘谷、幽都；南訛、朔易。《禹貢》之既修太原，至于岳陽，覃懷底績，至于衡、漳；九山刊旅，九川滌源，九澤既陂，四海會同，六府孔修，四事交正，皆整麗諧雅，與《易·乾坤卦》辭『雲川雨施，品物流形，大明終結，六位時乘』，『雲從龍，風從虎，聖人作，萬物覩，本乎天者親上，本乎地者親下』略同，皆純乎孔子之文也。況《堯典》制度巡狩語辭與《王制》全同，《洪範》五行與《春秋》災異全同，故為孔子作也。其殷《盤》、周《誥》、《呂刑》聱牙之字句，容據舊文為底草，而大道皆同，全經孔子點竄，故亦為孔子之作。」〔註170〕

　　康氏解說《論衡·須頌》中「問：說《書》者『欽明文思』以下，誰所言也？曰：篇家也。篇家誰也？孔子也。然則孔子鴻筆之人也。自衛反魯，然後樂正，《雅》、《頌》各得其所也。鴻筆之奮，蓋斯時也」文句云：「說《書》自『欽明文思』以下，《堯典》直至《秦誓》，言全書也。直指為孔子，稱為鴻筆，著作於自衛反魯之時，言之鑿鑿如此。仲任頗雜古學，何以得此？蓋今學家所傳授，故微言時露。今得以考知《書》全為孔子所作，賴有此條，仲任亦可謂有非常之大功也。存此，可謂《尚書》為孔子所作之鐵案。」〔註171〕又再次解釋《孟子·滕文公上》中「夷子曰：『儒者之道，古之人如保赤子，此言何謂也？』」文句云：「『古之人如保赤子』，在今《書·康誥》中。考墨子動稱三代聖王文、武，動引《書》，則《康誥》亦墨者公有之物，斷不肯割歸之於儒。夷子欲援儒入墨，以其道治其身，以彼教之《書》說人必不見聽，引儒書以折儒乃相服。然則二十八篇之中《康誥》，夷子稱為儒者之道，與彼墨教無關，雖為文武之道，實是儒者之道。以此推之，二十八篇皆儒書，皆孔子所作至明。若夫墨子所引之《書》，乃墨子所刪定，與孔子雖同名而選本各殊；即有篇章辭句取材偶同，而各明其道，亦自大相反。如《墨子·兼愛篇》《周詩》曰：『王道蕩蕩，不偏不黨，王道平平，不黨不偏，其直若矢，其易若底。君子之所履，小人之所視。』孔子於王道四語，乃採之為《洪範》：其直如矢四語，採之為《大雅》；而墨子則別為詩。今無從考其是《詩》是《書》，要孔、墨之各因舊文剪裁為《書》可見矣。若《七患篇》所引：禹七年水，湯七年旱。皆今《書》所無。若孔《書·甘誓》，《墨子·明鬼》則作《禹誓》，其中有曰：『日中，今予與有扈氏爭一日之命。且爾卿大夫庶人，予非爾田野

〔註170〕康有為，《孔子改制考》245～246頁。
〔註171〕康有為，《孔子改制考》246頁。

葆土之欲也，予共行天之罰也。』五語皆孔《書》所無，蓋墨子所定也。若《湯誓》則作《湯說》，是又篇名互岐。若《非樂》所引《武觀》曰：『啓乃淫溢康樂，野于飲食，將將銘莧磬以力，湛濁于酒，渝食于野，萬舞翼翼，章聞于天，天用弗式。』《非命篇》所引《禹之總德》有之曰：『允不著，惟天民不而葆，既防凶心，天加之咎，不慎厥德，天命焉葆？』此皆篇名與辭皆今《書》所無者。又《非樂》所引《湯之官刑》有之曰：『其恒舞于宮，是謂巫風，其刑君子出絲二衛，小人否似二伯黃徑。乃言曰：嗚呼！舞佯佯，黃言孔章，上帝弗祥，九有以亡，上帝不順，降之百殃，其家必壞喪。』《尚同》引先王之書《術令之道》曰：『惟口出好興戎。』又引先王之書《相年之道》曰：『夫建國設都，乃作後王君公，否用泰也，輕大夫師長，否用佚也，惟辯使治天。』均皆今《書》所無。惟王肅僞古文採其辭，而亦不敢用其篇名。其它《秦誓》、《仲虺之誥》皆然。可知孔、墨之引《書》雖同，其各自選材成篇絕不相同。知墨子自作一書，則知孔子之自作一書矣，對勘可明。」〔註172〕

其實，康有爲論孔子與《尚書》之關係，其論證並不可取，結論也並不重要；其觀點的價值似乎不在學術思想方面。朱維錚先生曾論及《新學僞經考》的意義，他說，「不過，就思想史論思想史，那麼我們仍可承認，康有爲儘管並非卓越的學者，《新學僞經考》儘管缺乏學術的意義，卻仍具有歷史的意義。」〔註173〕這也可以看成康氏論孔子與《尚書》之關係此方面觀點的意義說明。

於孔子刪次《書》、作《書序》之說，從今文學家到古文學家，清儒大多予以認同，似乎有意地與官方的態度達成某種默契。清初君臣接受的是孔子刪《書》這一傳統的說法，由庫勒納、葉方藹奉勅撰《日講書經解義》，其書卷一解說「曰若稽古，帝堯曰放勳，欽明文思安安，允恭克讓，光被四表，格于上下」文句云：「然功德極盛莫過於堯，究之帝堯之功本於德，帝堯之德主於敬，中臣首以欽之一字爲言，實千古帝王心法之要，孔子刪書斷自唐虞，其以此也與？」〔註174〕此解說傳達的即是這種意見。

毛奇齡（1623～1716）主要針對閻若璩所作《古文尚書疏證》，託名衛經，

〔註172〕康有爲，《孔子改制考》246～247頁。

〔註173〕康有爲，《新學僞經考》。見朱維錚「導言」第9頁。

〔註174〕〔清〕庫勒納、葉方藹，《日講書經解義》卷一。

撰《古文尚書冤詞》，其目有十，一曰總論，二曰今文尚書，三曰古文尚書，四曰古文之冤始於朱氏，五曰古文之冤成於吳氏，六曰書篇題之冤，七曰書序之冤，八曰書小序之冤，九曰書詞之冤，十曰書字之冤。〔註175〕其書卷二論及孔子與《書》之關係云：「至於百篇之序，則朱氏《經義考》謂『周官外史達書名於四方』，知凡書必有序目題於方冊。其曰百篇者，以孔書所序有百篇也，但百篇之名不始孔子。墨翟曰『昔周公旦朝讀書百篇』，揚雄曰『昔之說書者序以百』，則百篇之名與百篇之序自古有之，惟漢志云『孔子纂書，上斷於堯，下迄於秦，凡百篇而為之序』，《隋志》亦云『孔子刪書，別為之序，各陳作者所由』，而大序曰『先君孔子，討論墳典，斷自唐虞，下迄於周，舉其弘綱，撮其機要，足以垂世立教，典、謨、訓、誥、誓、命之文凡百篇』，則直以刪書序書盡屬孔子。然而非誣者，以《周書》後起，下逮《秦誓》，斷非夫子以前書也。若春秋說題辭云『《書》之言信而明，天地之情，帝王之功，凡百二十篇』，《尚書璿璣鈐》云『孔子求書得黃帝玄孫帝魁之書，迄於秦穆公，凡三千二百四十篇，斷遠取近，定可以為世法者百二十篇，以百二篇為尚書，十八篇為中候，去三千一百二十篇』，此即漢末百兩篇之名之所始，要皆荒唐不足據者，惟百篇之序，則其序見在此，真夫子壁中書耳。_{馬融鄭玄王肅皆謂小序夫子所作。}」〔註176〕則毛氏認同孔子刪《書》為百篇並作《書序》，但我們並沒有從中發現新的論據，自然也沒法把探討推向深入。

江聲（1721～1799）認同《尚書》之名為孔子所命名。江氏於孔穎達《正義》中採錄「鄭康成曰『孔子尊而命之曰《尚書》，尚者，上也，尊而重之，若天書然，故曰《尚書》』為注，其疏不認同「偽孔氏敘云『伏生以其上古之書，謂之《尚書》』」，江氏「案《墨子‧明鬼篇》云『《尚書》、《夏書》，其次商周之書』，則《尚書》之名舊也。安得云伏生謂之？自是孔子命是名也。鄭說信然，偽孔非是。」〔註177〕宗鄭思想很明顯。

〔註175〕《四庫全書總目‧古文尚書冤詞》

〔註176〕〔清〕毛奇齡，《古文尚書冤詞》卷二。

〔註177〕〔清〕阮元，《清經解》834頁（第二冊江聲《尚書集注音疏》）。此說似乎源
自其師惠棟，惠棟《九經古義‧尚書上》論之云：「鄭康成《書贊》云：『孔
子撰《書》，乃尊而命之曰《尚書》，尚者，上也，蓋言若天書然』，《尚書緯‧
璿璣鈐》云：『因而謂之《書》，加「尚」以尊之』，《墨子‧明鬼篇》云：『《尚
書》、《夏書》，其次商、周之書』，則「尚」字為孔子所加，信矣。孔穎達《偽
孔氏傳正義》詘鄭氏之說，以為伏生傳《書》始加「尚」字，其說非也。」
（〔清〕阮元，《清經解》748頁（第二冊惠棟《九經古義》）。案：王念孫《讀

江聲以爲孔子編《書》百篇並作《書序》六十七篇。江氏對「尙書敍」注云「敍，抒也，緒也，次也。抒渫作者之意見其端緒且次其篇弟，故曰敍。馬融、鄭康成皆以爲孔子所作」，其疏云「《釋名・言語篇》云『敍，抒也，抒渫其實宣見之也』，《釋詁》云『敍，緒也』，《說文・支部》云『敍，次弟也』。此『敍』當兼此三誼，故云『抒渫作者之意見其端緒』，此申抒與緒之誼也，合比諸篇而敍其先後之此弟，故云『次其篇弟』，此申次誼也。馬融說見《正義》，《正義》且兼稱王肅同爲此言。茲不及肅者，以肅之言無足輕重，據馬融二公足矣。知此敍是孔子所作者，《正義》以爲依緯文而知之。今緯書亡，無從取證，然《史記》之文可考也。《史記・孔子世家》云『敍《書傳》，上記唐虞之際，下至秦穆，編次其事』，是其明證矣。且孔子編《書》，欲以垂世立教，不申厥指，後學安所取衷？則孔子自不容不作敍。馬融之言，信而有徵者也。案《書》凡百篇，其間或二篇或三篇共敍，且有十一篇共敍，如《汩作》、《九共》、《槀餘》者，計其敍止六十有七。僞孔氏以此敍散入經中，各冠諸篇之首，其亡篇之敍，各以其次廁見存之間。據《釋文》云『《汩作》等篇，其文皆亡，而敍與百篇之敍同編，故存』，又云『馬、鄭之徒，百篇之敍總爲一卷』，又《正義》云『作敍者不敢廁於正經，故謙而聚於下』，然古《尙書》百篇之敍本別爲一卷，總列於後，故此不總錄於經後，從古也」。〔註178〕江氏於《尙書集注音疏述》中認爲「六經皆孔子所定」，也明確「孔了所定《尙書》百篇」。〔註179〕由此可見，江聲認爲孔子爲垂世立教編《書》百篇，不容不作敍；而《書》凡百篇，其間或二篇或三篇共敍，且有十一篇共敍，如《汩作》、《九共》、《槀餘》者，計其敍止六十有七。

王鳴盛（1722～1797）所作《尙書後案》，其目的是發揮鄭康成一家之學。〔註180〕王氏在《虞夏書序》「昔在帝堯」後「案曰：『鄭云「書以堯爲始」云云者，《史記・五帝本紀》云『學者多稱五帝，尙矣，然《尙書》獨載堯以來』，是司馬遷發明孔子刪《書》之意，以上古荒遠，略而不言，故獨從堯始，與鄭

書雜志》對於《墨子・明鬼篇》中「尙書夏書其次商周之書」解釋云「『尙』與『上』同，『書』當爲『者』，言上者則《夏書》，其次商、周之書」。劉起釪先生在其《尙書學史》中贊同此考證，見該書第7頁「《尙書》名稱的確立」節。則惠氏師徒之說，其論據本身有誤）。

〔註178〕〔清〕阮元，《清經解》936頁（第二冊江聲《尙書集注音疏》）。
〔註179〕〔清〕阮元，《清經解》948～949頁（第二冊江聲《尙書集注音疏》）。
〔註180〕〔清〕阮元，《清經解》1頁（第三冊王鳴盛《尙書後案》）。

合也。」﹝註181﹞其於鄭康成《書贊》「孔子撰《書》，乃尊而命之曰《尚書》，尚者，上也，蓋言若天書然」後「案曰：鄭云『孔子尊而命之曰《尚書》者，《尚書緯・璿璣鈐》云『因而謂之《書》，加「尚」以尊之』，《墨子・明鬼篇》云『《尚書》、《夏書》，其次商、周之書』，則『尚』字爲孔子所加也，《僞孔》以爲伏生始加『尚』字，非也。鄭又云『尚者，上也』，《論語》『子路曰：「君子尚勇乎？」子曰：「君子以義爲上」』，《孟子》『尚論古之人』，趙岐注『尚，上也』，《匡衡傳》『治天下審所上』，是『尚』『上』通也，又云『若天書然』者，如『河出圖，洛出書』是也。」﹝註182﹞此關於《書》之命名，與惠棟、江聲等看法一致，多引申鄭義。王氏又於「序孔子所作」後「案曰：鄭以序爲孔子所作者，《史記・孔子世家》云『孔子序《書》，上紀唐虞之際，下至秦繆，編次其事，言其作意』，《儒林傳》云『孔子衎七十餘君，自衛反魯，究觀古今篇籍，於是敘《書》則斷《堯典》』，劉歆《移博士書》說亦同也。《疏》引此文，以爲馬、王皆云然，且申之云『鄭知孔子作者，依緯文而知也』，《疏》又云『作序者不敢廁於正經，故謙而聚於下』，然鄭、馬以序總爲一卷附經後，是孔氏之書舊也。《疏》又云『序者，緒述其事，鄭康成謂之贊者，以序不分散，避其序名，故謂之贊；贊者，明也，佐也，佐成序義』。《詩譜序》疏亦云『《書》有孔子作序，故鄭避之謂之贊』。大約古書序目皆在後，今《說文》猶然，孔子序既在後，鄭贊必又在其後，《藝文志》經四十六卷謂古今文皆有者二十九卷，增多者十六卷，加序爲四十六，鄭不注增多篇，則爲卷必三十，故今亦仿其數也。」﹝註183﹞是王氏亦認爲孔子刪《書》（且書名爲孔子所命）作《書序》之說。

段玉裁（1735～1815）著《古文尚書撰異》，其《書序》總爲一卷，「依馬、鄭之舊」。﹝註184﹞段氏以爲《書序》既存於官府，又流傳於民間。「按《書序》亦有古文今文之殊，《漢志》曰『尚書古文經四十六卷』，此蓋今文二十八篇爲二十八卷，又逸篇十六卷並《書序》得此數也。伏生教於齊魯之間，未知即用《書序》與否？而太史公臚舉，十取其八九，則漢時《書序》盛行，非俟孔安國也。假令孔壁有之，民間絕無，則亦猶逸篇十六卷絕無師說耳。馬、班安能採錄？馬、鄭安能作注？以及妄人張霸安能竊以成百兩哉？《孔

﹝註181﹞〔清〕阮元，《清經解》201頁（第三冊王鳴盛《尚書後案》）。
﹝註182﹞〔清〕阮元，《清經解》214頁（第三冊王鳴盛《尚書後案》）。
﹝註183﹞〔清〕阮元，《清經解》214～215頁（第三冊王鳴盛《尚書後案》）。
﹝註184﹞〔清〕阮元，《清經解》116頁（第四冊段玉裁《古文尚書撰異》）。

叢子》與《連叢子》皆僞書也，臧與安國書曰『聞《尚書》二十八篇取象二十八宿，何圖古文乃有百篇耳』，學者因此語疑百篇序至孔安國乃出，然則其所云『弟素以爲《堯典》雜有《舜典》』，今果如所論者，豈亦可信乎？其亦惑矣！惟內外皆有之，是以《史記》記字時有同異，如女房、女方，登鼎耳、升鼎耳，饑、饉，紂、受，牧、坶，行狩、歸獸，異母、異畝，饋禾、歸禾，魯天子命、旅天子命，毋逸、無逸，息愼、肅愼，伯翳、伯冏，肹誓、獮誓、柴誓，甫刑、呂刑之類，皆今文古文《尚書》之異也。」〔註 185〕由此大致可推測段氏以爲先秦即有《書序》，但未指明何人所作，《古文尚書撰異》尊依馬鄭，或亦應認同馬鄭之孔子刪定《書》百篇並作序之說。

章學誠（1738～1801）以爲孔子編次了《書》但未刪《書》。於其著作《文史通義》「易教」篇云：「六經皆史也。古人不著書，古人未嘗離事言理，六經皆先王之政典也。」〔註 186〕「若夫六經，皆先王得位行道，經緯世宙之迹，而非託於空言。故夫子之聖，猶且述而不作。如其不知妄作，不特有擬聖之嫌，抑且蹈於僭竊王章之罪，可不愼歟！」〔註 187〕

在「書教」篇云：「《周官》外史掌三皇五帝之書。今存虞、夏、商、周之策而已，五帝僅有二，而三皇無聞焉。左氏所謂《三墳》《五典》，今不可知，未知即是其書否也？以三王之誓、誥、貢、范諸篇，推測三皇諸帝之義例，則上古簡質，結繩未遠，文字肇興，書取足以達微隱通形名而已矣。因事命篇，本無成法，不得如後史之方圓求備，拘於一定之名義者也。夫子敘而述之，取其疏通知遠，足以垂教矣。」〔註 188〕又云：「《逸周書》七十一篇，多官禮之別記與《春秋》之外篇，殆治《尚書》者雜取以備經書之旁證耳。劉、班以謂孔子所論百篇之餘，則似逸篇，初與典、謨、訓、誥，同爲一書，而孔子爲之刪彼存此耳。勿論其書文氣不類，醇駁互見，即如《職方》《時訓》諸解，明用經記之文，《太子晉解》，明取春秋時事，其爲外篇別記，不待繁言而決矣。而其中實有典言寶訓，識爲先王誓誥之遺者，亦未必非百篇之逸旨，而不可遽爲刪略之餘也。夫子曰：『信而好古。』先工典誥，衰周猶有存者，而夫子刪之，豈得爲好古哉？」〔註 189〕又云：「《易》曰：『蓍之德圓而神，卦之德方以智。』

〔註 185〕〔清〕阮元，《清經解》125 頁（第四冊段玉裁《古文尚書撰異》）。
〔註 186〕章學誠，葉瑛校注：《文史通義校注》1 頁。
〔註 187〕章學誠，葉瑛校注：《文史通義校注》3 頁。
〔註 188〕章學誠，葉瑛校注：《文史通義校注》30 頁。
〔註 189〕章學誠，葉瑛校注：《文史通義校注》39 頁。

間嘗竊取其義，以概古今之載籍，撰述欲其圓而神，記注欲其方以智也。夫智以藏往，神以知來，記注欲往事之不忘，撰述欲來者之興起，故記注藏往似智，而撰述知來擬神也。藏往欲其賅備無遺，故體有一定，而其德為方；知來欲其決擇去取，故例不拘常，而其德為圓。《周官》三百六十，天人官曲之故可謂無不備矣。然諸史皆掌記注，而未嘗有撰述之官；祝史命告，未嘗非撰述，然無撰史之人。如《尚書》誓誥，自出史職，至於帝典諸篇，並無應撰之官。則傳世行遠之業，不可拘於職司，必待其人而後行，非聖哲神明，深知二帝三王精微之極致，不足與此。此《尚書》所以無定法也。」〔註190〕

於「經解」篇云：「三代之衰，治教既分，夫子生於東周，有德無位，懼先聖王法積道備，至於成周，無以續且續者而至於淪失也，於是取周公之典章，所以體天人之撰而存治化之迹者，獨與其徒，相與申而明之。此六藝之所以雖失官守，而猶賴有師教也。」〔註191〕章氏以為孔子以《書》教弟子。章氏以為，諸子時代文字始有私家之言，不盡出於典章制度，是儒家之徒尊六藝為經的。〔註192〕又云：「事有實據，而理無定形。故夫子之述六經，皆取先王典章，未嘗離事而著理。」〔註193〕「六經初不尊稱，義取經綸為世法耳，六藝皆周公之政典，故立為經。夫子之聖，非遜周公，而《論語》諸篇不稱經者，以其非政典也。」〔註194〕章氏反覆強調諸子之前無私門著述文字。「後世文字，必溯源於六藝。六藝非孔氏之書，乃《周官》之舊典也。《易》掌太卜，《書》藏外史，《禮》在宗伯，《樂》隸司樂，《詩》領太師，《春秋》存乎國史。夫子自謂述而不作，明乎官司失守，而師弟子之傳業，於是判焉。秦人禁偶語《詩》《書》，而云『欲學法令者，以吏為師』。其棄《詩》《書》，非也。其曰『以吏為師』，則猶官守學業合一之謂也。由秦人以吏為師之言，想見三代盛時，《禮》以宗伯為師，《樂》以司樂為師，《詩》以太師為師，《書》以外吏為師；三《易》《春秋》，亦若是則已矣。又安有私門之著述哉？」〔註195〕「六經之文，皆周公之舊典，以其出於官守，而皆為憲章，故述之而無所用作。以其官守失傳，而師儒習業，故尊奉而稱經。」

〔註190〕章學誠，葉瑛校注：《文史通義校注》49 頁。
〔註191〕章學誠，葉瑛校注：《文史通義校注》93 頁。
〔註192〕章學誠，葉瑛校注：《文史通義校注》93～94 頁。
〔註193〕章學誠，葉瑛校注：《文史通義校注》102 頁。
〔註194〕章學誠，葉瑛校注：《文史通義校注》110 頁。
〔註195〕章學誠，葉瑛校注：《文史通義校注》951 頁（見《校讎通義》部分）。

　　崔述（1740～1816）認同孔子編次《書》，不同意刪《書》之說。「傳云：『郯子來朝，昭子問少皥名官，仲尼聞而學之：聖人好古如是。果有羲、農、黃帝之《書》傳後世，孔子得之，當如何愛護表章，肯無故而刪之乎？《論》、《孟》稱堯、舜，無一言及炎黃，則高辛氏以前無書明矣。古者以竹木爲書，其作也難，其傳之也不易。孔子所得者止是，遂取以傳與門人耳。非刪之也。《世家》但云序《書》，無刪《書》之文。《漢志》有《周書》七十餘篇，皆後人僞撰。』〔註196〕崔氏於此辨刪書。崔氏認爲，孔子序《書》，但沒刪《書》。崔氏之理由爲，一、有事實證明孔子有好古之性。二、《論語》、《孟子》無言及刪《書》之事。三、古者得書不易，推理出人對書應倍加珍惜。四、《史記‧孔子世家》但云序《書》未言刪《書》。但《漢志》書類有《周書》七十一篇，顏師古注引劉向之言「周時誥誓號令也，蓋孔子所論百篇之餘也」〔註197〕，此處明言孔子刪《書》。崔氏因之謂《周書》爲後人僞撰，否定其說。

　　孫星衍（1753～1818）《尚書今古文注疏》於《書序》第卅注引《史記》而疏之云：「史公說見《三代世表》，又說見《孔子世家》。以《序》爲孔子作者，《漢書‧藝文志》云：『《書》之所起遠矣，至孔子纂焉，上斷于堯，下訖于秦，凡百篇，而爲之序，言其作意。』《儒林傳》云：『孔子奸七十餘君，自衛反魯，究觀古今篇籍，于是敘《書》則斷《堯典》。』劉歆《移博士書》說亦同。是兩漢諸儒皆以《書序》爲孔子所作也。史公云『序《尚書》則略，無年月』者，虞、夏書無年月。云『或頗有』者，《商書》有『成湯既沒，太甲元年』，《周書》有『惟十有一年，武王伐殷』，二條是有年月也。云『然多闕』者，謂其餘皆闕文，不可錄也。《漢書‧律曆志》引《三統》或有年月，與《史記》不同。至《竹書紀年》及皇甫謐《帝王世紀》，所載甚詳，不知何據。故《史記‧三代世表》自共和以來，始有甲子也。云『上紀唐、虞之際，下至秦繆』者，即今《書》起《堯典》訖《秦誓》也。云『編次其事』者，今《書序》之次，今古文或不同，馬、鄭又異。鄭于《成王征序》注云：『此伐淮夷與踐奄，是攝政三年代管、蔡時事，其編篇此，未聞。』則《書序》非孔子舊編之次也。《史記》所載《書序》有《大戊》篇目，今本脫之。而《僞傳》以《女鳩》、《女方》爲二篇，以就百篇之數，非也。當并二篇爲一，增《大戊》。馬、鄭說見《書》疏。知孔子所作者，疏以爲依緯文而知之。《釋

〔註196〕崔述：《崔東壁遺書》309～310 頁（《洙泗考信錄》「辨刪《書》之說」）。
〔註197〕班固：《漢書》1704 頁（第六冊）。

文》云：『馬、鄭之徒，百篇之《序》總爲一卷。』《書序》云作序者不敢廁
于正經，故謙而聚于下。今《僞孔傳》以此《序》散入經中，各冠諸篇，非
舊式也。」〔註198〕孫氏釋「序」爲「作序」，認同兩漢諸儒皆以《書序》爲孔
子所作，但以爲《書序》非孔子舊編之次，據是而論，在孫氏以爲孔子作了
《書序》。

　　宋翔鳳（1776～1860）認爲《史記・孔子世家》「孔子序《書》」之「序」
爲「作《書序》」之義，「竊謂孔子序《書》，有數篇合爲一篇者，如《堯典》、
《舜典》及《大禹》、《皋陶謨》、《益稷》是也，有一篇分爲數篇者，如《盤
庚》、《大誓》是也。」〔註199〕在辨《金縢》諸相關篇章中，宋氏已明確認爲
孔子刪次《書》。「而孔子序《書》，於誅紂則缺其文，於周公攝政，則微其辭，
以見聖人處變非常異誼也。故儒者以二十八篇《尚書》爲備，其諸知刪《書》
之意乎？」〔註200〕此「序」當爲「編次」之意。在辨「周公攝政者，相成王
也」中，宋氏云「孔子序《書》，正名之義實見明顯，而劉歆摭假王隸政之逸
文，傅會周公攝政稱王。又以七年歸政之後，成王始稱元年，康成亦惑於其
說，遷就不經之談，疑誤後來，不可不正」。〔註201〕關於《蔡仲之命》、《柴誓》、
《呂刑》、《文侯之命》、《秦誓》五篇之編次，宋氏「謹案孔子序《周書》，自
《大誓》訖《柴命》皆書之正經，以世次以年紀，其末序《蔡仲之命》、《柴
誓》、《呂刑》、《文侯之命》、《秦誓》五篇者，幼嘗受其義於葆琛先生，粗曉
占畢，未能詳紀，奔走燕豫，留滯梁荆，函文斯隔，七年於茲，茲譜《尚書》，
細繹所聞而識之曰『《尚書》者，述五帝、三王、五伯之事，蠻夷猾夏，王降
爲霸，君子病之，時之所及，有無如何者也。蔡之建國，東臨淮徐，南近江
漢，伯禽封魯，淮夷蠻貊及彼南夷，莫不率從，不意蔡侯一虜，態貲始大。
楚之霸業，先於王邦，呂命穆王，實作自呂，征彼九伯，浸及齊桓、晉、秦
之興，復在其後，霸者之業，相循而作，帝王之統，由此一變。史伯之對鄭
桓，言秦、晉、齊、楚之代興，史儋之見秦獻，言別王百載復合運會所乘，
惟聖賢能見其微。孔子序五篇於書之終，中侯之文，究於霸免，所以戒後王
制蠻夷式群侯，不可以不育。」〔註202〕

〔註198〕〔清〕孫星衍，《尚書今古文注疏》557頁，北京：中華書局，2004年。
〔註199〕王先謙，《清經解續編》519頁（第二冊宋翔鳳《尚書譜》）。
〔註200〕王先謙，《清經解續編》523頁（第二冊宋翔鳳《尚書譜》）。
〔註201〕王先謙，《清經解續編》523頁（第二冊宋翔鳳《尚書譜》）。
〔註202〕王先謙，《清經解續編》523頁（第二冊宋翔鳳《尚書譜》）。

劉逢祿（1776～1829）著《書序述聞》一卷（卷三百二十一），以「謹案」的形式闡述其觀點，並散入《尚書今古文集解》（卷三百二十二至三百五十二）相關篇章內容中，其中多有論及孔子與《尚書》之關係的內容，認同孔子刪次《書》。其於「堯典第一」下「謹案《禮·大學》引作《帝典》，《堯典》、《帝典》異序同篇，三代史臣之舊，非始於孔子也。」〔註203〕其於《堯典》「曰若稽古」下「謹案孔子序三統之書，首《夏書》，唐虞者，夏之三統也。則『曰若稽古』四字當是孔子尊加之辭，或周史所加。」〔註204〕其於《酒誥》「王若曰」下「謹案馬以爲後錄書者加之，是也，後世孔子慮後世有周公攝政稱王之邪說，別嫌明疑而加也。」〔註205〕其於《顧命》「群公既皆聽命，相揖趨出，王釋冕反喪服」下「又案先王既大斂，……孔子特取其訓戒之詞耳，殆未達於節哀順變因時制宜之義矣。」〔註206〕其於《費誓》「魯人三郊三遂峙乃芻茭無敢不多女則有大刑」下「謹案……孔子序《書》百篇，皆三代廢興之大政，於侯國之書，惟《柴誓》、《秦誓》二篇。」〔註207〕其於《文侯之命》「王若曰父義和」下「謹案馬本《書序》《周書》四十篇，東周之書惟《文侯之命》、《秦誓》二篇而已。合而讀之，一爲屏弱之音，一爲發憤之氣，興亡之象昭昭也。……序《書》何取焉？取其悔過之意，深美閡約，遺厥孫謀，將以霸繼王也。《詩》、《書》皆由正而之變，《詩》四言始文王之盛而終於《商頌》，志先世之亡以爲戒，《書》三科述二帝三王之業而終於《文侯之命》、《秦誓》，志秦以狄道代周，以霸統繼帝王，變之極也，《春秋》撥亂反正始元終麟，由極變而正之也，其爲致太平之正，經垂萬世之法戒，一也。」〔註208〕

劉逢祿似認同《書序》爲孔子所作，其引錄太史公、馬、鄭之論「太史公說『孔子因史文次《春秋》，紀元年，正時月日，蓋其詳哉。至於序《尚書》則略，無年月，或頗有，然多缺，不可錄，故疑則傳疑，蓋其慎也』，又說『孔子序《書》，上紀唐虞之際，下至秦穆，編次其事』。馬、鄭皆曰『《書序》孔子所作』」後「謹案馬、鄭本合爲一篇，東晉本各冠篇首。今依鄭次序，其與

〔註203〕王先謙，《清經解續編》330頁（第二冊劉逢祿《尚書今古文集解》）。
〔註204〕王先謙，《清經解續編》330頁（第二冊劉逢祿《尚書今古文集解》）。
〔註205〕王先謙，《清經解續編》375頁（第二冊劉逢祿《尚書今古文集解》）。
〔註206〕王先謙，《清經解續編》390頁（第二冊劉逢祿《尚書今古文集解》）。
〔註207〕王先謙，《清經解續編》3391頁（第二冊劉逢祿《尚書今古文集解》）。
〔註208〕王先謙，《清經解續編》395頁（第二冊劉逢祿《尚書今古文集解》）。

《史記》、東晉本異者，附考於下」。劉逢祿於此以「序」為「作序」之義，對孔子作《書序》之說並未表示異議。

龔自珍（1792～1841）發揮「六經皆史」之觀點，認為孔子未作《尚書》而是刪定《尚書》百篇。在「古史鈎沉論二」云：「周之世官大者史。史之外無有語言焉；史之外無有文字焉；史之外無有人倫品目焉。史存而周存，史亡而周亡。殷紂時，其史尹摯抱籍以歸於周；周之初，始為是官者，佚是也。周公、召公、太公，既勞周室，改質家躋於文家，置太史。史於百官，莫不有聯事，三宅之事，佚貳之，謂之四至。蓋微夫上聖叡美，其孰任治是官也？是故儒者言六經，經之名，周之東有之。夫六經者，周史之宗子也。《易》也者，卜筮之史也；《書》也者，記言之史也；《春秋》也者，記動之史也；《風》也者，史所採於民，而編之竹帛，付之司樂者也。《雅》、《頌》也者，史所採於士大夫也。《禮》也者，一代之律令，史職藏之故府，而時以詔王者也。小學也者，外史達於四方，瞽史諭之賓客之所為也。」〔註209〕在「六經正名」中，他說：「孔子之未生，天下有六經久矣。莊周《天運篇》曰：『孔子曰：某以六經奸七十君而不用。』《記》曰：『孔子曰：入其國，其教可知也。有《易》、《書》、《詩》、《禮》、《樂》、《春秋》之教。』孔子所睹《易》、《書》、《詩》，後世知之矣。」〔註210〕又說：「孔子未生，先有六經；仲尼既生，自明不作；仲尼曷嘗率弟子使筆其言以自制經哉？」〔註211〕這就明確了表達了孔子未曾作六經的意見，則《尚書》也非孔子所作。

那麼，在龔氏看來，孔子與《尚書》之關係如何呢？在「古史鈎沉論二」中，龔氏認為「周之東，其史官大罪四，小罪四，其大功三，小功三」，「帝魁以降，百篇權輿，孔子削之，十倍是儲，雖頗闕不具，資糧有餘，史之大功一。」〔註212〕「夫功罪之際，存亡之會也，絕續之交。天生孔子不後周，不先周也，存亡續絕，俾樞紐也。史有其官而亡其人，有其籍而亡其統，史統替夷，孔統修也，史無孔，雖美何待？孔無史，雖聖曷庸？由斯以誤，罪大亦可掩，功大亦可蒙也。」〔註213〕龔氏又在「古史鈎沉論三」中云：「姬周之衰，七十子之三四傳，或口稱《易》、《書》、《詩》、《春秋》，不皆著竹帛，

〔註209〕龔自珍，王佩諍：《龔自珍全集》21 頁。
〔註210〕龔自珍，王佩諍：《龔自珍全集》36 頁。
〔註211〕龔自珍，王佩諍：《龔自珍全集》38 頁。
〔註212〕龔自珍，王佩諍：《龔自珍全集》23 頁。
〔註213〕龔自珍，王佩諍：《龔自珍全集》24 頁。

故《易》、《書》、《詩》、《春秋》之文多異。」〔註214〕則龔氏以孔子刪定《書》百篇。

魏源（1794～1857）有《書古微》，其作是書之目的，「所以發明西漢《尚書》今古文之微言大誼而闢東漢馬、鄭古文之鑿空無師傳也。」〔註215〕其微言大義源自伏生師徒，伏生師徒源自七十子，七十子源自孔子；孔子通過整理《書》寄寓其思想。因此，孔子刪《書》之說，魏氏多言及之。例如《周誥分年集證》中云「夫子刪《書》，止見魯國所藏記言之史，而未見周室所藏記事之文。」〔註216〕「甫刑發微」中又云「夫子刪《書》，斷自唐虞，人自不始自唐虞，始自顓頊絕地天之通乎？……夫子刪《書》始自唐虞，以人治不復以天治，雖天地亦不能不聽其自變。」〔註217〕

陳喬樅（1809～1869）尊《尚書》為「聖經」，也認同孔子整理《書》作《書序》百篇之說，其云：「書之所起遠矣，至孔子纂焉，上斷自《堯典》，下訖於《秦誓》，凡百篇而為之序。斯固唐、虞、夏、商、周歷代之典而百王之大經大法所昭垂於萬世者也。」〔註218〕是亦認同劉歆、班固之意見。陳氏喬樅於《堯典序》後引錄了《論衡·須頌篇》孔子作《書序》之文後「案《史記·五帝本紀》云『學者多稱五帝，尚矣，然《尚書》獨載堯以來』，是司馬遷明孔子刪《書》之意，以上古荒遠，略而不言，故獨從《堯典》始也。《書正義》引鄭康成云『《書》以堯為始，獨云「昔在」，使若無先之典然也』，與《史記》說合。鄭注又云『堯尊如故，舜攝其事』，舜之美事在於堯時並見。《孔疏》言『鄭以「慎惟五典」以下皆敘堯老舜攝之事，篇名《堯典》而紀舜事，故特解之』。喬樅謂《論衡》以『欽明文思』以下為孔子所言者，蓋指《堯典序》，《書序》實孔子所作也。據《論衡》則今文序『聰明』作『欽明』為異耳」。〔註219〕則陳氏同樣認為《書序》為孔子所作。

皮錫瑞（1850～1908）極力維護孔子於《尚書》的「著作權」，主要通過論述孔子與「六經」的關係來體現的。「經學開闢時代，斷自孔子刪定「六經」為始。孔子以前，不得有經；猶之李耳既出，始著五千之言；釋迦未生，不

〔註214〕龔自珍，王佩諍，《龔自珍全集》25頁。
〔註215〕王先謙，《清經解續編》600頁（第五冊魏源《書古微》）。
〔註216〕王先謙，《清經解續編》648頁（第五冊魏源《書古微》）。
〔註217〕王先謙，《清經解續編》651頁（第五冊魏源《書古微》）。
〔註218〕王先謙，《清經解續編》910頁（第四冊陳喬樅《今文尚書經說考》）。
〔註219〕王先謙，《清經解續編》1148頁（第四冊陳喬樅《今文尚書經說考》）。

傳七佛之論也。《易》自伏羲畫卦，文王重卦，止有畫而無辭；史遷、楊雄、王充皆止云文王重卦。亦如《連山》、《歸藏》止爲卜筮之用而已。《連山》、《歸藏》不得爲經，則伏羲、文王之《易》亦不得爲經矣，《春秋》、魯史舊名，止有其事其文而無其義；亦如晉《乘》、楚《檮杌》止爲記事之書而已。晉《乘》、楚《檮杌》不得爲經，則魯之《春秋》亦不得爲經矣。古《詩》三千篇，《書》三千二百四十篇，雖卷帙繁多，而未經刪定，未必篇篇有義可爲法戒。《周禮》出山岩屋壁，漢以爲瀆亂不驗，又以爲六國時人作，未必眞出周公。《儀禮》十七篇，雖周公之遺，然當時或不止此數而孔子刪定，或並不及此數而孔子增補，皆未爲可知。觀『孺悲學士喪禮於孔子，《士喪禮》於是乎書』，則十七篇亦自孔子始定；猶之刪《詩》爲三百篇，刪《書》爲百篇，皆經孔子手定而後列於經也。」〔註220〕

「讀孔子所作之經，當知孔子作『六經』之旨。孔子有帝王之德而無帝王之位，晚年知道之不行，退而刪定『六經』，以教萬世。其微言大義實可爲萬世之準則。後之爲人君者，必遵孔子之教，乃足以治一國；所謂『循之則治，違之則亂』。後之爲士大夫者，亦必遵孔子之教，乃足以治一身；所謂『君子修之吉，小人悖之凶』。此萬世之公言，非一人之私論也。孔子之教何在？即在所作『六經』之內。故孔子爲萬世師表，『六經』即萬世教科書。」〔註221〕

皮氏錫瑞於前一則材料中主要論定經學始於孔子刪定「六經」。其書未經刪定，不能稱經；皮氏論述的關鍵之點在於，其書經孔子刪定後，才「有義可爲法戒」，才能稱爲經。自然，作爲重要一經的《尚書》，經孔子這一刪定，「篇篇有義可爲法戒」。後一則材料主要論述孔子刪定「六經」的目的，即貫注其微言大義以教萬世。此所謂經世致用。由此觀之，在皮氏看來，孔子與《尚書》的關係方面，孔子刪過《書》，《書》中貫注著孔子的微言大義。

皮氏再三致意於其上之說，在其著作《經學通論》中同樣得到了表現。其序云：「經學不明，則孔子不尊；孔子不得其位，無功業表見，晚定六經以教萬世。尊之者以爲萬世師表，自天子以至於士庶莫不讀孔子之書，奉孔子之教。天子得之以治天下，士庶得之以治一身，有捨此而無以自立者。此孔子所以賢於堯、舜，爲生民所未有，其功皆在刪定六經。」又述及其作《經學通論》之大旨，申述六經「微言」中蘊含孔子之「大義」：「錫瑞竊以爲尊

〔註220〕皮錫瑞，周予同：《經學歷史》1頁。
〔註221〕皮錫瑞，周予同：《經學歷史》6頁。

孔必先明經，前編《經學歷史》以授生徒，猶恐語焉不詳，學者未能窺治經
之門徑，更纂《經學通論》以備參考。大旨以爲一當知經爲孔子所定，孔子
以前不得有經，二當知漢初去古未遠，以爲孔子作經說必有據，三當知後漢
古文說出，乃尊周公以抑孔子，四當知晉宋以下專信古文《尚書》、《毛詩》、
《周官》、《左傳》，而大義微言不彰，五當知宋元經學雖衰，而不信古文諸書，
亦有特見，六當知國朝經學復盛，乾嘉以後，治今文者猶能窺見聖經微旨。
執此六義以治諸經，乃知孔子爲萬世師表之尊，正以其有萬世不易之經，經
之大義微言，亦甚明。」〔註222〕

　　由上觀之，皮氏言孔子刪定《尚書》，貫注著一代宗師的大義微言，其所
謂「刪定」，就不僅僅對《尚書》資料的刪汰、編次，則此「刪定」之意，就
有「作」的意義了。所以皮氏也說孔子「作」六經。

　　在皮氏著作《經學通論》《書經》部分中，也談到《書序》作者問題。「西
漢馬班皆云『孔子序《書》』。東漢馬鄭皆云『《書序》，孔子所作』。《論衡‧
須頌篇》曰：『問說《書》者『欽明文思』以下，誰所言也？』曰：『篇家也。』
『篇家者誰也？』『孔子也。』陳喬樅謂『《論衡》從『欽明文思』以下，爲
孔子所言者，蓋指《堯典》序《書序》，實孔子所作也』。據此則《書序》孔
子作。」〔註223〕是皮氏也認爲孔子爲《書序》的作者。在其著作《今文尚書
考證》「書序」篇中，皮氏反覆說明孔子作《書序》之說。

　　章炳麟（1869～1936）認爲孔子刪定《尚書》百篇。在《國故論衡‧原經》
中云：「問者曰：經不悉官書，今世說今文者，以六經爲孔子作，豈不然哉？應
之曰：經不悉官書，官書亦不悉稱經^{史籍篇世}^{本之屬}，《易》、《詩》、《書》、《禮》、《樂》、
《春秋》者，本官書，又得經名。孔子曰『述而不作，信而好古』，明其亡變改。
其次《春秋》，以魯史記爲本，猶馮依左北明；左北明者，魯大史見藝文志。然
則聖不空作，因當官之文。《春秋》、《孝經》，名實固殊焉^{春秋稱經從其本名孝}^{經稱經從施易之名}。」〔註
224〕又說：「然《春秋》所以獨貴者，自仲尼以上，《尚書》則闊略無年次，百
國春秋之志復散亂，不循凡例，又亦臧之故府，不下庶人，國亡則人與事偕絕。
大史公云『史記獨臧周室，以故滅』，此其效也。是故本之吉甫史籀，紀歲時月

〔註222〕皮錫瑞，《經學通論》，北京：中華書局，2003年。見此書之「序」。
〔註223〕皮錫瑞，《經學通論》77頁。見此書《書經》部分「論《書序》有今古文之
　　　　　異，《史記》所引《書序》皆今文，可據信」。
〔註224〕章太炎：《國故論衡》101～102頁。

日以更《尚書》，傳之其人，令與《詩》、《書》、《禮》、《樂》等治，以異百國春秋，然後東周之事燦然著明。令仲尼不次《春秋》，今雖欲觀定哀之世，求王伯之迹，尚荒忽如草昧。夫發金匱之臧，被之萌庶，令人不忘前王，自仲尼左丘明始。且蒼頡徒造字耳，百官以治，萬民以察，後世猶蒙其澤，況與年歷晻昧，行事不彰，獨有一人抽而示之以詒後嗣，令遷固得持續其迹訖於今，茲則耳孫小子耿耿不能忘先代，然後民無攜志國有與立，實仲尼左丘明之賜。」〔註225〕又說：「或言孔子以上世頖頖無文教，故六經皆孔子臆作，不竟有其事也。即如是，墨翟與孔子異流，時有姍刺，今亦上道堯舜，稱誦《詩》《書》，何哉？三代以往，人事未極，民不知變詐之端，故帝王或以權數罔下，……」〔註226〕在《明解故上》中，章氏云：「孔子錄詩有四始，雅頌各得其所，刪《尚書》為百篇，而首《堯典》，亦善校者已。其次比核文字者，興子夏讀三豕渡河以為己亥。劉向父子總治《七略》，入者出之，出者入之，竊其原始，極其短長，此即與正考父孔子何異？辨次眾本，定異書，理僞亂，至於殺青可寫，復與子夏同流，故校讎之業廣矣。」〔註227〕是則章氏認為孔子刪定《尚書》百篇，孔子對《尚書》的整理，即如後世劉向父子對眾書的整理一樣，是進行了校讎工作，章氏於此似乎視孔子為文獻學家。

第五節　疑古求真，信古存疑——從顧頡剛、馮友蘭到劉起釪

　　隨著學術到現當代，有關孔子與《書》的關係，學者的認識範圍似乎並沒有取得超越，但朱熹、梅鷟等懷疑或否定孔子編次《書》並為之作序的觀點得到了許多學者認同，且探討的角度更多樣，深度在推進。而許多學者對《史記》以及先秦典籍的理性分析，使得其在此一問題的論述上體現出疑則傳疑是謂信的科學態度。究其原因，恐怕除了政治上尊經崇聖思想不再成為學者們學術的藩籬外，更為重要的是，學術的發展使得學者們能客觀地研究作為經學的《尚書》（所謂大經大法）與作為史學的《尚書》（具有古史資料彙編性質）。

　　錢玄同（1887～1939）受康有為、其師崔觶甫的影響，認為「孔丘無刪

〔註225〕章太炎：《國故論衡》105頁。
〔註226〕章太炎：《國故論衡》107頁。
〔註227〕章太炎：《國故論衡》114頁。

述或製作『六經』之事」;「《詩》、《書》、《禮》、《易》、《春秋》,本是各不相干的五部書(『樂經』本無此書)」。〔註228〕正所謂「從『疑古』的觀點出發,全盤否定孔子與六經的關係」〔註229〕。

　　顧頡剛(1893～1980)以為孔子沒有刪述《書》,理由是:其一文獻依據方面,《論語》中見不到一句刪述的話。其二,從思想內容上看出矛盾處,所謂「《書》、《詩》若果是孔子刪的,孔子真是獎勵暴君,提倡淫亂了」。其云:「六經自是周代通行的幾部書,《論語》上見不到一句刪述的話,到《孟子》,才說他作《春秋》;到《史記》,才說他贊《易》,序《書》,刪《詩》;到《尚書緯》,才說他刪《書》;到清代的今文家,才說他作《易經》,作《儀禮》。總之,他們看著不全的指為孔子所刪;看著全的指為孔子所作。其實劉知幾的《惑經》,《春秋》倘使真是孔子作的,豈非太不能使『亂臣賊子懼』了嗎?看萬斯同的疑《今文尚書》及《詩三百篇》,《書》、《詩》若果是孔子刪的,孔子真是獎勵暴君,提倡淫亂了。看章學誠的《易教》,《儀禮》倘果是孔子作的,孔子也未免僭竊王章了。『六經皆周公之舊典』一句話,已經給『今文家』推翻;『六經皆孔子之作品』一個觀念,現在也可駁倒了。」〔註230〕看來顧先生是除了《論語》外,對《孟子》、《史記》之相關內容持懷疑態度,從思想內容對比上則用《孟子》的材料,似乎顯得矛盾。

　　馮友蘭(1895～1990)以為孔子未曾製作或刪正六經;「即令有所刪正,也不過如『教授老儒』『選文選詩』;他一生果然不過是一個『選本多,門徒眾』的『教授老儒』」。〔註231〕馮氏又指明,之所以孔子特別與六藝有密切的聯繫是孔子以六藝教學生。〔註232〕馮氏的這一觀點在其《中國哲學簡史》也加以了表述,認為「無論哪一經,孔子既不是著者,也不是注者,甚至連編者也不是」。理由是:一、《論語》中沒有記錄孔子此方面的打算。二、私人著作是孔子時代以後才發展起來的。三、六經(馮先生已指出指《易》、《詩》、《書》、《禮》、《樂》、《春秋》)是周代封建制前期數百年中貴族教育的基礎,

---

〔註228〕顧頡剛編著:《古史辨(一)》69～70(《顧頡剛先生書(錢玄同)》。另參看《古史辨第五冊》《重論今古文問題》。
〔註229〕匡亞明:《孔子評傳》328頁。
〔註230〕顧頡剛編著:《古史辨(一)》42頁(《論孔子刪述《六經》說及戰國著作偽書書》)。
〔註231〕顧頡剛編著:《古史辨(二)》196～202頁(《孔子在中國歷史中之地位》)。
〔註232〕頡剛編著:《古史辨(二)》202頁(《孔子在中國歷史中之地位》)。

其書已經形成，是現成的「教材」〔註233〕。所以孔子於《尚書》「既不是著者，也不是注者，甚至連編者也不是。」；作為教育家，孔子向他的弟子解釋古代文化遺產，傳授知識，《尚書》是孔子據於傳授解釋的經典之一。〔註234〕

　　錢穆（1895～1990）認為孔子不曾刪《書》，不曾整理過《書》，觀點與馮友蘭一致。其曾論及六藝與六經之名實，可從中窺探出其於孔子與《尚書》之關係之態度。他說，「余考孔子以前，無所謂六經也。孔子之門，既無六經之學，諸弟子亦無分經相傳之事。自漢博士專經傳授，而推以言先秦，於是曾思孟荀退處於百家，而孔子之學乃在六藝，而別有其傳統。而孔門之與儒學，遂劃為兩途。」〔註235〕又說：「推而上之，謂孔子時已有六經，皆傳自子夏，各有系統，尤非情實。韓非僅云儒分為八，未聞分六經之傳統也。儒家六經之說，至漢初劉安董仲舒司馬遷之徒始言之。然史記亦僅言漢儒傳經，無孔門傳經。」〔註236〕錢穆先生於此認為，孔子之學在六藝，儒家六經之說始於漢儒，六藝非漢儒之六經；「孔子之門，既無六經之學，諸弟子亦無分經相傳之事。」是錢先生以為孔子不曾以《書》傳授弟子乎？「《論語》有言：『子所雅言，《詩》、《書》、執禮，皆雅言也。』又曰：『興於《詩》，立於禮，成於樂。』《史記・孔子世家》遂謂：『孔子以《詩》《書》禮樂教。』此猶可也。至謂孔子刪《詩》、《書》，則無徵於《論語》，無徵於《孟》、《荀》，秦火以前，無此說也。且今傳《詩》、《書》，出秦火之後，亦不復當時孔子誦說之舊本。縱復睹孔門之舊，而《書》乃當時之官書，《詩》乃昔人之歌詠，亦不足為萬世之經典，千祀之常法也。」〔註237〕此錢穆先生在其著作《國學概論》論孔子與六經之關係中所論孔子與《詩》、《書》之關係正文之大部分（案：引用時省略其小注）。由此觀之，於孔子與《尚書》之關係方面，錢先生認為，孔子刪《書》之說不可信，理由為《史記・孔子世家》所言「孔子序《書傳》」，無徵於《論語》、《孟子》、《荀子》等先秦儒家書籍。——我們於此或可看出錢先生的論證思路，大致以先秦諸子之說為可信材料，若與其說相符，則可信；反之，則不可信。錢先生又云，「孔子以前未嘗有《六經》，孔子亦未嘗

〔註233〕馮友蘭：《中國哲學簡史》49～50 頁。
〔註234〕馮友蘭：《中國哲學簡史》50 頁。
〔註235〕錢穆：《先秦諸子繫年》96 頁。
〔註236〕錢穆：《先秦諸子繫年》101 頁。
〔註237〕錢穆：《國學概論》14～15 頁。錢先生《國學概論》第一章專辨孔子與六經之關係。

造《六經》。」〔註238〕則其更不信孔子作《書》之說了。

　　在《孔子傳》中，錢先生又云：「《史記‧孔子世家》復曰：『孔子之時，周室微而禮樂廢，詩書缺。追迹三代之禮，序書傳。』又曰：『孔子晚而喜易，序象象說卦文言。』此言序書傳作易十翼兩事，皆不可信。蓋西漢武帝時重尊孔子，其時已距孔子卒後三百四十年，從遺經中尋求孔子，遂更重孔門文學之一科。孔子以禮樂射御書數六藝教，而漢人易以詩書禮樂易春秋爲六藝。又稱孔子序書傳，刪詩，訂禮正樂，作《易十翼》與《春秋》。漢儒謂六藝皆經孔子整理。司馬遷曰：『余讀孔氏書，想見其爲人。』是皆以詩書六藝爲孔氏書也。然西漢諸儒興於秦人滅學之後，起自田畝，其風尚樸，亦猶孔門之有先進。東漢今文十四博士之章句可勿論，即許慎鄭玄輩亦如後進之文學科。由此激而爲清談。而當時孔門之教育精神遂更失其重點之所在矣。」〔註239〕錢穆先生於此主要辨別孔子「序書傳」之說不可信，《尚書》未經孔子整理。錢先生據於反駁之切入點是孔子時代的六藝與漢代的六藝內容所指不同；前者是指禮樂射御書數，後者是指《詩》、《書》、《禮》、《樂》、《易》、《春秋》。《周禮‧地官‧保氏》云：「保氏掌諫王惡，養國子以道，乃教之六藝：一曰五禮，二曰六樂，三曰五射，四曰五御，五曰六書，六曰九數。」這恐是錢先生立論之根據。「現在的《周禮》，大約出現於戰國時期，本名《周官》（《史記‧封禪書》），也稱《周官經》（《漢書‧藝文志》），後稱《周官禮》（《漢書‧藝文志》顏師古注），又尊稱《禮經》（荀悅《漢紀》卷二十五）。」「其中大致綜合了從西周到春秋時期的王室和各諸侯國中出現的官制，也夾雜著戰國時期的有關的社會經濟制度、政治制度、學術思想和儒家王者大一統的思想成分。《周禮》的成書年代雖晚，但其中的記載並不完全是理想，而有著現實的反映，可以與其它有關周代文獻資料互通證明，說明中國古代的情狀。」〔註240〕因此，錢先生之立論依據不容輕易否定，若此，則其觀點《尚書》未經孔子整理同樣能夠立足。

　　蔣善國（1898～1986）以爲，《論語》中除了一處提到《書》與兩處引《書》外，找不出孔子與《書》的關係。到了孟子、荀子也還沒說到孔子與《書》有什麼關係。到了漢武帝時崇《六經》，尊孔子，遂漸漸產生出孔子編序《書

〔註238〕錢穆：《國學概論》20頁。
〔註239〕錢穆：《孔子傳》102頁。此爲該書「疑辨二十四」則。
〔註240〕楊向奎：《周禮內容的分析及其製作時代》，《山東大學學報》1954年第4期。

傳》的論調。《史記・孔子世家》及《三代世表》中，司馬遷承認孔子曾編次《書傳》，大約是受了孔子刪《詩》、《書》傳說的影響。《漢書・藝文志》誤會《史記》的「序」字，認作孔子序《書》，把今傳的《百篇書序》，認作孔子作的。「纂」字是修撰的意思，比編刪又進了一層。從這以後，學術界都承認《書序》是孔子作的了。〔註241〕蔣先生對孔子作《尚書》說進行了論證，認爲是純粹是清季今文學家的武斷。「孔子對於《詩》、《書》只有傳述，沒有刪正，更談不到自作。」〔註242〕關於孔子刪書問題，蔣先生推定，孔子根本沒有刪《書》這麼回事。理由如次，一、《史記・孔子世家》述孔子編次《尚書》事，實際令人誤會孔子有刪《書》事。《書緯》坐實孔子刪《書》之說。依據孔子所處的環境看，孔子難於搜集到全部《書傳》，周室外史所掌《書》，孔子也不是隨便可以見到。孔子至多把所得的書簡，按它們在歷史方面的重要性，依次教授弟子。二、《書》本是歷史知識，在春秋時的社會，歷史方面的知識還不甚重要，與戰國諸子興起競相託古，引史作爲立說根據時的環境不同，孔子偏重《詩》和《禮》、《樂》，也是環境使然。《書》的編次，與孔子無關。三、就《尚書》各篇的編次看，漢代以來所傳的《尚書》，也絕不是孔子所選定。〔註243〕

至於《書序》，蔣先生以爲，《書序》是史氏舊文，在周代早就有了，等於後世文件的「摘由」（筆者案：疑爲「摘要」）。到了秦禁《詩》、《書》的時候，把《書》彙編爲百篇。這是《百篇書序》的起源。到了漢代，隨著伏生《今文尚書》的傳授，有二十九篇《書序》，隨著孔壁《古文尚書》的發現，有四十五卷的《書序》。前者附於立學的《今文尚書》之末，後者附於秘府所存的《古文尚書》之末。成帝時徵天下能爲《尚書》的人，張霸僞造《百兩篇》獻上，實際是僞造百篇《尚書》，而首有自序一篇，末加《百篇書序》一篇，逐出現了《百篇書序》一卷。平帝元始四年，召集逸經、古記、《五經》等教授者聚京師會議，整編了《百篇書序》一卷，傳至東漢末，馬融、鄭玄作《書》注均把這一卷《百篇書序》附在注末。到了西晉，僞《孔安國古文尚書傳》作者又把這卷漢代整編的《百篇書序》分列各篇至首。〔註244〕如此，

〔註241〕蔣善國：《尚書綜述》7 頁。
〔註242〕蔣善國：《尚書綜述》12 頁。
〔註243〕蔣善國：《尚書綜述》13～14 頁。
〔註244〕蔣善國：《尚書綜述》63 頁。

則蔣先生以爲孔子未曾作《書序》；但既然是史氏舊文，則孔子亦當見過，可能講授過《書序》。

　　張舜徽（1911～1992）在釋六藝略之書類小序中句子「至孔子纂焉。上斷於堯，下迄於秦，凡百篇。而爲之序，言其作意」時，也曾論及孔子作書序與刪書問題。其言曰：「按：《史記孔子世家》云：『孔子之時，周室微，而禮樂廢，《詩》《書》缺。追迹三代之禮，序書傳，上紀唐虞之際，下至秦繆，編次其事。』此即《漢志》所本也。顧《史記》所謂『序書傳』，書傳謂古代史料，序謂編次也。序與敘同，故《漢書・儒林傳》稱孔子『敘書則斷《堯典》』，亦即此意，皆未言孔子曾爲《尚書》撰《序》。後之言孔子作《書序》者，傅會之辭也。原始之《書》，蓋如後世之資料彙編，叢雜猥多。自秦以前，即有人整理而銓次之，不必出自孔子之手也。至於《尚書緯》所云：『孔子求書，得黃帝玄孫帝魁之書，迄於秦穆，凡三千二百四十篇。斷遠取近，定可以爲世法者，百二十篇。以百二爲《尚書》，十八爲《中候》，去三千一百二十篇。』（見《尚書序》《孔疏》引）。使果如此，則仲尼毀滅文獻遺產之罪，大於秦焚矣。荒誕無稽，尤不足信。」〔註245〕於此張先生以爲，一、孔子不曾作《書序》，「後之言孔子作《書序》者，傅會之辭也。」理由是，《史記》、《漢書》中皆未言孔子曾爲《尚書》撰《序》。二、孔子不一定整理過《書》。理由是，《書》如後世之資料彙編，秦以前即有人整理而銓次；如其已得整理，後人則無甚必要再「整理而銓次之」。三、孔子不曾刪《書》。理由是，刪《書》說源於《尚書緯》之類的材料，不足信；孔子之爲人，不可能犯下「毀滅文獻遺產之罪」。

　　上述諸位學者均認爲孔子與《書》沒有太大的關係，至多僅是以之作爲教本，這種態度，顯然是對於朱熹、梅鷟疑辨精神一脈相承的。事實上，現當代許多學者對《史記》等文獻資料的可靠性作出了新的判斷，因此，對於孔子與《書》關係的看法顯得較爲理性，體現了一種封建學者所未有的心態。

　　顧實（1878～1956）於「至孔子纂焉，上斷於堯，下迄於秦，凡百篇，而爲之序，言其作意」作講疏云：《易大傳》曰：「伏羲氏、神農氏沒，黃帝、堯、舜氏作，通其變，使民不倦。」《下繫》之詞。蓋孔子據《春秋》列國紛爭之世，故《書》首唐、虞，示欲變民。然篇終《秦誓》，取繆公之悔過而秦卒以霸。此亦老子「以正治國，以奇用兵」之旨也。司馬遷曰：「孔子追迹三

〔註245〕張舜徽：《漢書藝文志通釋》29～30 頁。

代之禮，序《書傳》上紀唐、虞之際，下至秦繆，編次其事。」《孔子世家》此古文《尚書》說也。楊雄曰：「昔之說《書》者，序以百。如《書序》，雖孔子亦末如之何矣。」《法言・問神篇》此今文《尚書》說也。雄意序非孔子作，但仍周史之舊。《班志》不然，故司馬遷之說。《論衡・正說篇》曰：「魯恭王壞孔子教授堂以爲殿，得百篇《尚書》於牆壁中。」蓋《書序》有百篇，不必《書》數實有百篇，孔安國目驗孔壁書有序，故以爲孔子作，司馬遷從孔安國問故，此眞古文《書》說也。雖然，孔子「述而不作」，作亦述耳。〔註246〕由此可見，顧實先生認同班固之說，孔子纂《書》作《書序》。

胡適（1891～1962）在其著作《中國哲學史大綱》中，亦論及孔子與《尚書》的關係。在其「導言」中談到「史料的審定」時，胡氏說：「孟子說，『盡信書則不如無書』。孟子何等崇拜孔子，但他對於孔子手定之書，還持懷疑態度。」〔註247〕在「孔子略傳」中，胡氏說孔子「到了六十八歲回到魯國，專做著述的事業。把古代的官書，刪成《尚書》，把古今的詩歌，刪存三百多篇，還訂定了禮書、樂書」，〔註248〕又說孔子「除了刪《詩》、《書》，定《禮》、《樂》之外，孔子還作了一部《春秋》。孔子自己說他是『述而不作』的。所以《詩》、《書》、《禮》、《樂》都是他刪定的，不是自己著作的」。〔註249〕胡氏主孔子刪定《書》之說。

蔣伯潛（1892～1956）以爲《尚書》爲古代相傳之史料，經孔子撰定，說似可信，而其所刊落者，度亦不少。因此，蔣先生指出，孔子纂《書》之說可信，而所撰之《尚書》有百二篇之多，則不可信。〔註250〕

「書序可疑」，認爲，百篇之序，有極簡短者，但言爲何人作，未嘗言其作意；亦有並作者亦未敘明，但附舉其篇名於他篇之下者，即有篇名而無序文者。「如百篇之《書》，果經孔子一手纂定，且爲作序，言其作意，何以殘缺不完如此？」〔註251〕於「書序與史記不合」處，蔣先生認爲，「《書序》之同《史記》者，乃《書序》之襲《史記》，非《史記》襲《書序》也。《書序》之異於《史記》者，乃摭《史記》之文以成《書序》者，故作差互以欺後人

〔註246〕顧實：《漢書藝文志講疏》30～31頁。
〔註247〕胡適：《中國哲學史大綱》「導言」第12頁。
〔註248〕胡適：《中國哲學史大綱》58頁。
〔註249〕胡適：《中國哲學史大綱》59頁。
〔註250〕蔣伯潛：《十三經概論》96～97頁。
〔註251〕蔣伯潛：《十三經概論》108～109頁。

也。」〔註252〕於「書序與大傳諸子不合」處，蔣先生以為，古書所引《書》，非《書序》中之篇所可包括。傳記諸子所引，凡在《今文尚書》二十八篇之外者，殆《逸周書》之類，為孔子纂書時刊落之餘。所序各篇之《書》，既非孔子定本，則其序之不出於孔子可知。〔註253〕於「堯典舜典不當分」及「書序說文侯之命亦誤」處，蔣先生以為，就《舜典》及《文侯之命》二篇之序論，《書序》之不可據，更為顯然。〔註254〕

　　周予同（1898～1981）在評判了皮錫瑞之「五經」皆孔子所作說、錢玄同之「六經」與孔子無關說兩種「極端不同的見解」後認為，第一，「五經」決非撰於一人，成於一時，作於一地。孔子之前「確實存在著『先王之陳迹』的文獻」。第二，孔子之時「先王之陳迹」的文獻其數量應該比現在的「經書」要多，而且可能已出現經過刪削的不同傳本。《詩》、《書》、《易》等，在孔子之前就經過刪削。孔子為了講授的需要，搜集魯、周、宋、杞等故國文獻，重加整理編次，形成《易》、《書》、《詩》、《禮》、《樂》、《春秋》六種教本，這種說法是可信的。第三，孔子整理「六經」，自有他的一定的標準。至少有三則記錄值得注意：其一是「子不語怪、力、亂、神」。「現存的『經書』裏，很少有涉及鬼神主宰之類的蕪雜妄誕的篇章，但說『命』的內容卻存留不少，正顯示著孔子整理『六經』時的矛盾見解。這就是說，故國文獻中大量有關鬼神的糟粕，被孔子本著『不語怪、力、亂、神』的原則刪節了。」其次是孔子說的「功乎異端，斯害也已」。「孔子在整理『經書』時，刪節自己認為是有害的見解，便不值得奇怪。」再次就是孔子說的「述而不作」。「述而不作也不可能有嚴格的界限。」「所謂『六經』，從形式上說是敘述舊文，從內容上說又有創作新意。因為既然按照一定的指導思想進行篩選，還按照自己的見解來闡明經義，那末就總體而言，經過整理的『六經』，自然可說是孔子的一套著作，因而也同時被我們看作研究孔子和儒家學說的重要史料。」第四，孔子整理過「六經」，但現存的五部「經書」，卻不完全是孔子整理後的原書。〔註255〕由此可見，在周先生看來，作為教本之一的《尚書》原書是經過孔子按照一定的標準刪次過的。

〔註252〕蔣伯潛：《十三經概論》109 頁。
〔註253〕蔣伯潛：《十三經概論》111 頁。
〔註254〕蔣伯潛：《十三經概論》111～113 頁。
〔註255〕朱唯錚編：《周予同經學史論著選集》795～805 頁（《「六經」和孔子的關係問題》）。

　　蔡尚思（1905～）認為，「倘說《尚書》篇篇都出於孔子手定，當然是信古太過的臆說。可是如果以為孔子同現存《尚書》毫無關係，那也是疑古太甚的武斷。」〔註256〕據《論語》直接提到《書》的三條記錄，蔡先生指出，「孔子不僅時常引《書》、讀《書》，而且把《書》作為教本，向學生傳授。值得注意的是，這三條記錄，都籠統地舉《書》，而不提單獨的篇名，表明當時必定已經集篇成《書》；而孔子和子張稱引的《書》語，均不見於現存的《今文尚書》，表明漢時所傳《書》已非舊貌。從先秦的其它古籍來看，墨家、道家都稱引過《書》，說明《尚書》在戰國時已流傳很廣。既然孔子那時已有集錄的《書》，孔子還講它作為教本，那末孔子必然對它進行過篩選。所以，《史記》、《漢書》說孔子編次《尚書》，並不是無根之談。至於傳世本有孔子死後的託古之作，也只能說明它經過後世儒家的增訂補充，不能成為孔子未嘗編次《尚書》的理由。」〔註257〕由此觀之，蔡先生認為孔子編次《尚書》，以《尚書》教弟子。蔡先生並根據留存的二十來篇內容，對於孔子所以選錄這些篇的大致原則，作了概括：首先，孔子選擇的主要是政治史的材料。其次，孔子注意的政治史文獻，重點在於西周初年的禮治材料。再次，孔子選讀古文獻的傾向性，最注意的是殷何以亡，周何以興，所選內容最多的是說興亡繫於天命，繫於舊禮。「今存《尚書》殷、周之際諸篇的文字風格，同那時的鍾鼎彝器銘文很相似，當然也經過後人潤飾。周代的青銅器銘文，屢見數百字的鴻篇巨製，說者每謂足抵《尚書》一篇。其實，也可以說《尚書》的多數篇章，原型乃是青銅器銘文。因而，如果拿周初傳世的鍾鼎彝器銘文同《尚書》諸篇的內容相比較，便能發現前者有關反映奴隸主和奴隸相互關係的文字，反映殷末周初各族統治者以暴易暴言行的記錄，幾乎無一見於今存《尚書》諸篇（蔡先生注：參見郭沫若：《中國古代社會研究》第四篇《周代彝銘中的社會史觀》）。後者留存的主要是頌揚周朝統治者敬天法祖之德業的篇章。這固然可以用今存《尚書》不能反映孔子所編古本的全貌來解釋，但比照《論語》等書所載孔子關於三代政治的敘述，便難令人相信，他當初編書的時候，並非有意地把不利於證實自己政治主張的古文獻刊落了。所以，假如說孔子編次《尚書》，同他編次《春秋》一樣，在主觀上都是借歷史來申述自己的政見，那末，大概不能說不合歷史實際。」

〔註256〕蔡尚思：《孔子思想體系》158頁。
〔註257〕蔡尚思：《孔子思想體系》159頁。

〔註258〕由此可見，蔡先生的孔子篩選之意，是指「有意地把不利於證實自己政治主張的古文獻刊落」。

匡亞明（1906～1996）在批判錢玄同完全否定孔子與「六經」的關係以及皮錫瑞、康有爲認爲「六經」皆孔子製作的兩種極端的看法基礎上認爲，「『六經』雖然不全由孔子所作，但都經過孔子的整理，只不過整理的程度不同。其中或作，或述，或刪，或定，情況各異，應加考覈。今天所見到的《詩》、《書》、《禮》、《易》、《春秋》，儘管不是當時的原貌，但很大程度上保留了孔子修訂、編纂、增減的痕迹，其內容都應是研究孔子的重要史料。」〔註259〕在孔子與六經的關係上，匡氏同意周予同的意見。並且總結了孔子整理「六經」的指導思想。〔註260〕具體到《書》，匡氏以爲《史記・孔子世家》、《漢書・藝文志》兩處相關記載「並非鑿空之談」，認爲孔子編定過《尚書》。第一、在孔子之前，已有《夏書》、《尚書》、《周書》等散篇流行於世，並經常爲人們所引用。孔子有賴以整理編纂《尚書》的資料。第二、孔子十分熱衷於政治，特別重視古代文獻，《書》是與政治直接有關的古代文獻，魯國是保存古代文獻最豐富的國家，因此，孔子主觀有編《書》的可能，客觀上有編《書》的條件。第三、孔子設教的目的是培養從政人才，《書》是最好的政治課本，定會利用其作爲教材，「既要利用，當然就要把零散的篇章資料編成一本系統的書；既要教授，就不能不加上一點自己的心得和說明。」〔註261〕但匡氏也表述了一些現存的也許將永遠存在的難於說明的問題，他說：「事隔兩千多年，特別氏經過秦火之後，孔子編定的《尚書》，究竟有多少篇？篇次是怎樣安排的？今本《尚書》是否全都經過孔子之手？這些問題都很難考訂了。至於現在的《書序》是否果爲孔子所作？有沒有保留了一點孔子的原意？也是無法說清的。」〔註262〕

屈萬里（1907～1979）以爲，孔子編次過《書》，但沒有刪《書》；先秦有百篇本《書》，但不是孔子所定。先秦百篇本《書》的百篇書序中至少有多篇不是孔子作；其它的未明確其作者。其云：「孔子以詩書教生徒，本書曾經孔子編定，當屬事實；惟刪書之說，恐不足信。又：先秦有百篇尚書，亦無

<hr>

〔註258〕蔡尚思：《孔子思想體系》161～163頁。
〔註259〕匡亞明：《孔子評傳》328～330頁。
〔註260〕匡亞明：《孔子評傳》330～335頁。
〔註261〕匡亞明：《孔子評傳》346～347頁。
〔註262〕匡亞明：《孔子評傳》347頁。

可疑（孔壁所出古文尚書，有百篇書序，可證。）；惟此百篇本尚書，亦非孔子所定；以其有多篇當著成於孔子之後。」〔註263〕

劉起釪（1917～）認為，長期為儒者所尊信的孔子刪《書》定百篇之說，此說法完全不可信，「因孔子嘗慨歎『文獻不足』正搜求之不暇，那裏還會去刪掉。」〔註264〕《論語‧八佾》記錄了孔子這一慨歎：「子曰：『夏禮，吾能言之，杞不足徵也；殷禮，吾能言之，宋不足徵也。文獻不足故也。足，則吾能徵之矣。」〔註265〕劉先生認為《史記‧孔子世家》中所言「序《書傳》」較近事理。「這裏說此時《詩》《書》已殘缺了，而沒有說是孔子刪掉了，這是很對的。而把『序《書傳》』即整理編排《書》篇的工作歸之孔子，當然也是有可能的。因《詩》、《書》是儒家教育中兩部主要課本，而儒家教育奠定於孔子，而且孔子也『雅言《詩》《書》』（《論語‧述而》），所以在儒家教本中，把所搜集到的斷簡殘篇的《書》加以編排，是孔子開展他的教育所應該有的事。」劉先生同時指出，「墨家也把《書》篇作為主要讀本，墨子的後車經常載著《書》，《墨子》書中也大量引用《書》。他引用的此數遠遠超過儒家《論語》、《孟子》《荀子》諸書（見下文）。所以對於《書》的搜集編排不止儒家一家，其它諸子也在搜集編排，有的或且過之。我們只能說，流傳到漢代的《書》，才是儒家傳下來的。」〔註266〕由此可見，在孔子與《尚書》關係方面，劉先生的觀點是：孔子整理過《書》，表現為搜集編排，而不是刪《書》。

馬雍（1931～1985）在其著作《〈尚書〉史話》中說，「春秋末年，儒家的始祖孔子在整理古籍、提倡學術和普及教育方面起過很大的作用，他經常和弟子們講論《詩》、《書》，使這些文獻得到更為廣泛的流傳。正因為這樣，後代的儒家才把《尚書》奉為經典。也因為這樣，後代人對孔子和《尚書》的關係才產生一些牽強附會的傳說。例如，從西漢以來，就有人認為孔子曾替《尚書》寫過《書序》，認為現在《尚書》每篇前的《小序》就是孔子寫的。又有人認為原有的《尚書》包括三千多篇，被孔子刪掉了其中絕大部分，只保留下百來篇。這些傳說曾長期流傳於學術界，成為傳統的說法，但實際上

〔註263〕屈萬里：《尚書今注今譯》1頁。
〔註264〕劉起釪：《尚書學史（訂補本）》12頁。
〔註265〕〔清〕劉寶楠：《論語正義》91～92頁，北京：中華書局，1998年。
〔註266〕劉起釪：《尚書學史（訂補本）》12頁。劉先生的此種觀點，可以參見「春秋時承周公遺教的孔子儒學」一文（《古史續辨》，中國社會科學出版社，1991.404～407.）

都是不可靠的。因爲，在孔子的時候，可能還沒有編成定本的《尚書》呢。」〔註 267〕由此可見，馬先生認爲，孔子整理過《書》，但沒有刪過《書》，其作《小序》之說不可靠。

　　徐喜辰（1921～）在對上古文獻資料《尚書》的介紹中說，「孔子以《詩》、《書》教弟子，《尚書》曾經孔子編次，當屬事實，惟孔子刪書之說，恐不足信。」〔註 268〕可見徐先生認爲，孔子編次過《尚書》而不大可能刪《書》。

本章小結

　　縱觀以上五個階段，就孔子與《尚書》之關係而言，在孔子以《書》教授弟子方面，諸家大體一致，似無異議，而在序《書》或刪《書》方面，諸家莫衷一是。究其原因，應該是《論語》本身對此問題並未提供明確的答案，〔註 269〕先秦諸子中似乎亦無明確的說明，至於《史記》中所言，後人或理解不同，產生歧義（表現爲對「序」字義理解的分歧），或懷疑，而僅能作一般的推論，或出於某中目的，解說以就自己預定的目的。雖然孔子的身份每有變化，〔註 270〕但孔子的學說終能適應秦漢以來的社會。〔註 271〕所以漢唐至於有清一代，「今文學以孔子爲政治家，以六經爲孔子政治之說，所以偏重於『微言大義』，其特色爲功利的，而其流弊爲狂妄。古文學以孔子爲史學家，以六經爲孔子整理古代史料之書，所以偏重於『名物訓詁』，其特色爲考證的，而其流弊爲煩瑣。宋學以孔子爲哲學家，以六經爲孔子載道之具，所以偏重於心性理氣，其特色爲玄想的，而其流弊爲空疏。」〔註 272〕具體到《尚書》，亦與此大體相對應。總而言之，諸家聚訟此類問題二千多年，至今尚無一明確

〔註 267〕馬雍：《＜尚書＞史話》6～7 頁，北京：中華書局，1982 年。

〔註 268〕白壽彝總主編：《中國通史第三卷》2 頁，上海：上海人民出版社，1995 年。

〔註 269〕據陳夢家先生歸納，《論語》中三次提到《書》，包括一次引《書》不舉篇名者，總共四次（陳夢家《尚書通論》1～2 頁），皆沒有言及孔子序《書》或刪《書》的問題。

〔註 270〕顧頡剛先生云：「春秋時的孔子是君子，戰國的孔子是聖人，西漢時的孔子是教主，東漢後的孔子又成了聖人，到現在又快要成君子了。」（顧頡剛編著：《古史辨（二）》139 頁（《春秋時的孔子和漢代的孔子》）。）

〔註 271〕參看顧頡剛問孔子學說何以適應於秦漢以來的社會書及程憬答書、傅斯年答書（見顧頡剛編著：《古史辨（二）》144～160 頁）。

〔註 272〕朱維錚編，《周予同經學史論著選集〔增訂版〕》94～95 頁（《經學史與經學之派別》），又參見即皮錫瑞著，周予同注釋：《經學歷史》周予同序第 3 頁。

答案，那實在是因爲《論語》一書中沒有明確說明以及後來孔子在傳統文化中的地位即儒家思想的正統地位所決定。

至於《書序》，〔註273〕陳夢家（1911～1966）作了較詳細的辯證，〔註274〕陳先生作了歸納，「以書序爲孔子所作，創自劉氏父子，馬、鄭、王述其義，一直到宋代才有人懷疑。」所以至於清代修《四庫全書》時，就指出，小序之依託爲久論定之事。〔註275〕《書序》之作者，陳先生指出，司馬遷已引《書序》，顯示武帝前已有。「惟《書序》體制不見於先秦者，它和太史公《自序》敘作一百二十九篇十分相似，所以可認爲是秦、漢之際解經的人所作。」〔註276〕陳先生以爲，《書序》淵源有自，「自孟子以來，引述《尚書》者往往附述作《書》當時的歷史背景和作書原由，實爲書序的濫觴。秦、漢之際和西漢初的《尚書大傳》和書序，並非憑空製造，也多有所本。」〔註277〕陳先生還對百篇序的形成作了四個階段的劃分而加以具體的分析。〔註278〕因此，後之學者大多以爲《書序》非孔子所作。

〔註273〕此指「百篇書序」，非指《僞孔傳》之序即所謂之《書》大序。
〔註274〕在陳先生《尚書通論》一書中，有第四章書序篇專論，《尚書補述》部分中有「書序形成的時代」之專題。見於陳夢家《尚書通論》。
〔註275〕永瑢等撰：《四庫全書總目》89 頁（經部‧書類序）。
〔註276〕陳夢家：《尚書通論》97 頁。其實，上述蔣善國先生對此亦作過歸納，蔣先生考《書序》作者的，歸納出約有七說：1.孔子所作。班固、王充、馬融、鄭玄等。2.周、秦間《尚書》經師所作。宋朱熹、明梅鷟、明郝敬、清程廷祚等。3.齊、魯諸儒次第傳會而作。元金履祥。4.史氏舊文。林子奇、馬廷鸞、朱彝尊、毛奇齡等。5.衛宏。清魏源。6.劉歆。清康有爲、崔適等。7.漢末人所作。朱熹的另一個說法。見於蔣善國《尚書綜述》63～64 頁。
〔註277〕陳夢家：《尚書通論》97 頁。
〔註278〕陳夢家：《尚書通論》283～285 頁。

第二章 《論語》引《書》若干問題考辨

第一節 往哲時賢的研究述略

　　據陳夢家先生歸納，《論語》中三次提到《書》，包括一次引《書》不舉篇名者，總共四次：1.《述而篇》：子所雅言，《詩》《書》執《禮》皆雅言也。2.《為政篇》：或謂孔子曰：子奚不言政？子曰：《書》云：『孝乎惟孝友于兄弟，施於有政』。是亦為政，奚其為政？3.《憲問篇》子張曰：《書》云『高宗諒陰，三年不言』，何謂也？子曰：何必高宗，古之人皆然，君薨，百官總己以聽於總宰三年。4.引《書》不舉篇名者，《泰伯篇》曰「舜有臣五人而天下治，武王曰：予有亂十人，孔子曰：才難不其然乎」。〔註1〕蔣善國先生以為《論語》中只有上述2、3兩處引《書》，而所引均不在今文二十八篇裏面。〔註2〕

　　有關《論語》引《書》，劉起釪作了較詳細的統計，見下表（摘自「先秦文籍引用《尚書》篇數次數總表」〔註3〕）

先秦文籍	總次數篇名數	今文二十八篇被引者	古文十六篇被引者	書序中餘篇被引者	先秦逸書逸篇	引書、某書、逸句	某種特用稱法所在不同篇數
論語	9次	1次1篇		1次1篇	1次1篇	5次	1次1篇

〔註1〕 陳夢家：《尚書通論》1～2 頁。今本《論語》作「予有亂臣十人」，疑此處脫「臣」字。

〔註2〕 蔣善國：《尚書綜述》7 頁（腳註）。

〔註3〕 劉起釪：《尚書學史》（訂補本）49 頁。

錄其具體情況於下：

漢今文二十八篇之見於《論語》者，《憲問》引《書》云「高宗諒陰，
三年不言」二句。〔註4〕

《書序》百篇中《書》篇之見於《論語》者，《泰伯》引武王曰：
「予有亂臣十人」一句，據《左傳・昭二十四年》此爲《泰誓》
句。〔註5〕

先秦文籍中逸《書》之見於《論語》者，有篇名的分兩種情況：1.幾種文籍共
見同一篇名的。《湯誓》（一作《湯說》），復分爲二（劉先生按，湯伐桀誓師
詞《湯誓》已收入漢今文二十八篇中，此外另有兩篇逸《書》《湯誓》，一爲
《墨子》所引《湯誓》，言治天下，顯然爲另一篇誓詞；一爲《國語・周語上》
所引《湯誓》，《墨子》作《湯說》，《論語》等書亦引之，則爲因旱禱雨之辭。
不同的三篇而用同一《湯誓》篇名。正如《墨子・明鬼下》把夏伐有扈誓詞
稱《禹誓》，而《兼愛下》把另一篇夏伐有苗誓詞也稱《禹誓》一樣。《詩書
古訓》列此數者爲《湯誥》，則據僞古文誤稱。（《史記・殷本紀》錄有《湯誥》
全文，爲另一篇，百篇《書序》亦列之））。〔註6〕《堯曰篇》：「予小子履，敢
用玄牡，敢昭告于皇皇后帝：有罪不敢赦。帝臣不蔽，簡在帝心。朕躬有罪，
無以萬方；萬方有罪，罪在朕躬。」2.某一文籍中單獨提到某一篇名的。《墨
子・兼愛中》：昔者武王將事泰山隧，《傳》曰：「泰山有道曾孫周王有事，大
事既獲，仁人尙作，以祗商夏，蠻夷醜貉。雖有周親，不若仁人。萬方有罪，
惟予一人。」前半爲僞古文《武成》襲用。後半「雖有周親」四句亦見於《論
語・堯曰》，僞古文《泰誓》襲用。

沒有篇名的亦分以下兩種情況：1.稱引《書》曰或《某書》曰或徑引逸《書》
文句的：〔註7〕《爲政篇》：《書》云：「孝乎惟孝，友于兄弟，施於有政。」
僞古文《君陳》襲用。《堯曰篇》：「堯曰，咨爾舜，天之歷數在汝躬，允執厥
其中。四海困窮，天祿永終。」五句，僞古文《大禹謨》襲用。又：「舜亦以
命禹曰」。以下脫簡，所引原文已逸。又：「周有大賚，善人是富。雖有周親，

〔註4〕 劉起釪：《尚書學史》（訂補本）20頁。
〔註5〕 劉起釪：《尚書學史》（訂補本）28頁。
〔註6〕 逸《書》《湯誓》其內容有二，一爲因旱禱雨的《湯誓》，一爲求賢治天下的
《湯誓》。《論語・堯曰篇》所引爲前者（據《尚書學史（訂補本）》33～34
頁）。
〔註7〕 劉起釪：《尚書學史》（訂補本）38頁。筆者所列於此，語句稍有增減。

不如仁人。百姓有過，在予一人。」後四句亦見《墨子·兼愛中》，僞古文《泰誓中》襲用。又：「所重民食喪祭，寬則得眾，信則民任。」僞古文《武成》襲用第一句，改作：「重民五教，惟食喪祭。」此外《述而》篇云：「《詩》、《書》、執禮，皆雅言也。」係稱述《書》，而非引《書》，故不列。2.用某種特用稱法的：〔註8〕《季氏篇》：周任有言曰：「陳力就列，不能者止。」

　　上述對諸位先生列舉《論語》引《書》作了一般的介紹。事實上，《論語》引《書》，其篇名是什麼，所引《書》是否符合其原來的涵義，換言之，即孔子是如何解說《書》的，應該還有進一步的考察必要。而對孔子如何解說《書》這一問題的揭示，正可以進一步說明孔子與《書》的關係。本章具體考察前賢爭論頗多的《論語》引《書》四例：其一「書云孝乎惟孝友于兄弟施於有政」；其二「武王曰予有亂臣十人」；其三「書云高宗諒陰三年不言」；其四「堯曰」等。

第二節　「書云孝乎惟孝友于兄弟施於有政」考論

　　《爲政篇》中引文如此：或謂孔子曰「子奚不爲政？」子曰：「《書》云：『孝乎惟孝，友于兄弟，施於有政。』是亦爲政，奚其爲爲政？」學術史上於此處引《書》的爭論，主要集中在三方面，一是句讀問題，涉及到是《論語》引《尙書》，還是《尙書》引《論語》的問題，這也涉及到了今古文之爭的問題。二是「施於有政」是否爲引《書》之文字，這是與第一方面的句讀問題聯繫在一起的。三是文字方面的問題，即「孝乎」之「乎」是否爲「于」字的問題。

　　先說句讀方面的問題。在《十三經注疏·論語注疏》中，邢昺認爲「孝乎惟孝，友于兄弟，施於有政」爲《周書·君陳篇》文。《周書·君陳篇》云「王若曰：『君陳，惟爾令德孝恭。惟孝友于兄弟，克施有政』」。「今其言與此小異」，邢氏認爲《論語》之言與《尙書》之文僅稍異耳。其實這裏邢氏並未論及《論語》引用《尙書》之文的句讀問題，因爲在他看來，這是《論語》引用《尙書》原文，稍作變異，其意未變；「孝乎惟孝」爲句，並不存在句讀問題。

〔註8〕劉先生分其爲兩類，(a) 稱爲「先王之教」等等的。(b) 稱引大臣、史臣人名的（據《尚書學史（訂補本）》44～46頁）；這是 (b) 類。

　　而清儒閻若璩則認爲，今傳《君陳篇》爲僞古文，《論語》之引《尚書》文句爲作僞者引用以成其篇；《論語》「孝乎惟孝，友于兄弟」，改從《君陳篇》讀者，自朱子始〔註9〕。閻氏以爲「孝乎」爲句則不句，載籍所引《詩》《書》之文無此等句法；「孝乎惟孝」句法則無問題，載籍中證據確鑿。閻若璩從兩個角度證明，也即引列了相應的兩種類型的證據，其一是後人引《論語》此處均作「孝乎惟孝」，例如潘岳《閒居賦序》「孝乎惟孝，友于兄弟，此亦拙者之爲政也」，《晉書》夏侯湛《昆弟誥》「古人有言『孝乎惟孝，友于兄弟』」，張耒淮陽郡黃氏友于泉銘曰「孝乎惟孝，友于兄弟」，張齊賢承眞宗命撰弟子贊曰「孝乎惟孝，曾子稱焉」，《太平御覽》引《論語》曰「孝乎惟孝，友于兄弟」，唐王利貞幽州石浮圖頌曰「孝乎惟孝，忠爲令德」，梁元帝劉孝綽墓誌銘曰「孝乎惟孝」、與武陵王書曰「友于兄弟」。

　　其二是載籍中有「孝乎惟孝」之句法，例如《仲尼燕居》子貢曰：「敢問將何以爲此中者也？」子曰：「禮乎禮，夫禮所以制中也。」《素問》帝曰：「何謂形？」歧伯曰：「請言形，形乎形。」「何謂神？」歧伯曰：「請言神，神乎神。」《靈樞經》歧伯曰：「上守神，神乎神。」《史記・淮陰侯列傳》蒯通曰：「時乎時，不再來。」漢桂陽太守周憬碑銘辭曰：「君乎君，壽不訾。」楊子《法言》有「習乎習」、「雜乎雜」、「辰乎辰」、「才乎才」。晉董京詩有「麟乎麟」。以此置末句者，則有《公羊傳》「賤乎賤」者，《爾雅・釋訓篇》「微乎微」者，《春秋繁露》「賤乎賤」者〔註10〕。

　　而清儒毛奇齡認爲今傳《尚書》無僞之作，此處是《論語》引用《尚書》，認爲《尚書》此處無「孝乎」二字，《論語》之有此二字，爲孔子「改句改讀」的結果〔註11〕；《論語》讀法與《君陳》篇讀法可兩存。毛奇齡氏幾乎使用了與閻若璩氏完全相同的證據，認爲這種「孝乎惟孝」的句法是受了《論語》

〔註9〕　《朱子語類・論語六》此章句讀爲「惟孝友于兄弟」（《朱子語類》594頁）。

〔註10〕　閻若璩：《古文尚書疏證》（上冊）99～103頁（卷一・第十）。

〔註11〕　如《說命》「王宅憂，亮陰三祀。既免喪，其惟勿言」，《論語》改作「《書》云『高宗諒陰，三年不言』」，以四句作兩句，而以「諒陰」屬「高宗」爲句，「三年」屬「不言」爲句。又如《湯誥》「爾有善，朕勿敢蔽；罪當朕躬，不敢自赦，惟簡在上帝之心」，《論語》改作「有罪不敢赦，帝臣不蔽，簡在帝心」，以五句作三句，而以「罪赦」自爲句，增「帝臣」二字而連「蔽善」，「簡心」合作一句。又如《武成》「重民五教，惟食、喪、祭」，《論語》改作「所重民、食、喪、祭」，以兩句作一句，而去「五教」二字而自爲句（《（景印）文淵閣四庫全書》（66冊）611～612頁（《古文尚書冤詞》卷七）。

中改句讀的影響。同樣地，毛氏把「孝乎」爲句不辭之過錯歸於朱熹的誤讀，其論述的角度有二，其一是從引文的體例上指出《集注》之誤，「自後儒作《集注》，誤以『孝乎』作句，致《書》云以下忽自作『孝乎』一歎，而後接以書詞，引古者無此體矣。」〔註12〕其二是從引文的義例上指出《集注》之誤，「《集注》誤以『孝乎』作句，則未有既出『《書》云』而可以攙口語二字於經文上者，況或問爲政，未嘗問孝，而陡以『孝乎』二字詰之，此皆義例之必無者也。」〔註13〕

顯然，閻若璩與毛奇齡於此立論宗旨不同，在「孝乎」句的句讀問題上則一致地歸咎於朱熹，應該說，閻若璩的論據還是很有說服力的。至於朱熹致誤之因，閻若璩認爲在於「不聞致疑，總緣壓於古文」。其實朱熹讀《書》，很富有疑辨精神，《書序》不用說，即如《書》本身內容，也總能看出其紕漏〔註14〕，我們來看朱熹此處的解說，「《書》言君陳能孝於親，友于兄弟，又能推廣此心，以爲一家之政。」〔註15〕或許是朱熹的理學思想影響了其對此處的釋讀。

「施於有政」是引《書》之文嗎？劉寶楠《論語正義》中云「『孝于惟孝，友于兄弟』，皆《逸書》文」，〔註16〕這就顯示劉氏並未把「施於有政」一句視爲《書》的文字，而把「施於有政」以下視爲孔子的話。由於劉寶楠氏認同宋翔鳳、包愼言觀點，我們可以看出其論證依據，其一即是宋翔鳳所指出

〔註12〕紀昀等：《（景印文淵閣）四庫全書》（第66冊）611～612頁（毛奇齡，《古文尚書冤詞》卷七）。

〔註13〕毛奇齡：《論語稽求篇》（叢書集成初編）4頁（卷一）。

〔註14〕例如《朱子語類》（卷七十八，《尚書一》）：「又《書》亦多可疑者，如《康誥》、《酒誥》二篇，必是武王時書。人只被作洛事在前惑之。如武王稱『寡兄』、『朕其弟』，卻甚正。《梓材》一篇又不知何處錄得來，此與他人言皆不領。嘗與陳同甫言。陳曰：『每常讀，亦不覺。今思之誠然。』」（《朱子語類》1986頁）。又如《朱子語類》（卷七十九，《尚書二》）：「《書》中可疑諸篇，若一齊不信，恐倒了《六經》。如《金縢》亦有非人情者，『雨，反風，禾盡起』，也是差異。成王如何又恰限去啓《金縢》之書？然常周公納策於櫃中，豈但二公知之？《盤庚》更沒道理。從古相傳來，如經傳所引用，皆此書之文，但不知是何故說得都無頭。且如今告諭民間一二事，做得幾句如此，他曉得曉不得？只說道要遷，更不說道自家如何要遷，如何不可以不遷。萬民因甚不要遷？要得人遷，也須說出利害，今更不說。《呂刑》一篇，如何穆王說得散漫，直從苗民蚩尤爲始作亂說起？若說道都是古人元文，如何出於孔氏者多分明易曉，出於伏生者都難理會？賀孫。」（《朱子語類》2052～2053頁）。

〔註15〕朱熹：《四書章句集注》59頁（《論語集注》卷一）。

〔註16〕劉寶楠，高流水：《論語正義》66～67頁。下所引宋翔鳳、包愼言見於此。

的文字上的依據，宋氏《四書釋地辨正》以「友于兄弟」作「于」，「施於有政」作「於」，認為孔子的用語明顯有「于」、「於」字作為區別。其二即是有包慎言所指出的文獻上的依據，包氏《論語溫故錄》云：「《後漢書・郅惲傳》鄭敬曰：『雖不從政，施之有政，是亦為政。』玩鄭敬所言，則『施於有政，是亦為政』，皆夫子語。」因此，劉氏指出，東晉古文連「施於有政」為《書》語，易之以「克施有政」，是誤讀了《論語》〔註17〕。但此前邢昺《疏》與朱熹《集注》並不這樣認為。邢氏認為「孝乎唯孝，友于兄弟，施於有政」為《周書・君陳篇》文字，引之以答或人為政之事；「是亦為政，奚其為為政」為孔子答語〔註18〕。《集注》於此解說云：「《書》言君陳能孝於親，友於兄弟，又能推廣此心，以為一家之政。孔子引之，則是亦為政矣，何必居位乃為為政乎？」體會於此，是朱熹亦認為「施於有政」為《周書・君陳篇》中文字無疑。因此，邢昺、朱熹當很可能是受了《君陳篇》此處文字的影響。

我們聯繫第三方面「孝乎」之「乎」是否為「于」字的問題來分析劉寶楠論證依據之一，劉氏認為《論語》此處所引之《書》「孝乎惟孝，友于兄弟」中「乎」字應作「于」字，即是說《書》中此兩字均應作「于」字，而孔子的語話中即作「於」字。劉寶楠一方面從字形上加以分析，因為《漢石經》、《白虎通・五經篇》所引皆作「孝于」，皇本亦作「于」，而《經典釋文》云「孝于，一本作孝乎」，《唐石經》、《宋石經》及他傳注所引皆作「孝乎」，所以劉氏認同惠棟所謂「後儒據《君陳篇》改『于』為『乎』」之說。

定州漢墓竹簡《論語》該處作「書云孝乎維孝，友……〔弟〕，施於有正」，「孝乎」即寫作「孝乎」字，「友于兄弟」，脫漏「于兄」二字，而「施於」即寫作「施於」〔註19〕。粗檢該書，沒能發現「于」字，其他處均寫作「於」，因此，此處「友于」「于」字很可能作「於」。顧永新先生根據定州漢墓竹簡《論語》、吐魯番阿斯塔那三六三號墓八／一號寫本皆作「乎」，與今本同，今本《論語》也是有相當早的根據，至少漢代已有傳本，因而指出惠棟的改竄之說有問題〔註20〕。定州漢墓《論語》為公元前 55 年以前的本子，當時《魯》、

〔註17〕 案：如果順著劉寶楠氏的意見看，高流水先生於《論語正義》此相關處句讀則有誤。
〔註18〕 《十三經注疏》2463 頁（《論語注疏》卷二）。
〔註19〕 河北省文物研究所定州漢墓竹簡整理小組：《論語》13 頁。
〔註20〕 顧永新：《〈七經孟子考文補遺〉考述》，《北京大學學報（哲社版）》84～91頁，2002 年 1 期。

《齊論》、《古論》三種《論語》均存在，西漢時除《古論》世不傳外，《魯論》、《齊論》各有所傳。西漢末年安昌侯張禹將《魯論》和《齊論》合而為一，稱為《張侯論》。東漢末年的《熹平石經》以及今天所流傳的的《論語》基本上就是《張侯論》，因而顧先生的判斷有文獻依據。據此而論，「孝乎」之「乎」至少在西漢時代即有《論語》本子寫作「乎」，而不是寫作「于」。從語法上來說，「于」字作語末助詞，表疑問，用法同「乎」〔註21〕，例如《管子·山國軌》：「不籍而贍國，為之有道于？」又如《呂氏春秋·審應》「然則先王聖于？」

從字義上分析，劉寶楠以為此處「孝于」、「友于」字雖是「于」，其義則為「乎」，與《禮記》「禮乎禮」、《公羊傳》「賤乎賤」、《爾雅》「微乎微」、《素問》「形乎形，神乎神」、漢語「肆乎其肆」、韓愈文「醇乎其醇」相同。而介詞「於」、「于」二字用法全同。「於」字所有介詞諸義，「于」字大率皆有之〔註22〕。因此，「友于兄弟」之「于」字，即是表形容詞之對象〔註23〕。顯然，「孝于（乎）惟孝」之「于」字或「乎」字與「友于兄弟」之「于」字用法有異，其義當不同。

因此，我們認為上述劉寶楠所述第一方面的憑證有局限性，劉氏所作《書》中用「于」而孔子的話語則用「於」的判斷，不符合西漢時期《論語》本的實際但先秦時候《書》中似乎寫為「于」，如郭店楚簡36簡至37簡「《君奭》員：『……其集大命于乐身』」句中字作「于」；似乎漢、唐時期也沒有很好區別「于」、「於」二字。

至於劉寶楠所遵從的第二方面的證據，是由包慎言所指出的鄭敬答郅惲語，據《後漢書·郅惲傳》：「惲志在從政，既乃喟然而歎，謂敬曰：『天生俊士，以為人也。鳥獸不可與同群，子從我為伊呂乎？將為巢許乎？而父老堯舜也。』敬曰：『吾足矣。初從生步重華於南野，謂來歸為松子。今幸得全軀樹類，還奉墳墓，盡學問道，雖不從政，施之有政，是亦為政也。吾年耄矣，安得從子，子勉正性命，弗勞神以害生。』」楊樹達先生即據此為注疏〔註24〕，認同包氏、劉氏的意見。楊伯峻先生則認為此三句為《尚書》逸

〔註21〕 楊樹達：《詞詮》434 頁（「于」字條）。
〔註22〕 楊樹達：《詞詮》433 頁（「于」字條）。
〔註23〕 楊樹達：《詞詮》431 頁（「於」字條）。
〔註24〕 楊樹達：《論語疏證》54～55 頁。

文，「作《僞古文尚書》的便從這裏採入《君陳篇》。」〔註25〕可是楊先生並未有列出證據。

鄭敬爲光武帝（25～57 在位）時代隱逸士人，其時《論語》尙存《古論語》、《齊論語》、《魯論語》以及《齊說》（王吉）、《魯夏侯說》（夏侯勝）、《魯安昌侯說》（張禹）等各種本子及各家說解〔註26〕，因此，鄭敬解讀，當有所據。在沒有其他文獻證據以前，我們認同劉寶楠所遵從的包慎言的意見，即「施於有政」不是《書》中文字。其實，此處引文，我們推測，當可能爲如毛奇齡氏所指出的孔子對《書》「改句改讀」的文字。

顯然，《論語》中此處談論的是爲政方面的話題。《包咸注》指出，或人以爲居位乃是爲政，孔子答之所行有政道（孝友）與爲政同。《邢昺疏》以爲，此章言孝友與爲政同。或人以爲居位乃是爲政。孔子引《書》「孝乎惟孝友于兄弟施於有政」（《周書・君陳篇》文）以答或人爲政之事；行於此二者（孝友），即有爲政之道。「是亦爲政，奚其爲爲政」爲孔子語，言此孝友亦爲政之道，即所行有政道即與爲政同，不必居位乃是爲政。〔註27〕朱熹亦指出，定公初年，孔子不仕，故或人疑其不爲政。孔子引《周書・君陳篇》作答，言君陳能孝於親，友于兄弟，又能推廣此心，以爲一家之政。如此，則是亦爲政，不必居位乃爲爲政；蓋孔子之不仕，有難以語或人者，故託此以告之〔註28〕。劉寶楠亦以爲，孔子以司寇去魯，故反魯猶從大夫之後，且亦與聞國政，但不出仕居位而爲之，故或人有不爲政之問。夫子定《五經》以張治本，而首重孝、友。孝友者，齊家之要，政之所莫先焉者也。孔子表章《五經》，又述其義爲《孝經》。《孝經》爲孔子所已施之教即「行在《孝經》」。爲政之道，不外明倫，故但能明孝弟之義，即有政道，與居位爲政無異〔註29〕。由此可見諸家解說《論語》此章之主旨，實際並無大的分歧。

而《書》「孝乎惟孝，友于兄弟」語，其義似乎是在談論倫理關係。「孝」之義，《說文》曰：「善事父母者。從老省，從子，子承老也。」《段注》云：「《禮記》：『孝者，畜也。順於道，不逆於倫，是之謂畜。」「友」之義，《說文》曰：「同志曰友。從二又相交。」《段注》云：「《周禮注》曰：同師曰朋，

〔註25〕楊伯峻：《論語譯注》21 頁。
〔註26〕班固：《漢書》1716 頁。參看陳國慶《漢書藝文志注釋彙編》75～77 頁。
〔註27〕《十三經注疏》2463 頁（《論語注疏》卷二）。
〔註28〕朱熹：《四書章句集注》59 頁（《論語集注》卷一）。
〔註29〕劉寶楠：《論語正義》66～67 頁。

同志曰友。」「善兄弟曰友，亦取二人而如左右手也。」〔註30〕孝是揭示了父母與子女的關係，而友揭示的則是兄弟之間的關係，所以從字義上來說，引《書》是在談論家庭倫理關係。但從《書》中內容來看，似乎沒有較爲純粹的談論倫理的情形。

例如《尚書・大誥》：王曰：「若昔朕其逝，朕言艱日思。若考作室，既底法，厥子乃弗肯堂，矧肯構；厥考翼其肯曰：『予有後，弗棄基？』厥父菑，厥子乃弗肯播，矧肯穫；厥考翼其肯曰：『予有後，弗棄基？』肆予曷敢不越卬敉寧王大命？」周公動員周人征討管蔡叛亂，其以造屋和耕田作比喻，強調要完成文王未竟的事業。此兩個比喻，說兒子應繼承父業，應該是當時人們認爲是很自然的事，這應該也是孝的表現之一。

《尚書・康誥》：王曰：「封！元惡大憝，矧惟不孝不友，子弗祗服厥父事，大傷厥考心；于父不能字厥子，乃疾厥子。于弟弗念天顯，乃弗克恭厥兄；兄亦不念鞠子哀，大不友于弟。惟弔茲不于我政人得罪，天惟與我民彝大泯亂，曰：乃其速由文王作罰，刑茲無赦。」這裏指出最大的罪惡就是不孝不友，父子兄弟之間違背孝友倫理者，應按照文王的刑法來懲罰。這裏雖講了倫理，但其目的仍然是講如何爲政。

《尚書・酒誥》：「小子！惟土物愛，厥心臧，聰聽祖考之彝訓。越小大德。小子！惟一妹土，嗣爾股肱，純其藝黍稷，奔走事厥考厥長；肇牽車牛，遠服賈用，孝養厥父母。厥父母慶，自洗腆致用酒。」這裏周公告誡康叔應恪遵遺訓，督勉妹土人民勤於農、商以孝養父母，於父母喜慶始得用酒。「孝養」同義複詞，指物質生活上好好供養父母〔註31〕。然此也爲其爲政的重要內容之一，督促人民要孝養父母。

《尚書・文侯之命》〔註32〕：「汝克紹乃顯祖，汝肇刑文、武，用會紹乃辟，追孝于前文人。」講孝最終還是講如何治理國家，其文末通過王的話即說明其主旨，王曰：「父義和！其歸視爾師，寧爾邦。……父往哉！柔遠能邇，惠康小民，無荒寧。簡恤爾都，用成爾顯德。」

因此《論語》引《書》對於其解釋，應該說是符合《書》的精神的。而

〔註30〕段玉裁：《說文解字注》116 頁（「友」字條）。
〔註31〕劉起釪：《尚書校釋譯論》1395 頁。
〔註32〕周平王命晉文侯，如《書序》言「平王賜晉文侯秬鬯圭瓚，作《文侯之命》。」（詳見劉起釪《尚書校釋譯論》該篇討論）

今傳《君陳》已被最後論定爲僞作，《論語》此處引《書》，此《書》指的是《君陳篇》嗎？《君陳篇》之序見於百篇書序中，其云：「周公既沒，命君陳分正東郊、成周，作《君陳》。」但此序並無見於《史記》中，據陳夢家、劉起釪等先生統計，《君陳篇》被稱引三次，都見於《禮記》中：1.子云：「善則稱君，過則稱己，則民作忠。《君陳》曰：『爾有嘉謀嘉猷，入告爾君于內，女乃順之于外，曰：「此謀此猷，惟我君之德。」于乎！是惟良顯哉！』」（《禮記‧坊記》）2.子曰：「大人不親其所賢，而信其所賤，民是以親失，而教是以煩。《詩》云：『彼求我則，如不我得。執我仇仇，亦不我力。』《君陳》曰：『未見聖，若己弗克見；既見聖，亦不克由聖。』」（《禮記‧緇衣》）3.子曰：「言有物而行有格也，是以生則不可奪志，死則不可奪名。故君子多聞，質而守之；多志，質而親之；精知，略而行之。《君陳》曰：『出入自爾師虞，庶言同。』《詩》云：『淑人君子，其儀一也。』」（《禮記‧緇衣》）

此篇的存在也得到了郭店楚簡引《書》的證實。郭店簡 19 有《君陳篇》引文：「《君迪》員：『未見聖，若亓弗克見，我弗見，我弗迪聖。』」與《禮記‧緇衣篇》引《書》相比較，有異文。「君迪」，《禮記‧緇衣篇》中作「君陳」。《說文‧𨸏部》：「陳，宛丘也。舜後嬀滿之所封。從𨸏，從木，申聲。敶，古文陳。」「迪」乃古文「敶」之借。「申」與「東」音近，故「陳」可寫作「迪」或「敶」。〔註33〕郭店簡 39 至簡 40：「《君迪》員：『出入自尒帀于，庶言同。』」與《禮記‧緇衣篇》引《書》相比較，有四處異文。1.「內」作「入」。《說文‧入部》：「內，入也。」義同通用，故「入」在古文字中經常被寫作「內」。2.「尒」作「爾」。段玉裁曰：「尒之言如此也。後世多以爾字爲之。」3.「帀」作「師」。「師」字從「帀」，故金文「帀」多用爲「師」。4.「于」作「虞」。「于」、「虞」音同，故可通用。此處「虞」應爲本字。

《禮記》也稱《小戴記》，是一部秦漢之際儒家禮學著作的選集，西漢學者戴聖所整理。顯然，《君陳篇》確實存在。《禮記》中的此三處引文，談論的皆爲如何爲政這一主旨，與《論語》此處引《書》之主旨正相一致。因此，我們大致可以認爲，《論語》此處引《書》，談論爲政，是與《書》的原意一致的，並未相悖。但即便如此，我們也不能說，此處《論語》所引之《書》定爲《君陳篇》，文獻不足徵。

〔註33〕廖名春：《郭店楚簡〈緇衣〉引〈書〉考》，《西北大學學報（哲社版）》2000年 1 期。下引均見於此。

第三節 「武王曰予有亂臣十人」考論

　　《論語‧泰伯》中有「武王曰予有亂臣十人」一句，被認爲是《尚書‧太誓》中句子。爲便於考查，茲引其有關文字於此：舜有臣五人而天下治。武王曰：「予有亂臣十人。」孔子曰：「才難，不其然乎？唐虞之際，於斯爲盛。有婦人焉，九人而已。三分天下有其二，以服事殷。周之德，可謂至德也已矣。」據《邢昺疏》，此章論人才難得。《論語正義》中劉寶楠認爲此處武王語乃伐殷誓眾之辭。孔子引《書》闡釋《書》（如果「武王曰予有亂臣十人」屬於《書》中文句的話），是否與《書》中原文語境相符合，抑或有多大程度之區別？在辨析此問題之前，我們就相關的文獻等問題作一梳理。

　　一、「臣」字是否爲後人增入？「予有亂臣十人」，《唐石經》「臣」字旁注，《釋文》出「予有亂十人」云「本或作『亂臣十人』，非」，所以阮元《校勘記》指出，《困學紀聞》云「《論語》、《釋文》『予有亂十人』」，《左傳》「叔孫穆子亦曰『武王有亂十人』」。劉原父謂「子無臣母之理」，然本無「臣」字，舊說不必改。考《皇疏》云「亂，理也。武王曰『我有共理天下者有十人也』」，似亦無「臣」字。蓋《唐石經》此處及《左傳‧襄廿八年》「臣」字皆後人據《僞泰誓》妄增。〔註34〕劉寶楠也認爲此處無「臣」字，其依據也主要是《左傳》《石經》等材料：《左傳‧昭二十四年》《傳》：萇弘引《太誓》曰：「『紂有億兆夷人，亦有離德。余有亂十人，同心同德。』」成二年《傳》：「《太誓》所謂『商兆民離，周十人同』者，眾也。」又襄二十八年《傳》：「叔孫穆子曰：『武王有亂十人。』」亦本《太誓》。故東晉《太誓》採此文入之。諸文與《論語》古本無「臣」字，故《論語》《釋文》云：「予有亂十人，本或作『亂臣十人』，非。」皇本雖有「臣」字，然《疏》云：「亂，理也。我有共理天下者，共十人也。」則本無「臣」字。《唐石經》於《尚書》、《論語》及《左傳》凡四見，皆無「臣」字。後人於《尚書》、《論語》及《左‧昭二十四年》，皆旁添「人」字，其襄二十八年仍無「臣」字，可證也。據石經，是東晉古文亦無「臣」字，惠氏棟《九經古義》謂《論語》「臣」字，乃後人據《太誓》以益之，誤。〔註35〕

　　《皇疏》有「臣」字，其所據爲《張侯論》，東漢末年的《熹平石經》以及今天所流傳的的《論語》基本上就是《張侯論》，《張侯論》是在《魯論》

〔註34〕《十三經注疏》2489 頁（《論語注疏卷九》）。
〔註35〕劉寶楠：《論語正義》310 頁。

和《齊論》的基礎上綜合而成的，《魯論》和《齊論》在漢代是屬於今文系統，因此有其流傳版本依據，似乎不能以是非簡單論定。皇侃《論語義疏》十卷《隋志》中有載錄，而《釋文》以爲應無「臣」字，有何憑據？《經典釋文》集漢、魏古注、六朝音義之大成且校勘精湛〔註36〕，其所據應當是《古論語》，《古論語》《隋志》中已經不見著錄，當爲亡佚，鄭玄注《論語》十卷亦亡佚，但尚見虞喜讚鄭玄注《論語》九卷，鄭玄注《論語》依據《張侯論》而考之《齊論》、《古論》，當保存了相當數量的《古論》原始風貌。唐開成石經有經文，無注文，其《論語》所據，當是保存了的《古論語》的資料。而《左傳》引文無「臣」字，也許是其所據之本與《古論語》所據相同。

由於各自有其流傳的系統，「臣」字的有無，所以我們不能以增減字簡單論之，也不能以此是彼非而簡單論之。所以劉寶楠氏指出惠棟的判斷有誤，其結論是對的，但似乎判斷的邏輯有問題，因爲劉氏根據的是後於東晉古文的《唐開成石經》。但「臣」字的有無，似乎並不妨害對此處文句意思的解讀。

二、「五人」、「十人」所指分別爲誰？先說五人分別爲誰，據《論語集解》孔安國認爲，爲禹、稷、契、皋陶、伯益等五人。《邢疏》據《史記》及《舜典》對此五人作了較詳細的介紹：禹名文命，是鯀之子，舜命作司空，是平水土之官。稷名棄，帝嚳之子，舜命爲后稷，是布種百穀之官。契亦帝嚳之子，佐禹治水有功，舜命作司徒，是布五教之官。皋陶字庭堅，顓頊之後，舜命作士，是理官。伯益，皋陶之子，舜命作虞官，是掌山澤之官〔註37〕。劉寶楠對此稍作解釋：稷即后稷，名棄，當時以官稱之曰稷。《舜典》言舜命禹宅百揆，棄爲稷，契爲司徒，皋陶作士，益爲虞，此五人才最盛〔註38〕。由此可見，這五人皆爲有能力，成就事功之人。

再說十人分別爲誰，據《論語集解》馬融認爲，「治官者十人，謂周公旦、召公奭、太公望、畢公、榮公、太顛、閎夭、散宜生、南宮適，其一人謂文母。」《邢疏》指出，馬融所指十人，爲先儒相傳之說。邢昺據《史記·世家》分別作介紹說：周公，名旦，武王之弟，封於魯，食採於周，謂之周公。召公，名奭，與周同姓，封於燕，食邑於召，謂之召公。太公望，呂尚也，東海上人，其先祖嘗爲四嶽，佐禹平水土，甚有功，虞夏之際，封於呂，本姓

〔註36〕 孫欽善：《中國古文獻學史簡編》191 頁。
〔註37〕 《十三經注疏》2487 頁（《論語注疏卷八·泰伯》）。
〔註38〕 劉寶楠：《論語正義》310 頁。

姜氏，從其封姓，故曰呂尙。呂尙蓋嘗窮困年老，以漁釣奸周西伯。西伯將獵，卜之曰「所獲非龍非彲，非虎非羆，所獲霸王之輔」。於是周西伯獵，果遇太公於渭之陽，與語，大悅，曰：「自吾先君太公曰：『當有聖人適周，周以興，子眞是邪？吾太公望子久矣！』故號之曰「太公望」，載與俱歸，立爲太師。劉向《別錄》曰：「師之尙之父之，故曰師尙父。」父亦男子之美號。孫子《兵法》曰：「周之興也，呂牙在殷。」則牙又是其名字。武王已平商而王天下，封師尙父於齊。畢、榮皆國名，入爲天子公卿。畢公，文王庶子。太、閎、散、南宮，皆氏；顚、夭、宜生、適，皆名。文母，文王之後，太姒，從夫之諡，武王之母，謂之文母；《周南》、《召南》言后妃夫人者〔註39〕。對於文母，朱熹則云：「劉侍讀以爲子無臣母之義，蓋邑姜也。」並按照性別對此十人進行了大致的分工，認爲前九人治外，邑姜治內〔註40〕。

　　劉寶楠依據馬融、鄭玄的《古論語》的說法，對此十人也作了辨析：《書·君奭》云：「惟文王尙克修和我有夏，亦惟有若虢叔，有若閎夭，有若散宜生，有若泰顚，有若南宮適。」《晉語》重之以周、召、畢、榮諸人，惟虢叔不在十亂之數；陶潛《群輔錄》十亂有毛公，無榮公，不知其說何本。指出「十亂」存在兩種不同的說法，一種缺少虢叔的十亂，一種是缺少榮公的十亂。劉寶楠氏又據《詩》、《詩序》以爲「婦人」即是文母，並指出這一說法隋唐時候即有之：文母即大姒，文王妃。周之王業，始於內治，故《二南》之詩，多言后妃德化。《毛詩·卷耳序》云：「后妃輔佐君子，求賢審官，知臣下之勤勞，內有進賢之志，而無險詖私謁之心，朝夕思念，至於憂勤也。」《兔罝序》云：「《關雎》之化行，則莫不好德，賢人眾多也。」皆言文母佐周之治效。後人疑文母不當在十亂，而以武王妃邑姜當之。《北史·齊后妃傳論》：「神武肇興齊業，武明追蹤周亂。」武明即神武妻婁氏，似以十亂有邑姜，隋、唐人已爲此說，亦不知何所受〔註41〕。據劉氏所辨析，「十亂」之成員組成雖有小異，但卻大體相同。但毫無疑問，此十人皆是建功立業的人，有功於周之人。

　　「五人」、「十人」，從此章《論語》中，我們可以看出，孔子當至少頗爲瞭解此十五人之事迹，則孔子又何從得知？據《尙書序》：伏犧、神農、黃帝之書，謂之《三墳》，言大道；少昊、顓頊、高辛、唐、虞之書，謂之《五典》，

〔註39〕《十三經注疏》2487頁（《論語注疏卷八·泰伯》）。
〔註40〕朱熹：《四書章句集注》107頁（《論語集注卷四》）。
〔註41〕劉寶楠：《論語正義》310～311頁。

言常道；夏、商、周之書，雖設教不倫，雅誥奧義，其歸一揆〔註42〕。《尚書序》雖爲託名之作，但其所云並非無根之談。孔子之時，《三墳》、《五典》，似乎是存在的，據《左傳·昭公十二年》所記，左史倚相能讀《三墳》、《五典》〔註43〕。昭公十二年，爲公元前530年，孔子爲21周歲。因此，好學如孔丘者，當極可能能看到此類書籍。《五典》既包含了唐、虞的內容，《論語》中孔子多言堯、舜，當可能是從《五典》中獲得了對「五人」的瞭解，而不可能是孔子的向壁虛造。又今傳虞夏書之《堯典》、《皋陶謨》、《禹貢》諸篇，雖其成書年代尚有爭議〔註44〕，但孔子時代必定有相關之記載則無疑。

而漢代《今文尚書》二十八篇中，至少記錄了周公旦、召公奭、太公望、太顚、閎夭、散宜生、南宮適等諸人。《大誥》爲周公東征叛亂的動員文告。《康誥》爲周成王時期周公在攝政成王的情況下對康叔誥辭〔註45〕。《酒誥》爲周公對康叔的誥辭。《召誥》是周公對於殷遺四國多方的誥辭〔註46〕。《無逸》是周公對於周成王的告誡之辭。《金縢》篇中周公與對話的二公《史記·魯世家》解作太公、召公二人。《君奭》爲周成王時候周公對召公所作的講話，篇中「惟文王尚克修和我有夏，亦惟有若虢叔，有若閎夭，有若散宜生，有若泰顚，有若南宮適」即提到虢叔、閎夭、散宜生、泰顚、南宮適等五位文王的輔佐之臣。《顧命》篇中成王臨終時召集的輔佐大臣屬於武王時「十亂」中的尚有召公奭、畢公、毛公等。劉向以爲《逸周書》爲孔子刪《書》之餘，其《克殷解》篇詳記克殷經過以及武王即位的儀式，篇中所記載的功臣即有

〔註42〕《十三經注疏》113～114頁。

〔註43〕楊伯峻：《春秋左傳注》（第三冊）1340頁（昭公十二年）。

〔註44〕劉起釪先生在《尚書校釋譯論》中對此諸篇的成書年代的說明，例如《堯典》，劉先生認爲「大抵以寫成於周代之說近是，只是尚須論定其周初或晚周，而在流傳過程中不能免受秦漢的影響」（見363頁），劉先生經過進一步的研究認爲，《堯典》原編之編成定稿出孔子手，七十子後學承其教（見382頁）。春秋早期已見《皋陶謨》，但不一定是完全整理定稿了，經過了春秋時期儒家整理加工；《皋陶謨》與《堯典》的最後編定基本在同時（見508～511頁）。劉先生綜合各家認爲，《禹貢》則爲西周史官所定，最後定型如今所見之本則在戰國，其間經過了孔子的加工釐正編定。見《禹貢》討論「《禹貢》寫成時代及作者問題」，該書832～843頁。

〔註45〕詳見劉起釪《尚書校釋譯論》該篇討論「《康誥》是周代哪一個王的誥辭及「周公稱王」的問題。

〔註46〕于省吾《尚書新證》據金文重文通例考證以爲爲周公所作誥辭，《雙劍誃群經新證 雙劍誃諸子新證》93頁，上海書店出版社，1999年。

師尙父、周公、召公、泰顚、閎夭、畢公、南宮忽（南宮括）等人；司馬遷探之入《史記》，朱右曾以爲此篇的寫作「非親見者不能」，黃懷信先生以爲該篇是據舊有材料於春秋中早期寫成〔註47〕。

《論語》中多言歷史人物，尤其是周公，孔子幾乎對他推崇備至，《論語‧述而篇》孔子說：「甚矣吾衰也！久矣吾不復夢見周公！」孔子常講述《書》，《論語‧述而篇》「子所雅言，《詩》、《書》、執禮，皆雅言也」，「孔子以《詩》、《書》、禮、樂教」〔註48〕，因之，孔子對於《書》的內容當是很熟悉的。所以孔子很可能是通過讀《書》編定《書》而獲得對這些歷史名人的深入瞭解；即使孔子沒有看到過流傳至於今天《書》與《逸周書》的相關資料，但孔子在其時代應該看到過類似的記載大概是不會有問題的。

那麼，《論語》此處引文出自《書》之何篇？符合《書》之原來之語境意義嗎？今傳《泰誓》有「受有億兆夷人，離心離德；予有亂臣十人，同心同德」，然由於今傳《泰誓》之不可靠，《論語》所引源自該篇嗎？《泰誓》（蔡沈指出，「泰」、「大」同，《國語》作「太」）被先秦典籍引用多次，《左傳》中類似《論語》此處引文的句子出現了三處〔註49〕（在分析的過程中爲了避免斷章取義，故而對原文作了稍長的引錄）：1.（成公二年即公元前589年）是行也，晉辟楚，畏其眾也。君子曰：「眾之不可已也。大夫爲政，猶以眾克，況明君而善用其眾乎？《大誓》所謂商兆民離，周十人同者，眾也。」我們於此引用《杜注》、《孔疏》稍作解釋：杜預指出此《大誓》爲《周書》中《大誓》。此處引文之意爲「民離則弱，合則成眾，言殷以散亡，周以眾興」。孔穎達以《泰誓》原文「受有億兆夷人，離心離德；予有亂臣十人，同心同德」與此相比較，指出「此言《大誓》所謂者，引其意，非本文也」。〔註50〕

2.（襄公二十八年即公元前545年）求崔杼之尸，將戮之，不得。叔孫穆子曰：「必得之。武王有亂臣十人，崔杼其有乎？不十人，不足以葬。」既，崔氏之臣曰：「與我其拱璧，吾獻其柩。於是得之。」我們於此引用《杜注》、《孔疏》稍作解釋：《孔疏》指出「武王有亂臣十人」爲《尙書‧泰誓》文，釋之云「以武王自言我有治理政事者十人」，並引用鄭玄之《論語注》指出「十

〔註47〕 黃懷信：《逸周書校補注釋》修訂本（前言53頁）。
〔註48〕 司馬遷：《史記》1938頁（《孔子世家》）。
〔註49〕 參見陳夢家《尙書通論》第一章先秦引書篇之「《左傳》引《書》」，7～12頁；劉起釪統計《泰誓》被先秦典籍所引達22次，見《尙書學史》第28～30頁。
〔註50〕 《春秋左傳注疏卷》二十五，參看楊伯峻《春秋左傳注》808～809頁。

人謂文母、周公、太公、召公、畢公、榮公、太顛、閎夭、散宜生、南宮适」。對於「崔杼其有乎？不十人，不足以葬」，《杜注》云：「葬必須十人，崔氏不能令十人同心，故必得。」《邢疏》云：「武王有亂臣十人而得天下，崔子若有十人唯得葬者，武王，聖人，十人皆大德，故有天下，崔子是罪人，又有十人，是凡人，故唯可以葬也。」《邢疏》並進一步指出「所引武王十人者，唯取同心之義」。〔註51〕

　　3.（昭公二十四年即公元前518年）二十四年春王正月辛丑，召簡公、南宮囂以甘桓公見王子朝。劉子謂萇弘曰：「甘氏又往矣。」對曰：「何害？同德度義。《太誓》曰『紂有億兆夷人，亦有離德；余有亂臣十人，同心同德』，此周所以興也。君其務德，無患無人。」我們於此引用《杜注》稍作解釋：《杜注》於「同德度義」云「度，謀也，言唯同心同德則能謀義，子朝不能，於我無害」，於「紂有億兆夷人，亦有離德」云「言紂眾億兆兼有四夷，不能同德，終敗亡」，於「余有亂臣十人，同心同德」云「武王言我有治臣十人，雖少，同心也。今《大誓》無此語」。〔註52〕

　　與上述三例相類似的句子，還見於《管子・法禁篇》，其云：「昔者聖王之治人也，不貴其人博學也，欲其人之和同以聽令也。《泰誓》曰：『紂有臣億萬人，亦有億萬之心；武王有臣三千而一心。』故紂以億萬之心亡，武王以一心存。故有國之君，苟不能同人心，一國威，齊士義，通上之治以為下法，則雖有廣地眾民，猶不能以為安也。」〔註53〕作為歷史事實之引述，也同樣見於《左傳》記載中：（桓公十一年即公元前701年）楚屈瑕將盟貳、軫。鄖人軍於蒲騷，將與隨、絞、州、蓼伐楚師。莫敖患之。鬬廉曰：「鄖人軍其郊，必不誡。且日虞四邑之至也。君次於郊郢，以禦四邑，我以銳師宵加於鄖。鄖有虞心而恃其城，莫有鬬志。若敗鄖師，四邑必離。」莫敖曰：「盍請濟師於王？」對曰：「師克在和，不在眾。商、周之不敵，君之所聞也。」（案：為見其語境，引錄稍長）於「商、周之不敵，君之所聞也」，杜預注云：「商，紂也，周，武王也。《傳》曰：『武王有亂臣十人，紂有億兆夷人。』」孔穎達疏云：「《古文尚書・泰誓》曰：『受有億兆夷人，離心離德；予有亂臣十人，

〔註51〕　《春秋左傳注疏卷》三十八，參看楊伯峻《春秋左傳注》1150～1151頁。

〔註52〕　《春秋左傳注疏卷》五十一，參看楊伯峻《春秋左傳注》1450頁。

〔註53〕　黎翔鳳，梁運華：《管子校注》（上冊，新編諸子集成）275頁（卷五・法禁第十四・外言五）。閻若璩於引此例有武王自語與史臣辭之辨（《古文尚書疏證》（上冊）281～282頁（卷四第五十二條）。

同心同德。』《昭二十四年傳》引之云『亦有離德』，已與本小殊，此注改予為武王，又倒其先後者，便文耳。雖言『《傳》曰』，非《傳》本文。劉炫云：『欲以證商周之不敵，故先少而後多，非便文。』」〔註54〕《左傳》的成書年代，在公元前 403～389 年之間，為戰國中期，〔註55〕《管子・法禁篇》也是戰國法家之作，〔註56〕因此，《泰誓》在先秦就已經存在當無可疑。所以，劉起釪先生根據《左傳・昭公二十四年》即上述第三例認為，《論語・泰伯》中此處引文源自《泰誓》，〔註57〕應該是成立的。

那麼，《論語》此處所引，符合《泰誓》篇中相關部分的語境意義嗎？為了說明此問題，我們有必要把《泰誓》篇中相關部分與《論語》中相關部分的語境意義進行對比，也只有如此，才能達到對孔子引《書》情況的進一步瞭解。關於《泰誓》，清儒孫星衍認為，《泰誓》之文見於《尚書大傳》及《史記》《周本紀》、《齊世家》，婁敬、董仲舒、終軍等皆引之，則不似武帝末始得於民間者。孫氏又推測認為，《史記》以「還師」已上為「與太公作此《泰誓》」，「十一年，師畢渡盟津」已下為「武王作《泰誓》，告於眾庶」，則似史公所見僅有上下二篇。其中篇告諸侯之詞，《史記》約其文云「殷有重罪」，似其時已不見全文，故《書傳》所引《太誓》不在《太誓》中也。史公所載，蓋從孔安國問故得之者，既非伏生所藏，亦非武帝末壁內所得。或後得之《泰誓》文，與之適合耳。〔註58〕孫氏所論，當近其實，故而我們可認為先秦之《書》與史公所據之《書》，其內容當大致不差，為有關武王伐紂之詞。劉起釪先生根據先秦典籍所引《書》之二十二條認為，先秦時《泰誓》有散文、韻文二本，皆武王伐紂之詞，很可能散文本為伐紂動員誓師之詞，韻文本為伐紂勝利誓眾紀功之詞。〔註59〕所論加詳。總之，《泰誓》所記內容之大體如此。我們得此瞭解，有助於對上述相關文句語境的理解。其實上文五例，其義正是離心離德者必敗亡，同心同德者必勝興；意在說明同心的重要性。《孟子・萬章章句上》引「《泰誓》曰『天視自我民視，天聽自我民聽』，此之謂也」〔註60〕，孟子在這裏強

〔註54〕 《春秋左傳注疏》卷六，參見楊伯峻《春秋左傳注》130～131 頁。
〔註55〕 此據楊伯峻先生考證，見《春秋左傳注・前言・左傳成書年代》35～41 頁。
〔註56〕 此據羅根澤《羅根澤說諸子》313～318 頁（《〈管子〉探源》）。
〔註57〕 劉起釪：《尚書學史》（訂補本）28 頁。
〔註58〕 孫星衍：《尚書今古文注疏》（卷十）264～265 頁。
〔註59〕 劉起釪：《尚書學史》（訂補本）30～31 頁。
〔註60〕 《十三經注疏》2737 頁（《孟子注疏》卷九下・萬章章句上），參看楊伯峻、楊逢彬《孟子注譯》163 頁，嶽麓書社，2001 年。

調「天授」的重要性，實際上是在強調「民與」的重要性。「得道者多助，失道者寡助。寡助之至，親戚畔之；多助之至，天下順之。以天下之所順，攻親戚之所畔；故君子有不戰，戰必勝矣。」〔註61〕孟子在這裏強調了「人和」，得民心之重要性，這是與強調「民與」的重要性一脈相承的。此則爲《泰誓》相關部分的語境意義。不可否認，先秦引《詩》、《書》，尤其諸子引經典，常有斷章取義的現象，但此《左傳》、《管子》五例，其語境意義如此一致，當是《書》的語境意義應無疑。

《論語》相關部分的語境意義又是什麼呢？《孔安國注》以爲，「堯、舜交會之間，比於周間，最盛多賢才，然尚有一婦人，其餘九人而已；大才難得，豈不然乎？」《邢疏》認爲，《論語》此章爲論大才難得之意；孔子因美周文王有至聖之德，言殷紂淫亂，文王爲西伯而有聖德，天下歸周者三分有二，而猶以服事殷，故謂之至德〔註62〕。分析孔安國、邢昺之注疏，我們似乎可以獲得這樣的認識，即《論語》中此處所引的語境意義在於孔子引述史實概歎大才之難得。至於「三分天下有其二，以服事殷。周之德，其可謂至德也已矣」兩句，《邢疏》認爲「此孔子因美周文王有至聖之德也」；也即此兩句並非順著所引史實而言，而是意思上有個轉折或者插入。

朱熹以爲，「才難，蓋古語，而孔子然之也。才者，德之用也。」「言周室人才之多，惟唐、虞之際，乃盛於此。降自夏商，皆不能及，然猶但有此數人爾，是才之難得也。」是亦認爲其語境意義爲人才難得之意。然對於後兩句之解釋，朱熹云，「《春秋傳》曰，『文王率商之畔國以事紂』，蓋天下歸文王者六州，荊、梁、雍、豫、徐、揚也。惟青、兗、冀，尚屬紂耳。范氏曰：『文王之德，足以代商。天與之，人歸之，乃不取而服事焉，所以爲至德也。孔子因武王之言而及文王之德，且與泰伯，皆至德稱之，其旨微矣。』」〔註63〕由此看來，朱熹亦認爲孔子「因武王之言而及文王之德」，與《邢疏》解說相同；也即此兩句並非順著所引史實而言，而是意思上有個轉折。然朱熹列出另一意見即：「或曰：『宜斷三分以下，別以孔子曰起之，而自爲一章。』」這就表明有人意識到此處解說似乎不連貫，也即語境的不協調性。

〔註61〕《十三經注疏》2693 頁（《孟子注疏》卷四上·公孫丑章句下），參看楊伯峻、楊逢彬《孟子注譯》61 頁。
〔註62〕《十三經注疏》2487～2488 頁（《論語注疏卷八》）。
〔註63〕朱熹：《四書章句集注》107～108 頁。

劉寶楠認爲，古之所謂才，爲有德能治事者，才是聖賢之極能，所以他說：「才是極難，當堯、舜時，比戶可封，不乏有德之士，而此稱才者五人。及周之盛，亦但九人，是其爲才難可驗也。」則劉寶楠的意思是爲才難而非大才或人才難得。劉氏又解「三分天下有其二，以服事殷。周之德，其可謂至德也已矣」云：「周得群才，故能三分有二，其時實有得天下之勢，而猶以服事殷，與泰伯之以天下讓無以異，故夫子均歎爲至德也。」〔註64〕由此看來，劉氏把此數句串講通了：孔子引述歷史人物作爲事實依據，慨歎爲才之難，因爲爲才之難，（故而人才少而難得），周得群才，故而能成就偉業（天下三分有二）；此種情況下猶服事殷，夫子歎其爲至德。

我們綜合此數家意見，可以分爲兩種，劉寶楠認爲「爲才難」，朱熹等認爲「大才（人才）難得」。其實此二者內在是相通的，爲才難故而大才少，少則可能難得，周有德故得群才，惟大才能同心同德，因此，周能得天下之三分之二。我們認爲，《論語》此章應從一整體來理解，朱熹似乎意識到此一問題，故錄「或曰」之意見。因此，相比較而言，劉寶楠更加注意到了此章意義的連貫性，且把它串講通了，而這實際上也與上述所引《尚書》之相關部分的語境意義一致。當然，如果我們理解孔子把重點放在說明大才難得上，則與上述所引五例的語境意義不一致。而如果我們認爲孔子引《書》，其說明重點應在後兩句，周能與此「十人」同心同德，成就偉業，如此，則與上述《左傳》《管子》引《書》五例的語境意義一致。後一理解，庶幾得孔子之原意。

第四節 「書云高宗諒陰三年不言」考論

《論語》中又一處引《書》是在《憲問》篇：子張曰：「《書》云：『高宗諒陰，三年不言。』何謂也？」子曰：「何必高宗，古之人皆然。君薨，百官總己以聽於冢宰三年。」我們於此從兩個方面展開討論，其一，《書》指何篇？其二，「高宗諒陰，三年不言」其義爲何？其三，孔子引《書》，符合《書》語境意義？

一、《書》指何篇？

關於《書》云「高宗諒陰，三年不言」之《書》之所指，有三種不同的

〔註64〕劉寶楠：《論語正義》311～312頁。

意見，一種是認為指《書・說命篇》，一種認為是《書・高宗之訓》，另外一種認為是《書・無逸篇》。與「高宗諒陰，三年不言」相同或相類似的句子，多見於他處，在後儒所作的注釋中指出了其出於何篇，有助於我們對這一問題的認識。

例如《國語・楚語上》：白公又諫，王如史老之言。對曰：「昔殷武丁能聳其德，至於神明，以入於河，自河徂亳，於是乎三年默以思道。卿士患之，曰：『王言以出令也，若不言，是無所稟令也。』武丁於是作書，曰：『以余正四方，余恐德之不類，茲故不言。』如是而又使以象夢旁求四方之賢，得傅說以來，升以為公，而使朝夕規諫，曰：『若金，用女作礪。若津水，用女作舟。若天旱，用女作霖雨。啟乃心，沃朕心。若藥不瞑眩，厥疾不瘳。若跣不視地，厥足用傷。』若武丁之神明也，其聖之睿廣也，其智之不疚也，猶自謂未乂，故三年默以思道。既得道，猶不敢專制，使以象旁求聖人。既得以為輔，又恐其荒失遺忘，故使朝夕規誨箴諫，曰：『必交修余，無余棄也。』今君或者未及武丁，而惡規諫者，不亦難乎！」〔註65〕韋昭注「於是乎三年默以思道」云：「默，諒闇也。思道，思君人之道也。《書》曰：『高宗諒闇，三年不言，言乃雍。』」又注「武丁於是作書」云：「作書，解卿士也。賈、唐云：『《書》，《說命》也。』昭曰：非也，其時未得傅說。」又注「得傅說以來，升以為公」引「《書序》曰：『高宗夢得說，使百工營求諸野，得之傅岩，作《說命》。』」似乎在韋昭看來，《說命》中當包括「高宗諒陰，三年不言」之文句。綜觀《楚語》此段「白公舉武丁求賢得傅說與傅說規諫、武丁納諫的史實」之事例，我們大致可以作如此判斷，這應該是來自內容相連貫的文字。

又如《呂氏春秋卷十八》云：「人主之言，不可不慎。高宗，天子也，即位諒闇，三年不言。卿大夫恐懼患之，高宗乃言曰：『以余一人正四方，余惟恐言之不類也，茲故不言。』古之天子，其重言如此，故言無遺者。」〔註66〕漢高誘注「即位諒闇，三年不言」云：「諒闇，三年不言，在小乙之喪也。《論語》曰：『「高宗諒闇，三年不言。」何謂也？孔子曰：「古之人皆然，君薨，百官總己聽於冢宰三年。」此之謂也。」《呂氏春秋》引用高宗之事例，是為了說明「人主之言，不可不慎」的道理。然而高誘注引《論

〔註65〕《國語》554 頁。
〔註66〕《呂氏春秋》219 頁（卷十八・審應覽第六・重言」）。

語》之文，並未指明所引《尚書》之篇名，縱如此，卻無疑指明了其源自《尚書》此層之關係。

再如《禮記》，所錄類似或相同文句有多處。《檀弓下》：子張問曰：「《書》云：『高宗三年不言，言乃讙。』有諸？」仲尼曰：「胡爲其不然也？古者天子崩，王世子聽於冢宰三年。」〔註67〕《孔疏》云：「『言乃讙』者，《尚書·無逸》云『言乃雍』，『雍』、『讙』字相近，義得兩通，故鄭隨而解之。」《坊記》：子云：「君子弛其親之過而敬其美。」《論語》曰：「三年無改於父之道，可謂孝矣。」高宗云：「三年其惟不言，言乃讙。」子云：「從命不忿，微諫不倦，勞而不怨，可謂孝矣。詩云：『孝子不匱。』」〔註68〕鄭玄注「高宗云『三年其惟不言，言乃讙』」云：「高宗，殷王武丁也。名篇在《尚書》。三年不言，有父小乙喪之時也。『讙』當爲『歡』，聲之誤也。其既言天下皆歡，喜樂其政教也。」是未指明《書》中何篇。《孔疏》於此云：「此《尚書》《說命》之篇，論高宗之事，故言『高宗云』，高宗非書篇之名。『三年其惟不言』者，在父喪三年之內。其惟不言政教，言乃讙者，謂三年服畢之後，言論政教，天下皆歡樂也。」是孔穎達認爲此爲《書》之《說命篇》，而似乎以《檀弓下》之「《書》云『高宗三年不言，言乃讙』」之《書》爲《尚書·無逸篇》，孔穎達注意到「高宗云」與「《書》云」之區別。孔穎達案云：「其惟不言」之文，在《尚書·說命》之篇，「言乃讙」，在《無逸》之篇。而鄭云「名篇在《尚書》」，則是《高宗篇》上有此二言，與《書》之文不同者，鄭不見古文《尚書序》有《高宗之訓》，此經有「《高宗》云」，謂是《高宗之訓》篇有此語，故云「名篇在《尚書》」。似乎在孔穎達看來，「高宗云：『三年其惟不言，言乃讙』」之文，出自《書·說命篇》，而「《書》云『高宗三年不言，言乃讙』」之文則源自《書·無逸篇》，前者爲高宗命傅說之言，後者爲周公引述高宗史實之文，其區別是明顯的。

《書》之《說命篇》，《書序》云：「高宗夢得說，使百工營求諸野，得諸傅巖，作《說命》三篇。」鄭康成（127-200）云《說命》三篇亡。〔註69〕今傳《說命》上中下三篇雖僞，其內容則大致不差，蔡沈云：「《說命》，記高

〔註67〕《十三經注疏》1305 頁（《禮記注疏卷九·檀弓下》）。
〔註68〕《十三經注疏》1602 頁（《禮記注疏卷五十一·坊記》）。
〔註69〕據劉起釪先生統計，《說命》三篇被稱引共八次，見於《國語·楚語上》、《孟子·滕文公上》，各一次；《禮記·文王世子》、《學記》、《緇衣》等處六次。

宗命傅說之言。」〔註70〕《書》之《高宗之訓》，《書序》云：「高宗祭成湯，有飛雉升鼎耳而雊，祖己訓諸王，作《高宗肜日》、《高宗之訓》。」鄭康成云「《高宗之訓》亡」。《喪服四制》：始死，三日不怠，三月不解，期悲哀，三年，憂，恩之殺也。聖人因殺以制節，此喪之所以三年，賢者不得過，不肖者不得不及。此喪之中庸也，王者之所常行也。《書》曰：「高宗諒闇，三年不言。」善之也。王者莫不行此禮，何以獨善之者？曰：高宗者，武丁，武丁者，殷之賢王也，繼世即位，而慈良於喪。當此之時，殷衰而復興，禮廢而復起，故善之，善之，故載之書中，而高之，故謂之高宗。三年之喪，君不言。書云：「高宗諒闇，三年不言。」此之謂也。然而曰「言不文」者，謂臣下也。〔註71〕此處有兩處引《書》，與《論語·憲問》所引相同，惟「闇」、「陰」字之異。

上述《國語》、《呂氏春秋》、《禮記》所引相關史實或《書》中文句，皆未說明所據何篇。後儒作注者各有所據，加以指明，然意見分歧，未成一致。《論語》此處所引「《書》云『高宗諒陰，三年不言』」之出自何篇，我們難以從先秦秦漢文獻上直接找到答案。

《尚書大傳·無逸篇》云：《書》曰：「高宗諒闇，三年不言。」何謂諒闇也？《傳》曰：「高宗居倚廬，三年不言，百官總己以聽於冢宰而莫之違，此之謂諒闇。」〔註72〕伏生所傳為免難於秦火的《尚書》，《論語》所引，正與此一致。而今傳《無逸篇》云：「其在高宗，時舊勞于外，爰暨小人；作其即位，乃或諒陰，三年不言，其惟不言，言乃雍。」與之有別。事實上，古人引書，多引其大意，與原文文字上往往有很大的出入。清儒毛奇齡所云「《論語》引《書》有四，無不改其詞，篡其句，易其讀者」，〔註73〕應在很大程度上指出了這一現象。若以此而論，我們至此至少可以這樣

〔註70〕 案：《禮記注疏·文王世子篇》引「《兌命》曰」、《緇衣篇》引「《兌命》曰」，《鄭玄注》云：「『兌』當為『說』。」又云傅說作《說命》，以命高宗。然據今傳《書》之《說命》、《微子之命》、《蔡仲之命》、《顧命》、《畢命》、《冏命》、《文侯之命》之內容觀之，皆為王命臣之言，史錄之。恐鄭氏「傅說作《說命》，以命高宗」之說有誤。

〔註71〕 《十三經注疏》1695 頁（《禮記注疏卷六十三·喪服四制》）。

〔註72〕 陳壽祺：《尚書大傳輯校》，《清經解續編卷三五四》415～416 頁。

〔註73〕 紀昀等：《（景印文淵閣）四庫全書》（第 66 冊）611～612 頁（毛奇齡，《古文尚書冤詞》卷七「《論語》：《書》云：『孝乎惟孝，友于兄弟。』今無『孝乎』字，何也」條）。

說，《論語》此處所引可能源自《無逸篇》。〔註74〕

　　清儒江聲以爲《論語》中此處引文出自《高宗之訓篇》，江聲認爲，《坊記》「三年其惟不言，言乃讙」之文，即使《周書・無逸》亦有此文（惟「讙」字有異），但並非《無佚》之文，「蓋此文非高宗之言，而《坊記》稱『高宗云』，則高宗是《書》篇名，自是此《高宗之訓》矣。故《鄭注》《坊記》云『名篇在《尙書》，亦指謂此篇也。』」江氏又進而指出，《檀弓篇》「《書》云『高宗三年不言，言乃讙』」，《論語・憲問篇》「《書》云『高宗諒陰，三年不言』」，其文小異，然皆爲《高宗之訓》之文。〔註75〕我們可以看到，江聲視「高宗云」之「高宗」爲《書》中篇名，即《高宗之訓》。《史記・殷本紀第三》云：「帝武丁崩，子帝祖庚立。祖己嘉武丁之以祥雉爲德，立其廟爲高宗，遂作《高宗肜日》及《訓》。」〔註76〕此《訓》當爲《高宗之訓》，其爲江氏之所據？蔡沈注《伊訓》云：「訓，導也。太甲嗣位，伊尹作書訓導之。」今傳《伊尹》亦僞，然蔡注可取。《高宗之訓》爲祖己所作，以訓導祖庚，其名不爲《祖訓》或《祖己之訓》，似乎也與伊尹之作書訓導嗣位的太甲而稱《伊訓》之體例不相符合。陳夢家先生亦認爲《禮記・坊記》（陳先生以《禮記》爲秦漢間著作）中「高宗云」之「高宗」爲《書》中篇名《高宗篇》即《史記》中所錄「《高宗肜日》及《訓》」之《訓篇》，亦即是《高宗之訓篇》。〔註77〕而劉起釪先生所作「《尙書》存佚各篇先秦引引用情況總表」顯示，《高宗之訓》未見被稱引；《禮記・坊記》（劉先生以《禮記》爲先秦著作）中「高宗云」之引文，劉先生以之爲《無逸篇》引文。在「《書序》百篇、今、古、僞古各本篇目比較表」中，劉先生亦以《史記》所錄《訓篇》爲《高宗之訓篇》。〔註78〕

〔註74〕劉起釪先生以爲《論語・憲問》引「高宗諒陰，三年不言」二句，《禮記・坊記》引《高宗》云：「三年其惟不言，言乃讙」，《呂氏春秋・重言》「高宗，天子也。即位，『諒闇，三年不言』」，此三處皆出自《無逸篇》；另一次見於《國語・楚語》。見劉起釪《尚書學史》20頁。對《禮記・坊記》所引，劉先生以爲「孔穎達誤謂此爲《高宗之訓》文」，此說似可商榷，見正文。

〔註75〕阮元：《清經解卷三九三》875頁（江聲《尚書集注音疏》）。

〔註76〕司馬遷：《史記》104頁（《殷本紀》）。帝武丁祭成湯，明日，有飛雉登鼎耳而呴，武丁懼，而祖己勸帝武丁修政事之祖己；孔安國《集解》指出祖己爲賢臣名（《史記》103頁）。

〔註77〕陳夢家：《尚書通論》81頁，見於「尚書百篇表」。

〔註78〕劉起釪：《尚書學史》（訂補本）55頁、151頁。

　　劉寶楠對《論語》此處引文出處作了較詳細的辨析，〔註 79〕可以歸納為以下幾點：其一、《禮記·喪服四制》、《坊記篇》所引，皆出自《說命篇》；《國語·楚語》、《呂氏春秋》所引，為《說命篇》佚文。其二、《無逸篇》所述，本《說命篇》言高宗之事。其三、《鄭注》《坊記》云「名篇在《尚書》」，此《尚書》所指為《說命篇》；江聲以為出自《高宗之訓》之說之誤為未檢《伏傳》。劉氏所據，為《尚書大傳·說命篇》，今檢陳壽祺之《尚書大傳輯校》一書，並不見《說命篇》，未知其所據何本。陳夢家先生《尚書百篇表》顯示，《尚書大傳》中有《說命篇》，《史記》中沒有；〔註 80〕劉起釪先生「《書序》百篇、今、古、偽古各本篇目比較表」顯示，《史記》中有《說命篇》（並注明《史記》中未出篇名，在《盤庚》前），《尚書大傳》中未有。〔註 81〕當以劉起釪先生統計為準，因此，劉寶楠論據應有偏差。其實，劉寶楠之思路甚可取，其所據或為《百篇書序》之次，從書篇產生時間順序來看，《說命篇》居前，《高宗之訓篇》居中，《無逸篇》居後，三篇都涉及高宗之史實（前兩篇今雖不存，但據《史記》及先秦引《書》，可見其點滴記載），前篇所言，後篇所引。因此，源自《說命篇》之說，其推測亦合乎邏輯。

　　鄭玄注《禮記·坊記》「高宗云『三年其惟不言，言乃讙』」云「名篇在《尚書》」，並未指出《尚書》何篇（後儒如江聲有認為為《高宗之訓篇》者）。高誘注《呂氏春秋》「即位諒闇，三年不言」引《論語·憲問》中相關章節，亦未指明《尚書》何篇。至孔穎達疏《禮記》，指出：「高宗云」之文句出自《說命篇》，「《書》云」之文句出自《無逸篇》；並認為鄭玄之誤在於：一、鄭玄以「高宗云」之「高宗」為《尚書》篇名即《高宗篇》，二、鄭不見古文《尚書序》有《高宗之訓》。由此我們推測孔穎達以《論語·憲問》中引「《書》云」之「《書》」為《無逸篇》，邢昺疏《論語·憲問》時即指為《周書·無逸篇》文。江聲也以鄭玄注《禮記·坊記》中「高宗云」為篇名《高宗篇》即《高宗之訓篇》，並進而認為《論語·憲問》所引亦為《高宗之訓篇》中之文句。段玉裁據《禮記·喪服四制篇》認為，「似『高宗諒闇，三年不言』乃《尚書》成語，非剪裁《毋佚篇》文也。《坊記》以『三年其惟不言，言乃讙』繫之《高宗》云，鄭注『名篇在《尚書》』，然則亦非《毋佚》語。《高宗篇》當

〔註 79〕劉寶楠：《論語正義》600～601 頁。
〔註 80〕陳夢家：《尚書通論》80 頁，見於「尚書百篇表」。
〔註 81〕劉起釪：《尚書學史》（訂補本）151 頁。

是殷時佚《尚書》。」〔註82〕陳喬樅進而以爲，「《尚書百篇》有《高宗之訓》，序以爲與《高宗肜日》皆祖己訓於王所作，然則《坊記》稱『《高宗》云』當即《高宗之訓》也。」〔註83〕陳氏得之。皮錫瑞同於陳氏，認爲「《書序》有《高宗之訓》，《高宗》即《高宗之訓》」。〔註84〕劉寶楠以江聲之說爲誤，認爲出自《說命篇》，答案當不誤，然其所據有誤。

　　總之，《論語・憲問》此處引《書》，極其可能源自《說命篇》，由於《高宗之訓篇》與《說命篇》以及後之《無逸篇》一樣，敍述了同樣的有關高宗之史實，故而亦極其可能出現在《高宗之訓篇》，從先秦引《書》之方法看來，就存在稱先王，稱大臣的情況，如《荀子・大略篇》引作「舜曰」、《孟子・盡心上》引作「伊尹曰」，〔註85〕爲例雖少，但確實存在。因此，後儒之分析「高宗云」之「高宗」可能即爲篇名《高宗之訓篇》，亦可能指高宗本人即殷帝武丁此種狀況，非無根之談，而是有所據。通過以上考查，我們可以發現，先儒對《論語・憲問》此處所引之《書》爲何篇之判斷，其依據主要爲《尚書大傳》、《史記》、先秦所引《書》篇之名稱及其內容、《百篇書序》等文獻材料，這些依據，當然具有重要的參考價值，尤其是前三種文獻、材料。由於《說命篇》、《高宗之訓篇》之具體內容已亡，所見文獻不足，無可考，我們可以保守地認爲，《論語・憲問篇》此處所引《書》篇之名爲《無逸篇》，如劉起釪先生之觀點。

二、「高宗諒陰，三年不言」其義爲何？

　　對於「高宗諒陰，三年不言」此文句的解釋，主要集中在三方面，一是對「諒陰」的解釋，一是對「不言」的解釋，一是對「三年之喪」的解釋。在歷代的闡釋過程中，產生了數種主要的觀點，由於各家側重點會有不同，茲大致以各家著作產生時間之先後爲序（同時代則先論及《尚書》，後論《論語》），就前儒前賢相關解釋作一梳理。

　　《尚書大傳・無逸》云，「書曰：『高宗梁闇，三年不言。』何謂梁闇也？傳曰：『高宗居倚廬，三年不言，百官總己以聽於冢宰而莫之違，此之謂梁闇。

〔註82〕阮元：《清經解卷五八九》96頁（段玉裁《古文尚書撰異》）。
〔註83〕阮元：《清經解續編卷一一〇六》1114頁（陳喬樅《今文尚書經說考》）。
〔註84〕皮錫瑞：《今文尚書考證》367頁。
〔註85〕劉起釪：《尚書學史》（訂補本）60～61頁。

子張曰：「何謂也？」孔子曰：「古者君薨，王世子聽於冢宰三年，不敢服先王之服，履先王之位，而聽焉。以民臣之義，則不可一日無君矣，不可一日無君，猶不可一日無天也，以孝子之隱乎？則孝子三年弗居矣。」』」又云：「高宗有親喪，居廬三年，然未嘗言國事，而天下無背叛之心者，何也？及其為太子之時，盡以知天下人民之所好惡，是以雖不言國事也，知天下無背叛之心。」在《大傳》裏，「諒陰」之意即為服喪時所居之倚廬，「三年不言」則指服喪三年期間，不言國事。其說與《禮記・喪服四制》所記載相同，鄭玄注《禮記》所解說亦與此相一致。鄭玄注「子張問曰：『《書》云「高宗三年不言，言乃讙」，有諸』」云：「時人君無行三年之喪禮者，問有此與，怪之也。」〔註86〕則鄭玄釋「三年不言」為行三年之喪禮。鄭玄於「高宗云：『三年其惟不言，言乃讙』」注云，「三年不言，有父小乙喪之時也。」「其既言，天下皆歡，喜樂其政教也。」〔註87〕孔穎達於此疏云：「『三年其惟不言』者，在父喪三年之內。『其惟不言政教，言乃讙』者，謂三年服畢之後，言論政教，天下皆歡樂也。」《喪服四制》云：「始死，三日不怠，三月不解，期悲哀，二年憂，恩之殺也。聖人因殺以制節，此喪之所以三年，賢者不得過，不肖者不得不及。此喪之中庸也，王者之所常行也。王者莫不行此禮，何以獨善之也？曰：高宗者，武丁，武丁者，殷之賢王也，繼世即位，而慈良於喪，當此之時，殷衰而復興，禮廢而復起，故善之，善之，故載之書中而高之，故謂之高宗。三年之喪，君不言。《書》云：『高宗諒闇，三年不言。』」鄭於「《書》曰：『高宗諒闇，三年不言。』善之也」注曰：「諒古作梁，楣謂之梁，闇讀如鶉鷃之鷃，闇謂廬也，廬有梁者，所謂柱楣也。此之謂也。」《孔疏》云，「《書》曰：『高宗諒闇，三年不言』，善之也，引《書》者，明古來王者皆三年喪。諒讀曰梁，闇讀曰鷃，謂廬也，謂既虞之後，施梁而柱楣，故云諒闇之中，三年不言政事。善之者，言是古人載之於書，美善之故也。」『三年之喪，君不言』者，是記者引古禮三年之喪，君則不言國事。『《書》云：「高宗諒闇，三年不言」，此之謂也』者，此記者引《書》高宗所行中節，是君不言之事，故云此之謂也。」是《禮記》、《禮記鄭注》、《禮記孔疏》皆言行三年之喪禮；「不言」之內容與三年之喪禮緊相關聯，鄭玄指為政教，孔穎達指為政事國事；「諒陰」則指居喪時之住處，《禮記》似乎沒作出說明，《鄭注》與《孔疏》同。

〔註86〕《十三經注疏》1305 頁《禮記注疏卷九・檀弓下》。
〔註87〕《十三經注疏》1602 頁（《禮記注疏卷五十一・坊記》）。

今傳《尚書‧無逸篇》「作其即位，乃或亮陰，三年不言。其惟不言，言乃雍」，《孔傳》云，「武丁起其即王位，則小乙死乃有信默，三年不言，言孝行著。」「在喪則其惟不言，喪畢發言，則天下和。」是以「諒陰」為「信默」之意；「三年」謂行孝之年數，「不言」則為「不發言」之意。《孔疏》認為，武丁即王之位，乃有信默，三年不言，在喪其惟不言，喪畢發言，言得其道，乃天下大和。《孔疏》以為，鄭玄注「《書》云『高宗諒闇，三年不言』」（《禮記注疏‧喪服四制》所引）意為「其不言之時，時有所言，則群臣皆和諧」，「言乃雍者，在三年之內，時有所言也。」《孔傳》之意則「以為出言在三年之外，故云在喪其惟不言，喪畢發言則天下太和。知者《說命》云『王宅憂，諒陰三祀。既免喪，其惟不言』，除喪猶尚不言，在喪必無言矣，故知喪畢乃發言也。」〔註88〕我們可以從中看出，對「不言」之解說，《孔疏》認為，在喪三年不言，喪畢才發言，此與《孔傳》所作解釋一致；同時認為鄭玄於「不言」之意為「在三年之內，時有所言」。其實，鄭玄在注《禮記‧坊記》和《喪服四制》時，並未有此明確的解說：《坊記》引《書》云，「高宗云：『三年其惟不言，言乃讙。』」鄭玄注云，「三年不言，有父小乙喪之時也。」「其既言，天下皆歡，喜樂其政教也。」而《孔疏》於此云，「『三年其惟不言』者，在父喪三年之內。『其惟不言政教，言乃讙』者，謂三年服畢之後，言論政教，天下皆歡樂也。」是於此亦認為服喪三年之內不言，服喪畢乃言。《尚書》與《禮記》之疏，於此解說，似相矛盾。而於「諒陰」，《孔疏》在《禮記注疏》中同意《鄭玄注》「倚廬」之解釋，又在《尚書注疏》中同意《偽孔傳》「信默」之解釋，此「疏不破注」原則之尷尬？《說命篇》之注疏與此解說略同。

《論語注疏》中，《孔注》云，「諒，信也。陰，猶默也。」《音義》云，「諒，音亮，信也。陰如字，默也。」《邢疏》亦作如此解釋，「言武丁居父憂，信任冢宰，默而不言三年也。」《邢疏》認為《禮記》作「諒闇」，鄭玄以為「凶廬」，非孔子之義；「三年之喪「為「三年心喪」，其所據為《晉書‧杜預傳》，實則其詳細情況見於《晉書‧志第十‧禮中》〔註89〕：泰始（265～274）十年元皇后崩，依漢魏舊制，既葬，帝及群臣皆除服，而未知皇太子是否亦應除，於是詔諸尚書會僕射盧欽討論。杜預以為古者天子諸侯三年之喪，始服齊斬，既葬，除喪服諒闇，以居心喪終，制不與士庶同禮。於是盧

〔註88〕《十三經注疏》221 頁（《尚書注疏卷九》）。
〔註89〕房玄齡等：《晉書》（第三冊）618～621 頁。

—105—

欽魏舒問杜預證據。杜預回答說，《傳》稱「三年之喪，自天子達」，此謂天子絕期唯有三年喪，並不是書居喪衰服三年，與士庶同。故後世子之喪而叔向稱有三年之喪。周公不言高宗服喪三年，而云諒闇三年，此釋服心喪之文。叔向不譏景王（前 544～前 520）除喪而譏其燕樂已早，明既葬應除而違諒闇之節。春秋晉侯享諸侯，子產相鄭伯，時簡公未葬，請免喪以聽命，君子謂之得禮。宰喧來歸惠公仲子之賻，《傳》曰：「弔生不及哀。」此皆既葬除服諒闇之證。先儒舊說，往往亦見，學者未之思耳。喪服諸侯爲天子亦斬衰，並非是說終服三年。

「心喪」之說，《禮記》有云：「事親有隱而無犯，左右就養無方，服勤至死，致喪三年。事君有犯而無隱，左右就養有方，服勤至死，方喪三年。事師無犯無隱，左右就養無方，服勤至死，心喪三年。」〔註90〕《史記》云：「孔子葬魯城北泗上，弟子皆服三年。三年心喪畢，相訣而志，則哭，各復盡哀；或復留。唯子貢廬於冢上，凡六年，然後去。」〔註91〕據此，是事師服喪爲心喪。《邢疏》所據爲杜預所論，杜預所據文字依據則爲古文《尚書》《傳》所云「諒，信也。闇，默也」〔註92〕。可見「心喪」之說，是有文獻依據的。

蔡沈於此之解說云，「亮，亦作諒。陰，古作暗。按《喪服四制》，高宗諒陰三年，鄭氏注云：『諒，古作梁，楣謂之梁。暗，讀如鶉鷸之鷸。暗，謂廬也，即倚廬之廬。』《儀禮》：『剪屏柱楣。』鄭氏謂柱楣，所謂梁暗是也。宅憂諒陰，言宅憂於梁暗也。先儒以『亮陰』爲信默不言，則於諒陰三年不言，爲語復而不可解矣。君薨，百官總己聽於冢宰，居憂不言，禮之常也。」〔註93〕可見，蔡氏認爲，「諒陰」之意爲「倚廬」，非「信默不言」；三年服喪不言。此與伏生鄭玄之傳注一致。朱熹釋「諒陰」云，「天子居喪之名，未詳其義。」蔡沈於此所解有異。「不言」，指不言政事，其云「百官聽於冢宰，

〔註90〕《十三經注疏》1274 頁（《禮記正義卷六》）。

〔註91〕司馬遷：《史記》1945 頁（《孔子世家》）。

〔註92〕此據陳壽祺《尚書大傳輯校》（王先謙：《清經解續編》416 頁（卷三五五），上海古籍出版社，1988 年）云：《晉書二十‧禮志》杜預等議喪服云：至周公旦乃稱殷之「高宗諒闇，三年不言」，其傳曰：「諒，信也。闇，默也。」預所引書字作「諒闇」，則古文《尚書》也，所引傳解「諒闇」與大傳異，則古文家說也。《論語》作「諒陰」，《集解》引孔安國注與預正同，今偽孔書傳乃與之合，豈偽孔襲用古文家說？《禮記》作「諒闇」，鄭注以爲凶廬，從《大傳》義。

〔註93〕蔡沈：《書經集傳》89 頁、160 頁。見於《說命篇》及《無逸篇》。

故君得以三年不言」，又引胡氏曰：「位有貴賤，而生於父母無以異者。故三年之喪，自天子達。子張非疑此也，殆以爲人君三年不言，則臣下無所稟令，禍亂或由以起也。孔子告以聽於冢宰，則禍亂非所憂也。」〔註94〕

清儒於「高宗諒陰，三年不言」文句解說甚詳。江聲云，「《禮記‧喪服四制》引《書》曰『高宗諒闇，三年不言』，鄭彼注云『諒古作梁』，故於此云『諒闇轉作梁闇』也。云『楣謂之梁』者，《釋宮》文也。云『闇，廬也』者，伏生《大傳》引《傅說》曰『高宗居凶廬，三年不言，此之謂梁闇』，是闇謂廬也。」「云『居倚廬柱楣』者，《義禮‧喪服》《傳》云『居倚廬，寢苫枕塊』，又云『既虞，前屏柱楣』，然則居倚廬是始遭喪時，柱楣是既葬之後也。居倚廬者，鄭注《既夕禮》云『倚木爲廬，在中門外東方北戶』；柱楣者，鄭注《喪服傳》云『楣謂之梁，柱楣所謂梁闇』。賈公彥疏云『既虞之後，乃改舊廬西向，開戶前，去戶傍兩相屏之餘草。柱楣者，前梁謂之楣，楣下兩頭豎柱施梁，乃夾戶傍之屏也』。然則柱楣即於倚廬之處所，鄭並言居倚廬柱楣也。」〔註95〕江氏辨之甚明，總而言之，「梁闇」即是居喪之處所。

王鳴盛對「梁闇」之理解同於江氏，王氏又辨「亮」字之非，其云：「『亮陰』，《說命》同《論語》作『諒陰』，《喪服四制》作『諒闇』，考『亮』本無此字，當因『惊』而誤，說已見上；至『諒字』則見《說文》卷三上言部，注云『信也』。今僞孔既訓此字爲信，其解雖謬，然如其說，亦宜作諒，今改爲亮，是謬之謬也。鄭於《喪服四制》注云『諒古作梁，楣謂之梁，闇讀如鶉鷋之鷋，鷋謂廬也』，故於此經注云『諒闇轉作梁闇』，然則鄭所傳古文《尙書》當作『諒闇』，而其意則謂當轉讀作梁闇也。」〔註96〕王氏又以爲「亮，信；陰，默」之解說源自馬融，並辨其解之非云：「然下云『不言』足矣，上言『信，默』，語意複疊，孔說非是，馬融從之，古文《尙書》託名孔安國爲《傳》亦採《論語注》入之，《說命傳》同，而彼《正義》又添出『信默』之『信』爲信任冢宰，邢昺《論語疏》亦用之，尤爲妄中之妄矣，當從鄭說爲正。」〔註97〕可見，「諒陰」之解，王鳴盛同於江聲，主鄭說，而以馬說爲非。「不言」之義，王氏以爲「『不言』特不言政，非三季竟如土偶」。〔註98〕

〔註94〕朱熹：《四書章句集注》159 頁（《論語集注卷七》）。
〔註95〕阮元：《清經解卷三九七》909 頁（江聲《尚書集注音疏‧無佚》）。
〔註96〕阮元：《清經解卷四二四》152 頁（王鳴盛，《尚書後案‧無逸》）。
〔註97〕阮元：《清經解卷四二四》152 頁（王鳴盛，《尚書後案‧無逸》）。
〔註98〕阮元：《清經解卷四二四》152 頁（王鳴盛，《尚書後案‧無逸》）。

　　段玉裁則認為，《論語·憲問篇》之「諒陰」，《禮記·喪服四制篇》之「諒闇」，《史記·魯世家》之「亮闇」，《尚書大傳·殷傳》之「梁闇」，《白虎通·爵篇》之「諒闇」及《四時篇》之「諒陰」，《論衡·儒增篇》之「諒闇」，《公羊文九年注》之「諒闇」，《漢書·五行志》之「涼陰」，其中「『諒、涼、亮、梁』古四字同音，不分平仄也，『闇、陰』二字同音，在侵韻，不分侵、覃也」。「《大傳》釋『梁闇』為居廬，鄭注『闇讀如鶉鷰之鷰，謂廬也』，其注《禮記》《尚書》皆用《大傳》說。上字讀為梁，讀為者，易其字也，下字讀如鷰，讀如者，釋其音也。《大雅》『涼彼武王』，《韓詩》作『亮』，《白虎通》釋禪於『梁甫』之義云『梁，信也』，然則古同音通用之法可見矣。」〔註99〕段氏從音韻學訓詁學之角度予以分析，當合乎語言現象之實際。對於「信默」此一解說，段玉裁認為，《晉書·禮志第十》杜預於泰始十年議皇太子喪服所引，即源自孔安國《論語注》，「偽作《尚書孔傳》者，用此『信，默』為《無逸傳》，其實《論語孔注》亦是偽作，非子國所為，何晏無識，得以售其欺也？」〔註100〕則段氏似乎亦不認同此一解說。

　　至於陳壽祺、陳喬樅父子，則分別今文古文之說，認為，杜預所引《書》作「亮陰」為古文《尚書》，所引《傳》與《大傳》異，則為古文家說，「《論語》作『諒陰』，《集解》引孔安國注，與預正合，今《偽孔傳》乃襲用古文家說。《禮記》作『諒闇』，鄭注以為凶廬，從《大傳》義也。」陳喬樅進一步指出，鄭玄注《尚書》及《禮記》皆用今文家說，「注《尚書》雖祖孔學而參用伏誼，故解『諒闇』不襲安國舊說，知鄭學之宏非諸儒所及矣。」〔註101〕皮錫瑞亦指出，鄭玄「注《尚書》用古文，而多異馬融；或馬從今而鄭從古，或馬從古而鄭從今。是鄭注《書》兼採今古文也。」〔註102〕孫欽善先生明確指出，「在今古文問題上，鄭玄對狹隘的門戶之見、宗派之爭有所突破。他雖立足於古文，但並不一概排斥今文，而是各取所長，互相補充。」〔註103〕因此，我們認為，陳喬樅所論，當是符合鄭注實際。孫星衍側重對「不言」與

〔註99〕阮元：《清經解卷五八九》95～96頁（段玉裁，《古文尚書撰異·無逸》）。

〔註100〕阮元：《清經解卷五八九》96頁（段玉裁，《古文尚書撰異·無逸》）。

〔註101〕王先謙：《清經解續編卷一一○六》1114頁（陳喬樅，《今文尚書經說考·毋佚》）。

〔註102〕皮錫瑞：《經學歷史》96頁，中華書局，2004年。周予同先生注又指出，「鄭注《尚書》，每與馬異。」

〔註103〕孫欽善：《中國古文獻學史簡編》96頁，高等教育出版社，2001年。

「諒闇」作出解釋，亦認爲「不言」爲不言國事，有國事則冢宰代王出令，亦認同「倚廬爲始遭喪時所據，柱楣謂既葬後所居」之解說；並存「信默」之說。〔註104〕皮錫瑞側重於解說「亮陰」，皮氏贊同段玉裁「同聲通用」之論，認爲，「《尚書》之義，則當本作『梁闇』，伏生《大傳》用其本字，其或作『諒』、『涼』、『亮』，或作『陰』者，皆字之叚借也」，「漢人舊說皆以梁闇爲居喪，惟馬《注》解爲信默，蓋誤認叚借之字爲本字。鄭不從馬而從伏，最爲卓見。《僞孔傳》與《論語》孔《注》皆王肅所爲，故皆用信默也。」〔註105〕可見，皮氏還是認同今文而非古文。在《論語》注解中，劉寶楠似亦宗鄭注，認爲，「梁闇」指喪廬，「三年」指喪期，「不言」指不言政事，非喪事不言。〔註106〕

總而言之，從漢至於清代，「諒陰」之義，存在兩種主流的解釋，一是指居喪之處，一是指信默。「不言」之義，亦有兩種不同的解釋，一是指不言政事，一是指不說話〔註107〕。對於「三年之喪」，則多無異議〔註108〕，僅作「心喪」之別。由於今古文家所作的結論均有其文獻依據，目前史料尚不能斷定何者正確。我們傾向於《尚書大傳》的說法，認爲此處的意思是指高宗居喪時，三年不言政事。

三、孔子引《書》，符合《書》語境意義？

可見，儘管在此具體文字的解釋上先儒們存在分歧，可是對「歷史事實」則有共識，即是武丁遭父喪，爲父守制三年，盡孝道。因此，對此處《書》

〔註104〕孫星衍：《尚書今古文注疏》437頁。
〔註105〕皮錫瑞：《今文尚書考證》367頁。
〔註106〕劉寶楠：《論語正義》602頁。
〔註107〕郭沫若《駁說儒》理解「三年不言」爲三年不說話，故而從醫學角度認爲高宗患了「不言症」，所以推測「諒陰」或「諒闇」是這種病症的古名。晁福林先生對「乃或諒陰」作新解，以爲其義爲乃居於涼陰處，或乃有涼陰可乘。《尚書·無逸》此句指武丁因爲年青時備嘗民間艱辛，所以即位才會有好運氣，像居於涼陰之處那樣，有人保護他，使他能三年不發表什麼政見而安居於王位。晁先生據卜辭材料指出，武丁即位後其父小乙尚在，蓋其繼位之初的軍國大事仍由小乙操持，故有「亮陰」之說（《夏商周的社會變遷》168頁）。
〔註108〕對具體時間，或有不同，如：《禮記·三年問》：「三年之喪，二十五月而畢，哀痛未盡，思慕未忘，然而服以是斷之者，豈不送死有已，復生有節也哉！」《白虎通·四時·三代歲異名》云：「故《尚書》曰『三載，四海遏密八音』，謂二帝也。又曰『諒闇三年』，謂三王也。《春秋傳》曰『三年之喪，其實二十五月』。」

所引文句之理解，先儒們是一致的。是先儒祖述孔子？對於此一問題，我們可對孔子答子張語作一分析。「何必高宗，古之人皆然。君薨，百官總己以聽於冢宰三年」此一答語，孔安國《注》、邢昺《疏》、朱熹《集注》、劉寶楠《正義》，皆以爲「三年之喪」意，期間王政託付於冢宰。關於「三年之喪」，《論語·陽貨篇》有較明確的說法，其云，「宰我問：『三年之喪，期已久矣。君子三年不爲禮，禮必壞；三年不爲樂，樂必崩。舊穀既沒，新穀既升，鑽燧改火，期可已矣。』子曰：『食夫稻，衣夫錦，於女安乎？』曰：『安。』『女安，則爲之！夫君子居喪，食旨不甘，聞樂不樂，居處不安，故不爲也。今女安，則爲之！』宰我出。子曰：『予之不仁也！子生三年，然後免於父母之懷。夫三年之喪，天下之通喪也，予也有三年之愛於其父母乎！』」宰我（前520～前481年）、子張（前503～前450年）〔註109〕皆爲孔門親傳弟子，《論語》中當反映二弟子接聞於夫子之實際。因此，我們認爲，先儒之解釋符合孔子之原意，即先儒在祖述孔子，未曲解夫子之大意。

然則孔子之述《書》，符合其語境之意？《史記·殷本紀第三》云：「帝小乙崩，子帝武丁立。帝武丁即位，思復興殷，而未得其佐。三年不言，政事決定於冢宰，以觀國風。武丁夜夢得聖人，名曰說。以夢所見視群臣百吏，皆非也。於是迺使百工營求之野，得說於傅險中。是時說爲胥靡，築於傅險。見於武丁，武丁曰是也。得而與之語，果聖人，舉以爲相，殷國大治。」〔註110〕觀此，則史公之意，爲三年不言政事，未明確爲三年之喪之義。《殷本紀》中，成湯以來之記載，主要採自《書》、《詩》，〔註111〕從湯至於武丁，經凡21代王，未見所謂「三年之喪」之記載，從武丁至紂，經凡8代王，亦未見相類似的記載。〔註112〕然《五帝本紀》與《夏本紀》中確有「三年之喪」之記載，「三年之喪」發生在堯、舜、禹、啓諸帝之間，凡三見。1.「堯辟位凡二十八年而崩。百姓悲哀，如喪父母。三年，四方莫舉樂，以思堯。……

〔註109〕《史記·仲尼弟子列傳》云：顓孫師字子張。宰予字子我：據此傳，宰予即宰我。

〔註110〕司馬遷：《史記》102頁（《殷本紀》）。

〔註111〕《殷本紀》：太史公曰：余以《頌》次契之事，自成湯以來，采於《書》、《詩》。中華書局，第109頁。

〔註112〕武丁之前21代王即湯、外丙、中壬、太甲、沃丁、太庚、小甲、雍己、太戊、中丁、外壬、河亶甲、祖乙、祖辛、沃甲、祖丁、南庚、陽甲、盤庚、小辛、小乙，武丁之後8代王即祖庚、祖甲、廩辛、庚丁、武乙、太丁、帝乙、帝辛（紂）。

堯崩，三年之喪畢，舜讓辟丹朱於南河之南。」〔註113〕 2.「舜子商均亦不肖，舜乃豫薦禹於天。十七年而崩。三年喪畢，禹亦乃讓舜子，如舜讓堯子。」〔註114〕 3.「十年，帝禹東巡狩，至於會稽而崩。以天下授益。三年之喪畢，益讓帝禹之子啓，而辟居箕山之陽。」〔註115〕司馬遷撰述《五帝本紀》、《夏本紀》，取材方法是把民間傳說與文獻資料之結合，詳加考證，擇其「雅言」；《五帝本紀》中「太史公論贊」〔註116〕說明了這一點。可見三年之喪其禮由來已久。

又《左傳‧昭公十一年（公元前 531 年）》云：「五月，齊歸薨。大搜於比蒲，非禮也。……九月，葬齊歸，公不戚。……叔向曰：『魯公室其卑乎！君有大喪，國不廢搜；有三年之喪，而無一日之戚。國不恤喪，不忌君也；君無戚容，不顧親也。國不忌君，君不顧親，能無卑乎？殆其失國。』」〔註117〕據叔向所言，夫人死魯昭公應該行三年之喪禮。《左傳‧昭公十五年（公元前 527 年）》云：「六月乙丑，王大子壽卒。秋八月戊寅，王穆后崩。……十二月，晉荀躒如周，葬穆后，籍談爲介。既葬，除喪，以文伯宴，樽以魯壺。……籍談歸，以告叔向。叔向曰：『王其不終乎！吾聞之：「所樂必卒焉。」今王樂憂，若卒以憂，不可謂終。王一歲而有三年之喪二焉，於是乎以喪賓宴，又求彝器，樂憂甚矣，且非禮也。彝器之來，嘉功之由，非由喪也。三年之

〔註113〕 《史記》30 頁（《五帝本紀》），「堯老，使舜攝行天子政，巡狩。舜得舉用事二十年，而堯使攝政。攝政八年而堯崩。三年喪畢，讓丹朱，天下歸舜。」（又見於同卷第 38 頁）。

〔註114〕 《史記》44 頁（《五帝本紀》）。又見於《夏本紀》82 頁，「帝舜薦禹於天，爲嗣。十七年而帝舜崩。三年喪畢，禹辭讓舜之子商均於陽城。」

〔註115〕 見《史記》83 頁（《夏本紀》）。與舜、禹不同，益未成爲帝，究其原因，一方面是禹子賢，天下屬意；而堯子丹朱、舜子商均皆不肖。另一方面是禹雖授天下益，然而益之佐禹日淺，天下未洽；堯授天下於舜，舜授天下於禹，天下亦屬意舜、禹。見於《史記》30 頁、38 頁、44 頁（《五帝本紀》）；《史記》83 頁（《夏本紀》）。

〔註116〕 太史公曰：學者多稱五帝，尚矣。然《尚書》獨載堯以來，而百家言黃帝，其文不雅馴，薦紳先生難言之。孔子所傳宰予問《五帝德》及《帝繫姓》，儒者或不傳。余嘗西至空桐，北過涿鹿，東漸於海，南浮江淮矣，至長老皆各往往稱黃帝、堯、舜之處，風教固殊焉，總之不離古文者近是。予觀《春秋》、《國語》，其發明《五帝德》、《帝繫姓》章矣，顧弟弗深考，其所表見皆不虛。《書》缺有間矣，其軼乃時時見於他說。非好學深思，心知其意，固難爲淺見寡聞道也。余并論次，擇其言尤雅者，故著爲本紀書首。

〔註117〕 《十三經注疏》2060 頁（《春秋左傳正義》）。楊伯峻，《春秋左傳注》1324～1327 頁。

喪，雖貴遂服，禮也。』」〔註118〕據叔向所言，則周王亦應爲太子與穆后服喪三年。《左傳》成書雖在孔子之後，然其所載叔向之言當有所據，叔向爲晉國大臣，生在孔子之前。

可見，「三年之喪」說由來已久，孔子對《書》「高宗諒陰，三年不言」的解說，還是有依據的，儘管今古文家解說「諒陰」，還有待於進一步史料來印證。

第五節　「堯曰」考論

《論語・堯曰篇》被認爲引用《尚書》多處，見於該篇第一章：「堯曰：『咨！爾舜，天之歷數在爾躬，允執其中。四海困窮，天祿永終。』舜亦以命禹。曰：『予小子履，敢用玄牡，敢昭告于皇皇后帝：有罪不敢赦。帝臣不蔽，簡在帝心。朕躬有罪，無以萬方；萬方有罪，罪在朕躬。』周有大賚，善人是富。『雖有周親，不如仁人。百姓有過，在予一人。』謹權量，審法度，修廢官，四方之政行焉。興滅國，繼絕世，舉逸民，天下之民歸心焉。所重：民、食、喪、祭。寬則得眾，信則民任焉，敏則有功，公則說。」我們主要對以下三處展開討論。

一、1.「堯曰：『咨！爾舜，天之歷數在爾躬，允執其中。四海困窮，天祿永終』」引文出自何篇？此引文除僞《大禹謨》分散數句稱引外，其他今傳文獻未嘗見稱引。由於《論語・堯曰篇》此處《孔安國注》沒有指明其出於何篇，而注云「舜亦以爲堯命己之辭命禹」，「允執厥中」雖見於《大禹謨》，而此篇既僞，所以王氏雖認爲此爲古聖相相傳精言，「但斷斷非《大禹謨》元文，且亦未見其必爲《尚書》語耳。」〔註119〕王氏以爲《論語・堯曰篇》此處爲舜命禹之言，故而他推測此處出自《舜典》篇，「蓋《堯典》有禪舜語，《舜典》亦宜有禪禹語，至晉人乃採入《大禹謨》耳。」〔註120〕

《論語》既云「舜亦以命禹」，則此文句爲堯命舜之語。既是堯命舜之語，

〔註118〕《十三經注疏》2077～2078 頁（《春秋左傳正義》），參看楊伯峻《春秋左傳注》1370、1374 頁。
〔註119〕阮元：《清經解卷四三四上》227 頁（王鳴盛，《尚書後案》）。見王氏辨僞《大禹謨》「人心惟危，道心惟微，惟精惟一，允執厥中」所云。
〔註120〕阮元：《清經解卷四三四上》227 頁（王鳴盛，《尚書後案》）。見王氏辨僞《大禹謨》「四海困窮，天祿永終」所云。

又是舜命禹之語，依常理而論，則其更可能出現在記錄堯、舜、禹言行的《尚書》之《堯典》、《舜典》、《大禹謨》三篇中。西漢伏生所傳《堯典》包括今傳《堯典》與《舜典》；《舜典》為東晉偽《古文尚書》將《堯典》後半自「慎徽五典」分出冒充。《堯典》中並無此數句堯命舜之言，然而據劉起釪先生統計，《堯典》在先秦文獻中被引用 14 次，顯示該篇今傳本與先秦本並不完全一致，但亦未見此數句相似之引文，故而劉先生以之為先秦文籍中沒有篇名的逸《書》〔註121〕。因此，除非此數句佚失，其出現在《堯典》中的可能性不大。

《舜典序》云：「虞舜側微，堯聞之聰明，將使嗣位，歷試諸難，作《舜典》。」趙岐據此與《尚書緯》百二十篇之說以為孟子諸所言舜事，源自《舜典》及逸《書》〔註122〕，然而先秦《舜典》篇並未傳下，而據《尚書正義》鄭玄注《書序》則有《舜典》、《大禹謨》兩篇名〔註123〕，那麼漢代是否存有《舜典》、《大禹謨》兩篇正文？

江聲推測，《堯典正義》引鄭注《舜典序》「歷試諸難」云「入麓伐木」顯示鄭玄很可能見到了孔安國逸《書》之《舜典》，而鄭玄云「《書》缺有間，不能指實其事」正顯示鄭玄所見堯試舜之事不僅如今《堯典》「慎徽五典」以下文句所云〔註124〕。因此，江氏以為孔安國《古文尚書》之逸十六篇存有《舜典》篇。

段玉裁據指出，鄭玄以有目無書者謂之亡，有書而不立於學官者謂之逸，分別甚明，《尚書正義》引鄭玄注顯示《古文尚書》有《舜典》篇，《舜典序》所引鄭注「入麓伐木」即是該篇中文字；趙岐注《孟子》所引為《今文尚書》，《古文尚書》三十四篇未得見，其二十四篇亦未得見，因此，趙岐未見《舜典》篇〔註125〕。段氏基於對亡、逸二字的語境意義的分析與《漢志》著錄《古文尚書經》的情況作出判斷，有文字與目錄學之根據，當可信。

陳喬樅亦以為，孔壁所得《古文尚書》於伏生外增多十六篇，內有《舜典》一篇，至西晉時始亡，所據有三，其一是《孟子·萬章篇》孟子所述舜事為《舜典》逸篇之文，其二是《舜典序》《孔疏》云「別有試舜之事」引鄭

〔註121〕 劉起釪：《尚書學史》（訂補本）14～15 頁、38 頁。
〔註122〕 《十三經注疏》1733 頁（《孟子注疏卷九上》）。
〔註123〕 《十三經注疏》118 頁（《尚書正義》）。孔穎達以包括此兩篇在內的二十四篇為偽。
〔註124〕 阮元：《清經解卷四百》936～937 頁（江聲，《尚書集注音疏》）。
〔註125〕 阮元：《清經解卷五百九十九》116～117 頁（段玉裁，《古文尚書撰異》）。

玄注「人麓伐木」顯示鄭玄見過《舜典》篇。其三是《宋書・禮志》曹魏時群臣議改朔事，高堂隆曾引《舜典》篇文句〔註126〕。

那麼，《大禹謨》是否存在於漢代孔安國《古文尚書》逸篇中呢？《大禹謨序》云：「皋陶矢厥謨，禹成厥功，帝舜申之，作《大禹》、《皋陶》、《棄稷》。」據段玉裁云：「大禹之下當是脫一『謨』字，鄭云『《大禹謨》逸』。」〔註127〕據上述「鄭玄以有目無書者謂之亡，有書而不立於學官者謂之逸，分別甚明」段氏之所作論斷，則《大禹謨》亦包含於孔安國《古文尚書》中。

綜合上述三家說法，有小學、目錄學以及文獻學之依據，故而我們認定《舜典》篇、《大禹謨》篇存在於孔安國《古文尚書》中，雖然據陳夢家先生指出先秦典籍與《史記》未見《舜典》、《大禹謨》篇名（「尚書百篇表」中統計）〔註128〕，劉起釪先生亦指出《史記》、《尚書大傳》、《大小夏侯今文》、《歐陽氏今文》等亦均未見《舜典》、《大禹謨》篇名（「《書序》百篇、今、古、偽古各本篇目比較表」中統計）〔註129〕。

如果我們依據《堯典序》所云「昔在帝堯，聰明文思，光宅天下，將遜於位，讓於虞舜」，《舜典序》所云「虞舜側陋，堯聞之聰明，將使嗣位，歷試諸難」，《大禹謨序》云：「皋陶矢厥謨，禹成厥功，帝舜申之」，我們可以推測此三篇皆可能有此堯禪舜之言，即《論語》此處所引文句；孔子之言「舜亦以命禹」從而有著落。今《堯典》既然不見，則其可能見於其他兩篇中，然而今《舜典》、《大禹謨》二篇既亡，則其不可考。

〔註126〕王先謙：《清經解續編卷一一一五》1148～1149 頁（陳喬樅，《今文尚書經說考》）。

〔註127〕阮元：《清經解卷五九九》117 頁（段玉裁，《古文尚書撰異》）。

〔註128〕陳夢家：《尚書通論》78 頁。

〔註129〕劉起釪：《尚書學史》（訂補本）52 頁、149 頁。劉起釪先生於「《尚書》存佚各篇先秦引用情況總表」中推測以爲《舜典》被《孟子・萬章上》不出篇名引用三次，其於「漢古文逸十六篇之見於先秦引用者」節中云「另有一些敘舜事，與今所見《堯典》分出《舜典》所記不類，疑爲逸十六篇中《舜典》的逸文」，見該書 23 頁，所錄引文見該書 24 頁。趙岐注《孟子・萬章篇》云：「孟子時《尚書》凡百二十篇，逸《書》有《舜典》之敘，亡失其文。孟子諸所言舜事，皆《舜典》及逸《書》所載。」（見《孟子注疏卷九上》）孫星衍於此態度有所保留，不敢以爲《舜典》之文，其云：「趙氏雖有此言，而《孟子》所載諸舜事，不稱《舜典》，未敢據增。」（見《尚書今古文注疏・書序》558 頁。）據皮錫瑞《今文尚書考證・書序》所云，閻若璩、毛奇齡、魏源等人從趙岐之觀點，劉逢祿與皮氏本人則以爲《尚書》無《舜典篇》（見該書 483～484 頁）。

　　總而言之，此處引文之出自《尚書》何篇，由於文獻不足，難以徵信。因此，我們僅能推測，此處引文有可能出自《舜典》或《大禹謨》篇中，或者兩篇中均出現。

　　2. 那麼，此引文的含義是什麼呢？包咸解釋云「爲政信執其中，則能窮極四海，天祿所以長終」。邢昺疏認爲，「堯曰『咨！爾舜，天之歷數在爾躬』」者，此下是堯命舜以天命之辭。堯子丹朱不肖，不堪嗣位，虞舜側微，堯聞之聰明，將使嗣位，故先咨嗟，歎而命之，欲使重其事，言天位之列次當在舜身，故堯今命授於舜。「允執其中。四海困窮，天祿永終」者，此堯戒舜以爲君之法也。言爲政信執其中，則能窮極四海，天之祿籍，所以長終舜身。〔註130〕朱熹則以其爲「堯命舜，而禪以帝位之辭」，「四海之人困窮，則君祿亦永絕矣，戒之也。」〔註131〕其用意在於告誡。劉寶楠亦認爲此引文爲堯禪位語，舜受堯之道，告誡舜當憂恤四海之困窮，當期天祿之永終。劉氏之根據，其一是《史記·曆書》，其云「堯復遂重黎之後，不忘舊者，使復典之，而立羲和之官。明時正度，則陰陽調，風雨節，茂氣至，民無夭疫。年耆禪舜，申戒文祖，云『天之歷數在爾躬』。舜亦以命禹，由是觀之，王者所重也。」以此以爲禪位之解說。其二是《禮記·中庸》，其云：「子曰『舜其大知也與！舜好問而好察邇言，隱惡而揚善，執其兩端，用其中於民，其斯以爲舜乎』」。以此作爲舜所受堯之道之說明。其三是《孟子·滕文公》，《滕文公上》云：「當堯之時，天下猶未平，洪水橫流，泛濫於天下，草木暢茂，禽獸繁殖，五穀不登，禽獸逼人，獸蹄鳥迹之道交於中國。堯獨憂之，舉舜而敷治焉。」《滕文公下》又云：「當堯之時，水逆行，泛濫於中國，蛇龍居之，民無所定；下者爲巢，上者營窟。《書》曰：『洚水警余。』洚水者，洪水也。」以此作爲四海困窮之說明。楊伯峻先生此段譯文爲：「堯（讓位給舜的時候）說道：『嘖嘖！你這位舜！上天的大命已經落到你的身上了，誠實地保持著那正確罷！假若天下地百姓都陷於困苦貧窮，上天給你的祿位也會永遠地終止了。』」〔註132〕

　　僞《大禹謨》解釋：舜善禹有治水之大功，言天道在禹身；信執其中；爲天子勤此三者（其中之一「困窮」，《僞孔傳》釋爲「天民之無告者」），則

〔註130〕《十三經注疏》2535 頁（《論語注疏》）。
〔註131〕朱熹：《四書章句集注》193 頁（《論語集注卷十》）。
〔註132〕楊伯峻：《論語譯注》207 頁，中華書局，2004 年。

天之祿籍長終汝身。《孔疏》云其大意：天之曆運之數，帝位當在汝身，因戒以為君之法；信執其中正之道；養彼四海困窮之民，使皆得存立，則天之祿籍長終汝身。〔註133〕蔡沈認為，舜知歷數當歸於禹；信能執其中；四海之民，至於困窮，則君之天祿，一絕而不復續。〔註134〕

　　諸家解說，都認為是堯禪舜之語（偽《大禹謨》以為舜禪禹之語），傳授為治之道，這是其相同點。其不同之處在於對「四海困窮，天祿永終」文句的解釋，於「四海困窮」，主要有兩種意見，其一為「（為政或君德）窮極四海」，以包咸、邢昺、段玉裁諸儒為代表，〔註135〕其一為「四海之民困窮」，以朱熹、蔡沈、劉寶楠諸儒為代表；於「天祿永終」，主要也有兩種意見，其一指「天祿長終」、「享天祿能終竟之」，以包咸、邢昺、段玉裁、劉寶楠諸儒為代表，其一指「君祿永絕」，以朱熹、蔡沈諸儒為代表。由此形成了三種主要意見，一種是包咸諸儒的「為政窮極四海，天祿長終」，一種是朱熹諸儒的「四海之人困窮，則君祿亦永絕」，一種是劉寶楠諸儒的「四海當念其困窮，天祿當期其永終」。

　　《說文》：「困，故廬也。」《段注》云：「困之本義為止而不過，引申之為極盡。《論語》『四海困窮』謂君德充塞宇宙，與橫被四表之義略同。包注曰『言為政信執其中，則能窮極四海，天祿所以長終也』。」〔註136〕《說文》：「窮，極也。」此處困窮之義，當為窮極，包氏所解「為政窮極四海」較符合文字的較早義項，而朱熹等人所作「四海之民困窮」中「困窮」之義應該較後起。《說文》：「永，水長也。」《段注》云：「引申之，凡長皆曰『永』，《釋詁》《毛傳》曰『永，長也』，《方言》曰『施於眾長謂之永』。」〔註137〕《說文》：「終，絿絲也。」《段注》云：「按絿字恐誤，疑下文緂字之訛，取其相屬也。《廣韻》云：『終，極也，窮也，竟也。』其義皆當作冬；冬者，四時盡也，故其引申之義如此。俗分別冬為四時盡，終為極也，窮也，竟也，乃使冬失其引申之義，終失其本義矣。有 𠈃 而後有 𠈃 ，冬而後有終，此造字之先

〔註133〕《十三經注疏》136頁（《尚書正義》）。

〔註134〕蔡沈：《書經集傳》21～22頁。

〔註135〕段玉裁《說文解字注》「困」字條云：「困之本義為止而不過，引申之為極盡。《論語》『四海困窮』謂君德充塞宇宙，與橫被四表之義略同。包注曰『言為政信執其中，則能窮極四海，天祿所以長終也』。」（《段注》278頁）

〔註136〕段玉裁：《說文解字注》278頁（「困」字條）。

〔註137〕段玉裁：《說文解字注》569頁（「永」字條）。

後也，其音義則先有終之古文也。𣁳 古文終。有 𣁳 而後有 𦭈，𡋲 而後有 綒。」
〔註138〕故而「永終」即是「長終」，《史記・魯周公世家》：「且新受命三王，維長終是圖。」「維長終是圖」即是謀求長終，周公想以己身代武王去侍候先王，以謀求武王壽命福祿的長終；《尚書・無逸》記錄殷先王之享國長即爲長終。所以也應該是包氏所作解釋「天祿長終」較符合文字之較早的義項，「永絕」之義，是魏末晉初始用，漢、魏人用「長終」、「終竟」之義〔註139〕，因此，朱熹等所用後起之義作解釋。綜合看來，我們以爲包咸所作的解釋較符合文字之義的發展實際。

二、1. 於「曰『予小子履，敢用玄牡，敢昭告于皇皇后帝：有罪不敢赦。帝臣不蔽，簡在帝心。朕躬有罪，無以萬方；萬方有罪，罪在朕躬』」，其文來自《尚書》何篇？大旨爲何？孔安國以爲其篇名爲《湯誓》，其言「《墨子》引《湯誓》，其辭若此」，則其所據爲《墨子》所引。邢昺云：「此章有二帝、三王之事，錄者採合以成章，檢《大禹謨》、《湯誥》與《泰誓》、《武成》，則此章其文略矣。」則邢氏以爲引自《湯誥》。然其云「云『《墨子》引《湯誓》其辭若此』者，以其《尚書・湯誓》無此文而《湯誥》有之，又與此小異，唯《墨子》引《湯誓》其辭與此正同，故言之，所以證此爲伐桀告天之文也」。〔註140〕爲何引自《湯誥》而非《湯誓》？且《墨子・兼愛下》中所云爲「湯說」，邢氏沒加說明。朱熹《論語集注》則明確其引自《湯誥》之辭。劉寶楠《論語正義》中根據《國語・周語下》內史過引《湯誓》之文，以爲《論語》此處引文引自《湯誓》；於《墨子・兼愛下》之「湯說」之「說」，劉氏據《周禮・大祝》及《詛祝》，以其義爲「以詞自解說」。然而今傳《湯誓》並無《論語・堯曰篇》此處引文，劉氏對此未作出說明。

由上觀之，此處引文出自何篇，主要有兩種意見，一是認爲引自《湯誓》，一是認爲引自《湯誥》。〔註141〕今傳《湯誥》爲僞，然《湯誥》之篇確實存在，其序云：「湯既黜夏命，復歸于亳，作《湯誥》。」《史記・殷本紀》載其文，〔註142〕孫星衍疑其爲全篇，爲太史公從孔安國問故得之。〔註143〕劉

〔註138〕段玉裁：《說文解字注》647～648頁（「終」字條）。
〔註139〕劉寶楠：《論語正義》757～758頁。劉氏對於「永終」之義作了解釋。
〔註140〕《十三經注疏》2535頁（《論語注疏・堯曰篇》）。
〔註141〕孫星衍以爲可能是《夏社》佚文，亦可備一說，下文將敘及。
〔註142〕「維三月，王自至於東郊。告諸侯群后：『毋不有功於民，勤力迺事。予乃大罰殛女，毋予怨。』曰：『古禹、皋陶久勞于外，其有功乎民，民乃有安。東

起釪先生則加以肯定，以爲《殷本紀》載其全文，並引篇名。〔註 144〕其說應可信。而此篇《湯誥》並無此處引文，因此，此處引文並非出自此篇《湯誥》甚明。〔註 145〕那麼，此處引文出自《湯誓》？《湯誓》之篇，《尚書大傳》與《史記》皆有其文；劉起釪先生認爲《史記·殷本紀》載《湯誓》全文並引篇名。然而其篇中並無此處引文。其實，此處引文，先秦文獻多有大致相同的引用。

《國語·周語上》：（內史過）對曰：「《夏書》有之曰：『衆非元后，何戴？后非衆，無與守邦。』在《湯誓》曰：『余一人有罪，無以萬夫；萬夫有罪，在余一人。』在《盤庚》曰：『國之臧，則惟女衆。國之不臧，則惟余一人，是有逸罰。』如是在長衆使民，不可不愼也。民之所急在大事，先王知大事之必以衆濟也，是故祓除其心，以和惠民。考中度衷以菭之，昭明物則以訓之，制義庶孚以行之。」〔註 146〕聯繫上下文，內史過之引文，其義在於說明敬而知禮才能長衆使民，才能以衆濟大事。韋昭注《湯誓》云：「《湯誓》，《商書》伐桀之誓也。今《湯誓》無此言，則散亡矣。」

《墨子·尚賢中》云：「《湯誓》曰：『遂求元聖，與之戮力同心，以治天下。』則此言聖之不失以尚賢，使能爲政也。」〔註 147〕則其旨意在於尚賢用賢以治天

為江，北爲濟，西爲河，南爲淮，四瀆已修，萬民乃有居。后稷降播，農殖百穀。三公咸有功于民，故后有立。昔蚩尤與其大夫作亂百姓，帝乃弗予，有狀。先王言不可不勉。』曰：『不道，毋之在國，女毋我怨。』」（見於中華書局本第 97 頁。）

〔註 143〕孫星衍：《尚書今古文注疏》570 頁。

〔註 144〕見《尚書學史》（訂補本）89 頁「《尚書大傳》和《史記》所載《書》篇與二十九篇的比較」。

〔註 145〕清儒毛奇齡以爲此處引文出自《湯誥》，其云：「予小子履」一段亦不標何書，但其文在《尚書·湯誥》中，按《墨子·兼愛篇》亦引「予小子履」諸句爲《湯誓》文，而孔安國注《論語》直曰「見《墨子》引《湯誓》詞」，若其爾，「萬方有罪」四句則與《國語》內史過引《湯誓》曰『余一人有辜，無以萬夫，萬夫有罪，在予一人』諸句正同，是舊來《湯誓》原有，爲今文《湯誓》所無有者，此必舊來師承原有以誥名誓者，觀《國語》、《墨子》兩引《湯誓》而今文兩無之必有故也，不然，安國注《尚書》明有《湯誥》而此反注曰見《墨子》引《湯誓》詞，是豈安國與《國語》、《墨子》皆不識「誥」字與？抑何惡於誥而兩家各引各於此字有誤與？好古者思之。（見於《（景印）文淵閣四庫全書》（210 冊）205 頁（《論語稽求篇卷七》），臺北商務印書館，1986 年）毛氏所據爲今《湯誥》，信之不僞。

〔註 146〕《國語》35～36 頁（《周語上》）。

〔註 147〕吳毓江，孫啓治：《墨子校注》（上冊，新編諸子集成）77 頁（卷二·尚賢中

下。又《兼愛下》云：「且不惟《禹誓》爲然，雖《湯說》即亦猶是也。湯曰：『惟予小子履，敢用玄牡，告于上天后曰：今天大旱，即當朕身履，未知得罪于上下。有善不敢蔽，有罪不敢赦，簡在帝心。萬方有罪，即當朕身；朕身有罪，無及萬方。』即此言湯貴爲天子，富有天下，然且不憚以身爲犧牲，以祠說於上帝鬼神，即此湯兼也。」〔註148〕此處引文在於說明湯能兼愛。

《呂氏春秋·順民》：「先王先順民心，故功名成。夫以德得民心以立大功名者，上世多有之矣，失民心而立功名者，未之曾有也。得民必有道，萬乘之國，百戶之邑，民無有不說。取民之所說而民取矣，民之所說豈眾哉？此取民之要也。昔者湯克夏而正天下，天大旱五年不收，湯乃以身禱於桑林，曰：『余一人有罪，無及萬夫；萬夫有罪，在余一人。無以一人之不敏，使上帝鬼神傷民之命。』於是剪其髮，酈其手，以身爲犧牲，用祈福於上帝，民乃甚說，雨乃大至。則湯達乎鬼神之化人事之傳也。」〔註149〕此處引文在於說明湯能「達乎鬼神之化人事之傳」，能得民心成功名。

《尸子·綽子》云：「堯養無告，禹愛辜人，湯武及禽獸，此先王之所以安危而懷遠也。聖人於大私之中也爲無私，其於大好惡之中也爲無好惡。舜曰『南風之熏兮可以解吾民之慍兮』，舜不歌禽獸而歌民。湯曰：『朕身有罪，無及萬方，萬方有罪，朕身受之。』湯不私其身而私萬方。文王曰：『苟有仁人，何必周親？』不私其親而私萬國，先王非無私也，所私者與人不同也。」〔註150〕此處引文爲說明先王安危懷遠之方。

《荀子·大略篇》云：「湯旱而禱曰：『政不節與？使民疾與？何以不雨至斯極也！宮室榮與？婦謁盛與？何以不雨至斯極也！苞苴行與？讒夫興與？何以不雨至斯極也！』」〔註151〕聯繫其上下文，則荀子所說，其實也是如何爲政之事。

清儒於此處引文多有辯解。江聲明確認爲此處引文引自《湯誓》，爲《湯誓》逸文。於《墨子》之稱「湯說」，江氏辨之云：「云『《墨子》引《湯誓》

第九）。

〔註148〕吳毓江，孫啓治：《墨子校注》（上冊，新編諸子集成）179 頁（卷四·兼愛下第十六）。
〔註149〕《呂氏春秋》86 頁（卷九·順民），上海書店，1986 年。
〔註150〕魏徵，《群書治要》（七）（叢書集成初編）628 頁（卷三十六·尸子·綽子）。
〔註151〕王先謙：《荀子集解》504 頁（《新編諸子集成》）。劉起釪先生以爲此九句爲旱禱之詞異文，可能爲荀子根據原文發揮寫成，見《尚書學史》（訂補本）34 頁。

其詞若此』者,《墨子・兼愛篇》引此稱《湯說》,孔君云『《墨子》引《湯誓》』者,蓋後人習見《僞孔書》之《湯誥》有此文,反疑《墨子》稱《湯誓》爲誤,因改爲《湯說》,孔君所據《墨子》實爲《湯誓》也。《國語》內史過引《湯誓》『余一人有罪』云云,即此下文『朕躬有罪』云云也,則此信是《湯誓》文矣。」江氏又以爲,《湯誓》有兩部分組成,一爲伐桀告天之文,一爲誓眾之詞。這是兩個相互關聯的部分,「蓋王者出師,必先告祭於天而後誓眾」,湯之伐桀也是如此,史臣錄其告天之文與誓眾之詞以爲《湯誓》。經秦火之餘,遺文散佚,伏生所傳,孔壁所出,其中《湯誓》皆止存誓眾之詞,亡其告天之文。於《墨子・兼愛下》所引「今天大旱,即當朕身,履未知得罪於上下」文句,江氏不錄爲《湯誓》之文,是因爲一是此「似禱於桑林之詞,不似爲伐桀而告天者」,二是「《論語》無是語」。江氏又對《國語・周語上》、《墨子》、《呂氏春秋》等三書所引作了比較,指出《呂氏春秋・順民篇》與《墨子・兼愛下》之引文正合,皆爲禱於桑林之詞,「而內史過引稱《湯誓》,似有可疑,蓋伐桀與旱禱皆必告於天,告天則必皆有自責之詞,其詞不妨適同,無足怪也。且《周禮》『外史掌三皇五帝之書,則《湯誓》當亦具在,過爲內史則習見之,其所稱引,大可信矣。」〔註152〕這樣,我們可以看出江聲在對待《墨子・兼愛下》引文的矛盾認識,前以爲孔安國《論語注》依據《墨子・兼愛下》引文爲伐桀告天之文,後以《墨子・兼愛下》引文爲桑林旱禱之文;對此矛盾之解釋,江氏認爲,「蓋伐桀與旱禱皆必告於天,告天則必皆有自責之詞,其詞不妨適同,無足怪也。」

王鳴盛以爲此處引文源自另一篇《湯誓》,而非《墨子》所云《湯說》之文,理由有三:其一,《國語》內史過引《湯誓》曰「余一人有罪,無以萬夫;萬夫有罪,在余一人」,遠在墨子之前,業已稱爲《湯誓》,則爲《湯誓》篇文句無疑。孔安國注《論語》時亦以《國語》爲據,後四句既爲《湯誓》,則前三句亦爲《湯誓》可知,故其云「《墨子》引《湯誓》其辭若此」,並非因上文《泰誓》、《禹誓》從而概以誓稱之。其二,《墨子》之所以不稱《湯誓》而改爲《湯說》,《墨子》所引於『告于后帝』下增多『今天大旱,即當朕身,履未知得罪于上下』此三句爲禱旱之說,實則是衍文,湯之大旱在革夏命改正朔後,其正伐桀,並非桑林自禱之時,故而墨子欲取湯禱旱剪其爪髮身爲

〔註152〕阮元:《清經解卷三九三》867 頁(江聲,《尚書集注音疏》)。上所引江聲之論,皆出自本卷本頁。

犧牲之事以證成其兼愛之說，改伐桀爲禱旱，斷章取義，稱爲《湯說》，其實則爲《湯誓》。其三，今《湯誓》之所以無此語，是因爲《湯誓》存有多篇，所謂「伐桀大事，湯之誓告必不一而足，如武王有《泰誓》三篇，又有《牧誓》一篇，皆所以重言申明者」。且今《湯誓》一百四十四字，首尾完好，文義連屬，絕無訛缺，不可能有「予小子履」一段及「聿求元聖」等語爲其所遺落〔註153〕。今《湯誓》之文完具，獨立爲一篇，《論語》、《國語‧周語下》、《墨子‧兼愛篇》、《墨子‧尚賢中篇》、《白虎通》所引，皆爲另一篇《湯誓》之文，爲伐桀告天之詞。

《國語‧周語上》內史過所引《湯誓》之文，段玉裁「今《湯誓》無此言，則散亡矣。」是亦視今《湯誓》爲未備。段氏又列《墨子‧尚賢篇》所引，則亦視其爲《湯誓》逸文。〔註154〕

陳喬樅以此處引文爲《湯誓》逸文，爲伐桀告天之文；其所據爲《國語》所引《湯誓》。陳氏云：「此據孔安國以爲伐桀告天，而鄭亦以爲湯將受命爲舜命禹事，是鄭與孔合也；鄭以爲總告五方帝，故用元，而孔以爲牲色無郊丘之別，未變夏禮而用元，是鄭與孔異者也，韋昭注《周語》云『《湯誓》，《商書》伐桀之誓』，然則此節爲《湯誓》之逸文，安國《論語注》確不可易也。」陳喬樅又以爲此處引文不大可能出自《湯誥》，所據爲《史記‧殷本紀》所引。陳氏云：「僞作古文者乃掇《湯誓》逸文以入《湯誥》，不知鄭康成所傳孔壁眞古文本有《湯誥》，今雖亡，猶略見於《史記‧殷本紀》，詳其語意，殆爲論功定罪誥戒諸侯而作，初不必追述其告天伐桀之事也。」於「帝臣不蔽，簡在帝心」及「朕躬有罪」數語，陳喬樅以爲，「蓋亦古昔相傳告天之詞，故禹湯承用之。」「古有此語，爲王者罪己之詞也。」於《墨子‧兼愛篇》引《湯誓》與《呂氏春秋‧順民篇》所引，陳喬樅以爲，「《呂覽》云云與《墨子》言『今天大旱』正合，然則『朕躬有罪』數語爲古來天子罪己之詞愈明矣。」〔註155〕陳喬樅並未對《墨子‧兼愛篇》之「湯說」作出說明，而是以之爲《湯誓》，因此，陳氏似乎認爲有一篇禱旱之《湯誓》，其中有罪己之詞，且與伐桀告天之文相似。

〔註153〕阮元：《清經解卷四〇九》77～78 頁（王鳴盛，《尚書後案》）。

〔註154〕阮元：《清經解卷五九九》117 頁（段玉裁，《古文尚書撰異》）。

〔註155〕王先謙：《清經解續編卷一一一五》1152 頁（陳喬樅，《今文尚書經説考》）。
　　　　上所引相關者，均見於此。

　　孫星衍認為，《論語‧堯曰篇》、《國語‧周語上》、《墨子‧兼愛篇》、《呂氏春秋‧順民篇》等所引相關文句，「合證其文，知此是桑林禱雨之辭，非伐桀誓師之文也。方與夫聲相近，當為萬夫，蓋為民請命之詞。趙岐謂是今《湯誓》散亡者，非也。或此篇即是《夏社》佚文，所謂既致其禱祀，明德以薦，而猶旱至七年，故告天以遷社也。《周語》既引作《湯誓》，姑附為疏於此。」〔註156〕由此可見，孫氏之觀點為《論語》此處引文非《湯誓》之逸文，而很可能是《夏社》佚文。

　　劉起釪先生以為《湯誓》有不同的三篇而篇名相同，其一為湯伐桀誓師詞，即今傳《湯誓》之篇，亦即《孟子‧梁惠王上》所引之《湯誓》，其二為因旱禱雨之詞，即《國語‧周語上》、《論語‧堯曰篇》、《墨子‧兼愛下》、《呂氏春秋‧順民篇》、《尸子‧綽子篇》等所引，其三為求賢治天下之詞，即《墨子‧尚賢中》所引之《湯誓》。〔註157〕因此，劉先生認為，劉寶楠所云「疑伐桀告天與禱雨文略同」為調和之語，又認為，魏源《書古微》把《論語‧堯曰》一段和《墨子‧尚賢中》一段都抄集在今傳《湯誓》之首，連同今傳《湯誓》作為伐桀告天的《湯誓》全文，是沒有道理的。〔註158〕由此可見，劉先生以為《論語》此處引文為另一篇因旱禱雨之《湯誓》之文句。

　　總而言之，《論語》此處引文，除孫星衍疑為《夏社》佚文外，多以為《湯誓》逸文：或以為今傳《湯誓》之逸文，為伐桀告天之詞，如江聲、段玉裁、陳喬樅諸人，或以為另一篇《湯誓》，為伐桀告天之詞，如王鳴盛，或以為另一篇《湯誓》，為禱雨之詞，如劉起釪先生。諸家中以江聲之說與劉起釪先生之說論述較詳細，較能自圓其說。劉起釪先生指出，伐桀告天與禱雨之詞相傳都是湯的話，所以一般的都把它說成《湯誓》。「像《墨子‧明鬼下》把《甘誓》稱做《禹誓》，而《兼愛下》把禹伐有苗誓詞也移做《禹誓》一樣，正是此例。」

〔註156〕孫星衍：《尚書今古文注疏》567～568 頁。

〔註157〕劉起釪：《尚書學史》（訂補本）33～34 頁。劉先生在其著作《尚書校釋譯論》中認為，在春秋戰國時期不同學派多有《湯誓》的不同傳抄本，出現了大略三種不同的本子，即 1.儒家的本子，亦即湯伐桀誓師之詞。2.墨家的本子，亦即求賢治天下之詞。3.各家共傳的本子，亦即湯因旱禱雨之詞。見《尚書校釋譯論》889～890 頁（第二冊）。

〔註158〕見《尚書校釋譯論》890 頁（第二冊）。劉先生以為其各自成篇，其文獻依據當是《史記‧殷本紀》所載《湯誓》之文，且以之為完備。劉先生又以《詩經‧商頌》中相關篇章如《玄鳥》、《長發》，春秋時的金文《叔夷鎛》和鍾銘，論證了《史記》所錄文獻的可靠性。見《尚書校釋譯論》第二冊，第 887～889 頁。

〔註159〕劉先生所論，或更近情實。史錄湯的話甚多，後之整理者命其篇名爲《湯誓》、《湯誥》，皆可能篇名同而內容互異，或一如《詩》之篇名，在傳誦傳授過程中，出於現實需要，整理者命其篇名，大體分其爲風、雅、頌等三大部分。

2. 因此，《論語》此處引文之大旨則或視爲伐桀告天，或視爲禱雨。其實，在論述此處引文出自何篇時，已經論及其大旨。伐桀告天之說，相承良久。《孔注》以爲伐桀告天之詞，所據爲《墨子》引《湯誓》；《邢疏》亦以爲伐桀告天之詞，所謂「禹受舜禪，傳位子孫，至桀無道，湯有聖德，應天順人，舉干戈而伐之，遂放桀於南巢，自立爲天子，而以此辭告天也」，所據爲僞《湯誥》。〔註160〕朱熹亦以之爲僞《湯誥》之辭，「蓋湯既放桀而告諸侯也。」「言桀有罪，己不敢赦。而天下賢人，皆上帝之臣，己不敢蔽。簡在帝心，惟帝所命。此述其初請命而伐桀之辭也。又言君有罪非民所致，民有罪實君所爲，見其厚於責己薄於責人之意。此其告諸侯之辭也。」〔註161〕劉寶楠亦以之爲伐桀告天之辭。〔註162〕楊伯峻先生於此譯文云：「〔湯〕說：『我履謹用黑色牡牛作犧牲，明明白白地告於光明而偉大的天帝：有罪的人〔我〕不敢擅自去赦免他。您的臣僕〔的善惡〕我也不隱瞞掩蓋，您心裏也是早就曉得的。我本人若有罪，就不要牽連天下萬方；天下萬方若有罪，都歸我一個人來承擔。』」認爲是成湯禱雨之辭。〔註163〕

三、1.「雖有周親，不如仁人。百姓有過，在予一人。」此引文源自何處？與此處相似之引文，例如：《墨子·兼愛中》：昔者武王將事泰山隧，《傳》曰：「泰山！有道曾孫周王有事，大事既獲，仁人尙作，以祇商夏蠻夷醜貉。雖有周親，不若仁人。萬方有罪，維予一人。」〔註164〕墨子引武王之「事實」來說明「今天下之士君子，忠實欲天下之富，而惡其貧；欲天下之治，而惡其亂，當兼相愛，交相利。此聖王之法，天下之治道也，不可不務爲也」。《韓詩外傳》：武王伐紂到于邢丘，軛折爲三，天雨三日不休。武王心懼，召太公

〔註159〕《尚書校釋譯論》890 頁（第二冊）。
〔註160〕《十三經注疏》2535 頁（《論語注疏卷二十》）。
〔註161〕朱熹：《四書章句集注》193 頁（《論語集注》）。
〔註162〕劉寶楠：《論語正義》760 頁。劉氏又引《春秋繁露》之《郊祭篇》與《四祭篇》說明伐桀所以告天之故。見該書同頁。
〔註163〕楊伯峻：《論語譯注》207～208 頁。在注解「廢官」時，楊先生明確指出此引文爲「成湯求雨」之辭。
〔註164〕吳毓江，孫啓治：《墨子校注》（上冊，新編諸子集成）161 頁（卷四·兼愛中第十五）。

而問。曰：「意者紂未可伐乎？」太公對曰：「不然，軌折爲三者，軍當分爲三也。天雨三日不休，欲灑吾兵也。」武王曰：「然何若矣？」太公曰：「愛其人者，及屋上烏，惡其人者，憎其胥餘。咸劉厥敵，靡使有餘。」武王曰：「於戲！天下未定也。」周公趨而進曰：「不然。使各度其宅，而佃其田，無獲舊新。百姓有過，在予一人。」武王曰：「於戲！天下已定矣。」乃修武勒兵於寧，更名邢丘曰懷寧，曰脩武，行克紂于牧之野。〔註165〕韓嬰引武王之「事實」來說明武王修武行以克紂。《說苑‧貴德》：武王克殷，召太公而問曰：「將奈其士眾何？」太公對曰：「臣聞愛其人者，兼屋上之烏；憎其人者，惡其餘胥，咸劉厥敵，使靡有餘，何如？」王曰：「不可。」太公出，邵公入，王曰：「爲之奈何？」邵公對曰：「有罪者殺之，無罪者活之，何如？」王曰：「不可。」邵公出，周公入，王曰：「爲之奈何？」周公曰：「使各居其宅，田其田，無變舊新，唯仁是親。百姓有過，在予一人。」武王曰：「廣大乎平天下矣。」凡所以貴士君子者，以其仁而有德也。〔註166〕劉向引用武王之「事實」來說明「貴德」之治法。此三處皆沒有明確指出其引自何處。

何晏《集解》中於此沒有加以說明。《邢疏》以爲引自《泰誓》。朱熹明確指出引自《周書‧太誓》。王鳴盛於此亦加詳辯，其云：「古人於經各爲詮釋者，雖小有同異，不至懸絕。今此二句見於《論語‧堯曰篇》，不言『《太誓》曰』。孔安國於彼注云『親而不賢不忠則誅之，管、蔡是也，仁人謂箕子、微子，來則用之』，是言周之才不如商，今於此傳又復如此云云，則是言商之才不如周，其懸絕如此，豈一人之手筆乎？若今《太誓》而果眞也，孔注《論語》至此，獨不憶及《太誓》有此文，而其上下語勢皆盛稱周之才而無貶詞乎？況如孔之《論語注》，則此節《書》乃既誅管、蔡之後所作，而何以今《書》乃在《太誓》中篇耶？又《墨子‧兼愛中篇》云：『昔者武王將事泰山隧，昔者武王將事泰山隧，《傳》曰：泰山有道，曾孫周王有事，大事既獲，仁人尙作，以祇商夏，蠻夷醜貉。雖有周親，不若仁人。萬方有罪，維予一人。』

〔註165〕韓嬰、許維遹《韓詩外傳》94～95頁（卷三‧第十三章）。《韓詩外傳》爲西漢初年記述前代史實、傳聞的著作；今存《韓詩外傳》10卷，紊亂脫落，已非原本，其佚文散見《文選》李善注及唐、宋類書。韓嬰說《詩》主要是借《詩》發揮他的政治思想，所以多述孔子軼聞、諸子雜說和春秋故事，引《詩》以證事，並非述事以明《詩》。《外傳》說《詩》，斷章取義，觸類引伸，藉以牽強附會敘事說理，與《詩》本意相逕庭。

〔註166〕劉向、趙善詒：《說苑》109～110頁（卷五‧六）。

墨子稱爲《傳》，則知非《太誓》，玩其說，與安國自是不同；傳聞異詞，固無足怪，特安國一人之手而相互懸絕，則不可信耳。」〔註167〕王氏於此說明，《論語》此處引文非自《太誓》。《太誓》既僞，故而劉寶楠亦言「東晉古文採諸文入《泰誓》」。《泰誓》之篇，確乎存在於先秦。《泰誓序》云：「惟十有一年，武王伐殷。一月戊午，師渡孟津，作《泰誓》三篇。」先秦多有引其文者，據劉起釪先生統計，《泰誓》被徵引 22 次；劉先生並推論「先秦時《太誓》有散文、韻文二本，皆武王伐紂之詞，很可能散文本爲伐紂動員誓師之詞，韻文本爲伐紂勝利誓眾紀功之詞」。〔註168〕然而劉先生以爲《論語》此處所引爲「不知篇名的逸詞逸句」〔註169〕，或更近其實。

2. 此處引文大旨爲何？或以爲伐紂告天之辭；或以爲武王誅紂誓眾之辭，其云：「湯亦傳位子孫，至末孫帝紂無道，周武王伐而滅之，而以此辭誓眾。言雖有周親，不賢不忠則誅之，若管、蔡是也，不如有仁德之人賢而且忠，若箕子、微子，來則用之也。百姓，謂天下眾民也。言若不教百姓，使有罪過，當在我一人之化不至也。」〔註170〕劉寶楠以《韓詩外傳》與《說苑·貴德》所引爲誓眾之辭，劉氏同意宋翔鳳所云「『周親』四語，蓋封諸侯之辭也。武王封大公於齊，在泰山之陰，故將事泰山，而稱『仁人尚』，封大公之辭也」，以爲《論語》此處引文與《墨子·兼愛中》引文同爲封諸侯之辭，並認爲《韓詩外傳》與《說苑·貴德》中誓眾之辭與此封諸侯之辭略同；其解「百姓有過，在予一人」云：「言凡諸國百姓有不虞，天性不迪率典者，皆我一人之責。所以然者，百姓有過，亦由所封諸侯未得其人，故引以自責也。」〔註171〕楊伯峻先生於此譯文云：「我雖然有至親，卻不如有仁德之人。百姓如果有罪過，應該由我來擔承。」楊先生亦同意宋翔鳳、劉寶楠之觀點，認爲此引文爲周武王封諸侯之辭，「尤其像封姜太公於齊之辭。」〔註172〕

〔註167〕阮元：《清經解卷四三四下》244 頁（王鳴盛，《尚書後案》）。

〔註168〕劉起釪：《尚書學史》（訂補本）30～31 頁。

〔註169〕劉起釪·《尚書學史》（訂補本）38 頁。劉先生以「周有大賚，善人是富」二句亦爲《書》之逸詞逸句。

〔註170〕《十三經注疏》2535 頁（《論語注疏卷二十》）。

〔註171〕顧炎武云，百姓有過，在予一人，凡百姓之不有康食，不虞天性，不迪率典，皆我一人之責，今我當順民心以誅無道也。蔡氏謂民皆有責於我，似爲紆曲。（《日知錄集釋》（上冊）181 頁，上海古籍出版社，1985 年）劉寶楠氏意見大致同於此。

〔註172〕楊伯峻：《論語譯注》208 頁。

其實這一章的主旨是有關如何爲政的，其所云「謹權量，審法度，修廢官，四方之政行焉。興滅國，繼絕世，舉逸民，天下之民歸心焉。所重：民、食、喪、祭。寬則得眾，信則民任焉，敏則有功，公則說」，正是從制度、民心等多個角度加以說明的。孔子所引《書》「堯曰：『咨！爾舜，天之歷數在爾躬，允執其中。四海困窮，天祿永終』」，如上所述，可能出自《舜典》或是《大禹謨》篇，其含義有包咸諸儒的「爲政窮極四海，天祿長終」、朱熹諸儒的「四海之人困窮，則君祿亦永絕」、劉寶楠諸儒的「四海當念其困窮，天祿當期其永終」等三種具有差別的解說，可是均爲「禪讓」之言，談論的主旨卻是一致的，即是如何爲政的，顯然是與此章所云主旨一致的。所引《書》「予小子履，敢用玄牡，敢昭告于皇皇后帝：有罪不敢赦。帝臣不蔽，簡在帝心。朕躬有罪，無以萬方；萬方有罪，罪在朕躬」，其出自或疑爲《夏社》佚文，或以爲《湯誓》逸文，或以爲另一篇《湯誓》，其大旨或視爲伐桀告天，或視爲禱雨之詞，但均爲帝王承擔責任的言辭，而帝王承擔責任則是涉及如何爲政的主旨。所引《書》「雖有周親，不如仁人。百姓有過，在予一人」，或以爲出自《泰誓》，或以爲逸詞逸句，其大旨或以爲伐紂告天之辭，或以爲武王誅紂誓眾之辭，或以爲周武王封諸侯之辭，然其中卻蘊含著君王應該用賢人與承擔責任愛護百姓之含義。此兩處雖然與原文主旨不同，但客觀上存在讓人闡釋成如何爲政的文化空間。因此，我們認爲，孔子於此兩處的闡釋有了斷章取義的傾向。

本章小結

我們綜合上述諸例，可以看出，孔子引《書》，基本符合《書》之原來的語境意義。春秋時期人們廣泛引用《詩》，斷章取義之說〔註173〕，於《詩》則可，於《書》則似未必全相稱。

顯然，孔子引《書》，目的是爲了說明某一問題或加強某項論證〔註174〕，這正是《書》的經典化。《書》本來基本屬於周人用文字記錄下來的政治文獻，由於文化實踐的需要，被人們大加稱引〔註175〕，因而《書》逐漸成爲經典；

〔註173〕《十三經注疏》2000 頁，《左傳·襄公二十八年》載盧蒲癸語曰：「賦《詩》斷章，余取所求焉。」
〔註174〕張伯偉：《中國詩學研究》236 頁。
〔註175〕據劉起釪先生統計，《論語》引《書》9 次，《國語》引《書》28 次 7 篇，《左

此過程即是《書》之被經典化。可見，《書》的經典化的特點，是一方面在引證的實踐中把《書》經典化，另一方面又在引證中把《書》加以倫理化、訓誡化〔註176〕。上述孔子引《書》，尤其是涉及到「孝」的，孔子是特別加以重視的，比如在第二節中我們談到，《書》之言孝友，不是單純地而論，而是與政治教育，政權穩定聯繫在一起，而孔子在這裏的引《書》對其進行闡釋，也是與「爲政」聯繫起來，因而大體上是符合《書》的語境意義的。又如第四節孔子對「高宗諒陰，三年不言」的闡釋，其據以爲解說的「三年之喪」，有其來源（《左傳》所載叔向之言），又據人生三年，「然後免於父母之懷」（《論語‧陽貨篇》）而尋求倫理上的內在依據。劉家和先生指出，孔子對於《書》的講述，包含兩重意思，一是知識方面的解釋，包括文字訓詁、名物考證之類；二是意義方面的解釋，包括是非、善惡的價值判斷之類〔註177〕。孔子對於「三年之喪」由來已久的解釋，即是知識方面的傳授，由此而尋求「三年之喪」的內在依據，即是意義方面的解釋；《論語‧陽貨篇》孔子對於宰我的批評，即體現出某種價值的判斷。因此，我們以爲，孔子引《書》，是爲其價值判斷服務的。

傳》引《書》86次13篇（《尚書學史》（訂補本）49頁）。

〔註176〕陳來：《古代思想文化的世界──春秋時代的宗教、倫理與社會思想》172頁。

〔註177〕劉家和：《孟子和儒家經傳》，《史學、經學與思想》252頁。

第三章 《尚書》與孔子的天命觀論略

　　余英時先生曾對傳統的價值系統在現代的處境作了如此的說法：20 世紀初葉中國「傳統」的解體首先發生在「硬體」方面，最明顯的如兩千多年皇帝制度的廢除。其他如社會、經濟制度方面也有不少顯而易見的變化。但價值系統是「傳統」的「軟體」部分，雖然「視之不見」、「聽之不聞」、「搏之不得」，但確實是存在的，而且直接規範人的思想和行為。1911 年以後，「傳統」的「硬體」是崩潰了，但作為價值系統的「軟體」則進入了一種「死而不亡」的狀態。表面上看，自譚嗣同撰《仁學》（1896），「三綱五常」第一次受到正面的攻擊，「傳統」的價值系統便開始搖搖欲墜。到了「五四」，這個系統的本身可以說已經「死」了，但「傳統」中的個別價值和觀念（包括正面和負面的）從「傳統」的系統中游離出來之後，並沒有也不可能很快地消失。這便是所謂「死而不亡」。他們和許多「現代」的價值與觀念不但相激相蕩，而且相輔相成，於是構成了 20 世紀中國文化史上十分奇詭的一個向度。〔註 1〕我們以此論反觀殷周之際的重大變革，硬體方面或如王國維《殷周制度論》所言，然軟體方面如天命觀，應該有其繼承性的一面，不能來個一百八十度的大轉彎，就認為殷人完全相信天命，而周人則認為天不可信；德治思想方面，看起來好像是突然凸現的思想，其實亦應認為殷商時代即有德治思想的因素存在。天命思想側重於天方面，但關注天實際則是關注人，關注人本身，而德治思想側重在人方面，但關注人

〔註 1〕 余英時：《朱熹的歷史世界》「總序」9 頁。

不能忽視天，同樣得重視天，天人之間的關係是如此緊密相聯。我們於《尚書》與孔子思想方面的比較擬以德治思想爲探討對象，以期揭示《尚書》與孔子德治思想之異同，並進而揭示二者之關係。鑒於天命思想與德治思想二者之間如此緊密的關係，在某種意義上甚至可以說天命觀是德治思想重要的思想基礎。故而不得不對殷周之天命思想（主要是從周公到孔子）作出梳理。茲先論殷周之天命觀。

第一節　《尚書》反映的天命觀

一、《尚書》反映的西周以前的天命觀

　　《尚書》中《堯典》、《皋陶謨》兩篇，是儒家搜集古代各種神話、傳說資料，把它們歷史化的結果〔註2〕，似乎透露的堯舜禹時代的天命觀。如《堯典》云：「乃命羲和，欽若昊天，曆象日月星辰，敬授民時。分命羲仲，宅嵎夷，曰暘谷。寅賓出日，平秩東作。日中，星鳥，以殷仲春。厥民析，鳥獸孳尾。申命羲叔，宅南交。平秩南爲，敬致。日永，星火，以正仲夏。厥民因，鳥獸希革。分命和仲，宅西，曰昧谷。寅餞納日，平秩西成。宵中，星虛，以殷仲秋。厥民夷，鳥獸毛毨。申命和叔，宅朔方，曰幽都。平在朔易。日短，星昴，以正仲冬。厥民隩，鳥獸氄毛。帝曰：『咨！汝羲暨和。期三百有六旬有六日，以閏月定四時，成歲。允釐百工，庶績咸熙。』」

　　此處所云爲堯任命天文官員，制定曆法，指導民事等活動：堯任命羲氏和氏按照天上星曆現象去認識日月星辰，把觀測天象所得的節令知識傳授給人民以定農時，以便人民按時耕作；分別任命羲仲主持對初出之日的賓禮之祭，然後督促春天的農作活動按程序進行；又任命羲叔主持對日的敬致之禮，督促夏天農作活動按程序進行；又任命和仲主持對落日的禮祭，然後督促秋天農作物收成活動按程序進行；又命令和叔（劉起釪指出，此處脫簡內容爲祭日之文），督促冬天的農作活動也按程序進行〔註3〕。劉起釪指出，這是根據七種不同來源不同時代的古代神話和傳說等紛歧材料組織在一起的

〔註 2〕 劉起釪，《古史續辨》之《我國古史傳說時期綜考》（第六節「戰國後期加工編成的古史傳說」第（1）小節「儒墨兩家推崇堯舜禹所形成的『二帝三王』歷史系統」）。

〔註 3〕 此處引錄大意參照王世舜《尚書譯注》、劉起釪《尚書校釋譯論》相關部分。

〔註 4〕。從這些遠古傳說素材裏，透露出先民們對於自然神靈的態度；對於自然神靈，先民們是懷著敬畏之意的。

又如《皋陶謨》云：「無曠庶官，天工人其代之。天敘有典，敕我五典五惇哉；天秩有禮，自我五禮有庸哉；同寅協恭和衷哉；天命有德，五服五章哉；天討有罪，五刑五用哉；政事懋哉懋哉！」這裏指出王朝官位爲天的職位，倫常秩序爲天所定，尊卑貴賤爲天所制，上天嘉命有德之人，上天討伐有罪的人。又如《皋陶謨》云：「舜庸作歌曰：『敕天之命，惟時惟幾。』」即是說要努力地按照上帝的命令行事，時時事事都要小心謹慎〔註 5〕。雖然在遠古時期典章制度可能或者無有或者不是那麼完善，但其中顯示先民們對於天的信仰，是先民們認爲上天的威權是巨大的，是上天創造了人間的典章制度；顯然，上天神靈的意志是籠罩著世間一切的，人們只能必恭必敬地順從上天的意志而行事。

《尚書》中反映夏人的天命觀，我們僅能依據《尚書》之《甘誓》篇作些推測。據顧頡剛、劉起釪兩先生研究〔註6〕，有扈氏是屬於祖先以鳥爲圖騰的東夷族部落的一支，夏族各部落住地本在有扈氏之西，後來向東發展，給鳥夷族造成威脅，有扈氏向西抗擊，於是在今河南洛陽西南名叫「甘」的地方發生一場大戰。《甘誓》就是記甘地大戰前夏王啓發布動員令的文章，可能是姬周王朝的文化人根據傳聞或傳統文獻遺留的資料寫成的。《甘誓》可以說是夏族發展史的一個片斷，但從這個片斷中似乎也透露出夏人天命觀的一些信息。由於其文較短，我們錄其全文於此：

> 大戰于甘，乃召六卿。王曰：「嗟！六事之人，予誓告汝：有扈氏威侮五行，怠棄三正，天用剿絕其命。今予惟恭行天之罰。左不攻于左，汝不恭命；右不攻于右，汝不恭命；御非其馬之正，汝不恭命。用命，賞于祖；弗用命，戮于社，予則孥戮汝。」

其大意是這樣的：在甘地大戰，王召集左右幾位大臣前來。王說：「有扈氏上

〔註 4〕 這七種不同的材料是：1.遠古關於太陽女神的神話和它經過轉化後的傳說；2.遠古關於太陽出入和居住地點的神話和它轉化為地名後的傳說；3.古代對太陽的宗教祭祀有關材料；4.古代對四方方位神和四方風神的宗教祭祀有關材料；5.古代對星辰的宗教祭祀及有關觀象授時時代的材料；6.往古不同時代的曆法材料；7.往古不同時代的地名材料及它蒙受時代影響而遷變的材料（《尚書校釋譯論》第 63～64 頁）。

〔註 5〕 參照王世舜：《尚書譯注》38 頁，四川人民出版社 1985 年。

〔註 6〕 《甘誓校釋譯論》，《中國史研究》1979 年第 1 期（《尚書校釋譯論》（《甘誓》）），下文譯文源於此。

不敬天象，下不敬大臣，上天因此要斷絕他的大命。現在我奉行上天的這種懲罰。所有戰車左邊的戰士，如果不好好完成左邊的戰鬥任務，就是你們不奉行命令；在戰車右邊的戰士，如果不好好完成右邊的戰鬥任務，也就是你們不奉行命令；駕御戰車的戰士，如果不勝任而貽誤了御車的任務，也是你們不奉行命令。努力奉行命令的，就在祖廟裏給以獎賞；不努力奉行命令的，就在社壇裏殺掉！」

有扈氏的罪狀是「威侮五行，怠棄三正」〔註7〕，所以上天要給以「剿絕其命」的懲罰，而王扮演即是「恭行天之命」的替天行道的角色，可以說，王是代表了上天意志的。在戰爭中，戰士們聽從王的命令，就是順從上天的意志，否則，就是違背上天意志的；王掌握了獎懲生殺大權的，順從上天之意志，有獎賞，違背上天之意志，則「戮于社」、「孥戮汝〔註8〕」。

我們由此可以看出，上天具有伐惡的功能，王代表了上天的意志，人們只有順從王的命令（王的命令代表了天意）才能得到獎賞和活命，否則，就活不了。上天的意志是絕對的，人們包括王只能是順從；王與一般人的差別可能即是王代表人們來順從上天意志。

《尚書》之《商書》諸篇中反映了殷人的天命觀。《湯誓》云：王曰：「格爾眾庶，悉聽朕言，非台小子，敢行稱亂，有夏多罪，天命殛之！今爾有眾，汝曰：『我后不恤我眾，舍我穡事而割正夏？』予惟聞汝眾言，夏氏有罪，予畏上帝，不敢不正。今汝其曰：『夏罪其如台？』夏王率遏眾力，率割夏邑。有眾率怠弗協，曰：『時日曷喪？予及汝皆亡！』夏德若茲，今朕必往。」「爾尚輔予一人，致天之罰，予其大賚汝。爾無不信，朕不食言。爾不從誓言，予則孥戮汝，罔有攸赦。」商湯宣揚奉天命伐夏，「有夏多罪，天命殛之」，「夏氏有罪，予畏上帝，不敢不正」。順從商湯的命令，即是順從上帝的命令，完成上帝的懲罰，就獲得賞賜，不服從商湯的命令，就要或者被殺戮或者做奴隸。

《盤庚》（原中篇）所云「古我先后，罔不惟民之承保，后胥慼鮮，以不浮于天時。殷降大虐，先王不懷厥攸作，視民利用遷」，這裏的意思是指，先王都

〔註7〕 有學者指出：「五行」是指地上的水、火、木、金、土五種物質，「三正」是指天、地、人三方面的政治。金景芳、呂紹綱：《尚書·虞夏書新解》445頁、447頁。

〔註8〕 「孥戮汝」指「殺死妻子和兒子」。參看易寧：《〈尚書·甘誓〉「予則孥戮汝」考釋》，《史學史研究》56～58頁，2002年第1期。

是拯救和保護人民的，先王是那樣關心著人民，所以很能順著天時活動，每當老天很痛切地降下大災來的時候，先王總是爲著人民的利益實行遷徙，從不留念他們親手締造的原有都邑。「汝不謀長，以思乃災，汝誕勸憂。今其有今罔後，汝何生在上！」這裏指出大家面對災難，不作長遠打算，上天也不會給予生路。「予迓續乃命于天。予豈汝威！用奉畜汝眾。」這裏是說盤庚把殷人的生命從上帝那裏迎接下來，使得他們可以繼續活命，並不是庸威勢來壓迫殷人，而是要養育許多殷人。「予念我先神后之勞爾先，予丕克羞爾，用懷爾。然。失于政，陳于茲，高后丕乃崇降罪疾，曰『曷虐朕民！』汝萬民乃不生生，暨予一人猷同心，先后丕降與汝罪疾，曰：『曷不暨朕幼孫有比！故有爽德。』自上其罰汝，汝罔能迪。」這裏是說，如果殷人不肯與盤庚同心遷徙，不光先王會責罰殷民，就是上帝也決不會饒恕殷民的，殷民也無法避免這個責罰的。「汝分猷念以相從，各設中于乃心！乃有不吉不迪，顛越不恭，暫遇姦宄，我乃劓殄滅之，無遺育，無俾易種于茲新邑！」這是盤庚要求殷民與他同心遷徙，對於不善良的人，不肯聽從上命，奸詐邪惡，就要被殺戮滅種。

《盤庚》（原下篇）盤庚所云「今我民用蕩析離居，罔有定極，爾謂朕：『曷震動萬民以遷？』肆上帝將復我高祖之德，亂越我家，朕及篤敬恭承民命，用永地于新邑」，在盤庚看來，其遷徙是敬奉上帝要恢復祖宗的業績這一旨意的〔註9〕。「肆予沖人，非廢厥謀，弔由靈各；非敢違卜，用宏茲賁。」這是說盤庚不是不顧大家不願遷徙的意見，而是遷徙由於神意的感召，不敢不依龜卜。

《盤庚》（原上篇）盤庚所云「先王有服，恪謹天命，茲猶不常寧；不常厥邑，于今五邦。今不承于古，罔知天之斷命，矧曰其克從先王之烈！若顛木之有由櫱，天其永我命于茲新邑，紹復先王之大業，底綏四方」，這就是說殷先王總是敬遵天命，遷都是上天的旨意，如果違背天意，上天就要斷絕殷邦的大命。

《高宗肜日》載錄：高宗肜日之祭舉行的時候，有野雞鳴叫著。祖己說：「告訴王不要害怕，先把王的政事辦好。」接著就戒勉王說：「惟天監下民，典厥義，降年有永有不永。非天夭民，民中絕命。民有不若德，不聽罪。天

〔註9〕　「上帝要恢復我們祖宗之美績，治理我們國家，所以我急於敬奉上帝的旨意
　　　　　來拯救民命，此後永久地定居在新的都邑里。」（參看易寧：《〈尚書·盤庚〉
　　　　　「亂越我家」考釋》，《北京師範大學學報》（社會科學版）141～142頁，2003
　　　　　年2期）。

既孚命正厥德，乃曰其如台。嗚呼，王司敬民，罔非天胤，典祀無豐于昵。」
上帝察看下界，是掌握著它的道理的，它賦予人們的壽命是有長有短的。上
帝發出它的明命，用以規範人們的品德。上帝具有很大的權威。由此也反映
了殷人對於上帝的誠惶誠恐的態度。

《西伯戡黎》載錄：西伯周文王昌征服了黎國，祖伊非常恐慌，跑去對紂王
說曰：「天子！天既訖我殷命，格人元龜，罔敢知吉。非先王不相我後人，惟王
淫戲用自絕。故天棄我，不有康食，不虞天性，不迪率典。今我民罔弗欲喪，曰：
『天曷不降威！』大命不摯，今王其如台？」紂王說：「嗚呼！我生不有命在天？」
殷紂王的過度行為導致其自絕於天，上天因此要終止殷朝的天命，在祖伊那裏，
上帝的權威同樣是巨大的；而殷紂王卻自持其「有命在天」，其實殷紂王已經以
神自命了〔註10〕。又如《微子》中太師所云「天毒降災荒殷邦」〔註11〕，顯示太
師對於上天的認識是與祖伊一致的。可見，商代統治者確實分為了兩類人，一類
人開始注意到上天降福降禍的關鍵在於人的行為，另一類人認為自己已有天命，
別人對其無能為力，他自己的統治地位就沒有問題〔註12〕。

大體看來，上述各篇思想上有三個比較突出的相同點，其一，上帝、神
意主宰一切。其二，處處用上帝的旨意來威嚇人民。誰不和自己同心就是違
背上帝旨意，必將受到上帝的責罰。同時又處處以祖宗神靈來威嚇人民，自
己的先后和臣民們的祖先都在上天管著大家的賞罰。其三，宣稱嚴厲的責罰
是上帝和祖先降下來的之後，自己就嚴格執行這種責罰，不奉上命的就是奸
詐邪惡，就要斬盡殺絕，不讓留下一個孽種〔註13〕。可見上帝的權威不容否
定，王擁有上帝授予的生殺大權〔註14〕。

趙光賢先生指出，殷人迷信上帝、鬼神，「殷人的世界觀是絕對相信天命」
〔註15〕。商人對於天命鬼神的信仰，還可以從《尚書·洪範篇》〔註16〕中「稽

〔註10〕 劉家和：《論中國古代王權發展中的神化問題》，《古代中國與世界》534 頁。
〔註11〕 劉起釪譯為天厚降災來覆亡殷國，見《尚書校釋譯論》第 1079 頁。
〔註12〕 劉家和：《關於中國古代文明特點的分析》，《古代中國與世界》513～514 頁。
〔註13〕 第二、三點參見劉起釪，《尚書校釋譯論》956～957 頁。
〔註14〕 關於殷代神權，學者提出異議。晁福林先生指出，在殷人的神靈世界裏佔有
主導的最重要地位的是祖先神，而不是帝；帝不是萬能之神，也不是最高主
宰；自然神、天神和祖先神各有特點、互不統轄，呈三足鼎立之勢。參看《先
秦社會形態研究》164～184 頁（第三章先秦時代社會權力結構特色　第一節
殷代神權）。
〔註15〕 趙光賢：《周代社會辨析》142 頁。

疑」章獲得證明。《洪範篇》顯示殷商遺老舊臣箕子向武王講述治國安民的洪範九疇，其七「稽疑」云：「汝則有大疑，謀及乃心，謀及卿士，謀及庶人，謀及卜筮。汝則從，龜從，筮從，卿士從，庶民從，是之謂大同。身其康強，子孫其逢，吉。汝則從，龜從，筮從，卿士逆，庶民逆，吉。卿士從，龜從，筮從，汝則逆，庶民逆，吉。庶民從，龜從，筮從，汝則逆，卿士逆，吉。汝則從，龜從，筮逆，卿士逆，庶民逆，作內，吉；作外，凶。龜筮共違于人，用靜，吉；用作，凶。」其意即是：你倘若有重大疑難不決的事，你首先要問你自己心裏的考慮如何，然後再問到大臣，再問到庶民，最後才看卜筮的結果。你自己贊同，龜卜贊同，著筮贊同，大臣們贊同，庶民們也贊同，這就叫「大同」；這樣，你本身就會強健，你的後代子孫也會大大昌盛，這是大吉。你自己贊同了，龜卜贊同了，著筮也贊同了，可是大臣們的意見相反，庶民們也相反，這也算吉利。如果大臣們贊同了，龜卜贊同了，著筮贊同了，你自己卻相反，庶民們也相反，這還算吉利。如果庶民們贊同了，龜卜贊同了，著筮贊同了，你自己卻相反，大臣們也相反，這仍算是吉利。如果你贊同了，龜卜也贊同了，著筮卻相反，大臣們也相反，庶民們也相反，在這種情形下，對內，仍是吉利；對外，則有凶災。如果龜卜和著筮和你自己及大臣、庶民們的贊同意見相反，那就要安靜下來，不應有所舉動，才可以得到吉利的結果，有所舉動，則只會得到不吉利的結果〔註 17〕。這裏反映了殷代人之鬼神思想。我們列表來予以說明〔註 18〕：

〔註16〕 據《史記・周本紀》《宋世家》、《尚書大傳》均指出《洪範》爲周武王訪問箕子的談話記錄，因此劉起釪先生指出，箕子爲這篇話的作者。《書序》似乎說《洪範》爲周武王所作。《孔傳》注明確其爲箕子作。宋代趙汝談則指出非箕子所作，顧炎武斥其爲「不依章句，妄生穿鑿」。劉起釪先生從思想上分析此篇思想主要是殷代人的思想，儘管其受到了西周德政、春秋五行思想等思想的影響。他說：「《洪範》的中心思想——唯心主義神學世界觀，和源於上帝意志的神權政治論，強調按照神意建立最高的統治準則——『皇極』，以及運用刑賞的統治術，等等，這 套自成體系的思想，原是商代的東西，所以託名商代最後一個有名政治家箕子的口中說出，因而歷來認爲是《商書》。但篇中有了周人的『德』字，又用了周人的筮法，卻沒有採取周代德政的概念，仍用殷人重視龜卜的傳統，可以知道雖然這幾處受了周代影響，但其中心主要的內容仍是殷代的。」（見於劉起釪《尚書校釋譯論》（第三冊）1217～1218頁）

〔註17〕 參照劉起釪：《尚書校釋譯論》（第三冊）1203～1204 頁。

〔註18〕 參照彭邦炯：《商史探微》291 頁。

結果分類	王（汝）	龜	筮	卿士	庶人	吉凶
①	同	同	同	同	同	大同
②	同	同	同	逆	逆	吉
③	逆	同	同	同	逆	吉
④	逆	同	同	逆	同	吉
⑤	同	同	逆	逆	逆	內吉，外凶
⑥	同	逆	逆	同	同	靜吉，動凶

　　以表中所示情況來作一番比較：②、③、④之卜筮結果，只要鬼神（龜筮）兩票同意，其他三類人不管同意不同意，卜筮結果皆為吉。②、③、④與⑥比較，儘管⑥有三票同意，但同意的三票是人，反對的兩票是鬼神（龜筮），故而⑥的吉凶情況是靜吉動凶，這似乎顯示出，鬼神的意志大於人的意志。⑤與⑥的比較，儘管⑥有三票同意，⑤只有兩票同意，但因為⑤有一票龜的同意票，而⑥則龜筮皆不同意，結果是⑤為內吉外凶，而⑥為靜吉動凶，這似乎可以看出龜這一同意票的重要性。鬼神（龜筮）的意志具有決定性的作用，而龜筮相比較，應該是龜的意志的重要性大。由此可見殷人對於鬼神的迷信程度。因此，《禮記・表記》云：「殷人尊神，率民以事神，先鬼而後禮。」〔註19〕此說法是有文獻依據的。

　　與上述傳統文獻相一致，卜辭中顯示了殷人對於上帝的信仰。殷人幾乎凡事皆卜，其內容以有關於自然神祇與祖先的祭祀的最多，卜問祭祀的日期、用牲的種類和數目；有關於風、雨、日食等天象天變的；有關於年成與耕作的；有關於對外戰爭與邊鄙的入侵的；有關於時王的田獵、出行、疾病、生子等的；以及有關於今夕來旬吉凶的卜問〔註20〕。例如：1.「帝隹（唯）癸其雨。」（《卜辭通纂》三六四，下略稱《卜》。）（天老爺在癸的一天要下雨。）2.「今二月帝不令雨。」（《卜》三六五）（在這二月裏天老爺不會下雨。）3.「帝令雨足年？帝令雨弗其足年？」（《卜》三六三）（天老爺要下雨來使年辰（按疑為「成」）好嗎？天老爺要下雨使年辰不好嗎？）4.「帝其降堇（饉）？」（《卜》三七一）（老天爺要降下飢饉嗎？）5.「伐舌方，帝受（授）我又（祐）？」（《卜》三六九）（要出兵征伐舌國，天老爺肯給我們以保祐嗎？）6.「勿伐舌，帝不我其受（授）又（祐）。」（《卜》三六六）（不要出兵征伐舌國，天老爺

〔註19〕朱彬：《禮記訓纂》792頁。
〔註20〕陳夢家：《殷虛卜辭綜述》636頁。

不會給我們以保祐。）7.「王封邑，帝若。」（《卜》三七三及三七四）（國王要建都城，天老爺答應了。）8.「我其已方，乍（則）帝降若。我勿已方，乍（則）帝降不若。」（《卜》三六七）（我要免方的職，天老爺是答應的。我不免方的職，天老爺是不會答應的。）〔註21〕在殷人的崇拜對象中〔註22〕，上帝的權威看來是最大的，上帝可以爲善也可以爲惡，善的方面，包括令雨、令嘗、降若、降食、受又、受年；惡的方面，包括令風、降禍、降莫、降不若。對於人事，上帝可以若可以弗若；對於時王，可以福之禍之；對於邑，也可以爲禍〔註23〕。上帝主宰了天時、人事和農事的豐歉。

二、《尚書》中反映的周人的天命觀

相對於殷人的上帝，周人的上帝具有同樣的權威。例如《大誥》云：「于（粵）天降威，用寧王遺我大寶龜，紹天明。……天休于寧王興我小邦周，寧王惟卜用，克綏受茲命。……天明畏，弼我丕丕基。」《康誥》云：「天乃大命文王殪戎殷，誕受天命越（與）厥邦厥民。」又云「聞于上帝，帝休。」《酒誥》云：「惟天降命，肇我民，惟元祀。」《梓材》云：「皇天既付中國民越（與）厥疆土于先王。」《召誥》云：「皇天上帝改厥元子茲大國殷之命。」《多士》云：「旻天大降喪于殷，我有周祐（有）命，將天明威，致王罰，敕『殷命終』于帝。……今惟我周王，丕靈承帝事，有命，冂（爰）割殷，告敕于帝。」《君奭》云：「我亦不敢寧于上帝命，弗永遠念天威。」《多方》云：「惟我周王靈承于旅，克勘用德，惟典神天。天惟式教我，用休。簡畀殷命，尹爾多方。」《立政》云：「丕釐上帝之耿命，乃用三有宅。」又云「帝欽罰之，乃伻我有夏，式受商命，奄甸萬姓。」《顧命》云：「皇天改大邦殷之命，惟周文、武誕受羑若，克恤西土。」《文侯之命》云：「惟時上帝，集厥命于文王。」

在《周書》中，發生了叛亂，說成是天意：「天降割于我家」，「予造天役，遺大投艱于朕身」（《尚書・大誥》）；而平息叛亂，同樣說成是天意：「天亦惟休于前文人，予曷其極卜敢弗成？」商人滅夏是天意「天惟時求民主，乃大

〔註21〕郭沫若全集歷史編第一卷（《青銅時代》之《先秦天道觀之進展》）第 320 頁。以上是郭沫若所舉「比較上文字完整而意義明白的紀錄，大抵都是武丁時的卜辭」。
〔註22〕陳夢家分爲三類，一是天帝，一是自然，一是祖先。見《殷虛卜辭綜述》646 頁。
〔註23〕陳夢家：《殷虛卜辭綜述》562～571 頁。

降顯休命于成湯，刑殄有夏。」商人的亡國也是天意：「皇天上帝，改厥元子茲大國殷之命。」殷末紂王曾在文武之際苟延殘喘了五年也是天意：「天惟五年須暇之子孫。」周王的種種政策，也是天意的表現，例如遷殷民於洛邑，周王說：「告爾多士，予惟時其遷居西爾，非我一人奉德不康寧，時惟天命。無違。朕不敢有後，無我怨。」（《尚書·多士》）又如不用殷人做官，也說「非予罪，時惟天命」。又如封建諸侯，則說：「皇天用訓厥道，付畀四方，乃命建侯樹屏，在我後之人。」（《尚書·顧命》）

周人的這種天命觀在《詩經》中也得到了同樣的反映，例如《詩經·大雅·皇矣》云：「皇矣上帝，臨下有赫。監觀四方，求民之莫。維此二國，其政不獲。維彼四國，爰究爰度。上帝耆之，憎其式廓。乃眷西顧，此維與宅。」莫，定也；耆，惡也〔註24〕。這是詩的首章，言天之臨下甚明，但求民之安定而已〔註25〕，顯見上帝站在民這邊，有明確的善惡是非之觀念。

「作之屏之，其菑其翳。修之平之，其灌其栵。啓之辟之，其檉其椐。攘之剔之，其檿其柘。帝遷明德，串夷載路。天立厥配，受命既固。」此章言大王遷於岐周之事，上帝遷此明德之君使居其地，而昆夷遠遁。天又為之立賢妃以助之，是以受命堅固，而卒成王業〔註26〕。

「帝省其山，柞棫斯拔，松柏斯兌。帝作邦作對，自大伯王季。維此王季，因心則友。則友其兄，則篤其慶，載錫之光。受祿無喪，奄有四方。」此章言上帝省視其山，見其木拔道通，則知民之歸之者益眾。於是上帝既作之邦，又與之賢君以嗣其業，大概從其初生大伯王季之時而已定。

「維此王季，帝度其心。貊其德音，其德克明。克明克類，克長克君。王此大邦，克順克比。比于文王，其德靡悔。既受帝祉，施于孫子。」此章言上帝制王季之心，使有尺寸，能度義，又清靜其德音，使無非閒之言。至於文王，其德尤無遺恨，是以既受上帝之福，而延及於子孫〔註27〕。

「帝謂文王：無然畔援，無然歆羨，誕先登于岸。密人不恭，敢距大邦，

〔註24〕 參看馬瑞辰：《毛詩傳箋通釋》838頁、840頁。

〔註25〕 朱熹：《詩集傳》184頁，上海古籍出版社，1980年版。下文關於此詩所作說明參照該書該篇，不另注。

〔註26〕 馬瑞辰以為「天立厥配」宜指文王配天而言，馬說為長。見《毛詩傳箋通釋》844～845頁。

〔註27〕 馬瑞辰以為悔當為晦之假借，晦之義為終，為盡；「其德靡悔」猶云其德不已。似以馬說為長。見《毛詩傳箋通釋》847～848頁。

侵阮徂共。王赫斯怒，爰整其旅，以按徂旅。以篤于周祜，以對于天下。」畔援猶跋扈。岸，訟也；「先登于岸」謂先平獄訟〔註28〕。此章言文王征伐之始，戰略似乎都是上帝授予文王的。

「依其在京，侵自阮疆。陟我高岡。無矢我陵，我陵我阿。無飲我泉，我泉我池。度其鮮原，居岐之陽，在渭之將。萬邦之方，下民之王。」《經義述聞》曰：「依，盛貌。依其者，形容之詞。依之言殷；殷，盛也。言文王之兵盛，依然其在京地也。」。依、殷二字雙聲，古通用。寑假借作侵。「依其在京」是已還兵於周京，在「侵自阮疆」是追述其息兵於阮疆之始〔註29〕。此章言文王繼續經營其戰略。

「帝謂文王：予懷明德，不大聲以色，不長夏以革。不識不知，順帝之則。帝謂文王：詢爾仇方，同爾弟兄。以爾鉤援，與爾臨沖，以伐崇墉。」汪德鉞曰：「不大聲與色者，不道之以政也。聲謂發號施令，色謂象魏懸書之類。不長夏以革者，不齊之以刑也。夏謂夏楚，撲作教刑也；革謂鞭革，鞭作官刑也。」「不識不知」謂生而知之，無待於識古知今。仇方即與國〔註30〕。此章言上帝眷念文王，而言其德之深微，不暴著其形迹，又能不作聰明，以循天理。故又命文王以伐崇。

「臨沖閑閑，崇墉言言。執訊連連，攸馘安安。是類是禡，是致是附，四方以無侮。臨沖茀茀，崇墉仡仡。是伐是肆，是絕是忽。四方以無拂。」此章言文王伐崇之初，緩攻徐戰，告祀群神，以致附來者，而四方無不畏服。及終不服，則縱兵以滅之，而四方無不順從。

綜觀此詩八章，一章二章言天命太王，三章四章言天命王季，五章六章言天命文王伐密，七章八言天命文王伐崇，三代王的苦心經營，均被說成受天命。在周人看來，上帝就是這樣眷顧三代王的。

周人的這種天命觀在西周金文亦有反映，例如武王時期之《大豐簋》云：「王祀于天室降，天亡尤王。衣（殷）祀于王不顯考文王，事喜上帝。文王監在上。」又如康王時期之《大盂鼎》云：「不顯文王，受天有（祐）大命。在武王嗣文作邦，辟厥匿，匍（撫）有四方，畯正厥民。⋯⋯故天翼臨子，法保先王（成王），×有四方。」又如《宗周鍾》云：「隹皇上帝百神，保余小

〔註28〕 參看馬瑞辰：《毛詩傳箋通釋》848～849頁。
〔註29〕 參看馬瑞辰：《毛詩傳箋通釋》850頁。
〔註30〕 參看馬瑞辰：《毛詩傳箋通釋》852～853頁。

子。」《尚書》中體現出的「崇拜天帝之觀念實較殷墟卜辭尤甚。殷墟卜辭中之帝僅能主天象之禍福而已，周初之天帝，且能直接命人之行動也。蓋周代已確立農業社會，其於自然神之崇拜，實較商代有過之無不及」〔註31〕。在周人那裏，上帝就是這樣無所不在，無所不爲。人的一切行爲，似乎於冥冥中都由上帝在指引。表面上看是人在活動，但實際上是上帝在假手於人實現某種目的。「周人篤信天命鬼神，於程度上一點也不比殷人爲輕，但他們的思維方式自有其特點。他們無限拓展了皇天上帝活動的領域，把人的一切政治活動都與上帝聯繫了起來。」〔註32〕由此看來，上述諸例顯示周人對於上帝的態度及其對上帝的認識應該是與殷人基本一致的，這是周人與殷人的天命觀相一致的地方。

然而《尚書》又似乎顯示了周人對於天命有懷疑甚或否定的態度，主要表現在兩方面，其一，即是認爲「天命靡常，天不可信」。例如《大誥》云：「爽邦由哲，亦惟十人迪知上帝命越天棐忱，爾時罔敢易定；矧今天降戾于周邦，惟大艱人誕以脅伐于厥室；爾亦不知天命不易。」《康誥》云：「天畏（威）棐（非）忱，民情大可見，小人難保。」又云「惟命不于常。」《召誥》云：「我不敢知曰，有夏服天命，惟有歷年；我不敢知曰，不其延。惟不敬厥德，乃早墜厥命。我不敢知曰，有殷受天命，惟有歷年；我不敢知曰，不其延。惟不敬厥德，乃早墜厥命。」《君奭》云：「弗弔天降喪于殷，殷既墜厥命，我有周既受。我不敢知曰厥基永孚于休。若天棐忱，我亦不敢知曰其終出于不祥。」又云「天不可信，我道惟寧王德延，天不庸釋于文王受命。」與《尚書》相一致，《詩經》中也有與相同的思想。例如《大雅·文王》云：「天命靡常。」《大雅·大明》云：「天難忱斯。」《大雅·蕩》云：「其命匪諶。」

郭沫若據此以爲凡尊天之說乃對殷或殷舊時之屬國而言，爲愚民政策，而懷疑天之說則由周人對歷史事實之反省之結果。郭氏指出，從這關於天的思想上說來，的確是一大進步。這一進步是應該有的，因爲殷人自己那樣虔誠的信仰上帝，並且說上帝是自己的祖宗，然而結果是遭到了失敗，殷家的天下爲周人所得到了。這樣就產生了對天的懷疑，所謂「天命」與「天威」，自然就靠不住了。周人一面在懷疑天，一面又在仿傚著殷人極端地尊崇天，這在表面上很像是一個矛盾，但在事實上一點也不矛盾的。《周書》中周初的

〔註31〕《古史辨》第七冊上編 122 頁（楊寬《中國上古史導論》）。
〔註32〕劉澤華：《中國傳統政治思維》19 頁。

幾篇誥文顯示，凡是極端尊崇天的說話是對待殷人或殷舊時屬國說的，而有懷疑天的說話是周人對著自己說的。「這就表明周人繼承殷人的天的思想只是政策上的繼承，他們是把宗教思想視爲了愚民政策。自己儘管知道那是不可信的東西，但拿來統治素來信仰它的民族，卻是很大的一個方便。自然發生的原始宗教成爲了有目的有意識的一個騙局。」〔註 33〕趙光賢先生亦以爲，周人也相信天命、也占卜，但他們不像殷人那樣迷信天命。歷史與現實的教訓使得周公對天命產生了懷疑，從而產生了周人重視民意的思想。「值得注意的是，儘管周人在官書上和貴族們在所鑄寶器的銘文上經常談天命，實際上往往是官樣文章，作者並不一定那樣相信，至少一些先覺之士對天命是持懷疑態度的。這是周人在天人關係問題上前進的開端，是不應忽視的。」〔註 34〕

白壽彝（1909～2000）的觀點與上述有異，殷商與宗周的記載都表現爲神意史觀，但宗周比殷商有了發展。第一，宗周提出了「天命靡常」的觀點。這是周人代殷這一歷史事變在意識上的反映，同時也成爲宗周政治宣傳的工具。但這就比殷人那種好像是天命專屬一家的看法要前進一步。第二，宗周史觀是把最崇高的神明確爲皇天上帝，這不是哪一個氏族部落的神，而是大家共同的神。這跟殷商之把崇高的神與自己的祖先神統一起來，就不相同了。〔註 35〕楊寬先生亦指出，《詩》《書》中關於「天」「帝」之語，不外敬畏稱頌與呼號怨憤，如《詩·大雅·板篇》所云「上帝板板，下民卒癉」，「蓋於怨恨憤激之時，不免做怨天疑天之辭，非於天道觀念有突破也。亦猶今日民間頗不乏怨天恨命之言，而其尊天尙命之觀念實未嘗稍變。蓋以天帝有意想人格，故怨之尊之，言行雖相反，而其天道觀初無不同也。」〔註 36〕在論述周人所給與殷人的傳統宗教的轉化時徐復觀先生指出，天命既以人自身之德爲依歸，則天命對於統治者的支持，乃是附有很嚴格地條件的；這與過去認爲天命是無條件地支持一個統治者，大異其趣；所以便由此而感到「天命不易」的觀念。商代夏、周替殷的事實，周人以爲一有失德，天命即轉向他人，於是而有「天命靡常」的觀念。「更以合理之精神投射於天命之上，而又有天命不可知，不可信賴的思想。天命不可知，不可信，是說離開了自己的行爲而

〔註 33〕郭沫若全集歷史編第一卷（《青銅時代》之《先秦天道觀之進展》）334 頁。
〔註 34〕趙光賢：《周代社會辨析》143～144 頁。
〔註 35〕白壽彝：《殷商和宗周的文字記載》，見於《中國史學史論集》10 頁。
〔註 36〕《古史辨》第七冊上編 122～123 頁（楊寬《中國上古史導論》）。

僅靠天命，則天是不易把握，是無從信賴的。」〔註 37〕劉澤華先生亦指出，周人處於比商人低得多的生產力發展水平上，一反商人虔誠事神的迷信作風而對天命採取一種懷疑的態度，這種事情恐怕不大可能發生。周人基於對喪失天命的恐懼心理，對前代的天命得失進行了冷靜的考察得出了接近真理的結論，把治亂興亡的原因歸結到人事上來了。天固然有予奪的意志，但天的意志與人的行為是相統一的。人做事能使天滿意，「聞于上帝」，則天會降下休祥；反之，如殷商君臣們荒湎於酒，「腥聞在上，故天降喪于殷」。因此，在周人看來，天命是不可憑恃的，得了天命為所欲為，天命則會改授別人。「顯然，這並非是懷疑天命的存在，只是表達出對天命改易的恐懼心理。」〔註 38〕

因此，我們傾向於認為，周人所云「天命靡常，天不可信」，是對那種盲目信從天命的懷疑〔註 39〕，並且以為天、帝具有是非觀念，具有賞善罰惡的功能。天是非分明，天能賞善罰惡，得天命是因為有德，失天命是因為失德；天命的予奪與統治者自身的行為相一致。劉家和先生指出，周公所總結出的王權與上帝或天命關係的認識，其權力有三個層次，且形成一個循環的回路：最高一層，一切權力源泉是天或上帝；第二層，君主受天或上帝之命，治理國家，用所受之權為人民謀福利；第三層，人民在君主的統治下，服從君主，敬事天或上帝，但是在君主暴虐的時候，人民的情緒將為天或上帝所覺察，然後天或上帝在根據人民的情緒或人心的向背，決定君主的去留與選任。〔註 40〕《尚書》中多有此種思想的表述，《康誥》云：「惟乃丕顯考文王克明德慎罰，不敢侮鰥寡，庸庸祇祇威威顯民。用肇造我區夏，越我一二邦，以修我西土。惟時怙冒聞于上帝，帝休。天乃大命文王殪戎殷，誕受厥命越厥邦厥民，……」「庸庸祇祇威威顯民」，庸、祇、威皆重文，當讀作「庸祇威，庸祇威顯民」〔註 41〕。其意略云：你的偉大光榮的父親文王最能英明地施行賞賜和謹慎地實行刑罰，又不欺侮那些無依靠的小民，而且還敬畏他們，更敬畏那些有聲望的人，所以他能開始締造我華夏地區，包括我們的好幾個小邦，還擴展了我們原來西邊的領土，由此他的德業上聞於上帝，上帝十分讚美，

〔註37〕 徐復觀：《中國人性學史（先秦篇）》23～24 頁。
〔註38〕 劉澤華：《中國傳統政治思維》15～16 頁。
〔註39〕 此點得自易寧先生。
〔註40〕 劉家和：《理雅各英譯〈書經〉及〈竹書紀年〉》，《史學、經學與思想》122～123 頁。
〔註41〕 于省吾：《尚書新證》84 頁。

就降大命給文王，要他滅掉這強國殷，承受殷家原有的天命和其土地與人民〔註42〕。文王行善明德得天命，天命文王滅掉行惡之殷（殷之惡行見於《牧誓》所云「今商王受惟婦言是用，昏棄厥肆祀弗答，昏棄厥遺王父母弟不迪，乃惟四方之多罪逋逃是崇、是長、是信、是使，是以為大夫卿士，俾暴虐于百姓，以奸宄于商邑」），所以上帝顯得是非分明，能賞善罰惡。

又如《召誥》云：「相古先民有夏，天迪從子保；面稽天若，今時既墜厥命。今相有殷，天迪格保；面稽天若，今時既墜厥命。」「天迪從子保」，《經傳釋詞》云，「迪」，用也。「子」，當讀為「慈」，古字「子」與「慈」通。天迪從子保者，言天用順從而慈保之也。「面稽天若」，俞樾《群經平議》云，若，順也，順即道也。「天若」即天順，天順即天道〔註43〕。《尚書新證》云，「面」即「偭」，應訓「背」。「天迪格保」，《尚書新證》云：「格」、「假」古通。假，嘉也。言天用嘉保〔註44〕。此數句意思略云：看古代夏族的祖先們所建立的夏國，他們受到上天的撫順和慈護；可是到後來他們不去遵行天道，結果就失掉了天命，失去了他們的統治。看殷國，他們本來也是受到天的讚賞和保護；結果同樣地違背了天道，所以他們的天命也失掉了，也失去了他們的統治。遵行天道則獲得上天撫順與慈護，獲得天命，違背天道則失去上天的撫順與慈護，失去天命。

又云：「我不可不監于有夏，亦不可不監于有殷。我不敢知曰有夏服天命惟有歷年，我不敢知曰不其延，惟不敬厥德乃早墜厥命。我不敢知曰有殷受天命惟有歷年，我不敢知曰不其延，惟不敬厥德乃早墜厥命。」「我不敢知曰」，俞樾《尚書平議》云，「知」乃語辭〔註45〕。此數句意思略云：我們不可不把夏國看作榜樣，也不可不把殷國看作榜樣。我不敢說夏王受天命的年數長久，我也不敢說他們不長久，可以確定的是他們不能注意德行所以早失掉了天命。我不敢說殷王受天命的年數長久，我也不敢說他們不長久，可以確定的是他們不能注意德行所以早失掉了天命。天命的得失與王的德行有了緊密的聯繫，有德者得天命，失德者失天命。

又如《多士》云：「爾殷遺多士，弗弔旻天大降喪于殷；我有周祐命，將

〔註42〕其意思參照劉起釪《尚書校釋譯論》相關篇章翻譯。下同此。
〔註43〕王先謙：《清經解續編》1054頁（俞樾，《群經平議·尚書》）。
〔註44〕于省吾：《雙劍誃群經新證 雙劍誃諸子新證》95頁（《尚書》）。
〔註45〕王先謙：《清經解續編》1054頁（俞樾，《群經平議·尚書》）。

天明威,致王罰救,殷命終于帝。肆爾多士,非我小國敢弋殷命,惟天不畀,
允罔,固亂弼我;我其敢求位!惟帝不畀,惟我下民秉爲,惟天明畏。」其
意思略云:可怕的肅殺的上天給大大地降下了喪亡;周國幫助執行了上天的
命令。把天的顯赫的威嚴在周王的刑罰和儆戒裏表達出來,殷的天命就在上
帝那邊終絶了。所以你們殷遺人員應該知道,這不是小國周敢佔有殷家的天
命,只是上天不願意再給你們,決心要你們喪亡,因此上天就連續地扶助我
們;我們哪裏敢妄求這個天位?上帝不願意再給你們,這只需看天下的人民
所信守奉行的,就可見出天的顯赫的威嚴。

又云:「我聞曰:上帝引逸,有夏不適逸則,惟帝降格向于時。夏弗克庸
帝,大淫泆有辭。惟時天罔念聞,厥惟廢元命,降致罰。乃命爾先祖成湯革
夏,俊民甸四方。自成湯至于帝乙,罔不明德恤祀。亦惟天丕建,保乂有殷。
殷王亦罔敢失帝,罔不配天,其澤。在今後嗣王誕罔顯于天,矧曰其有聽念
于先王勤家;誕淫厥泆,罔顧于天顯民祇。惟時上帝不保,降若茲大喪。惟
天不畀,不明厥德。凡四方小大邦喪,罔非有辭于罰。」其意思略云:我聽
說:上帝是不讓人們放縱地享受的,然而夏王桀卻不領會這節制享受的法則
而(恣意尋樂),上帝於是在他的地區裏布下了災異的譴告。夏桀還不能接受
上帝的意思,反而更加狂蕩起來,處處行惡。於是上天不再考慮,毅然廢掉
了開始的命令,降下了滅亡的責罰。因此就命令你們的先祖成湯,革掉夏的
統治;(成湯知道這是桀個人的罪行,與人民無干)便把夏的賢人安置到四方,
叫他們治理民事。從成湯直到帝乙,沒有不是勤勉德行和謹愼祭祀的,天也
就建立了商的天下,平安保祐了他們;商王也沒有敢失去天心,沒有不能配
合上帝的,所以他們會一代代傳下去。可是到了後嗣王紂,他完全不明天道,
還哪裏說得到明白想念先王爲國勤勞的故事;所以他就大大地狂蕩起來,絕
對不顧上天在人民身上的顯明的表現。這時上帝就不再保護他,降下了這樣
大的喪亡。(因此可以知道)天所不幫助的,就是行爲不良的人。所有四方大
大小小的國家的喪亡,美有一個不是依照了他們的罪狀而受罰的。

上述所引《多士》文句,周公明確指出,天降喪於殷,周代殷是助天執
行明命。並進一步解釋以前夏王淫泆有罪,天廢其元命,命商湯革了夏命。
現在商王又淫泆有罪,天又降大喪於殷,與夏的喪亡事爲同一律。這同樣指
出,上帝懲罰行惡者,失去德行的人,獎賞行善者,勤勉德行的人。顯然,
上帝具有了賞善罰惡的功能。

　　又如《多方》云：「洪惟圖天之命，弗永寅念于祀。惟帝降格于夏。有夏誕厥逸，不肯慼言于民，乃大淫昏，不克終日勸于帝之迪。乃爾攸聞。厥圖帝之命，不克開于民之麗，乃大降罰，崇亂有夏因甲于內亂。不克靈承于旅，罔丕惟進之恭，洪舒于民。亦惟有夏之民叨懫日欽，劓割夏邑。天惟時求民主，乃大降顯休命于成湯，刑殄有夏。」其意思略云：惟夏王敗壞天命，又不敬念於重要的祀禮，上帝就降譴告給有夏。而夏桀不知戒懼，還大肆逸樂，不肯憂念其民，更大肆淫昏，不能終日勸勉於上帝之道，這是你們所共聞共見的。他既敗壞天命，又不能解救人民於災難的羅網之中，反大降罪戾，給有夏增添禍亂，狎習於禽獸般的淫惡，不能妥善接受上帝的美好正道。因他的貪，他的臣下無不以財賄進奉供職，大肆荼毒人民。因而有夏之民亦惟以貪饕忿戾相好尚，相率割剝殘害著夏都。上天於是為民尋求一個較好的君主，就大降光顯嘉命於成湯，使殄滅有夏。

　　「惟天不畀，純，乃惟以爾多方之義民，不克永于多享。惟夏之恭多士，大不克明保享于民。乃胥惟虐于民，至于百為，大不克開。乃惟成湯克以爾多方簡代夏作民主。慎厥麗乃勸，厥民刑用勸。以至于帝乙，罔不明德慎罰，亦克用勸。要囚，殄戮多罪，亦克用勸。開釋無辜，亦克用勸。今至于爾辟，弗克以爾多方享天之命。」其意思略云：上天所以不給與桀，只是由於桀任用非人，你們多方中人員不能長久多享其國。夏王朝供職之臣，不能明於治道保養人民，卻大都肆虐為害人民，百端作惡，無所不至，自然無人能解救人民於災難。只有成湯能善於取得你們多方眾士的支持以取代夏王作了人民的君主。他謹慎於用刑，民知感而勉於從善；他一用刑於有罪的人，也使民知懼而勉於從善；從他直傳至中宗祖乙，莫不明德慎罰，也能使人民勉於從善；處以幽囚者，殺戮其多罪者，也使人民知勉於從善；而無罪者釋放，更能使人民勉於從善。湯之明德慎罰，使民之從善也如此，而你們的紂王，竟不能與你們多方首領們共享天命而至於滅亡。

　　「誥告爾多方，非天庸釋有夏，非天庸釋有殷，乃惟爾辟以爾多方大淫，圖天之命，屑有辭。乃惟有夏，圖厥政，不集于享；天降時喪，有邦間之。乃惟爾商後王逸厥逸，圖厥政，不蠲烝，天惟降時喪。」其意思略云：告訴你們多方的人們，並不是上天厭棄有夏，也並不是上天厭棄有殷，實在是由於你們君主與你們多方首領大為淫惡，敗壞天命，做了惡事還加以粉飾。而夏王敗壞其政事，為神明所棄而不獲和於享祀。所以上天降了喪亡給他，而

使有邦有土之商王取代了他。可是商代後王，荒淫於逸樂，敗壞了政事，不潔奉其祭祀，因而上天只得又降了喪亡給他。

「惟聖罔念作狂，惟狂克念作聖，天惟五年須暇之子孫，誕作民主，罔可念聽。天惟求爾多方，大動以威，開厥顧天，惟爾多方罔堪顧之。惟我周王靈承于旅，克堪用德，惟典神天。天惟式教我用休，簡畀殷命，尹爾多方。」其意思略云：聰明的人不動頭腦念念於善會成為狂昧，狂昧的人肯動頭腦念念於善也會聰明起來。上天就憑這點要看看這個湯的子孫紂，等待了他五年，希望他改惡從善，只要改從善了，仍可以作人民的君主。可是他根本不動頭腦考慮這個大問題，也不聽從天意。上天唯有尋之於你們多方，大動以災異之威，示意即將滅殷，以開啓能仰承天意的人。但你們多方沒有能仰承天意的人，惟有我周王善承天的美意，又能用德，足以主神天之祀。上天就以吉祥徵兆告我有周，轉而以殷所承天命給了我們，我們就依天命治理多方諸侯。

上述《多方》中的四段引文，第一段指出夏之淫昏，天命成湯殄滅有夏。第二段繼之指出殷王自成湯至於帝乙能明德慎罰，至紂暴虐，弗克享天命。第三段指出夏殷兩代敗亡的共同點在於，並不是上天要厭棄夏、殷，而是由於夏、殷後王的大荒淫，敗壞了天命，天才降給喪亡的。第四段指出紂怙惡不悛，多方中無人能仰承天意，惟周王善承上帝的美意，上天以殷所承之天命給了有周，以治理多方；天命如此，多方之人須臣服。顯然，上帝在這裏同樣具有了賞善罰惡的功能。

此種思想在《詩經》中也有很好的反映，例如《大雅·文王》（共七章）云：
文王在上，於昭于天。周雖舊邦，其命維新。有周不顯，帝命不時。
文王陟降，在帝左右。

亹亹文王，令聞不已。陳錫哉周，侯文王孫子。文王孫子，本支百世，凡周之士，不顯亦世。

世之不顯，厥猶翼翼。思皇多士，生此王國。王國克生，維周之楨；濟濟多士，文王以寧。

穆穆文王，於緝熙敬止。假哉天命。有商孫子。商之孫子，其麗不億。上帝既命，侯于周服。

侯服于周，天命靡常。殷士膚敏。祼將于京。厥作祼將，常服黼冔。王之藎臣。無念爾祖。

> 無念爾祖，聿脩厥德。永言配命，自求多福。殷之未喪師，克配上
> 帝。宜鑒于殷，駿命不易！
>
> 命之不易，無遏爾躬。宣昭義問，有虞殷自天。上天之載，無聲無
> 臭。儀刑文王，萬邦作孚。

此詩第一章言文王有顯德，而上帝有成命。第二章言天命集於文王，則不唯尊榮其身，又使其子孫百世爲天子諸侯。第三章言命周之福，不唯及其子孫，而又及其群臣之後嗣。第四章言天命既絕於商，則不唯誅罰其身，又使其子孫亦來臣服於周。第五章言絕商之禍，不唯及其子孫，而又及其群臣之後嗣。第六章言周之子孫臣庶，當以文王爲法，而以商爲監。第七章又言當以商爲監，而以文王爲法〔註46〕。可見《文王》亦顯示了天命的得失與修德與否有關；上帝具有了是非善惡觀念，能從善棄惡。

又如《大雅・大明》（共八章）云：

> 明明在下，赫赫在上。天難忱斯，不易維王。天位殷適，使不挾四方。
>
> 摯仲氏任，自彼殷商，來嫁于周，曰嬪于京。乃及王季，維德之行。
> 大任有身，生此文王。
>
> 維此文王，小心翼翼。昭事上帝，聿懷多福。厥德不回，以受方國。
>
> 天監在下，有命既集。文王初載，天作之合。在洽之陽，在渭之涘。
> 文王嘉止，大邦有子。
>
> 大邦有子，俔天之妹。文定厥祥，親迎于渭。造舟爲梁，不顯其光。
>
> 有命自天，命此文王。于周于京，纘女維莘。長子維行，篤生武王。
> 保右命爾，燮伐大商。
>
> 殷商之旅，其會如林。矢于牧野，維予侯興。上帝臨女，無貳爾心。
>
> 牧野洋洋，檀車煌煌，駟騵彭彭。維師尚父，時維鷹揚。涼彼武王，
> 肆伐大商，會朝清明。

此詩第一章言天命無常，惟德是與。第二章言王季太任之德，以及文王。第三章言文王之德。第四第五第六章言文王太姒之德，以及武王。第七章言武王伐紂。第八章言武王克商〔註47〕。可見《大明》八章其意雖云天命無常，但無常之中有常，即是有德者得天命；武王之伐紂，即有德者伐失德者；有

〔註46〕參看朱熹：《詩集傳》177頁。
〔註47〕參看朱熹：《詩集傳》179頁。

周之替殷商，即有德者得天命。

可見周初統治者已經開始意識到天命不是永恒不變的，而是會改易的；天命的得失關鍵在於統治者自身的明德或失德，周人雖然也大講天命，但不把成敗得失的終極原因歸之於天，而歸之於自身的有德與否，「這種天命王權觀中已經顯示了某些人定論的覺醒意識」〔註48〕。周人對於如何把握天命似乎找到了較爲明確的答案，那就是天命向著人心，得人心者得天命，得天下政權。武王伐紂時云：「民之所欲，天必從之。」〔註49〕又云：「天視自我民視，天聽自我民聽。」〔註50〕大概武王深感民心向著自己這一邊，故而自信必能勝紂的，並以此鼓勵部下。周代殷後，周公又反覆強調了這一點，《大誥》云：「天棐忱辝，其考我民。」〔註51〕《康誥》云：「天畏棐忱，民情大可見。」〔註52〕《酒誥》又云：「古人有言曰：『人無于水監，當于民監。』」顯然，周初統治者認識到要從民情人心中去把握天命，因爲天命向著人心，爲了獲得天下政權，必須獲得人心，這樣也就獲得了天命。周初統治者「在客觀上給自己的天命王權說中加進了某種理性的因素，即自覺或不自覺地把天上的、虛幻的天命還原爲人世的、現實的人心。原來神聖的、受命於天的王權究竟少不了塵世間的人心這一基石」〔註53〕。

可見在周人那裏，天或上帝的權力依舊是至高無上的。這種無形的至高無上的權力必須轉化爲現實的君主的權力，現實中的君主的權力源自天或上帝的賦予，由於天或上帝所擁有的這種至高無上的權力爲紜紜眾生服務的，這就決定了源自天或上帝的君主的權力亦必須爲芸芸眾生服務；倘若君主的權力使用不符合上帝的意旨，實則亦即是君主越權行事，天或上帝即會警告君主直至收回已經賦予君主的權力而另授予他人，而君主是否越權行事可以通過眾生的情緒表現出來，天或上帝由此獲知授予君主權力的使用情況。顯然，周人的天命

〔註48〕 劉家和：《論中國古代王權發展中的神化問題》，《古代中國與世界》第 540 頁。

〔註49〕 《左傳》襄公三十一年穆叔所引、召公元年子羽所引：《國語·周語》單襄公所引、《鄭語》史伯所引。

〔註50〕 《孟子·萬章上》引《泰誓》。

〔註51〕 于省吾指出辝訛誤爲辭，「辝」與《湯誓》「非台小子」之「台」同，即「我」（《尚書新證》81 頁）。考，成全，安定。此句意思：「天不是信我個人，而是爲了安定我們的人民，來幫助我的。」參看《尚書校釋譯論》1276 頁。

〔註52〕 此句意思：「天意不可知，而民意不可不注意。」參照《尚書校釋譯論》第 1315 頁。

〔註53〕 劉家和：《論中國古代王權發展中的神化問題》，《古代中國與世界》第 541 頁。

觀中有了人爲的因素，或者說與人有了緊密的聯繫。在殷人那裏，以爲只要對鬼神進行盛大而殷勤的獻祭就能獲得成功，以爲人的意志能夠主宰歷史，而在周公等周初統治者那裏，以爲天命的背後就是人心，天命的變遷就是人心向背的轉移，從而以爲堅持敬德就能獲得天命，以爲人的意志能夠決定歷史，所以前者是一種迷信的天眞，後者是一種最初的理性的天眞〔註54〕。

其二，即是周人對於卜筮的解釋與態度。在《尚書》中，我們可以從某種程度上看出周人對於卜筮的態度。周初武庚與三監叛亂，形勢嚴峻，周公力主東征，以武力平叛，遭到許多貴族反對，於是周公就作了占卜，結果是「朕卜並吉」（《尚書・大誥》），但貴族們仍不贊成，認爲「不可徵」，並說：「王害不違卜？」又如營洛，在周初也是一件大事。「我乃卜澗水東、瀍水西，惟洛食。我又卜瀍水東，亦惟洛食。」（《尚書・洛誥》）對於反對東征的意見，周公並非一味強調必須服從神意，而是主要地從人事上分析武力平叛的必要性，其打比方云：「若考作室，既底法，厥子乃弗肯堂，矧肯構？厥父菑，厥子乃弗肯播，矧肯穫？」（《尚書・大誥》）通過這樣的具體分析，再加上對神旨的利用，使周公終於統一了內部的思想。對於營洛，表面看來，城址是通過占卜確定的。可是周公曾說過：「自時中乂，萬邦咸休。」（《尚書・洛誥》）因爲洛居天下之中，故居此而治，天下諸侯都可以治理好。據《史記・周本紀》載，周公認爲，「此天下之中，四方入貢道里均。」可見周公對於占卜的結果也多加以人事的說明。《尚書・洪範》「稽疑」章云：「汝則有大疑，謀及乃心，謀及卿士，謀及庶人，謀及卜筮。」「謀及卜筮」顯示了卜筮是解決殷人周人的疑難問題主要方式之一。一般說來，周人是有所疑才卜的，與殷人凡事皆卜的作風不同。「卜以決疑，不疑何卜？」（《左傳・桓公十一年》）此雖爲春秋時人之言，或許亦體現了周人的傳統觀念。劉澤華先生據此推測，從貴族們勸周公「王害不違卜」一語看，周人並非對占卜的結果一概信從，違卜之事或有發生。「占卜本爲求得神意，而周人卻往往認爲人的行爲本身就體現著神意。」〔註55〕這種從人事上說明占卜的行爲方式應該是與「天命靡常，天不可信」的觀念緊密相關的。

〔註54〕劉家和：《歷史理性在古代中國的發生》，《史學、經學與思想》53～54頁。劉先生指出，現在常說的歷史理性即是探究歷史過程的所以然或道理和探究歷史研究過程的所以然或道理，從性質上說前者是屬於本體論的問題，後者是屬於認識論的方法論的問題（見該書50頁）。
〔註55〕劉澤華：《中國傳統政治思維》17頁。

第二節　春秋時期天命觀的變化

其實，春秋時期天命觀的動搖，在西周末就已經顯現，《詩經》中就多有反映：《小雅·節南山》云：「昊天不傭。昊天不惠。昊天不平。」《大雅·蕩》云：「疾威上帝，其命多辟。」《小雅·雨無正》云：「浩浩昊天，不駿其德。」又云「如何昊天，辟言不信？如彼行邁，則靡所臻。」又云：「凡百君子，各敬爾身，胡不相畏，不畏于天。」《小雅·小弁》云：「民莫不穀，我獨于罹，何辜于天，我罪伊何？」《小雅·正月》云：「民今方殆，視天夢夢。」《大雅·瞻仰》云：「瞻仰昊天，則不我惠。」《小雅·十月之交》云：「下民之孽，匪降自天，噂沓背憎，職競由人。」白壽彝先生指出，宗周晚年出現了懷疑上帝、祖先神的思想，「《大雅》中的晚期的作品多有這樣的反映。如《雲漢》篇說：『不殄禋祀。自郊徂宮。上下奠瘞，靡神不宗。后稷不克，上帝不臨。耗斁下土，寧丁我躬。』這裏雖然沒有明白地否認上帝和祖先神，但是懷疑了他們的作用、懷疑了祈求的效果。」〔註 56〕兩周之際的伯陽父以陰陽說來分析自然現象：幽王二年（公元前 780 年），西周三川皆震。伯陽父曰：「周將亡矣！夫天地之氣，不失其序；若過其序，民亂之也。陽伏而不能出，陰迫而不能烝，於是有地震。今三川實震，是陽失其所而鎮陰也。陽失而在陰，川源必塞；源塞，國必亡。夫水土演而民用也。水土無所演，民乏財用，不亡何待？昔伊、洛竭而夏亡，河竭而商亡。今周德若二代之季矣，其川源又塞，塞必竭。夫國必依山川，山崩川竭，亡之征也。川竭，山必崩。若國亡不過十年，數之紀也。夫天之所棄，不過其紀。」〔註 57〕伯陽父能以陰陽二氣的矛盾運動來分析自然現象和社會現象，對於天命神權思想來說，顯然與天命神權思想不同，體現出時代的進步性。具體而論，其對自然現象的分析，含有較多的科學因子，而對社會現象的分析，則全出於附會比附。而在春秋時期，天命觀發生了很大的變化，在《左傳》中得到了明顯的反映。

桓公六年（公元前 706 年）季梁曾諫阻隨侯追伐楚師：季梁止之，曰：「天方授楚，楚之羸，其誘我也。君何急焉？臣聞小之能敵大也，小道大淫。所謂道，忠於民而信於神也。上思利民，忠也；祝史正辭，信也。今民餒而君逞欲，祝史矯舉以祭，臣不知其可也。」公曰：「吾牲牷肥腯，粢盛豐備，何則不信？」對曰：「夫民，神之主也。是以聖王先成民而後致力於神。故奉牲

〔註 56〕 白壽彝：《宗周晚年和春秋時期的史書》，見於《中國史學史論集》18 頁。
〔註 57〕 上海師範大學古籍整理研究所校點，《國語》26～27 頁「周語下」。

以告曰『博碩肥腯』，謂民力之普存也，謂其畜之碩大蕃滋也，謂其不疾瘯蠡也，謂其備腯咸有也；奉盛以告曰『絜粢豐盛』，謂其三時不害而民和年豐也；奉酒醴以告曰『嘉栗旨酒』，謂其上下皆有嘉德而無違心也。所謂馨香，無讒慝也。故務其三時，修其五教，親其九族，以致其禋祀，於是乎民和而神降之福，故動則有成。今民各有心，而鬼神乏主；君雖獨豐，其何福之有？君姑修政，而親兄弟之國，庶免於難。」〔註58〕杜注解「夫民，神之主也」云：「言鬼神之情依民而行。」應該是符合季梁之意的。實際上季梁在這裏論述了神、君、民等三者的關係。季梁沒有否認鬼神的存在，但大大突出了民的地位；而「天生民而樹之君」，先民後君的思想極爲明顯。隨大夫季梁發展了西周初年曾經出現的「民之所欲，天必從之」的觀點。

莊公三十二年（公元前662年）內史過、史嚚之論神人之關係：秋七月，有神降于莘。惠王問諸內史過曰：「是何故也？」對曰：「國之將興，明神降之，監其德也；將亡，神又降之，觀其惡也。故有得神以興，亦有以亡，虞、夏、商、周皆有之。」王曰：「若之何？」對曰：「以其物享焉。其至之日，亦其物也。」王從之。內史過往，聞虢請命，反曰：「虢必亡矣。虐而聽於神。」神居莘六月。虢公使祝應、宗區、史嚚享焉。神賜之土田。史嚚曰：「虢其亡乎！吾聞之：虢將興，聽於民；將亡，聽於神。神，聰明正直而壹者也，依人而行。虢多涼德，其何土之能得？」〔註59〕此更明確指出神「依人而行」。他們不再是詛咒天神、懷疑天神，而是把重心放在了神與民或人的關係上，於是有了「民，神之主」之說；殷周則主要放在神與統治者的關係上，於是有君權神授，「君，神之主」之說；在君民關係上，亦是一種「天生民而樹之

〔註58〕 《春秋左傳正義卷六‧桓公六年》，《十三經注疏下》1749～1750頁。參看楊伯峻《春秋左傳注一（修訂本）》111～112頁。下引同此。

〔註59〕 《春秋左傳正義卷一○‧莊公三二年》，《十三經注疏下》1783頁。參看楊伯峻《春秋左傳注一（修訂本）》251～253頁。此又見於《國語‧周語上》：十五年，有神降於莘，王問於內史過，曰：「是何故？固有之乎？」對曰：「有之。國之將興，其君齊明、衷正、精潔、惠和，其德足以昭其馨香，其惠足以民人。神饗而民聽，故明神降之，觀其政德而均布福焉。國之將亡，其君貪冒、辟邪、淫佚、荒怠、粗穢、暴虐；其政腥臊，馨香不登；其刑矯誣，百姓攜貳。明神不蠲而民有遠志，民神怨痛，無所依懷，故神亦往焉，觀其苛慝而降之禍。是以或見神以興，亦或以亡。昔夏之興也，融降於崇山；其亡也，回祿信於聆隧。商之興也，檮杌次於丕山；其亡也，夷羊在牧。周之興也，鸑鷟鳴於岐山；其衰也，杜伯射王於鄗。是皆神明之志者也。」（上海師範大學古籍整理研究所校點，《國語》29～31頁）。

君」先民後君的關係。

僖公十六年（公元前 644 年）十六年春，隕石于宋五，隕星也。六鶂退飛，過宋都，風也。周內史叔興聘于宋，宋襄公問焉，曰：「是何祥也？吉凶焉在？」對曰：「今茲魯多大喪，明年齊有亂，君將得諸侯而不終。」退而告人曰：「君失問，是陰陽之事，非吉凶所生也。吉凶由人，吾不敢逆君故也。」〔註60〕叔興敷衍宋襄公，但實際上其對於上述兩種現象有自己的理解，所謂陰陽之事，並不神秘。鬼神與人事的吉凶往往相聯繫，而陰陽之事與人事的吉凶無關，不能加以附會。所以陰陽之事與鬼神並無關係。叔興或許已經把鬼神置於一邊，認為人事吉凶只能從人自身找原因。

僖公十九年（公元前 641 年）司馬子魚曾諫阻勿用人祭祀：宋公使邾文公用鄫子于次睢之社，欲以屬東夷。司馬子魚曰：「古者六畜不相為用，小事不用大牲，而況敢用人乎？祭祀以為人也。民，神之主也。用人，其誰饗之？齊桓公存三亡國以屬諸侯，義士猶曰薄德，今一會而虐二國之君，又用諸淫昏之鬼，將以求霸，不亦難乎？得死為幸。」〔註61〕此處明確指出祭祀以為人，卻用人祭祀，祭祀則無意義。我們於此可以看出，司馬子魚以為鬼神是祐助人的。在人、神關係上，突出了人的存在的重要意思，也即生命存在的意義。

襄公十四年（公元前 559 年）師曠曾對衛人出其君發表過議論：師曠侍於晉侯。晉侯曰：「衛人出其君，不亦甚乎？」對曰：「或者其君實甚。良君將賞善而刑淫，養民如子，蓋之如天，容之如地；民奉其君，愛之如父母，仰之如日月，敬之如神明，畏之如雷霆，其可出乎？夫君，神之主而民之望也。若困民之主，匱神乏祀，百姓絕望，社稷無主，將安用之？弗去何為？天生民而立之君，使司牧之，勿使失性。有君而為之貳，使師保之，勿使過度。……天之愛民甚矣，豈其使一人肆於民上，以從其淫，而棄天地之性？必不然矣。」〔註62〕楊伯峻解「匱神乏祀」為「匱乏義同，意即鬼神失主祀者」，可見此處君為神之主其意當為君是神之主祭祀者（此處卻說君為神之主）。

昭公元年（公元前 541 年）晉侯有疾，鄭伯使公孫僑如晉聘，且問疾。叔

〔註60〕《春秋左傳正義卷一四‧僖公一六年》，《十三經注疏下》1808 頁。參看楊伯峻《春秋左傳注一（修訂本）》369 頁。

〔註61〕《春秋左傳正義卷一四‧僖公一九年》，《十三經注疏下》1810 頁。參看楊伯峻《春秋左傳注一（修訂本）》381～382 頁。

〔註62〕《春秋左傳正義卷三二‧襄公一四年》，《十三經注疏下》1958 頁。參看楊伯峻《春秋左傳注三（修訂本）》1016～1018 頁。

向問焉，曰：「寡君之疾病，卜人曰：『實沈、臺駘為祟』，史莫之知。敢問此何神也？」子產曰：「……抑此二者，不及君身。山川之神，則水旱癘疫之災於是乎禜之；日月星辰之神，則雪霜風雨之不時，於是乎禜之。若君身，則亦出入、飲食、哀樂之事也，山川、星辰之神又何為焉？僑聞之，君子有四時：朝以聽政，晝以訪問，夕以脩令，夜以安身。於是乎節宣其氣，勿使有所壅閉湫底以露其體，茲心不爽，而昏亂百度。今無乃壹之，則生疾矣。僑又聞之，內官不及同姓，其生不殖。美先盡矣，則相生疾，君子是以惡之。故《志》曰：『買妾不知其姓，則卜之。』違此二者，古之所慎也。男女辨姓，禮之大司也。今君內實有四姬焉，其無乃是也乎？若由是二者，弗可為也已。四姬有省猶可，無則必生疾矣。」……晉侯求醫於秦，秦伯使醫和視之，曰：「疾不可為也，是謂近女，室疾如蠱。非鬼非食，惑以喪志。良臣將死，天命不佑。」公曰：「女不可近乎？」對曰：「節之。先王之樂，所以節百事也，故有五節；遲速本末以相及，中聲以降。五降之後，不容彈矣。於是有煩手淫聲，慆堙心耳，乃忘平和，君子弗聽也。物亦如之。至于煩，乃舍也已，無以生疾。君子之近琴瑟，以儀節也，非以慆心也。天有六氣，降生五味，發為五色，徵為五聲。淫生六疾。六氣曰陰、陽、風、雨、晦、明也，分為四時，序為五節，過則為菑：陰淫寒疾，陽淫熱疾，風淫末疾，雨淫腹疾，晦淫惑疾，明淫心疾。女，陽物而晦時，淫則生內熱惑蠱之疾。今君不節、不時，能無及此乎？」出，告趙孟。趙孟曰：「誰當良臣。」對曰：「主是謂矣。主相晉國，於今八年，晉國無亂，諸侯無闕，可謂良矣。和聞之，國之大臣，榮其寵祿，任其大節。有菑禍興，而無改焉，必受其咎。今君至於淫以生疾，將不能圖恤社稷，禍孰大焉？主不能禦，吾是以云也。」趙孟曰：「何謂蠱？」對曰：「淫溺惑亂之所生也。於文，皿蟲為蠱。穀之飛亦為蠱。在《周易》，女惑男、風落山謂之蠱☴☶。皆同物也。」趙孟曰：「良醫也。」厚其禮而歸之。〔註63〕子產在這裏沒有否定神的存在，但從兩方面分析晉侯的病因，均與山川、星辰之神無干。晉侯感歎子產為「博物君子」，其歎服的可能是子產對於「實沈、臺駘」二神的解釋，因為此二神「史莫之知」，而並非是對其病因的分析。而秦國良醫和的分析就證實了子產所作的判斷。由此可見，當時很多了已經知道或者能夠理解致病之因並非是鬼神作祟。

昭公十八年（公元前 524 年）子產不禳火之理由：裨竈曰：「不用吾言，

〔註63〕　《春秋左傳正義卷四一·昭公元年》，《十三經注疏下》2023～2025 頁。參看楊伯峻《春秋左傳注四（修訂本）》1217～1223 頁。

鄭又將火。」鄭人請用之，子產不可。子大叔曰：「寶以保民也，若有火，國幾亡。可以救亡，子何愛焉？」子產曰：「天道遠，人道邇，非所及也，何以知之？竈焉知天道？是亦多言矣，豈不或信？」遂不與，亦不復火。〔註 64〕杜預注裨竈之言云「前年神竈欲用瓘斝禳火，子產不聽，今復請用之」，聯繫昭公十七年之載錄，鄭國當遭受過火災。鄭人以爲子產惜財，原來子產是不信裨竈之言，以爲其「是亦多言矣，豈不或信」；子產注重的是人事，而非天道。此事之後，鄭國大夫里析又勸子產遷都，理由是「將有大祥，民震動，國幾亡」，子產回答說：「雖可，吾不足以定遷矣。」杜注以爲「子產知天災不可逃，非遷所免，故託以知不足」，杜氏可謂說對了一半，所謂「知天災不可逃」，幾乎等同視子產與里析，託詞之說當爲實情；楊伯峻先生以爲「蓋遷都乃大事，一人不足以決定」，是字面意思。我們聯繫上下文，其實可能是子產同樣不信裏析天災之預言而作的託詞。後來果真發生了大火，「子產辭晉公子、公孫于東門，使司寇出新客，禁舊客勿出於宮。使子寬、子上巡群屏攝，至于大宮。使公孫登徙大龜，使祝使徙主祏於周廟，告於先君。使府人、庫人各儆其事。商成公儆司宮，出舊宮人，寘諸火所不及。司馬、司寇列居火道，行火所焮。城下之人伍列登城。明日，使野司寇各保其徵，郊人助祝史，除於國北，禳火于玄冥、回祿，祈于四鄘。書焚室而寬其征，與之材。」雖然火災發生後第二天，子產使人禳火，然而在當天，子產進行了的卻是人事工作，其救災工作進行得有條不紊；或許正可以反映出子產的「天道遠，人事邇」的思想。真可謂寓論斷於敘事。當然，子產並不能否定鬼神的存在，爲大火故，他還是進行了祭祀。〔註 65〕然綜合子產整個之行事，其祭祀或出於給國人以安慰的需要。

昭公十九年（公元前 523 年）鄭大水，龍鬥于時門之外洧淵，國人請爲禜焉。子產不禳龍的理由是：「我鬥，龍不我覿也；龍鬥，我獨何覿焉？禳之，則彼其室也。吾無求於龍，龍亦無求於我。」〔註 66〕可見，由於人們對於當

〔註64〕 《春秋左傳正義卷四八·昭公一八年年》，《十三經注疏下》2085～2086 頁。參看楊伯峻《春秋左傳注四（修訂本）》1395～1396 頁。

〔註65〕 《昭公一八年》：「七月，鄭子產爲火故，大爲社，袚禳於四方，振除火災，禮也。」《春秋左傳正義卷四八·昭公一八年》，《十三經注疏下》2086 頁。參看楊伯峻《春秋左傳注四（修訂本）》1398 頁。

〔註66〕 《春秋左傳正義卷四八·昭公一八年》，《十三經注疏下》2088 頁。參看楊伯峻《春秋左傳注四（修訂本）》1405 頁。此事楊伯峻所依據本著錄於昭公十九年。

時生活中出現的一些無法理解而感到怪異的現象與人世間的事情聯繫起來看，從而感到恐懼，因而產生了祈求神靈的保祐的觀念。子產則盡力把這些現象與人事分開來作解釋。

昭公二十年（公元前 522 年）晏子建議不要誅祝、史時候顯示其對於鬼神的態度：

> 齊侯疥，遂痁，期而不瘳。諸侯之賓問疾者多在。梁丘據與裔款言於公曰：「吾事鬼神豐，於先君有加矣。今君疾病，為諸侯憂，是祝、史之罪也。諸侯不知，其謂我不敬，君盍誅於祝固、史嚚以辭賓？」公說，告晏子。晏子曰：「日宋之盟，屈建問范會之德於趙武。趙武曰：『夫子之家事治；言於晉國，竭情無私。其祝、史祭祀，陳信不愧；其家事無猜，其祝史不祈。』建以語康王。康王曰：『神、人無怨，宜夫子之光輔五君以為諸侯主也。』」公曰：「據與款謂寡人能事鬼神，故欲誅于祝、史，子稱是語，何故？」對曰：「若有德之君，外內不廢，上下無怨，動無違事，其祝、史薦信，無愧心矣。是以鬼神用饗，國受其福，祝、史與焉。其所以蕃祉老壽者，為信君使也，其言忠信於鬼神。其適遇淫君，外內頗邪，上下怨疾，動作辟違，從欲厭私，高臺深池，撞鐘舞女。斬刈民力，輸掠其聚，以成其違，不恤後人。暴虐淫從，肆行非度，無所還忌，不思謗讟，不憚鬼神。神怒民痛，無悛於心。其祝、史薦信，是言罪也。其蓋失數美，是矯誣也。進退無辭，則虛以求媚。是以鬼神不饗其國以禍之，祝史與焉。所以天昏孤疾者，為暴君使也，其言僭嫚於鬼神。」公曰：「然則若之何？」對曰：「不可為也：山林之木，衡鹿守之；澤之萑蒲，舟鮫守之；藪之薪蒸，虞候守之；海之鹽、蜃，祈望守之。縣鄙之人，入從其政；偪介之關，暴征其私；承嗣大夫，強易其賄。布常無藝，徵斂無度；宮室日更，淫樂不違。內寵之妾，肆奪於市；外寵之臣，僭令於鄙。私欲養求，不給則應。民人苦病，夫婦皆詛。祝有益也，詛亦有損。聊、攝以東，姑、尤以西，其為人也多矣。雖其善祝，豈能勝億兆人之詛？君若欲誅於祝、史，修德而後可。」公說，使有司寬政，毀關，去禁，薄斂，已責。〔註67〕

〔註67〕《春秋左傳正義卷四八・昭公二〇年》，《十三經注疏下》2092～2093 頁。參

－155－

梁丘據與裔款以爲齊侯之疥難愈，是因爲鬼神怪罪，而齊侯「事鬼神豐，於先君有加」，所以鬼神之所以怪罪，問題就在祝、史身上。丘據與裔款當然不敢責怪鬼神。此二人爲何要誅祝、史以辭賓？杜注「其家事無猜，其祝、史不祈」云：「家無猜疑之事，故祝、史無求於鬼神。」據此，或許是因爲他們認爲祝、史沒有把齊侯的所求（療好疥疾）傳達到鬼神那裏，沒有盡到傳達訴求的責任。晏子舉屈建問范會之德於趙武之事實，那是爲了說明祝、史與齊侯的疥疾之難以治癒無關，齊侯疥疾之病因在其本身；誅祝、史無益於療齊侯之疥。晏子從兩方面加以論證，其一，如果遇上有德之君，政治清明，祝、史向鬼神陳述實情，鬼神饗其祭祀，國人包括祝、史皆受其福祐。如果遇上無道之君，祝、史陳實情則謗君，掩蓋愆失，妄數美善，則矯詐誣罔鬼神，鬼神不饗祭祀因而降禍，祝、史亦不能幸免。因此，鬼神賜福或降罪在於君本身德之修廢。其二，若祝有益，則詛亦有損，但詛之人眾，其威力遠勝於祝。因此，齊侯之病因在於百姓的詛咒，而百姓的詛咒源自於齊侯不修德，故而根源還在齊侯本身。所以當務之急在於修德。顯然，晏子對於齊侯病因的分析是不對的。但我們可以從中看出，晏子心目中的鬼神仍具有賞善罰惡的功能，但無疑地，晏子的注意力在於君主的德行以及與君主德行相關聯的民意上。在這裏，鬼神實際上是懸置了起來。

昭公二十六年（公元前 516 年）齊有彗星，齊侯使禳之。晏子曰：「無益也，祗取誣焉。天道不謟，不貳其命，若之何禳之？且天之有彗也，以除穢也。君無穢德，又何禳焉？若德之穢，禳之何損？《詩》曰：『惟此文王，小心翼翼。昭事上帝，聿懷多福。厥德不回，以受方國。』君無違德，方國將至，何患於彗？《詩》曰：『我無所監，夏后及商。用亂之故，民卒流亡。』若德回亂，民將流亡，祝史之爲，無能補也。」公說，乃止。〔註 68〕齊侯以彗星有災禍，欲禳祭以消災。晏子以爲禳祭無益，僅僅是自欺行爲。「天道不謟，不貳其命」〔註 69〕，應該說還是顯示了晏子相信有天命，彗星除穢德之說當然也是荒誕的，然而晏子在天命前顯得較爲從容，其關注的顯然是君主

看楊伯峻《春秋左傳注四（修訂本）》1415～1418 頁。
〔註 68〕 《春秋左傳正義卷五二·昭公二六年》，《十三經注疏下》2115 頁。參看楊伯峻《春秋左傳注四（修訂本）》1479～1480 頁。
〔註 69〕 《釋文》：「謟本又作『慆』。」杜注：「慆，疑也。」楊伯峻先生以爲此句「蓋言天命不可疑」。王引之云：「貳當作貸，《說苑·權謀篇》引《詩》『皇皇上帝，其命不忒』是也。」貸即忒，差也。《經義述聞》。

的德行與民意。

　　我們可以發現，春秋時期天命觀的變化，是與該時期人本思想與民本思想的興起相關聯的。人本思想的基本要求是，把人看作人而非神或任何其他非人之物，同時以人事而非天心或神意來解釋人事。人本思想不等於無神論，它並不要求人們在思想上排除對於神的信仰，而只要求人們在處理人神或天人關係時以人爲本。而民本思想所重視的是君民之間的張力或「拔河」關係，並在這種關係中強調民作爲「本」的重要性；即使你在表示要尊君的時候，也不能忘記尊君的目的不在於君而在於民〔註 70〕。上述諸例對於某些現象的從人事上加以解釋，在君民關係上以民爲本，體現的正是人本思想與民本思想。殷周以來以神意來解釋的自然與社會現象發展至春秋時期，漸而轉向從人事上加以解釋，雖然這種解釋在我們今天看來有時候顯得頗爲幼稚，但無疑地是思想發展進步的表現。

第三節　孔子的天命觀

　　孔子似乎很少談論天命的問題。《論語‧子罕》：「子罕言利與命與仁。」《公冶長》：「子貢曰：『夫子之文章，可得而聞也；夫子之言性與天道，不可得而聞也。』」〔註 71〕據楊伯峻先生統計分析，在《論語》中，除復音詞如「天下」、「天子」、「天道」之類外，單言「天」字的，一共十八次。在十八次中，除掉別人說的，孔子自己說了十二次半。《論語》中講「命」，楊伯峻先生統計有五次半，《論語》中合言「天命」者有兩次：《爲政》：「子曰：『吾十有五而志於學，三十而立，四十而不惑，五十而知天命，六十而耳順，七十而從心所欲，不踰距。』」《季氏》：「孔子曰：『君子有三畏：畏天命，畏大人，畏聖人之言。小人不知天命而不畏也，狎大人，侮聖人之言。』」

〔註 70〕 劉家和：《史學、經學與思想》357 頁、358 頁（《〈左傳〉中的人本思想與民本思想》一文）。

〔註 71〕 楊伯峻先生指出，古代所講的天道一般是指自然和人類社會吉凶禍福的關係。但《左傳》昭公十八年鄭國子產的話說：「天道遠，人道邇，非所及也。」卻是對自然和人類社會的吉凶有必然關係的否認。《左傳》昭公二十六年又有晏嬰的話：「天道不諂。」雖然是用人類的美德來衡量自然之神，反對禳災，也是對當時迷信習慣的破除。這兩個人都與孔子同時而年齡較大，而且爲孔子所稱道。孔子不講天道，對自然和人類社會的關係取存而不論的態度，不知道是否受這種思想的影響（楊伯峻：《論語譯注》47 頁）。

　　郭沫若以爲孔子對於殷、周以來的傳統思想取的是否定的態度，肯定祭祀；孔子的肯定祭祀是求的祭祀者的心理的滿足，並不是認定被祭祀者的鬼神之眞正的存在。「孔子是否認鬼神的；有以鬼神爲存在的，他說是不智，但自然界與祖宗父母對於自己有很大的恩德，他在祭祀中便來表示著自己的思恩的意思，若連這種思恩的意思都要否定，他是認爲不仁。所以他的肯定祭祀始終是在感情方面的滿足。」〔註72〕孔子所相信之「命」是自然之數或自然之必然性，孔子所常稱之「天」「其實只是自然」，「和向來的思想是大有不同的。」「天何言哉？四時行焉，百物生焉，天何言哉」其中的「天」「只是自然，或自然界中的理法，那和舊時的有意想行識的天是不同的。」孔子的天道思想在「天道思想的整個的歷史上要算是一個進步」〔註73〕。而馮友蘭以爲，孔子所說的「天」，基本上仍然是當時的傳統的宗教所說的天、帝或上帝，是宇宙的最高主宰者。孔子所說的「天命」，即是上帝的命令。「天何言哉？四時行焉，百物生焉，天何言哉」之「天」，並不是自然。「每年的四季自然地運行，萬物自然地生長，不待上帝說話。其實，孔丘的這段話無非是說，上帝也可以『無爲而治』。說不言舊證明他能言而不言。」「自然界和社會中以及個人的事情的變化都是上帝的意志的體現。這就是天的命令。」「孔丘沒有否定天命，但對天命的威力加了限制。天命可以叫人的道德行爲不能成功，但不能叫人不做道德行爲。」〔註74〕於鬼神信仰方面，馮先生以爲，孔丘承認有鬼神，「孔丘對於鬼神的問題的態度大概是，不明確地否認鬼神的存在，但也不強調鬼神的存在。他認爲，承認有天和天命是最主要的，承認有天命，順天命而行，這就不需要鬼神的幫助保護。」孔子對鬼神的問題採取了模棱兩可、含糊其辭、迴避問題的態度，是因爲他認爲，這一類的問題不是一個理論的問題，而是一個現實的問題，孔子要考慮這一類問題的回答的現實意義和影響。〔註75〕

　　郭沫若與馮友蘭根據相同的材料得出的卻是相反的結論。其他學者之觀點大體綜合於郭氏、馮氏之間。童書業以爲，重人輕天思想萌芽於周初，「至春秋時，此種思想益爲發展，遂開後世學者懷疑鬼神甚至否定鬼神思想之先

〔註72〕郭沫若：《郭沫若全集》歷史編（1）356〜358頁（《先秦天道觀之進展》）。
〔註73〕郭沫若：《郭沫若全集》歷史編（1）358〜359頁（《先秦天道觀之進展》）。
〔註74〕馮友蘭：《中國哲學史新編》（上）172〜174頁。
〔註75〕馮友蘭：《中國哲學史新編》（上）176頁。

河。然春秋時此類思想尙在漸變時期，左氏所載當時開明士大夫之論，雖或出左氏文飾，然大致尙可代表此時期思想之一部分，其特點爲在天人問題上，對於天鬼往往介於信與不信之間，子產之思想卽是如此。」春秋時人尙言「國之大事，在祀與戎」。「可見宗教生活在春秋時期尙甚重要，至後世雖懷疑鬼神，然仍重視祭祀，祭祀逐漸由宗教而禮而文化矣。」〔註76〕因此，孔子之宗教思想，與春秋時一般貴族開明派相近，對於上帝、鬼神介於信與不信之間。然彼深信春秋時新興之泛神論式之「命」，以爲一切均由「命」定，是則顯然爲貴族統治者服務之新宗教理論，所以維持其階級統治者〔註77〕。楊伯峻以爲孔子所言之「天」有三個意義：一是自然之「天」，一是主宰或命運之天，一是義理之天。楊先生結合孔子講「天」的具體語言環境分析，以爲孔子所云主宰或命運之天，「並不一定認爲天眞是主宰，天眞有意志，不過藉天自慰、或發泄感情罷了。」〔註78〕楊氏指出，孔子不是宿命論者。「孔子於『六合之外，存而不論』，他認爲對宇宙現象不可能有所知，因此也不談，所以他講『命』，都是關於人事。」楊氏通過孔子對伯牛害病的議論的分析，指出，「古人自然不懂得偶然性和必然性以及這兩者的關係，由一般有知識者看來，上天似乎有意志，又似乎沒有意志，這是謎，又是個不可解的謎，孟子因之說：『莫之爲而爲者，天也；莫之致而至者，命也。』（《萬章上》）這就是把一切偶然性，甚至某些必然性，都歸之於『天』和『命』。這就是孔、孟的天命觀。」於鬼神方面，孔子懷疑龜神的存在的。「孔子雖然不大相信鬼神的實有，卻不去公開否定它，而是利用它，用曾參的話說：『愼終追遠，民德歸厚矣。』很顯然，孔子這些主張不過企圖藉此維持剝削者的統治而已。」〔註79〕金景芳亦以爲，《孟子·萬章上》所云「莫之爲而爲者天，莫之致而至者命也」是對孔子所使用的天命概念的正確的解釋。「『莫之爲而爲』，說明天的客觀性；『莫之致而至』，說明命的必然性。把天命二字連接在一起，就是指自然發展規律而言。在這裏邊沒有鬼神和上帝存在的餘地。」金氏指出，孔子不是宿命論者，孔子所云「天何言哉？四時行焉，百物生焉，天何言哉」，是把四時行、百物生作爲天的行動表現來看待，天命卽是指自然發展規律〔註

〔註76〕童書業：《春秋左傳研究》（校訂本）194～195頁。

〔註77〕童書業：《春秋左傳研究》（校訂本）199頁。

〔註78〕楊伯峻：《論語譯注》（《試論孔子》10～11頁）。

〔註79〕楊伯峻：《論語譯注》（《試論孔子》11～13頁）。

〔註80〕金景芳：《古史論集》290～292頁（《關於孔子研究的方法論問題》）。金先生

80〕，「不過，在古代還沒有這樣明白無誤的科學概念可供使用罷了。」〔註81〕
看來金氏的觀點與郭沫若先生的比較接近。楊向奎通過對《論語》與《易》
的思想比較指出，孔子的天命思想源自《易》，他不同意馮友蘭氏的意見，認
爲孔子的天命思想有自然主義傾向〔註82〕。白壽彝以爲，在天人或神人的關
係上，孔子也是重人事的。「但孔子『敬鬼神而遠之』，並不否認鬼神的存在，
也不否認天的存在。他們：『菲飲食而致孝乎鬼神』，『獲罪於天，無所禱也。』
天和鬼神在這裏還是有意志的人格神，這仍是宗周思想的繼續。所不同者，
孔子不以天和鬼神去說教，而是要在人事上用工夫。」〔註83〕趙光賢聯繫《左
傳》所記載春秋時一般人迷信天命支配人事的信仰狀況並結合《論語》文獻，
指出，孔子相信天命，但他不迷信鬼神；「死生有命，富貴在天」（《顏淵》）
的話反映的是孔子的命定論思想〔註84〕。任繼愈亦以爲，孔子哲學思想中的
天有人格、有意志，是自然和社會的最高主宰者。孔子講天命，認爲天命有
絕大的權威，不可抗拒。孔子對於鬼神表面上採取了將信將疑的態度，不像
其對天命那樣堅信不疑〔註85〕。這些論述似乎更接近於馮友蘭先生的觀點。

　　對於主要依據《論語》郭沫若與馮友蘭兩先生得出如此截然不同的結論，
究竟哪一家更接近歷史的眞實？如果僅僅依據《論語》等資料，我們當然還
是無法作出較爲令人滿意的選擇。而如果我們考察天命觀的發展過程或孔子
弟子的其他著作（言論），或許能走出此一爭論圈而得到較爲接近歷史的眞實
的答案。讓我們先來看荀子對天命鬼神的認識。

　　荀子在天命觀上具有卓越的認識，較集中地體現在其《天論篇》中，如
其中指出，天行有常，不爲堯存，不爲桀亡；治亂非天，治亂非時，治亂非
地；天有常道，地有常數；星墜、木鳴，是天地之變，陰陽之化，物之罕至
者，可怪而不可畏之，日月有蝕，風雨不時，怪星黨見，亦爲正常現象，無
世而不常有。由此可見，荀子把天徹底視爲自然，至於各種祭祀卜筮，荀子
明確指出其爲文飾，所謂「君子以爲文，而百姓以爲神」，這就發展了孔子的

　　　　所據的資料除《論語》外，尚有《周易》等。
〔註81〕　金景芳：《古史論集》284頁（《孔子思想述略》）。
〔註82〕　楊向奎：《宗周社會與禮樂文明》（修訂本）394～395頁。楊氏以爲《易傳》
　　　　體現了孔子之思想，見該書395～396頁。
〔註83〕　白壽彝：《中國史學史論集》24頁（《宗周晚年和春秋時期的史書》）。
〔註84〕　趙光賢：《周代社會辨析》169～170頁。
〔註85〕　任繼愈：《中國哲學史》77～81頁（第一冊）。

鬼神觀念，進而否定了鬼神的存在〔註86〕。

《史記》有《孟子荀卿列傳》，《漢書‧藝文志》儒家類著錄荀子著作〔註87〕，荀子被稱爲儒家代表人物之一。從孔子之天命思想可能影響了荀子方面來看，郭沫若的論述不能輕易否定。

我們再來看郭店楚墓竹簡儒家著作所反映的天命思想，專家們雖然對於郭店楚墓儒家著作之具體作者尚未取得一致的看法，但是大致可確定爲孔子與孟子百餘年間的儒家著作〔註88〕。丁四新指出，郭店儒家簡書的天命觀與

〔註86〕 任繼愈：《中國哲學史》（第一冊）219～224 頁。

〔註87〕 班固：《漢書》（第六冊）1725 頁。《荀卿子》三十三篇，顏師古注云：「本曰荀卿，避宣帝諱，故曰孫。」

〔註88〕 1993 年 10 月，湖北省荊門市沙洋區四方鄉郭店村出土了一批戰國時期楚文字竹簡。考古學家推定入葬年代當爲戰國中期偏晚，約公元前 300 年上下。1998年 5 月，經荊門市博物館整理、古文學學家裘錫圭先生校審的《郭店楚墓竹簡》由文物出版社發行。竹簡 804 枚，13000 餘字，全部是有關思想文化的文字。楚簡所包括的典籍大致可以分爲道家和儒家的著作。道家著作共計兩種四篇，其中互不重複的摘抄本《老子》三篇、《太一生水》一篇；儒家著作有十一種十四篇，它們是《緇衣》、《魯穆公問子思》、《窮達以時》、《五行》、《成之聞之》、《尊德義》、《性自命出》、《六德》、《唐虞之道》、《忠信之道》各一篇，以及《語叢》四篇。廖名春研究認爲，郭店楚墓竹簡儒家著作分爲三類，第一類是孔子之作，它們是《窮達以時》、《唐虞之道》、《尊德義》。第二類是孔子弟子之作，它們是《忠信之道》、《成之聞之》、《六德》、《性自命出》。其中《忠信之道》可能是子張之作，《性自命出》可能是子游之作，《成之聞之》、《六德》可能是縣成之作。第三類是《子思子》，爲子思及其弟子所作，它們是《緇衣》篇，《五行》篇、《魯穆公問子思》。其中《緇衣》篇與《五行》篇可能爲子思自作，《魯穆公問子思》當成於子思弟子之手。《語叢一》至《語叢三》雖爲名言的彙集，但基本上以儒家之說爲主（廖名春《郭店楚簡儒家著作考》，《孔子研究》69～83 頁，1998 年第 3 期）。丁四新以爲，根據目前的資料和研究狀況來看，把《五行》判定爲子思的作品，或者與子思同時代的某位大儒的作品，應該是比較合理的（丁四新，《郭店楚墓竹簡思想研究》163 頁，東方出版社，2000 年）。從心性論的角度及原始儒家學術思想的異同來看，思孟學派與世碩諸儒皆可能是《性自命出》的作者，其中子思與世碩的可能性比較大（同上書 209 頁）。《語叢》前三篇的思想主體當屬於儒家，大多可能是孔子、孔子弟子或再傳弟子的語錄。簡單說來大約是活動於公元前 5 世紀的儒家思想者的粹言集錦或文獻摘抄，但不排除個別語句有早出或遲出現象。此外，在《語叢》前三篇之中，可能偶爾夾雜了幾句帶有道家色彩或本源於《老子》思想的東西，但這些語句皆已經過糅化處理，被涵攝入儒家思想之中了，而成爲《語叢》思想整體中的有機組成部分（同上書 218～219 頁）。如上，儘管郭店楚墓儒家著作之具體作者尚未明確或者未統一，大致可確定未孔子與孟子百餘年間的儒家著作則無疑。晉榮東指出，孔子與

上古的天命觀或帝命觀有繼承關係，其中《緇衣》、《五行》、《成之聞之》等篇援引《詩》、《書》的經典語句表明郭店簡書的天命觀與《詩》、《書》時代的帝命觀或天命觀是一脈相承的，上帝對塵世民眾具有絕對的權威與主宰能力，下民的命運仍然操縱在上帝的權能當中。但是上帝與下民之間並非總是處在一種緊張不安、相互對立的關係之中，在某種條件下，他們之間能構成一種動態的和諧平衡關係，這種動態的和諧平衡關係即是建立在「德」的基礎之上的。上帝除了自身的、絕對的、超越的存在外，也一定要對世間萬有與下民發出某種命令，其中一種命令是天生的，它構成人物的最初根原，此天命無有不善；後一種命令是後天的，根據人、物的德性表現，或者為善，或者為惡，所謂善、惡，相對於人的價值觀念而言。簡書強調了一種虔敬盡一的心地功夫，要以人心安宅天心，以純一精誠之心迎接上帝或天命的降臨〔註89〕。由此反觀孔子的天命觀，我們亦可能以為，孔子所云的天是有意志的天的結論似乎更能接近孔子的思想實際；簡書強調人為貴的思想，亦正與孔子重人重人事的思想相一致。與上一推論相較，我們以為，應以後者更接近歷史的真相。這是基於時間上從而是基於社會思想發展的一般變化上的考慮而作出的推論。

　　劉家和先生曾從三方面對古代印度、希臘和中國的人類精神覺醒的特點加以討論，其中之一即是在人與天（神）或自然的關係的問題。對殷周以來至於孟子、荀子等人的天命思想作出了很好的梳理〔註90〕，把孔子思想放在整個的思想發展中來考察，認為孔子繼承西周傳統，一方面承認作為神的天，另一方面，對作為神的天又抱一種冷靜的存疑的態度；孔子的原則是不離開人事而單獨地談天道〔註91〕。劉先生對於孔子天命觀的認識是在廣闊視野下融合了多家的見解；把孔子思想置於中外思想發展的大背景下來考察，其結論符合春秋時期大量湧現出來的人本思想與民本思想相一致〔註92〕。因此我們認為劉先生的觀點顯得更為圓通。

孟子之間百餘年的儒學發展的真實情況隨著郭店楚簡所含儒家著作的整理出版，孔孟之間曾經失落的歷史聯繫有了補足的希望（《略論郭店楚簡的思想史意義及其限度》，《人文雜誌》128～132頁，2001年第1期）。
〔註89〕丁四新：《郭店楚墓竹簡思想研究》248～252頁。
〔註90〕劉家和：《論古代的人類精神覺醒》，《古代中國與世界》587～589頁。
〔註91〕劉家和：《關於中國古代文明特點的分析》，《古代中國與世界》516頁。
〔註92〕劉家和：《史學、經學與思想》（《〈左傳〉中的人本思想與民本思想》）。

本章小結

　　中國思想史上的天命觀最終主要是指兩方面：其「天」的概念一方面是指消解了超越性的「帝」、「天」觀念而被「鬼神」一詞所取代了的泛神觀，此爲神學方而的內容。另一方面則是指世間的包括了自然現象和人類社會兩方而的客觀規律，此爲人學方而的內容。前者以懸置的方式存在，既未否定，但也不再成爲探究的方向，而是任其在民間發展，逐漸演變爲具有普遍性的多神信仰。後者則成爲中國知識分子主要的探索方向，在這一層而上，天命當中「天」的宗教色彩全然褪去，天命在人，盡人道即所以盡天道，知人知物即可以知天，成爲具有代表性的天命觀。〔註93〕這是指出了天命觀發展的實際的。所以也有論者指出，先秦天命觀的發展歷史中，上帝鬼神的力量是被逐步削弱的。先秦時期的天命觀比較明顯的分爲三個階段〔註94〕，西周以前，是神重於人，人的一切行動都要受上帝的擺佈，殷商時代即對至上神有絕對信仰。西周時期，是神人並重，神的作用要通過人來實現，人們開始懷疑神任意干預人事的作用，在敬神的同時，也注重人事；西周初年，神的地位依然不可動搖，但周人卜筮，是有疑才卜，所謂卜以決疑，而神也具有了道德屬性，有善惡標準，神意體現民意。從西周末年起，神即被懷疑、詛咒，至於春秋戰國時期，是人重於神，神處於人的附庸地位。春秋時期的思想家（政治家）雖沒有明顯地否定天命，但關注重點已經放在了民意、君德上；孔子的天命觀即與此大的思想背景下的思想相一致。此一過程，正大致顯示了殷周天命觀之進展。

〔註93〕　王兵：《論孔子對上古天命觀的繼承與改造》，《理論導刊》77〜79 頁，2005年 3 期。
〔註94〕　參看張松輝：《論先秦天命觀發展的三個階段》，《南都學壇》1990 年第 5 期。

第四章 《尚書》與孔子德治思想之比較

　　太史公云「《書》記先王之事，故長於政」，又云「《書》以道事」〔註1〕，楊雄以爲「傳莫大於《論語》」〔註2〕，在漢人眼裏，《尚書》是《論語》所傳之「六經」之一。自來言《尚書》之思想者，難於繞過其德治思想，而言《論語》之思想者，亦多言及其德治思想。德治思想蘊育於歷史與現實的土壤中，既有外在環境的刺激作用，又有思想發展的內在理路。《尚書》周初統治者的治世之良方是「德治」，數百年之後，而孔子開出的救世之良方也是「德治」，彼一德治，此一德治，其背景爲何？其對象爲何？其內容又爲何？本章擬從此三方面入手，其一是德治思想提出的歷史背景，其二是德治的對象（主體與客體），其三是德治的具體內容。在進行此方面比較之前，對往哲時賢於此方面的研究狀況作一簡要交代，並試釋「德」字含義。

第一節　往哲時賢的研究述略

　　在經學史上，似乎有這樣一種傾向，以爲《尚書》之思想就是孔子之思想。在上文中，周予同已指出，「今文學以孔子爲政治家，以六經爲孔子政治之說，所以偏重於『微言大義』」；「古文學以孔子爲史學家，以六經爲孔子整理古代史料之書，所以偏重於『名物訓詁』」；「宋學以孔子爲哲學家，以六經爲孔子載道之具，所以偏重於心性理氣」。由此可見，特別是今文學與宋學，把《尚書》之思想視作孔子之思想。具體到《尚書》，雖然朱熹疑《書》、疑

〔註1〕司馬遷：《史記》3297頁（卷一百三十）。
〔註2〕班固：《漢書》3583頁（卷八十七下）。

《書序》，然終於不敢否定《尚書》。〔註3〕蔡沈以爲，「二帝三王治天下之大經大法，皆載此書。」「人心惟危，道心惟微，惟精惟一，允執厥中」之十六字傳心法，其作《書集傳》，用意即在於揭示「聖人之心」：「是傳也，於堯舜禹湯文武周公之心，雖未必能造其微，於堯舜禹湯文武周公之書，因是訓詁，亦可得其指意之大略矣。」〔註4〕自然，此一思想經過孔子傳下。今文學家皮錫瑞以爲《六經》貫注著孔子的微言大義，認爲二十九篇，篇篇有義。〔註5〕此爲孔子之思想包含在《尚書》中者；所謂大義微言，古人多通過注疏闡述之。究其原因，最重要的自然是人們認爲《尚書》爲孔子所作或所編。

隨著近現代學術研究的不斷進步，人們開始從不同的角度闡釋《尚書》與孔子的思想，湧現出許多的成果，取得了很大的成績。「德治」思想是《尚書》思想的突出之點，因而談其思想，不可避免要談「德治」思想，孔子作爲積極入世者，熱切從政者，其「德治」思想也相當突出。因此，本部分擬從「德治」思想入手，對《尚書》之「德治」思想與孔子之「德治」思想進行比較，以揭示二者之區別與聯繫，以期進一步顯示孔子與《尚書》之關係。現將此方面之研究作一小綜述。

顧頡剛先生在《德治的創立和德治學說的開展》一文〔註6〕，指出，周滅殷後，以周公、召公奭爲代表的統治者，認爲天命是不永存的，又是不可靠的。爲保住王位，鞏固統治，提出敬德的思想，告誡統治者不要貪圖安逸。自此以後，經過大力宣傳鼓吹，文王伐崇、禹功三苗、湯伐夏等故事也受了德的粉飾。爲了避免衝突，有人把德化的故事聯串起來，所以有了堯、舜、禹、湯、文王、武王、孔子的道統，有了十六字傳心法。所以古帝王的政治是經過德治學說修飾。從此以後，德治成了正統，神權落到了旁門，二千數百年來的思想得以統一，宗教文化變作倫理文化。顧先生《禪讓傳說起於墨家考》一文，〔註7〕論及儒家所謂「舉賢才」，指出西周至於春秋，行的是世官制度，所謂卿、大夫、士，除王官外，就是諸侯的諸侯；他們的職位雖不

〔註3〕所謂「書中可疑諸篇若一齊不信，恐倒了六經」（《朱子語類》卷七十九）。
〔註4〕蔡沈：《書經集傳》，「書經集傳序」。
〔註5〕皮錫瑞：《經學通論》「書經・論百篇全經不可見二十九篇篇篇有義學學者當講求大義不必考求逸書」。
〔註6〕顧頡剛：《德治的創立和德治學說的開展》，見《顧頡剛古史論文集（二）》。
〔註7〕顧頡剛：《禪讓傳說起於墨家考》，見《顧頡剛古史論文集（一）》。此文論及儒家所謂「舉賢才」，主要集中在二、三、四等三部分。

必全是世襲，但決沒有一個庶人可以突躍而爲卿大夫的。在金文中，只見有世官制度，不見有從庶人擢任大官的史實。古文籍裏的證據舉不勝舉。俞正燮指出，太古至春秋，君所任者，與共開國之人及其子孫也。慮其不能賢，不足共治，則選國子教之，上士、中士、下士、府、史、胥，徒取諸「鄉興賢能」。大夫以上皆世族，不在選舉。「量才任官」，「白屋出公卿」不是史實。春秋時的明賢主義，所行的依舊世世官制度。所明的賢良依舊是舊族貴寵裏的賢良。當時所謂選舉，雖然要「舉不失德」，但選舉的辦法，仍舊是「內姓選於親，外姓選於舊」的，仍舊是「昭舊族，愛親戚」的主義。春秋以來，大國至地方數千里，政事寖益紛繁，事變之來不是幾個世家舊臣所能處理，所以明賢的觀念日漸發展。又因列國間久有盟會朝聘的往來，交通也日臻便利，小農國家的規模一天天的破壞，工商業便應運而起，使庶民得到了獨立的地位（在那時已有舉庶人助理政事的風氣，如晉趙孟的舉絳縣老人）。春秋晚年，各國內政方面，世官制度更趨於崩潰，於是大夫有代君的職權的了，庶民翻身的時機一天天的接近了。孔子受此潮流的影響，也主張「舉賢才」（《子路》），但有其矛盾處，不是徹底的尚賢主義。顧先生的論述對於我們思考德治思想的施德者與受德者很有啓發意義。

齊思和（1907～1980）針對梁啓超《先秦政治思想史》「於春秋戰國以前之思想失之空泛不能與其書後部相稱」而作《西周時代之政治思想》一文中〔註8〕，指出，依周初之思想，周室之有天下，實以（一）係出於天，（二）受天命而代商，（三）積德累世。但周統治階級以爲，國祚之長短，須視其德如何，徒天命不足恃。而所謂德者即良好之人君應具之條件，其具體表現主要在四方面，其一是敬天。周人既以爲政源於天，其對神與祭祀之重視決不在殷人之下。其二是勤勞民事。皇天既以下民託之於人君，勤勞民事自爲人君之重要責任，故周人於人民之勤勞，莫不殷殷期勉（齊思和氏以爲《尚書》之《無逸》、《酒誥》等篇中之「小人」指「當時之農奴，奴隸也」）。其三是對農事之注意。其四爲愼刑。周人於審罪，已知研求其動機，不徒注意其行爲之結果，脫離報復時期；用刑嚴峻，極具威嚇之色採。齊先生對德治思想內容作了較爲深入的剖析。

劉起釪（1917～）在《從殷商的尊神尚鬼重刑到西周的德教之治》一文中，〔註9〕主要以今文《尚書》爲文獻依據，認爲殷商王朝的立國特點是尊神

〔註 8〕齊思和：《西周時代之政治思想》，見於《中國史探研》。
〔註 9〕劉起釪：《從殷商的尊神尚鬼重刑到西周的德教之治》，見《古史續辨》。

尚鬼重刑：一方面是純信天命的神權政治，一方面是純用刑法的殘酷法治。也就是殷王朝完全是憑藉上帝的權威和祖先神靈的權威（尊神、尚鬼）以及刑戮的權威（刑名）來進行統治的。西周王朝因於殷禮而建立德教、禮治的周政，其體現之一即是改持有保留的天命觀，提出敬德重民思想並注重禮治，主要表現在四方面：其一即是修正天命觀。周人看到專恃天命的商王朝覆亡，引起周王朝統治者極大的警覺，認為必須謹愼對待，首先感到天命無常，不是永遠不變的。其二是提出敬德思想。周人感到天命之有窮，才提出敬德以濟之。《尚書》《周書》各篇中，處處充滿著重德的文句，突出德治的思想，炫耀祖宗的德業。其三是提出重民思想。周代統治者吸取商王朝敗亡的經驗教訓，因而提出的改進統治方法的思想，目的還是在於希望通過對人民的重視，取得人民的擁護和服從，來長遠保住統治權所賴以維持的「天命」。其四是提出體製禮樂建設，即所謂「製禮作樂」，用以維繫宗法社會和鞏固分封制。周公提出了自己的政治哲學思想，即有保留的天命觀、敬德思想及源於敬德的「明德愼罰」思想與重民思想等三方面。我們由此可以看出，德治思想與天命觀是緊密相聯的。

游喚民（1937～）在《尚書思想研究》中「政治倫理思想」章中有專節論述《尚書》「德的思想」。游先生指出，一、「德」作爲一種範疇出現在殷代的《尚書・商書》。「德」作爲一個新詞是出現在殷代，它是與淫亂、聚斂相對立的，且一出現就與利民緊密聯繫在一起。游先生不贊成那種「認爲殷代是用神權和刑罰進行統治的時代，他們的思想中沒有德的觀念，今《商書》中的『德』字，都是在流傳中受周代影響加進去的」說法，而認爲，「正因爲民眾是殷代社會的基本生產者、作戰者，又在不斷進行反抗鬥爭，再加上夏亡的教訓，所以一些頭腦清醒的統治者產生了對民要用『德』去治理的思想，這不是順理成章嗎？可見，殷代《商書》中『德』的出現，是人民力量壯大在傑出政治家頭腦裏反映的產物，是其懼民不得不採取的一種讓步政策。」〔註10〕二、西周《尚書・周書》對德的重大發展。西周對德的重大發展，集中體現在把「敬德」作爲一個政治口號提出來，且有多方面的內涵。周人在不斷總結和對歷史的反思中，孕育了「天命靡常」、「惟德是輔」、「敬德」的思想。游先生總結了《尚書・周書》中「德」、「明德」、「敬德」等概念中所包含的內容：其一是保民（保民的具體內容，在「民本思想」一節中，游先生依據《尚書・周書》歸納出四方

〔註10〕游喚民：《尚書思想研究》113～117 頁。

面的內容：要體察民情，不增加民的額外負擔；要正確對待民的過失，重在教育；要關注、幫助民中的弱者；愼罰）。其二是用賢。其三是無爲。其四是倫理。其五是寬容，能汲納批評。其六是勤政。其七是修養。〔註11〕三、影響著春秋時期德的思想的發展。（一）春秋「德」的內涵的大擴展。〔註12〕1.把德放在很高的位置上。2.德的內容的擴大。作者主要依據《左傳》、《國語》中材料指出，德是與私欲、聚斂、邪惡、暴力相對立，具體包括：一是謙讓。二是恕。三是恭敬。四是正直、誠信。五是禮義。六是孝。七是節約。八是用賢。九是恤民、安民、利民。3.德的作用範圍的擴大。一是有德才能立國、固國。二是有德才能取得戰爭的勝利。三是有德才能稱霸天下。（二）孔子「爲政以德」的提出。〔註13〕作者主要依據《論語》、《大戴禮記》、《禮記》、《韓詩外傳》等文獻材料，認爲，孔子所論的「德」特別強調：一是愛人。二是無私。三是忠、信、義。四是讓。五是孝弟。六是重視生產。作者認爲孔子將《尙書》以來的「德」的思想昇華爲德政，提出了「爲政以德」的劃時代的命題，並賦予它以豐富的內涵，形成了完整的德治思想體系。游先生歸納出孔子「爲政以德」的內涵：1.愛民。2.富民。3.教民。4.舉賢。5.統治者要以身作則。6.無爲而治。其核心是利民。作者認爲，孔子「爲政以德」的德治思想，是對《尙書》以來德的思想，特別是周公的「敬德保民」和鄭子產的「爲政必以德，毋忘所以立」（《史記・鄭世家》）的繼承、昇華和超越；1.在殷商時期的《商書》中已產生了「德」這一新詞，出現了「德」的思想。到了西周的《周書》，特別強調要「敬德」，並把「敬德」作爲得民擁護、獲「天輔」永固大命的條件。春秋更把「德」作爲立國的基礎，「德，國之基也」，這表明對「德」的重視。孔子非常重視德，而且把「德」上昇到爲政的政治措施，解決了如何實現「德」的問題。2.孔子的「爲政以德」，提出了「爲政」的愛民方針，富民、教民的具體政策，這與《商書》的「施實德于民」，《周書》的「敬德保民」，春秋的「德」的「恤民」、「愛民」、「有施於民」是一脈相承的。孔子把它發展了，使之更加具體化，更富有理論色彩。《周書》的「德」強調要做到「用三宅三俊」，在事、牧、準三個方面要用非常傑出的人才。春秋的「德」提出了「尊賢」、「用賢」。孔子在這些基礎上提出了「爲政」要「舉賢才」，選拔有德有才之士治國。3.

〔註11〕游喚民：《尚書思想研究》102～103 頁。
〔註12〕游喚民：《尚書思想研究》124～129 頁。
〔註13〕游喚民：《尚書思想研究》129～136 頁。

《周書》的「德」就已包含了「無為而治」思想，但提得不夠明確，而孔子的「為政以德」就明確地提出了「無為而治」，按客觀規律辦事。其間的淵源關係是顯而易見的。4.《周書》就已提出了王應作德的模範，「其惟王位在德元，小民乃惟刑用于天下」，而孔子的「為政以德」，則提出統治者要以身作則，身體力行，作出表率，並把它作為「為政」的前提，只有這樣才能令行、禁止。其間的淵源關係亦是清楚的。游先生上述詳細的論述，對於我們思考德治思想的起源、德治思想的內涵等方面頗有啟發意義。

梅思平（1896～1946）在《春秋時代的政治和孔子的政治思想》一文中，〔註14〕詳細解剖春秋時代的政治，即是分析了孔子思想產生的時代環境，把春秋時代分為三期，春秋第一期：自隱公元年至僖公二十八年（晉楚戰於城濮之年），即公元前722年至632年，共九十一年。這是「分化的時期」，其時中國文化尚未至於大混同。春秋第二期：自僖公二十九年至襄公二十七年（晉楚盟於宋之年），即公元前631年至546年，共八十六年。這是「侵略的時期」，其時各大國均有系統的經濟侵略，因之釀成長期的戰爭。春秋第三期：自襄公二十八年至哀公十四年（西狩獲麟之年），即公元前545年至481年，共六十五年。其時戰禍稍稍輯息，各國忙於內部的改造，為「由封建制度到軍國制度」之一極重要的關頭。梅氏的春秋三期的分析，似乎受啟發於清儒顧棟高氏《春秋大事表》卷首《讀春秋偶筆》所云，這為我們瞭解孔子德治思想產生的時代背景提供較好的參考。

徐復觀（1903～1982）《孔子德治思想發微》一文，〔註15〕分析「德」、「德治」的涵義，指出，「德治」即是無為而治，而「無為」是指不以自己的私意治人民，不以強制的手段治人民，而要在自己良好的影響之下，鼓勵人民自為，並不是一事不作。德治的「德」是「內外如一的規範性的行為」。「為政以德」即是人君以自己內外如一的規範性的行為來從事於政治。周初用「德」，多指行為而言，春秋時代則多以有恩惠於他人的行為為德。

分析了德治思想的背景。作者認為，孔子的思想主要是通過人的自覺、向上，以達到人格的完成。亦即是要每個人發現自己的德，完成自己的德。

〔註14〕 顧頡剛：《春秋時代的政治和孔子的政治思想》，見《古史辨（二）》。
〔註15〕 徐復觀：《孔子德治思想發微》，見《中國思想史論集》。此文作於二十世紀四十年代，主要針對美國費正清氏認為「孔學含有侵略性質」，提出的對華殖民文化政策而作。

作為統治者的人君也是人,而且是負有更大責任的人,則人君應完成自己的德,首先能作為一個人而站立起來。除此基本立場外,孔子提出德治有其時代背景。其一,當時統治者與被統治者之間的矛盾,已達到使統治者感到不安的程度。在這種情況之下,統治者常常覺得只有加強對人民的要求、管制,更只有以刑罰來作要求、管制的保證,才可將矛盾加以彌縫。這樣一來,政治自然會完全變成為「刑治」,而使人民憔悴於虐政。但實際上,統治者與被統治者的一切矛盾,是由統治者採用與被統治者兩種不同的行為標準所發生的。而統治者一切不合理的要求,都是來自統治者把自己的行為,安放在對人民要求標準之外。孔子針對這種情形,便首先要使統治者把要求於人民的,先要求於自己,先從自己實現。孔子認為政治問題的發生,皆是出在統治者的自身,而不是出自老百姓,這在消極方面,即是要減少乃至減掉統治者對人民的要求,使人民在精神與物質生活上能多得到自由的保障,這是孔子提出德治的第一個背景。其二,孔子認為德治可以代替刑治,因而要求即以德治去代替刑治,這是孔子提出德治的第二個背景。孔子認為正常的政、刑,其效果依然是有限的,是不能根本解決問題的。政、刑是由統治者所加於被統治者的強制力量。孔子對政、刑效果的看輕,實際乃認定人民的問題是不能靠強制力量加以解決的。這裏面含有對當時的政治在實質上加以否定的意味,所以孔子希望「無為而治」。孔子提倡德治,在消極方面便是要使「無訟」,即是要使「刑錯」。

分析了德治思想的根據。孔子能信任德治的效果,是出於對人的信任,對人性的信賴。孔子雖未明說人性是善的,但實際他是認定人性是善的。作者認為,在二千五百年以前的社會,人民對政治的依賴性特別大,統治者所給予人民的影響也特別強,統治者自己實現其德,即等於實現了人民本身所潛伏的共有的德。孔子是由這種對人性的信賴,發而為對德治的信賴的。「統治者的模範性,是啟發的性格,是統治者自己限制自己的權力的性格。所以統治者最高的德,乃在於以人民的好惡為好惡,這是德治的最大考驗。」

分析了德治的積極內容。作者以為,孔子所說的德治,其積極的內容有:其一用人得當是人君的德。其二聽言納諫為人君要德之一。其三愛民、養民包含在德治裏面。其四孔子的德治是為了反對刑治而提出的,「富民」、「教民」是孔子德治的綜括性的目的、內容。「孔子在政治上的無為思想,極其究,乃是要以教育代替政治,以教育解消政治的思想。這是德治最主要的內容。」

分析了德治思想的發展及其在歷史中的影響。作者指出，孔子有關德治的言論，散記於《論語》全書各部分，只有很細心地發現各有關語言的內在關聯，始可瞭解德治思想實際構成了孔子德治思想的完整體系；但在語言表達的形式上，並沒組成一個系統。從子思、孟子、到董仲舒、桓譚、杜林等人，主張德治，並發展了孔子的德治思想。作者認為：①孔子的德治思想，在中國爾後兩千多年的歷史中，盡到了思想所能盡的影響，因而在專制政治的歷史中，也盡到了補偏救弊的責任。德治思想實通於民主政治，也要在徹底的民主政治中才能實現。②德治是對刑治所提出。德治縱然不能一下子根絕刑治，但它是要由減輕刑治以達到「必世而後仁」（《子路》）的「仁」的社會，即是「刑錯」的社會，則是決無可疑的。

在《儒家政治思想的構造及其轉進》一文中，〔註 16〕徐復觀先生論及了儒家政治思想之局限性。第一，因為總是站在統治者的立場來考慮問題，所以千言萬語，總不出於君道、臣道、士大夫出處之道。雖有精純的政治思想，而拘束在這種狹窄的主題上，不曾將其客觀化出來，以成就真正的政治學，因之，此種思想的本身只算發芽抽枝而尚未開花結果（作者自注：此係親聞之於黃岡熊先生語）。第二，德治由修身以至治國、平天下，由盡己之性以至盡人之性，都是一身德量之推，因之，「君子篤恭而天下平」、「恭己正南面而已」的想法，在理論上固為可通，但在事勢上容有未許。將一人之道德客觀化於社會，使其成為政治設施，其間尚有一大的曲折。而中國的德治思想，卻把這不可少的曲折略去。其實，假使政治的主體真正建立起來了，政治的內容主要為各種自治團體的綜合，則政治領導人物亦未始不可做到「篤恭而天下平」的境地。政治的主體不立，則生民的人性不顯，於是德治的推擴感應便不能不有一定的限度。第三，因政治上的主體未立，於是一方面僅靠統治者道德的自覺，反感到天道的難知，而對歷史上的暴君污吏多束手無策，在另一方面，則縱有道德自覺的聖君賢相，而社會上缺乏迎按呼應承當的力量，聖君賢相也會感到孤單懸隔，負擔太重，因之常常力不從心。由此可以瞭解歷史上的朝廷，何以君子之道易消，而小人之道易長。第四，因政治的主體未立，於是政治的發動力，完全在朝廷而不在社會。知識分子欲學以致用，除進到朝廷外別無致力之方。若對現實政治有所不滿，亦只有當隱士之一法。在這種情勢之下，知識分子除少數隱士外，惟有一生奔競於仕宦之途。

〔註16〕徐復觀：《儒家政治思想的構造及其轉進》，見《中國思想史論集》。

其有奔競未得者，則自以爲不遇，社會亦以不遇目之。不遇的知識分子，除了發發牢騷以外，簡直失掉其積極生存的意義。這樣一來，知識分子的精力，都局限於向朝廷求官做的一條單線上，而放棄了對社會各方面應有的責任與努力。於是社會既失掉了知識分子的推動力，而知識分子本身，因活動的範圍狹隘亦日趨於孤陋。此到科舉八股而結成了活動的定型，也達到了孤陋的極點。同時，知識分子取捨之權操於上而不操於下，而在上者之喜怒好惡，重於士人的學術道德，士人與其守住自己的學術道德，不如首先窺伺上面的喜怒好惡，於是奔競之風成，廉恥之道喪，結果，擔負道統以立人極的儒家的子孫，多成爲世界知識分子中最寡廉鮮恥的一部分。徐先生並指出其出路是，放膽地走上民主政治的坦途，而把儒家的政治思想重新倒轉過來，站在被統治者的立場來再作一番體認。首先把政治的主體從統治者的錯覺中移歸人民，人民能有力量來防止統治者的不德，人民由統治者口中的「民本」一轉而自己站起來的民主。知識分子一變向朝廷攢出路、向君王上奏疏的可憐心理，轉而向社會大眾找出路、向社會大眾明是非的氣概。對於現實政治人物的衡斷，再不應當著眼於個人的才能，而應首先著眼於他對建立眞正的政治主體，即對民主所發生的作用。「要將儒家的政治思想，由以統治者爲起點的迎接到下面來，變爲以被統治者爲起點，並補進我國歷史中所略去的個體之自覺的階段，則民主政治可因儒家精神的復活而得其更高的依據，而儒家思想亦可因民主政治的建立而得完成其眞正客觀的構造。」

顯然，徐復觀先生的論述，對於我們的思考「德」的含義、德治的對象、德治的內容等方面均有很好的啓示作用。

周予同（1898～1981）在《孔子》一書中，[註17] 主要依據《論語》的材料，以爲孔子的思想，從政治哲學來說，以倫理哲學爲本體；由倫理哲學而發射的作用而分爲兩方面：在個人方面是「教育」，在社會方面是「政治」。所以，孔子的政治哲學，徹底的說起來，與其說是「政治的」，毋寧說是「教育的」或「倫理的」。孔子的倫理思想既以「仁」爲核心，因之，他的政治思想也以「德」爲核心，形成一種「德治論」的主張，而與戰國時代的「法治論」互相對峙。因此，周先生指出，孔子德治的理想境界：孔子每舉古代的帝王唐堯、虞舜以爲是德治的標準；政治的最高境界是「無爲而治」，是和天一樣的「不言而萬物化生」。達到德治的方法，其一，禮樂是達到德治的工具，

〔註17〕　朱維錚：《孔子》，見《周予同經學史論著選集（增訂本）》。

應該把握禮樂的真義。針對當時的禮崩樂壞，孔子提出「正名主義」。其二，孔子的政治思想雖以精神的德治爲歸宿，但並不否認物質生活的重要，而且以「德治」的實現須在社會物質生活相當發達以後。其三，因爲孔子主張德治，所以他對於國家的用人也主張以人材爲標準。周予同先生認爲，孔子主張雖不周密，但是其不分等級而以賢才爲標準的主觀選舉，含有改進的意義。顯然，周予同先生對於孔子德治的理想境界與達到德治的方法的分析，有助於我們全面理解孔子的德治思想。

蔡尚思（1905～）在《孔子思想體系》一書中，在「懷德於懷刑」一節中蔡先生討論了孔子對德治與刑罰的態度，認爲，「孔子主張統治必須德刑並用，但對執政者即君子來說，首先注意的還是要用德來引導。」〔註18〕蔡先生還依據傳世的殷代文獻、殷墟卜辭、考古發現，認爲，德刑並用的道理「不是孔子的發明，而是他的殷代祖先的創造」。「『導之以德，齊之以禮』，只能表明孔子認爲這是殷周奴隸主貴族實行統治的成功經驗。他將這一點作爲最佳施政方案奉獻給執政者，也只能表明他嚮往的理想政治，無非是回到殷周曾經出現過的奴隸制太平盛世。」〔註19〕蔡先生論述孔子的德治思想注意了其淵源及其與刑罰的關聯。

匡亞明（1906～1996）在《孔子評傳》中指出，周公總結殷王朝滅亡的教訓，主張貴族對己要實行「敬德」，亦即敬受道德準則；同時要求貴族對下要實行「保民」政策。「敬德」的具體內容是提倡孝友、勤勞和教育爲主的方針，禁止逸豫、酗酒、濫施刑罰。「保民」，除實行井田制，使民有田可耕之外，還包括省賦稅等內容。孔子的仁政德治等思想，恰是這種政治理論的發展。〔註20〕「敬德保民」思想在西周初年已十分強調，周初的統治者用「有德」和「失德」來解釋自己獲得「天命」，殷人失去「天命」的原因，這是周人從殷代統治者滅亡的教訓中總結出來的一條「重人事」的思想路線。後來統治者失德違禮的現象日趨嚴重。到了春秋末年，禮崩樂壞，「天下天道」，面對這一種局面，孔子繼承了西周「敬德保民」思想，提出了仁政德治的政治主張。匡先生歸納孔子的這種主張大體爲三方面的內容，即爲政以德，克己復禮，齊之以禮。其「爲政以德」的內容：主張禮讓，重教化，省刑罰，

〔註18〕蔡尚思：《孔子思想體系》77頁。
〔註19〕蔡尚思：《孔子思想體系》78～79頁。
〔註20〕匡亞明：《孔子評傳》253頁。

薄稅賦，厚施予，企圖使封建社會各色人等都能過上安居樂業的生活。〔註21〕
匡亞明先生指出了德治思想的發展脈絡與孔子德治思想的內容。

劉起釪先生在《春秋時承周公遺教的孔子儒學》一文中，〔註22〕指出孔子
努力把周公的德教思想全力加以宣揚，進行理論說教，並作了重要發展。具體
表現在：其一，在天命觀方面，孔子完全繼承並有所前進。孔子雖像周公一樣
承認有天，但他不再把天看得怎麼神秘，實際上不承認真的有神存在，不談怪
力亂神。其態度比周公離鬼神更遠一些。這與春秋時代一般比較開明的社會意
識有關，是一種具有進步傾向的對天神更有保留的態度。其二，關於德治方面，
完全繼承周公德治觀點。但孔子的全部學說中，於統治者的德治下，增益了對
人民的道德教化。孔子之教，成了道德的說教。貫穿孔子全部道德的中心內容
是仁，實際仁就是最高的道德。其重要德目有義、忠、孝等。其三，關於重民
思想方面，繼承並有所加深。由於受到春秋以來相對來說對神並不很重視，專
重於人民觀點的影響，孔子的思想體現出更加重人、愛民觀點。其四，西周以
周公為士制定了整套周禮，但沒有特意提出禮字加以宣揚；春秋以來逐漸對於
禮的新認識的加深，對孔子重禮有很大影響，孔子大力宣揚禮或禮樂。劉起釪
先生在思想比較研究方面作出了極為有益的探索。

在《孔子新傳》中，呂紹綱先生論及了孔子的德治思想，「孔子要求統治
者的是有為，不是無為。有為的含義是正己，通過正己治民，以自己的德行
教化百姓。這是孔子主張的德治。」〔註23〕「孔子主張德治，德治的根本意
義在於人治。人治的根本意義在於治人，不在於治物。從統治者的角度說，
治人包括修身與治民兩方面。修身是首要的。修身而後方可治民。修身與治
民二者內容固然很多，而基本的是仁與義，即處理好血親與政治兩種關係問
題。孔子的德治主張，說到底，是仁義學說在政治問題上的具體體現。」〔註
24〕其文獻依據主要是《論語》與《禮記》。另外，呂先生依據《論語》、《易傳》
等文獻，認為孔子的法律思想有三點值得注意，其中之一即是孔子主張為政
以德，以德治國，以禮治國，大不同於法家，但是孔子不反對治國使用刑法。
呂先生認為，《論語·為政》所云「道之以政，齊之以刑，民免而無恥。道之

〔註21〕匡亞明：《孔子評傳》257～258頁。
〔註22〕劉起釪：《春秋時承周公遺教的孔子儒學》，見《古史續辨》。
〔註23〕金景芳等：《孔子新傳》145頁。
〔註24〕金景芳等：《孔子新傳》148頁。

以德，齊之以禮，有恥且格」，並未提出反對刑罰。「證以孔子的全部言論，知孔子主張德治，刑罰也不可沒有。」〔註25〕顯然，呂先生對於德治的內涵以及德治與刑法的關係也作了有意義的探討。

沈長雲在《論孔子對周公「德」、「禮」思想的繼承和發展》一文中，〔註26〕比較了孔子與周公的「德」的思想，指出，周公通過對夏殷之鑒的總結，提出了「德」、「禮」的主張。「德」是爲了「保民」而對統治者個人提出的道德要求，「禮」則是對道德行爲的制度化。這樣，周朝統治者從專注於鬼神世界轉向專注於現實社會和體察民情，從神權政治轉向德治和禮制。孔子繼承了周公的「德」、「禮」思想，並進一步發展爲「仁學」思想。沈先生對於德治思想的發展作出了很好的探討。

晁福林先生對先秦時期「德」觀念作了極深入的分析，〔註27〕認爲先秦時期的「德」觀念經歷了三個階段，一是天德、祖宗之德；二是制度之德；三是精神品行之德。在很長的歷史時期內，德觀念都沒有能夠擺脫天道觀念的影響。「德」觀念走出天命神意的迷霧是西周時代的事情，然而將它深入到人的心靈的層面則是春秋戰國時期思想家們的貢獻。顯然，晁先生對於「德」的內涵作出了深入的精闢的分析。

以上諸家中，劉起釪先生較詳細地論及了孔子對《尚書》（主要表現爲周公「德治」思想）德治思想的繼承與發展的關係。游喚民先生同樣比較了二者德治思想，進一步總結了此種繼承與發展的關係。在論述孔子的德治思想諸家中，徐復觀先生的論述十分詳密深入，從德治的內涵，德治思想的表現（內容），到德治思想的歷史作用，德治思想的局限性，德治思想的出路，均有較爲獨特的論述。晁福林先生對「德」觀念的梳理，爲論述「德治」思想做出了極有意義的工作。總而言之，以上諸家之論述，爲進一步比較《尚書》與孔子的思想（「德治」思想方面）提供了資料上的參考以及極爲重要的研究視角的啓示。本章即在此基礎上，主要從德治思想的背景、德治的對象、德治的內容等三方面對《尚書》與孔子的德治思想進行比較研究，以期有較爲系統、深入的認識，從而在思想層面上更進一步揭示孔子與《尚書》的關係。

〔註25〕 金景芳等：《孔子新傳》151～152頁。

〔註26〕 沈長雲：《論孔子對周公「德」、「禮」思想的繼承和發展》，《河北師範大學學報》，2000年第1期。

〔註27〕 晁福林：《先秦時期「德」觀念的起源及其發展》，《中國社會科學》，2005年第4期。

第二節 「德」字釋義

　　從文字上來探源先秦德治思想，論者於《說文》「悳」、「德」兩字條，多有未辨。此二字有何關聯？現不揣淺陋，試以辨析。甲骨文是否有「德」字尚存爭議〔註28〕，周金文有其字則無異議〔註29〕。從字形上看，「德」字形在西周時多作「德」或稍有變化，春秋早中期與西周時期「德」字字形大致相似，而春秋晚期至於戰國時期字形「德」，專家們即釋為「德」字。如此看來，是先有「德」字，後有「悳」字。《說文》云：「悳，古文。」反映的應該主要春秋晚期至戰國時的情況〔註30〕。而漢石經（隸釋）德即寫作「德」，經文唐寫本或其系統的版本則寫作「悳」，其注則寫作「德」，唐石經則寫作「德」〔註31〕，由此應該可以推測到，漢至於唐之間，人們普遍是以「悳」為古文，以「德」為今文。以「悳」為古文，孰不知今文「德」反更古。王國維指出，古文籀文乃戰國時東西二土文字之異名，其源皆出於殷周古文，而秦居宗周故地，其文字猶有豐鎬之遺，故籀文與自籀文出之篆文，其去殷周古文反較東方文字即漢世所謂古文為近〔註32〕。伏生所傳《尚書》源自秦國，由篆文而隸書（今文），「德」字應該即是「豐鎬之遺」，證之西周金文，確然不誤。故而「悳」為古文不古，「德」為今文更古。許慎已經不能究其實，其所以至於此，蓋漢人以六藝之書皆用六國文字，「又其文字為當日所已廢，故謂之古文，此語承用既久，遂若六國之古文即殷周古文，而籀篆皆在其後，如許叔重說文序所云者，蓋循名而失實矣。」〔註33〕段氏承繼許氏之說，或許是因

〔註28〕參看李孝定編述《甲骨文字集釋》第二（三）「循」字條，中央研究院歷史語言研究所，民國五十九年。于省吾主編《甲骨文釋林》「0613 省」字條與「2306 循」字條。

〔註29〕參看周法高主編，《金文詁林》第二冊「0214 德」字條。容庚編著，張振林，馬國權摹補《金文編》110～111 頁「德」字條。戴家祥主編《金文大字典》1245～1249 頁「德」字條、1250～1252 頁「悳」字條。

〔註30〕王國維：《〈說文〉所謂古文說》，《觀堂集林》（上冊）314～317 頁。

〔註31〕個別一二處有例外，很可能為抄寫之訛誤。筆者主要考查《尚書文字合編》（顧頡剛，顧廷龍輯，上海古籍出版社，1996 年）中《盤庚上》（六個）、《高宗肜日》（二個）、《微子》（一個）三篇九個德字，版本有漢石經、敦煌本、唐石經、岩崎本、內野本、上圖本（元亨本）、足利本、上圖本（影天正本）、上圖本（八行本）、《書古文訓》（經文）等十種，有漢石經、唐寫本或源於唐寫本、唐石經等三大文字系統。

〔註32〕王國維：《戰國時秦用籀文六國用古文說》，《觀堂集林卷第七》306 頁。

〔註33〕王國維：《戰國時秦用籀文六國用古文說》，《觀堂集林卷第七》307 頁。

為金文材料的缺乏〔註34〕。

從字義上看,《說文》「悳」字條云:「悳,外得於人,內得於己也。」段《注》曰:「『內得於己』,謂身心所自得也;『外得於人』,謂惠澤使人得之也。」〔註35〕此所釋爲道德之德。但《周書》(今文) 中的「德」,主要是指行爲規範,是討論「政行」問題,具有政治措施上的實義,而非倫理上的空泛道德〔註36〕。西周時「德」的觀念是指得於制度,意即由分封與宗法制度之規範而「得」;春秋以至於戰國時才是自得於心,意即心得體會〔註37〕。因此,我們大致說來,西周時期德的含義是偏向於外在的行爲,而春秋以來,則其含義轉向內在,其詞性也漸由中性轉爲褒義。當然,內外之分不能如此截然,例如「申伯之德,柔惠且直」、「仲山甫之德,柔嘉維則」、「赫赫姜嫄,其德不回」〔註38〕,其德似不應僅指外在行爲規範。又如《左傳·昭公二十年》晏子諫齊侯「若欲誅於祝、史,修德而後可」,「公說,使有司寬政,毀關,去禁,薄斂,已責。」〔註39〕所修之德,雖主要是指一些具體的利民措施,所謂是「外得於人」,「惠澤使人得之」,但也不好說其於內心無關。再如《左傳·昭公二六年》齊侯使人禳彗星,晏子諫其毋禳,其中有云:「且天之有彗星也,以除穢也。君無穢德,又何禳焉?若德之穢,禳之何損?《詩》曰:『惟此文王,小心翼翼。昭事上帝,聿懷多福。厥德不回,以受方國。』君無違德,方國將至,何患於彗?《詩》曰:『我無所監,夏后及商。用亂之故,民卒流亡。』若德回亂,民將流亡,祝史之爲,無能補也。」〔註40〕此德亦應該主要視爲齊侯作爲君主外在的行爲,但確實不好把內外行爲截然分開。所以劉家和先生指出,德就是人的內在美德及其在行爲中的外現〔註41〕,這就揭示了人的內在美德與外在行爲不可截然分離

〔註34〕 有論者指出是「盲目尊許和過於自信」之過,見於《説文解字注》(2006 年)之「出版説明」。

〔註35〕 段玉裁:《説文解字注》502 頁 (十篇下心部)。

〔註36〕 王德培:《〈書〉傳求是札記 (上)》,《天津師大學報》71～77 頁,1983 年第 4 期。

〔註37〕 晁福林:《先秦時期「德」觀念的起源及其發展》,《中國社會科學》,2005 年第 4 期。

〔註38〕 分別見於《詩》之《大雅·崧高》(周宣王時的詩歌)、《大雅·烝民》(周宣王時的詩歌)、《魯頌·閟宮》(魯僖公時的詩歌)。

〔註39〕 《春秋左傳正義卷四八·昭公二〇年》,《十三經注疏下》2093 頁。

〔註40〕 《春秋左傳正義卷五二·昭公二六年》,《十三經注疏下》2115 頁。

〔註41〕 劉家和:《先秦儒家仁禮學説新探》,《古代中國與世界》381 頁。

的關係，內在美德須外現方見其美，人之外在行爲可見其內在之德。由此可見，許愼所解悳之含義，是適應春秋尤其是戰國以來的情況。

　　因此，《說文》所作「悳」與「德」之區別，並不符合西周以來的文獻實際。然則如何來理解《說文》「德」字條云「德者，升也」？段《注》曰：「升，當作登。彳部曰『遷，登也』。此當同之。德訓登者，《公羊傳》：『公曷爲遠而觀魚？登來之也。』何曰：『登，讀言得。得來之者，齊人語，齊人名求得爲得來，作登來者，其言大而急，由口授也。』唐人詩『千水千山得得來』，得即德也，登、德雙聲，一部與六部合韻，又最近。今俗謂用力徙前曰德，古語也。」〔註42〕其實，登〔təng〕與升〔sjəing〕爲端審鄰紐，蒸部疊韻，《爾雅·釋詁》：「登，升也。」《小爾雅·廣言》：「登，升也。」《莊子·大宗師》「登高不慄」，又《天地》「登乎崑崙之丘」，故而登、升二字，音近義同，爲同源字〔註43〕。登、升二字之所以同源，或許正是方言的差異使然〔註44〕。何休於此解經，指出的正是此種現象。甲骨文已有「得」字，段氏所謂「得即德也」，指出的是「得」爲「德」通假現象，其義不同，不是同源字。而登〔təng〕、得〔tiək〕二字，其形不同，其義各異，當爲端母雙聲，職蒸對轉，亦可通，但不是同源字。段氏所謂「登、德雙聲，一部與六部合韻，又最近」，並無誤。因此，《說文》「德，升也」所釋或爲登的假借字，德字本義並無此義項。許氏此番訓釋，當是不瞭解德字字形演變所致。

　　因此，我們認爲，悳字或應爲德的異體字，也並非同源字之分別字（王筠叫做「分別文」）。因爲悳字雖後起（馬王堆帛書似乎亦多寫作悳字形），但分別字產生於一詞多義〔註45〕；觀之文獻，德之字義雖有演變，但基本一致。由此我們可以看出，上節所引徐復觀先生有關德治的解釋應該較爲貼切。

第三節　《尚書》與孔子德治思想提出的歷史背景

　　《尚書》與孔子德治思想源自於特定的歷史與現實的環境，周初以周公爲代表的統治者，春秋時期的孔子，通過對具體的歷史與現實的反思，形成了各具特點的德治思想。本節先論其歷史背景。

〔註42〕段玉裁：《說文解字注》同上 76 頁（二篇下　彳部）。
〔註43〕王力：《同源字典》253 頁。
〔註44〕王力先生云同源字產生的原因之一即是方言的差異。見《同源字典》4 頁。
〔註45〕王力：《同源字典》6 頁。

一、《尚書》德治思想提出的歷史背景

我們主要從兩方面進行分析，其一是殷末的歷史情實。

周之代殷過程，《史記》的《殷本紀》和《周本紀》有比較詳細的記錄，《殷本紀》彰紂之惡，《周本紀》彰文王武王之善（文治武功）。據《殷本紀》〔註46〕所載，一方面帝紂高傲自大，好女色，聽從婦人之言，生活作風腐化，厚賦稅，輕慢鬼神。如云帝紂「知足以距諫，言足以飾非；矜人臣以能，高天下以聲，以為皆出己之下。好酒淫樂，嬖於婦人。愛妲己，妲己之言是從。於是使師涓作新淫聲，北里之舞，靡靡之樂。厚賦稅以實鹿臺之錢，而盈鉅橋之粟。益收狗馬奇物，充仞宮室。益廣沙丘苑臺，多取野獸蜚鳥置其中。慢於鬼神。大冣樂戲於沙丘，以酒為池，縣肉為林，使男女倮相逐其間，為長夜之飲。」另一方面，帝紂重刑法，疏遠賢人重用邪人。帝紂廢賢者商容，不聽祖伊之諫，殺王子比干，至於眾叛親離，身死國亡。如云「百姓怨望而諸侯有畔者，於是紂乃重刑辟，有炮烙之法。……而用費中為政。費中善諛，好利，殷人弗親。紂又用惡來。惡來善毀讒，諸侯以此益疏。」而文王、武王的行為與之恰相反，《殷本紀》云西伯被紂王赦免後，乃陰修德行善，諸侯多叛紂而往歸西伯。《周本紀》〔註47〕所錄文王之行為較詳細，文王「遵后稷、公劉之業，則古公、公季之法，篤仁，敬老，慈少。禮下賢者，日中不暇食以待士，士以此多歸之。伯夷、叔齊在孤竹，聞西伯善養老，盍往歸之。太顛、閎夭、散宜生、鬻子、辛甲大夫之徒皆往歸之。」周之風氣感化了「虞、芮之人有獄不能決」者。武王之行事，主要集中在其伐滅紂及其治理天下之措施諸方面。

《商書‧微子篇》云：「我用沈酗于酒，用亂敗厥德于下。」「天毒降災荒殷邦，方興沈酗于酒，乃罔畏畏，咈其耇長、舊有位人。」《大盂鼎》云：「我聞殷墜命，惟殷邊侯甸越殷正百辟率肆于酒，故喪師。」由此可見商末君臣沈酗於酒之情況。《牧誓》斥紂惡，為聽用婦言、廢棄祭祀、不用親族而用逋逃等，《酒誥》又指出其壓迫人民、縱肆淫亂、喪失威儀等罪狀。然而在周人看來，武王伐紂是止住殷紂的殺戮行為，《詩經‧周頌‧武》云：「嗣武受之，勝殷遏劉，耆定爾功。」是行天之罰，《詩經‧魯頌‧閟宮》：「至于文武，纘大王之緒，致天之屆。」

〔註46〕 司馬遷：《史記》105～109頁（《殷本紀》）。
〔註47〕 司馬遷：《史記》116～129頁（《周本紀》）。

　　《史記》於序事中寓論斷〔註 48〕，司馬遷已經解釋殷亡周興的原理，即有德者得天下，失德者失天下。司馬遷得出此結論，顯然是考信於六藝的結果。

　　其二是周初的歷史反思。我們主要從以下兩方面加以分析：1.對殷周關係認識（通過對殷周關係的分析有助於對殷亡周興原因的認識）2.殷亡周興的認識（興亡原因的分析，德治思想的提出）

1. 對殷周關係認識

　　為何分析殷周關係？是因為通過此種分析，有助於我們對周代統治者所云殷亡周興原因的認識。

（1）從政治的角度（先秦人）對殷周關係的認識。

　　在戰勝殷紂之前，周人承認，周對於殷之關係是小邦對大邦的關係。如在《尚書・召誥》《康王之誥》中，周人稱殷商為「大邦殷」，在《召誥》中亦稱之為「大國殷」，在《尚書・多士》中，稱之為「天邑商」；而對自己，在《尚書・大誥》中稱為「小邦周」，在《尚書・多士》中稱為「我小國」。雖然有小邦與大邦的關係，但是並未明確其有從屬的關係。因此，劉家和先生指出，殷周之關係，在周人看來，首先或根本地說是當作邦與邦的關係來看待的，作為研究殷周關係時必須首先考察的文獻資料《尚書》和《詩經》中，沒有一處說到周文王曾經臣屬於殷，連「西伯」這個稱呼也都只一見於《西伯戡黎》篇第一句帶有前言性質的話中。「其實周人不僅對殷商是如此，在他們正在伐商和戰勝商以後，周把自己和其他諸侯國的關係也是基本當作邦與邦的關係來看待的。」〔註 49〕因此，我們可以看到，在《牧誓》中，周武王稱各路諸侯未「友邦冢君」，在《大誥》中，周公稱各諸侯為「友邦君」或「庶邦君」，在《酒誥》《梓材》《無逸》《顧命》《康王之誥》諸篇中，周稱諸侯為庶邦。可是周人對於天命問題的認識當是顯示了周人對於殷商的從屬關係。如《尚書・召誥》〔註 50〕、《多士》、《多方》、《立政》等篇章中，周人以為，夏商周之遞代，是天命轉移的結果。劉家和先生據此指出，「周人承認

〔註 48〕顧炎武、黃汝成：《日知錄集釋》（外七種）（中冊）1884〜1885 頁（「史記於序事中寓論斷」條）。

〔註 49〕劉家和：《關於殷周的關係》，《史學、經學與思想》286〜287 頁。

〔註 50〕于省吾先生以為是周公之詞（于省吾，《雙劍誃群經新證 雙劍誃諸子新證》93〜94 頁），劉起釪、劉家和等先生從其說（劉起釪，《尚書校釋譯論》1435 頁；劉家和，《史學、經學與思想》285 頁）。

這種歷史的改變，也就是承認周曾經對殷有從屬的關係。」〔註 51〕因此，劉先生以爲，「周對殷曾經有邦與邦之間的平行關係，又曾又天子與諸侯間的從屬關係，這就是周人對殷周關系歷史的二重性認識。應該說，周人這種認識是符合於歷史的實際的。」〔註 52〕

《逸周書‧程典解》云：「維三月既生魄，文王合六州之侯奉勤于商。」奉勤，黃懷信先生釋云「謂入貢」。〔註 53〕《竹書紀年》云：「帝辛三十年春三月，西伯率諸侯入貢。」〔註 54〕《左傳‧襄公四年》晉韓厥子云：「文王帥殷之叛國以事紂，唯知時也。」〔註 55〕又《襄公三十一年》北宮文子云：「紂囚文王七年，諸侯皆從之囚，紂於是乎懼而歸之，可謂愛之。」〔註 56〕雖闡述的角度不同，然而似乎均承認周對於殷的從屬關係。

《論語‧泰伯》孔子云：「三分天下有其二，以服事殷，周之德可謂至德也已矣。」孔子的這種認識在孟子、荀子那裏也有論述〔註 57〕。墨家之《墨子‧非攻下》、《天志中》、《非命上》〔註 58〕，法家之《韓非子‧外儲說左下》〔註 59〕，均有相關之論述。是先秦諸子大致以爲周服事殷，武王伐紂爲順天之命，周代殷，是文王武王修德而紂王棄德的必然結果。

楊寬先生據周原甲骨研究指出，周文王十分恭敬地服事殷王紂，包括恭敬祭祀在內〔註 60〕。然孔子以爲周之行爲「三分天下有其二，以服事殷」爲至德，似乎亦顯示了殷周之關係爲君臣之關係。此後的墨子、孟子、荀子等，

〔註 51〕劉家和：《關於殷周的關係》，《史學、經學與思想》287 頁。
〔註 52〕劉家和：《關於殷周的關係》，《史學、經學與思想》287 頁。劉先生又結合 20 世紀卜辭研究成果論證了殷周之間曾有君臣從屬關係，並指出，這種關係只有在名義上具有它的全部價值，在實際上，此種關係是既不完全又有變化的。見該書 296～297 頁。
〔註 53〕黃懷信：《逸周書校補注譯》（修訂本）74 頁。
〔註 54〕方詩銘、王修齡：《古本竹書紀年輯證（修訂本）》237 頁。此處引文見於該書附錄王國維《今本竹書紀年疏證》卷上。范希曾指出，《今本竹書紀年》雖偽書，亦資考證，不可廢（見於《書目答問補正》87 頁），從王國維之《疏證》引《左傳》來看，該條文字應該可信。
〔註 55〕《十三經注疏》1931 頁（《春秋左傳正義卷二十九‧襄公四年》）。
〔註 56〕《十三經注疏》2016 頁（《春秋左傳正義卷二十九‧襄公四年》）。
〔註 57〕《十三經注疏》2679～2680 頁（《孟子‧梁惠王下》）；王先謙：《荀子集解》322～324 頁（「正論」）。
〔註 58〕孫詒讓：《墨子閒詁》（諸子集成）94～95 頁、126～128 頁、166 頁。
〔註 59〕王先慎：《韓非子集解》300 頁。
〔註 60〕楊寬：《西周史》71～72 頁。

雖立說目的有異，然誠如劉家和先生指出，三者均認定殷周之間曾經存在過天子～諸侯的君臣關係。「他們又都恪守了《尚書》《詩經》所開立的民本傳統，認爲無道之君爲天人所共棄，因此推翻無道之君不僅不是罪過，而且正是有德有功。」〔註61〕文王在韓非子看來，並非如儒家、墨兩家所認爲的聖人〔註62〕，但在殷周關係的認識上，與兩家無異。總的來看，以上史書、子書所記，若從君臣之從屬關係視之，諸家看法則基本一致。此種關係的認識，是從政治的角度來考量的。

（2）從文化的角度來看殷周關係的認識

子張問：「十世可知也？」曰：「殷因於夏禮，所損益，可知也；周因於殷禮，所損益，可知也。其或繼周者，雖百世可知也。」（《爲政》）「周監於二代，郁郁乎文哉。」（《八佾》）孔子明確指出了殷周關係在禮樂文化上存在著周對殷的損益關係。

據考古發掘，在周人發祥地關中地區周人克商以前的遺存，在已發現的六種類型的早期青銅文化遺存中，有兩種是周人克商以前的遺存。其中之一是鬥雞臺瓦鬲墓類型遺存。楊寬先生指出，這種類型文化的分佈地區在關中西部沿渭河流域，所有居住遺址、陶窯形制和出土的銅器、陶器，都和西周早期相同，很明顯這是周人發祥地的文化遺存，確是周人克商以前的「先周文化」。〔註63〕鄒衡先生曾把瓦鬲墓劃分爲四期，其中第一、第二期爲周人克商以前的「先周文化」。並進一步把先周文化中的青銅器分爲三大類，第一類商式銅器如鼎、甗、簋、瓿、爵、斝、尊、觶、卣、瓿、盤等，說明先周青銅文化主要來源是商文化；第二類商周混合式銅器如方座簋、圈足罍，銅兵器如戈、矛、鏃；第三類周式銅器如罐形盉、廣折肩罐，銅兵器如凸刃鑾內戈、戣，車馬器如歧形當盧，說明先周文化在接受商文化的技術基礎上發展了非常發達的青銅鑄造工業。所謂商周混合式銅器，實質上就是先周文化吸取了先進的商文化而得到進一步的發展。其中混合式的周式固然是周人所鑄造，所有商式銅器也該是周人自鑄。到商周之際，周人的青銅文化就由學習

〔註61〕劉家和：《關於殷周的關係》，《史學、經學與思想》290頁。
〔註62〕《韓非子·喻老》云：「周有玉版，紂令膠鬲索之，文王不予；費仲來求，因子之。是膠鬲賢而費仲無道也。周惡賢者之得志也，故予費仲。」（王先慎，《韓非子集解》170頁。）又《內儲說下六微》：「文王資費仲而遊於紂之旁，令之諫紂而亂其心。」（王先慎，《韓非子集解》256頁。）
〔註63〕楊寬：《西周史》49～51頁。

模仿發展成具有西周自己風格的體系了。〔註64〕楊寬先生據此指出,「先周文化只有陶鬲而沒有陶鼎,可知周人的銅鼎是從商文化中學來的,這種銅鼎正是商代式樣,與殷墟的銅鼎形制相同。周人的主要青銅禮器如鼎、甗、罍、簋、觚、爵、斝、尊、觶、卣、瓿、盤等,都是商代流行的式樣,可知周人的青銅文化,主要是繼承了商代的文化,並有進一步的發展和新的創造。例如青銅兵器如戈、矛鏃等,都是沿用商代的形制而略有改進,戈的末端顯著地往下彎曲,矛作葉形而較商代略長。同時就創造了一種戈矛相結合的武器,叫做『戣』,這就是後來『戟』的先驅形式。」〔註65〕由此看來,殷周之際,周族青銅文化的發展已經有了青出於藍而勝於藍的趨勢了。

我們再以語言文字為切入點,來探究殷周之際的關係。陳夢家先生曾經拿甲骨文和西周金文作比較,指出由於社會的物質生活有了變化,西周金文在六個方面不同於甲骨文,「大體上說,殷的文字和語法與西周文字是相承襲的,屬於一個系統。但文字系統或語法系統可以是一個,殷文字的特殊的差異性還是存在的,不過不太顯著而已。」〔註66〕徐中舒先生指出,「周初文化包括文字在內,皆效法殷人,近年周原出土甲骨即與殷墟甲骨無異。」〔註67〕裘錫圭先生亦指出,「西周金文的形體,最初幾乎完全沿襲商代晚期金文的作風。」〔註68〕由西周文字與殷商文字的這種承繼發展關係來看,我們或許可以得出如此結論,殷周之際,殷周之文化差距或許並不存在,至少不是很大。翦伯贊先生就指出,周族與商族本來是平行發展的兩個民族,雖然周族在進入中原以前,尚沒有發展到像商代那樣高度的奴隸制經濟的歷史階段,但它卻曾在長期中隸屬於商代奴隸所有者國家的統治下而為其領屬,曾經是商族奴隸所有者國家之一個構成部分。因而周族也就得以從政治經濟的隸屬關係中,通過商族奴隸制度的文明。因此,商之末際,商周兩族的文明,相去不遠。〔註69〕

〔註64〕 鄒衡:《夏商周考古學論文集》(《論先周文化》)。參看楊寬《西周史》49～54頁,許倬雲《西周史》35～42頁。
〔註65〕 楊寬:《西周史》52～53頁。
〔註66〕 陳夢家:《殷虛卜辭綜述》80頁。
〔註67〕 徐中舒:《先秦史論稿》129頁。徐先生還指出,「周初史官也出自殷,近年發現的微氏家族銅器群,微氏就是微子啓安排在周王朝當質子的後裔,他們的子孫有的便在周王朝擔任作冊史官。」見同頁。
〔註68〕 裘錫圭:《文字學概要》46頁。
〔註69〕 翦伯贊:《先秦史》217頁。

（3）殷周文化交流的方式

殷周文化交流的方式，主要有兩種，其一是戰爭這種極端的交流方式。陳夢家先生研究指出，卜辭中只有武丁時代有關於征伐周的記錄，此以後再不出現〔註 70〕。因此，殷周之間的戰爭，無疑亦會增進雙方的交流，儘管此交流方式爲極端的。

其二是聯姻的方式。《詩經・大雅・大明》講述了王季、文王、武王三代人興旺周族，聯合殷商諸侯或與國到伐商而有天下的經過。誠如劉家和先生指出，此詩反映了周爲了對付殷，連續三代人處心積慮，作了周密的準備。〔註71〕其中亦反映了殷周之間的姻親關係，徐中舒先生指出，「周人以同殷商集團通婚爲光寵，而殷人亦欲倚重周國安撫西陲，這樣的結合對雙方都有利，而周人更得藉此機會吸收東方集團的高度文化，對自身的發展好處尤多。」〔註72〕許倬雲亦指出，「文王母妻均來自商室，周人之接受殷商政治及文化影響，可以說順理成章了。」〔註73〕

殷周之間的戰爭主要產生了從屬的關係，而姻親關係則更有利於雙方經濟與文化的交流。從青銅、文字兩方面來看，先周文化水平並不低於殷商。

2. 殷亡周興的認識

看來周人是較爲妥當地處理了與殷人的關係，《多方》中顯示殷人有其田宅，「今爾尚宅爾宅，畋爾田，爾曷不惠于熙天之命？」「克閱于乃邑謀介爾，乃自時洛邑，尚永力畋爾田。」周人亦用殷人爲官，《多方》云「天惟畀矜爾，我有周惟其大介賚爾，迪簡在王庭，尚爾事，有服在大僚。」但小邦周何以能滅天邑殷，此一問題亦曾困擾周初統治者。《逸周書・度邑解》曾記錄周武王滅紂後夜不能寐而考慮「定天保」之問題〔註74〕，《史記・周本紀》又記載武王克殷後，「問箕子殷所以亡」〔註75〕，由此可見，周人是極其想探究明其所以致勝之緣由的。

〔註70〕 陳夢家：《殷虛卜辭綜述》291～292 頁。又參看許倬雲，《西周史》42～43 頁。
　　　　徐中舒先生以爲，「殷虛甲骨文有關『周』的卜辭多至五六十條，但文字簡略，年代不詳，不能說明什麼問題。過去雖有人用來解說殷周關係，實不足信。」見《先秦史論稿》126 頁。
〔註71〕 劉家和：《關於殷周關係》，《史學、經學與思想》286 頁。
〔註72〕 徐中舒：《先秦史論稿》125 頁。
〔註73〕 許倬云：《西周史》64 頁。
〔註74〕 參看黃懷信：《逸周書校補注譯》（修訂本）216～217 頁。
〔註75〕 司馬遷，《史記》131 頁（《周本紀》）。

關於紂之敗亡，顧炎武主要歸之為殷代法制廢弛，而不僅僅是紂個人的不仁〔註 76〕，顧氏從制度方面來探討殷之所以亡，確實看到了問題的一個重要方面，然而顧氏似乎並未加以深入探討紂之行為與法制廢弛的關係。

周之滅殷，據徐中舒先生分析，一方面是遷居周原，得地理之優勢。又一方面是行策略之得當。再一方面是對人才的高度重視。最後是「知時待命」，武王利用了殷紂王的內部尖銳矛盾。〔註 77〕又楊寬先生於此問題總結指出，殷之所以兵多卻不堪一擊，首先是由於殷貴族生活奢侈腐化、沉迷酒色、政治腐敗，對人民十分暴虐。其次是由於這時殷的力量已被東西兩面的夷戎部族所削弱。周的兵少卻能一舉克商，首先是由於四代連續的經營，姬、姜兩姓貴族的鞏固聯盟，領導集團的「同心同德」以及西南八國的加盟。其次是由於武王繼承文王克商計劃，確定了適當的戰略步驟，會盟諸侯的成功，瓦解了殷紂的抵抗力量，增強了自己的實力，最後又制定了決戰於牧野的卓越戰略，利用殷商貴族內部矛盾很多、士兵沒有鬥志的時機，用精銳的先鋒部隊頃刻間衝垮牧野守兵陣線，在甲子一天內取得了克商的戰果。〔註 78〕又據許倬雲研究比較了殷商的經濟實力、生產力、軍事實力，指出周以蕞爾小國而能克商，不是由於經濟力之強弱，不是由於軍事力量的優劣，而是由於戰略運用的得當〔註 79〕。綜合上述諸家所分析，顯然已經比較完備地分析了周滅商的原因。其中於殷紂王方面，主要強調殷統治集團的內部矛盾導致離心離德，而文、武王方面則主要強調了周統治集團同心同德與戰略制訂的得當。

周初統治者對於殷紂滅亡之原因當然不能達到如上述諸家的認識認識的深度與廣度。那麼在周初統治者看來，他們殷滅亡的原因是什麼呢？讓我們來分析一下武王伐紂的理由。我們的文獻依據是武王伐紂時曾先後發表兩次誓詞，一為《太誓》（或作《泰誓》），一為《牧誓》。今所傳《太誓》為漢代民間所獻，劉起釪先生已辨其偽，認為與《尚書》原《太誓》無關，只能作為漢代今文資料之用〔註 80〕。然而先秦古書所引其片斷，可以窺得其內容之

〔註76〕《日知錄》卷二「殷紂之所以亡」條，《日知錄集釋（外七種）》（上冊）173頁。
〔註77〕徐中舒：《先秦史論稿》122～133頁。
〔註78〕楊寬：《西周史》500～502頁。該書96頁已有原因說明。
〔註79〕許倬云：《西周史》75～92頁。
〔註80〕劉起釪：《尚書學史》（修訂本）69～73頁。

大致面貌。現主要依據楊寬，參照孫星衍、劉起釪所作摘錄歸納錄之於下〔註81〕：其一，自稱伐紂是奉天命，上帝要滅亡殷王。其二，指出天命順從民意，伐紂就是出於民意。其三，指出殺伐是爲了討棄殘暴，成就將比商湯伐夏更爲輝煌。其四，稱紂爲「獨夫紂」。其五，以敵我對比，認爲勢在必勝。其六，宣稱從夢和占卜來看，必然克商。其七，頌揚文王。其八，宣稱克紂乃文王有德，不克是「予小子無良」。其九，列舉了商紂的罪狀。

　　《牧誓》是周武王伐紂的牧野之戰的誓師詞，我們可以歸納出《牧誓》之內容，主要在三方面，其一是揭露殷王的罪狀，其二是宣示自己伐紂是恭行天之罰，是依天命行事，其三是嚴明軍事紀律。前二者的內容與《太誓》中內容是一致的。事實上，所謂恭行天之罰，依天命行事的天命說，反映的應該是當時的信仰，並不切實。而殷紂王的罪狀，則顯得具體：其一，寵愛妲己，惟婦言是用；其二，背棄祖先，蔑棄對祖先的祭祀；其三，遺棄家國，棄自家兄弟不任用；其四，專門收羅、重用亡命之徒；其五，結果是這些人肆行奸惡，暴虐百姓。這些均是殷紂王的具體行爲，即是殷紂王失敗的主要原因。放在當時的歷史條件下來考察這些殷紂王這些罪狀的實質，劉家和先生指出，當時從氏族部落社會遺留下的傳統還很堅固、有力。殷人重視對上帝和祖先的祭祀，就是對這個傳統的尊重的一般的表現。在這種傳統之下，殷王不能任意使用自己親信的人，而必須尊重與「舊人共政」的傳統，這些「舊人」都屬於在血緣上有關係的集團，如果不是與殷王同姓的宗族，那就是與殷王室有婚姻關係的異姓貴族（在《書·盤庚》中稱作「婚友」）。即使是對非貴族的平民（《書·盤庚》中的「畜民」）殷王也不能不適當地照顧到他們的意見和利益。「紂顯然是要擺脫上帝、祖先、舊人的限制，亦即擺脫傳統的束縛，從而加強自己的王權。紂既然力圖擺脫一切傳統的束縛，也就放鬆了作爲國君對自身應有的約束，於是酗酒、荒淫、暴虐等問題同時發生。正是在這種情況下，紂終於失去了人心，最後殷商王朝爲周所取代。」〔註82〕殷紂王看來並未認識到自己敗亡的原因，如其所云「我生不有命在天」。

　　而以周公爲代表的周初統治者認識到的殷紂敗亡的原因即是殷紂的行爲

〔註81〕 參看孫星衍：《尚書今古文注疏》586～592 頁。劉起釪，《尚書學史》（修訂本）
　　　　28～31 頁。楊寬，《西周史》490～495 頁。

〔註82〕 劉家和：《論中國古代王權發展中的神化問題》，《古代中國與世界》535～536
　　　　頁。

失去了天的支持。自然，周的勝利的天下，即是因爲周王的行爲獲得了天的支持。我們來看看《尚書》中所載文王的行爲。《無逸》云：「文王卑服，即康功田功〔註83〕；徽柔懿恭，懷保小民，惠鮮鰥寡；自朝至于日中昃，不遑暇食，用咸和萬民。文王不敢盤于遊田，以庶邦惟正之供。文王受命惟中身，厥享國五十年。」《君奭》云：「惟文王克休和我有夏；亦惟有若虢叔，有若閎夭，有若散宜生，有若泰顛，有若南宮括。」文王的行爲即是既照顧貴族的利益，又顧及小人和萬民的利益，又能團結有才能的貴族。顯然，文王的行爲與殷紂王的行爲恰好相反。徐復觀先生研究指出，周初文獻的「德」字，都指的是具體的行爲〔註84〕。人的行爲即是「德」，或者說是「德」的具體表現。因此，在周人看來，殷紂王之行爲即紂王之德導致了民心的喪失從而失去天命失去政權即失去天下，而文王、武王的行爲即文王、武王的德導致了民心獲得從而獲得天命獲得政權即獲得天下。因此，「在《尚書》許多篇章裏，周公都反思了殷（商）與夏之所以盛衰興亡，看出了德之有無與人心向背乃成敗關鍵，從而得出敬德保民這樣重要的施政原則。」「周公認識到成敗之命的關鍵不在上天鬼神，而在民心向背；把歷史決定因素的視點從超自然的轉變爲人世間的，這是一次在天人之際層面上的精神覺醒與突破。」〔註85〕由此可見，以周公爲代表的周初統治者的德治思想主要即是從殷敗周興事實中受到強烈的震撼進而對夏商周三代興替的反思中產生的，這種思想集中的反映在《尚書·周書》許多篇幅中。

二、孔子德治思想提出的歷史背景

我們主要從以下兩方面進行分析：（一）春秋時期的歷史情實：統治者內部爭權奪利，貪欲橫流；社會動蕩，「盜賊公行」；統治者頒佈成文法。（二）孔子對於歷史與現實的反思。周初統治者提出德治思想，是在一個王朝取代另一個王朝之際，統治者爲了穩定社會秩序、鞏固其統治地位而提出的政治

〔註83〕 對「文王卑服，即康功田功」有數種解說，楊寬先生及劉起釪先生均作了綜合說明，分別見楊著《西周史》80 頁，劉著《尚書校釋譯論》1539 頁。似乎應該以趙光賢先生所作解說更切合文義，見《周代社會辨析》215～219 頁，所附錄《〈尚書·無逸〉「文王卑服即康功田功」解》一文。
〔註84〕 徐復觀：《中國人性學史》21 頁。
〔註85〕 劉家和：《從「三代」反思看歷史意識的覺醒》，《史學史研究》3 頁（1～6），2007 年第 1 期。

思想，由統治階級內部通過對歷史與現實的反思主動提出的思想。春秋時期的孔子的德治思想的提出，是針對當時社會秩序混亂現實而言的。

（一）春秋時期的歷史情實

顧棟高氏概述整個春秋時代時勢的變化云：「《春秋》二百四十二年，時勢凡三大變。隱、桓、莊、閔之世，伯（霸）事未興，諸侯無統，會盟不信，征伐屢興，戎狄荊楚交熾。賴齊桓出而後定，此世道之一變也。僖、文、宣、成之世，齊伯息而宋不競，荊楚復熾，賴晉文出而復定，襄、靈、成、景嗣其成業，與楚疊勝疊負，此世道之又一變也。襄、昭、定、哀之世，晉悼再伯，幾軼桓、文，然實開大夫執政之漸。嗣後晉六卿、齊陳氏、魯三家、宋華向、衛孫寧交政，中國政出大夫，而春秋遂夷爲戰國矣。孔子謂自諸侯出、自大夫出、陪臣執國命，實一部《春秋》之發凡起例，逐年有發端，逐代有結案，有起伏，有對照，非可執定一事以求其褒貶也。」〔註86〕孔子所云：「天下有道則禮樂征伐自天子出；天下無道，則禮樂征伐自諸侯出。自諸侯出，蓋十世希不失矣；自大夫出，五世希不失矣；陪臣執國命，三世希不失矣。天下有道，則政不在大夫。天下有道，則庶人不議。」（《論語·季氏篇》）顯然，孔子是聯繫歷史與現實有感而發的。楊伯峻先生指出，孔子這段話可能是從考察歷史，尤其是當日時事所得出的結論。「自天子出」，孔子認爲堯、舜、禹湯以及西周都是如此的；「天下無道」則自齊桓公以後，周天子已無發號施令的力量了。齊自桓公稱霸，歷孝公、昭公、懿公、惠公、頃公、靈公、莊公、景公、悼公、簡公十公，至簡公而爲陳恒所殺，孔子親身見之；晉自文公稱霸，歷襄公、靈公、成公、景公、厲公、平公、昭公、頃公九公，六卿專權，也是孔子所親見的。所以說「十世希不失」。魯自季友專政，歷文子、武子、平子、桓子而爲陽虎所執，更是孔子所親見的。所以說「五世希不失」。至於魯季氏家臣南蒯、公山弗擾、陽虎之流都當身而敗，不曾到過三世。當時各國家臣有專政的，孔子「三世希不失」，蓋寬言之。〔註87〕孔子云：「祿之去公室五世矣，政逮於大夫四世矣，故夫三桓之子孫微矣。」楊伯峻先生根據毛奇齡《論語稽求篇》卷七解釋「五世四世」云：自魯君喪失政治權力到孔子說這段話的時候，經歷了宣公、成公、襄公、昭公、定公五代；自季氏最初把持魯國政治到孔子說這段話時，經歷了

〔註86〕　《春秋大事表》附錄《讀春秋偶筆》，見於顧棟高、吳樹平、李解民：《春秋大事表》32頁（非正文頁碼）。
〔註87〕　楊伯峻：《論語譯注》174～175頁。

文子、武子、平子、桓子四代。〔註88〕子曰：「周監於二代，郁郁乎文哉！吾從周。」（《八佾》）子曰：「甚矣吾衰也！久矣吾不復夢見周公！」（《述而》）顯然，春秋時期，周王室進一步衰弱。

　　1. 春秋時期，宗法制度、世族世官制度漸趨衰落，禮崩樂壞，統治者內部的矛盾極其激烈，例如晉國卿大夫專權，魯國「三桓」等卿大夫權力爭鬥，齊國田氏與高氏、國氏的權力爭鬥，鄭國的「七穆」間權力爭鬥〔註89〕，而此種行為之極端的行為即是弒君事件。《左傳》中記載「非禮」的行為非常多，《論語》中此類事情所記錄亦復不少。孔子所親見聞魯國的情況而言，即多有發生。如《八佾》：「孔子謂季氏，『八佾舞於庭，是可忍，孰不可忍也！』」何晏《集解》：「馬曰：佾，列也。天子八佾，諸侯、六卿、大夫四，士二。八人為列，八八六十四人。魯以周公故受王者禮樂，有八佾之舞，季桓子僭於其家廟舞之，故孔子譏之。」又「三家者以《雍》徹。子曰：『「相維辟公，天子穆穆」，奚取於三家之堂？』」何晏《集解》：「馬曰：『三家謂仲孫、叔孫、季孫。《雍》，《周頌・臣工》篇名，天子祭於宗廟歌之，以徹祭。今三家亦作此樂。』包曰：『辟公，謂諸侯及二王之後，穆穆，天子之容貌。《雍》篇歌此者，有諸侯及二王之後來助祭故也。今三家，但家臣而已，何取此義而作之於堂邪？』」又「季氏旅於泰山。子謂冉有曰：『女弗能救與？』對曰：『不能。』子曰：『嗚呼！曾謂泰山不如林放乎？』」何晏《集解》：「馬曰：『旅，祭名也。禮，諸侯祭山川在其封內者，今陪臣祭泰山，非禮也。』包曰：『神不享非禮，林放尚知問禮，泰山之神反不如林放邪？欲誣而祭之。』」由此可見，當時的禮儀之邦魯國，保存禮儀最為完備的地方〔註90〕，破壞禮義的現象卻非常之嚴重。

　　我們主要來分析破壞禮儀的極端行為弒君的現象。對於弒君的行為，《論語》中曾有記錄，《憲問》：陳成子弒簡公。孔子沐浴而朝，告於哀公曰：「陳恒弒其君，請討之。」公曰：「告夫三子！」孔子曰：「以吾從大夫之後，不

〔註88〕 楊伯峻：《論語譯注》175 頁。

〔註89〕 參看顧德融、朱順龍，《春秋史》356～367 頁，「各國新舊勢力的鬥爭，國家政權的封建化」一節。並參看《史記・晉世家》、《趙世家》、《魯世家》、《齊世家》、《鄭世家》以及《左傳》相應的部分。

〔註90〕 《左傳・哀公二年》記錄：晉侯使韓宣子來聘，觀書於大史氏，見《易》、《象》與《魯春秋》，曰：「周禮盡在魯矣，吾乃今知周公之德與周之所以王也。」（楊伯峻，《春秋左傳注》1226～1227 頁）

敢不告也。君曰『告夫三子』者！」之三子告，不可。孔子曰：「以吾從大夫之後，不敢不告也。」《左傳・哀公十五年》記錄此事云：甲午，齊陳恒弑其君壬於舒州。孔丘三日齋，而請伐齊三。公曰：「魯爲齊弱久矣，子之伐之，將若之何？」對曰：「陳恒弑其君，民之不與者半。以魯之眾加齊之半，可克也。」公曰：「子告季孫。」孔子辭，退而告人曰：「吾以從大夫之後也，故不敢不言。」由此可見，孔子對此行爲，極力主張討伐，眞可謂深惡痛絕〔註91〕。孔子反對弑君，亦見於《先進》季子然與孔子的談論：「季子然問：『仲由、冉求可謂大臣與？』子曰：『吾以子爲異之問，曾由與求之問。所謂大臣者，以道事君，不可則止。今由與求也，可謂具臣矣。』曰：『然則從之者與？』子曰：『弑父與君，亦不從也。』」然而春秋時期，此類事件之發生，並非個別現象。太史公云：「《春秋》之中，弑君三十六，亡國五十二，諸侯奔走不得保其社稷者不可勝數。」〔註92〕

這 36 次中，魯 4 次；齊 6 次；晉 5 次；秦 0 次；楚 3 次；宋 3 次；衛 2 次；陳 1 次；蔡 2 次；曹 0 次；鄭 4 次；燕 0 次；吳 2 次；其他 4 次：莒 2 次；許 1 次；薛 1 次。由此看出，最多的是齊 6 次，其次是晉 5 次，再次是魯、鄭均 4 次，其四是楚、宋均 3 次。無經有傳的 4 次；有經無傳 1 次。公元前 551～前 479 年間發生的共有 13 次。

按照春秋「書法」，我們進行了簡單的歸類：臣子殺君主 18 次；父子、兄弟、叔侄間的權位爭奪 15 次（子殺父 6 次；叔父殺侄子 4 次；侄子殺叔父 1 次；弟殺兄 4 次）；夫人殺丈夫 1 次；別國人所殺 1 次；不明原因者 1 次。導致弑君的原因主要可以從兩方面來看，其一是爭權奪位，有臣子間爭權，有兄弟間爭位，或者此二者兼有，又或叔侄間爭位；兄弟叔侄間爭位又涉及嫡庶關係的問題。其二是君主生活淫亂引發矛盾最終導致被殺。從上面的弑君事實分析來看，其現象確實表現爲君不君，臣不臣，父不父，子不子。因此，可以這麼說，弑君現象之所以發生，多由於統治階級內部爭權、淫亂而生矛盾所致。

〔註91〕《論語・公冶長》中子張與孔子討論到「崔子弑齊君」。
〔註92〕司馬遷：《太史公自序》，《史記》3297 頁。班固，《楚元王傳》，《漢書》1940 頁顏師古注。《冊府元龜》（四）3387 頁（卷二百八十七・宗室部・忠諫一），中華書局，1982 年。牛鴻恩先生指出，弑君三十六是對《春秋經》、《左氏傳》通數的結果：《淮南子・主術訓》、《春秋繁露》之《王道》《滅國上》《盟會要》等處都有相同或者相似的說法。見於牛鴻恩《「弑君三十六，亡國五十二」考實》，《聊城大學學報》（社會科學版），2003 年 5 期。

　　雖然《春秋》之是否爲孔子修、作史學界並無統一的意見〔註93〕。如果依據孟子、董仲舒、司馬遷的觀點，孔子作《春秋》〔註94〕，則孔子對於此類弑君事件當是有深入的瞭解，此當無可懷疑。縱使孔子沒有修、作《春秋》，孔子生處春秋時代，對於春秋之歷史當亦相當熟悉，因爲《論語》中孔子對於其時之古代、近現代許多人物的多有評價，應當顯示了其對周代以來的史實之熟悉程度。也就是說孔子對於統治階級內部的矛盾有相當的瞭解。《論語》中還反映孔子對魯國統治階級內部矛盾甚至有切身的體會〔註95〕。

　　2. 統治者的貪欲奢侈

　　與統治階級內部矛盾激烈相應，是統治階級大建宮臺。例如《左傳‧襄公三十一年》云，晉士文伯責讓鄭子產壞客館之垣時，子產指出晉國「今銅鞮之宮數里，而諸侯舍於隸人，門不容車，而不可踰越；盜賊公行，而天厲不戒」。〔註96〕又《昭公七年》云：「楚靈王即位後，爲章華之宮，納亡人以實之……成章華之臺，願與諸侯落之。」〔註97〕又《昭公八年》晉師曠似乎是借怪異現象諷諫晉侯築虒祁之宮之奢華〔註98〕。可見楚之章華之宮、章華之臺，晉之虒祁之宮、銅鞮之宮，所費當不少。

〔註93〕張漢東，《孔子作〈春秋〉考》，《齊魯學刊》112～118 頁，1988 年 4 期；王和，《孔子不修〈春秋〉辨》，《史學理論研究》115～119 頁，1993 年 2 期。張、王二先生對各自觀點均有較系統的梳理，張先生的立論側重在文獻考證方面，王先生的立論側重在史官制度方面。

〔註94〕《孟子‧滕文公下》云：「世衰道微，邪說暴行又作，臣弑其君者有之，子弑其父者有之。孔子懼，作《春秋》。《春秋》者，天子之事也；是故孔子曰：『知我者其惟《春秋》乎！罪我者其惟《春秋》乎！』」《孔子世家》云：「乃因史記作《春秋》，上至隱公，下迄哀公十四年，十二公。據魯，親周，故殷，運之三代。約其文辭而指博。」「至於爲《春秋》，筆則筆，削則削，子夏之徒不能贊一辭。弟子受《春秋》，孔子曰：『後世知丘者以《春秋》，而罪丘者亦以《春秋》。』」《史記》1943、1944 頁。《太史公自序》司馬談對司馬遷云「幽厲之後，王道缺，禮樂衰，孔子修舊起廢，論《詩》《書》，作《春秋》，則學者至今則之。」又「上大夫壺遂曰：『昔孔子何爲而作《春秋》哉？』太史公曰：『余聞董生曰「周道衰廢，孔子爲魯司寇，諸侯害之，大夫壅之。孔子知言之不用，道之不行也，是非二百四十二年之中，以爲天下儀表，貶天子，退諸侯，討大夫，以達王事已矣。」』」又太史公以爲「孔子戹陳、蔡，作《春秋》。」《史記》3295、3297、3300 頁。

〔註95〕又見於司馬遷：《史記》1916～1917 頁（《孔子世家》）。

〔註96〕楊伯峻：《春秋左傳注》（修訂本）1188 頁。

〔註97〕楊伯峻：《春秋左傳注》（修訂本）1283、1285 頁。

〔註98〕楊伯峻：《春秋左傳注》（修訂本）1300～1301 頁。

生活上，統治階級更是鋪張奢華。例如《襄公三十年》云：「鄭伯有耆酒，為窟室，而夜飲酒，擊鐘焉。朝至，未已。朝者曰：『公焉在？』其人曰：『吾公在壑谷。』皆自朝布路而罷。既而朝，則又將使子晳如楚，歸而飲酒。子晳以駟氏之甲伐而焚之。伯有奔雍梁，醒而後知之。」〔註99〕又如《昭公元年》云：后子享晉侯，造舟于河，十里舍車，自雍及絳。歸取酬幣，終事八反。〔註100〕又如《昭公二十年》晏子諫齊景公時指出其專守山澤之利，不與民共，「縣鄙之人，入從其政；偪介之關，暴征其私；承嗣大夫，強易其賄。布常無藝，徵斂無度；宮室日更，淫樂不違。內寵之妾，肆奪於市；外寵之臣，僭令於鄙。私欲養求，不給則應。」致使「民人苦病，夫婦皆詛」〔註101〕。

3. 社會動蕩：「盜賊公行」，百工、國人暴動。

與上述統治階級貪欲奢華相適應，是當時社會動蕩，「盜賊公行」。例如《左傳‧成公十五年》云，晉伯宗被害之前，伯宗每朝，其妻必戒之曰：「『盜憎主人，民惡其上。』子好直言，必及於難。」楊伯峻先生謂「盜憎主人，民惡其上」蓋當時俗諺〔註102〕，若成為諺語，則說明盜賊之發生，當是頻繁的事。又如《襄公十年》：鄭國子駟與尉止間爭功而引發的動亂〔註103〕。又如《襄公二十一年》云「魯多盜」〔註104〕。又如《襄公三十一年》晉士文伯責讓鄭子產壞客館之垣指出，晉國「敝邑以政刑之不修，寇盜充斥」，而子產亦指出晉國「今銅鞮之宮數里，而諸侯舍於隸人，門不容車，而不可踰越；盜賊公行，而天厲不戒」〔註105〕。又如《昭公三年》齊晏子對晉叔向云齊國的情況說到「民參其力，二入於公，而衣食其一。公聚朽蠹，而三老凍餒，國之諸市，屨賤踊貴。」〔註106〕叔向言晉國的情形云「庶民罷敝，而宮室滋侈。道殣相望，而女富溢尤。民聞公命，如逃寇讎。」〔註107〕一方面說明統治階級的剝削嚴重，一方面又說明統治階級使用刑罰治國，「屨賤踊貴」從側面也說明「違法之人」之多。又如《昭公二十年》云「鄭國多盜，取人於萑苻之

〔註99〕楊伯峻：《春秋左傳注》（修訂本）1175 頁。

〔註100〕楊伯峻：《春秋左傳注》（修訂本）1214 頁。

〔註101〕楊伯峻：《春秋左傳注》（修訂本）1417 頁。

〔註102〕楊伯峻：《春秋左傳注》（修訂本）876 頁。

〔註103〕楊伯峻：《春秋左傳注》（修訂本）979～981 頁。

〔註104〕楊伯峻：《春秋左傳注》（修訂本）1056 頁。

〔註105〕楊伯峻：《春秋左傳注》（修訂本）1186～1188 頁。

〔註106〕楊伯峻：《春秋左傳注》（修訂本）1235～1236 頁。

〔註107〕楊伯峻：《春秋左傳注》（修訂本）1236 頁。

澤」〔註108〕。又如《定公四年》云：「楚子涉睢，濟江，入于雲中。王寢，盜攻之，以戈擊王，王孫由于以背受之，中肩。王奔郎。」〔註109〕

　　另外，百工、國人頻繁發動暴動，或驅逐或殺死大臣。如《昭公二十二年》云：王子朝因舊官、百宮之喪職秩者與靈、景之族以作亂。最終，百工反叛在晉國的支持下才得以鎮壓下去〔註110〕。又如《襄公十九年》云：「鄭子孔之爲政也專，國人患之，乃討西宮之難與純門之師。子孔當罪，以其甲及子革、子良氏之甲守。甲辰，子展、子西率國人伐之，殺子孔，而分其室。」〔註111〕又如《襄公二十年》云：「蔡公子變欲以蔡之晉，蔡人殺之。公子履，其母弟也，故出奔楚。」〔註112〕又《襄公二十三年》云：陳人城，版隊而殺人。役人相命，各殺其長，遂殺慶虎、慶寅〔註113〕。又《哀公十一年》云：陳轅頗出奔鄭。原因在於轅頗爲司徒，賦封田以嫁公女；有餘，以爲己大器〔註114〕。

　　4. 統治者的主要措施即是制訂成文法

　　與上述動蕩的社會相應，出現了「救世」的成文法。在鄭國，如《昭公六年》云：鄭人鑄刑書〔註115〕。又如《定公九年》云：「鄭駟歂殺鄧析，而用其《竹刑》。」楊伯峻《注》指出，鄧析作刑律，書與竹簡，故名曰《竹刑》。魯昭六年子產曾鑄刑書，《竹刑》後出，或較子產所鑄爲強，故駟歂用之。〔註116〕在晉國，如《文公六年》云：「宣子於是乎始爲國政，制事典，正法罪，辟獄刑，董逋逃，由質要，治舊洿，本秩禮，續常職，出滯淹。既成，以授大傅陽子與大師賈佗，使行諸晉國，以爲常法。」〔註117〕又如《宣公十六年》云：「武子歸而講求典禮，以修晉國之法。」〔註118〕又如《成公十八年》云：晉悼公即位後，「使士渥濁爲大傅，使修范武子之法；右行辛爲司空，使修士蔿之法。」〔註119〕又如《昭公二十九年》云：晉趙鞅、荀寅帥師城汝濱，遂

〔註108〕楊伯峻：《春秋左傳注》（修訂本）1421 頁。
〔註109〕楊伯峻：《春秋左傳注》（修訂本）1546 頁。
〔註110〕楊伯峻：《春秋左傳注》（修訂本）1435～1439 頁。
〔註111〕楊伯峻：《春秋左傳注》（修訂本）1050 頁。
〔註112〕楊伯峻：《春秋左傳注》（修訂本）1053 頁。
〔註113〕楊伯峻：《春秋左傳注》（修訂本）1073 頁。
〔註114〕楊伯峻：《春秋左傳注》（修訂本）1661 頁。
〔註115〕楊伯峻：《春秋左傳注》（修訂本）1274～1277 頁。
〔註116〕楊伯峻：《春秋左傳注》（修訂本）1571～1572 頁。
〔註117〕楊伯峻：《春秋左傳注》（修訂本）545 頁。
〔註118〕楊伯峻：《春秋左傳注》（修訂本）770 頁。又見於《國語》66 頁。
〔註119〕楊伯峻：《春秋左傳注》（修訂本）909 頁。

賦晉國一鼓鐵，以鑄刑鼎，著范宣子所爲刑書焉。〔註120〕在楚國，如《昭公七年》云：「吾先君文王，作僕區之法。」〔註121〕

（二）孔子對於歷史與現實的反思

1. 以王權爲視角觀察西周與東周（春秋）之社會變化

晁福林先生在討論夏商周社會性質的演變時指出，西周是宗法封建制的社會，東周時期是宗法封建制逐漸解體，而步入了地主封建制社會〔註122〕。爲了便於對孔子之於當時社會變化的認識有個更好的瞭解，我們以王權爲視角對當時的社會變化作一簡單的說明。

王國維在探討殷周制度之劇變中指出，自殷以前，天子、諸侯君臣之分未定。故當夏后之世，而殷之王亥、王恒，累葉稱王。湯未放桀之時，亦已稱王。當商之末，而周之文武亦稱王。蓋諸侯之於天子，猶後世諸侯之於盟主，未有君臣之分。周初亦然，於《牧誓》、《大誥》皆稱諸侯曰「友邦君」，是君臣之分亦未全定也。逮克殷踐奄，滅國數十，而新建之國皆其功臣、昆弟、甥舅，本周之臣子；而魯、衛、晉、齊四國，又以王室至親爲東方大藩，夏、殷以來古國，方之蔑。「由是天子之尊，非復諸侯之長而爲諸侯之君，其在《喪服》，則諸侯爲天子斬衰三年，與子爲父、臣爲君同。蓋天子、諸侯君臣之分始定於此。」〔註123〕天子之尊，則主要是體現在對諸侯的政治、經濟控制力上。

《左傳·定公四年》記錄了西周時魯、衛、晉三國分封的具體情況〔註124〕，晁福林先生據此指出，分封時所賜予的典策儀仗之類的東西，代表著周王朝從政治上對於所封諸侯國的認可和支持，分封時所舉行的授民授疆土的儀式，表示新的諸侯國擁有土地和民眾的權力；分封不僅是政治關係的確立，

〔註120〕楊伯峻：《春秋左傳注》（修訂本）1504頁。

〔註121〕楊伯峻：《春秋左傳注》（修訂本）1284頁。

〔註122〕晁福林：《夏商西周的社會變遷》229頁。有關「封建」之含義，晁福林先生指出，「封建」一詞在中國古代其固有之含義即是封邦建國，真正的封建是從夏代開始，歷經商代，到西周時期形成定制。作爲社會經濟形態的封建制的「封建」之含義與中國古代文獻記載所說的封建的含義有所區別。見該書229～231頁。關於中國古代史分期上世紀形成了較有代表性的如下各派學說：1.西周封建說。2.春秋封建說。3.戰國封建說。4.秦統一封建說。5.東漢封建說。6.魏晉封建說。7.無奴隸社會說。見於《中國歷史三百題》1～3頁（案：何茲全先生主漢魏之際封建說）。

〔註123〕王國維：《殷周制度論》，《觀堂集林》466～467頁。

〔註124〕楊伯峻：《春秋左傳注》（修訂本）1536～1539頁。

而且也是經濟關係的確立〔註 125〕。而這種政治、經濟關係的確立，體現的正是周代王權的極大的控制力。因此，晁先生又指出周代的分封與夏商時代的建立諸侯的顯著差別之一即是周代王權地位的極大的提高；夏商王始終只能算是諸侯之長而不是諸侯之君。〔註 126〕確實是看到了這種變化的實質。

而到了春秋時代，周王室衰微，天子之國與諸侯無異〔註 127〕，春秋霸權遞興則從一個側面反映了周王權力的旁落。因此，晁福林先生指出，春秋霸權是為填補周代王權跌落所形成的政壇空曠狀態應運而生的〔註 128〕。我們更可以從周天子與諸侯的具體關係看出周王權控制力的嚴重削弱。諸侯多有不朝王者，如《左傳‧桓公五年》云：王奪鄭伯政。鄭伯不朝。王以諸侯伐鄭，鄭伯禦之。鄭伯軍隊大敗王師，並射傷王（祝聃射王中肩）。鄭伯不讓追趕，且事後鄭伯使人慰勞王〔註 129〕。雖然周王在鄭伯心目中還有一定的地位，但是顯然已經大大下降了。又如《左傳‧桓公十五年》顯示：王室勢力的衰弱，竟然連車、服都須違背周禮去向諸侯索要〔註 130〕，雖然《傳》之意在於指明天王所為為非禮，但由此可見王室的經濟實力。又如《僖公四年》齊侯伐楚時，管仲所列舉罪狀之一即有楚國不貢天子「包茅」〔註 131〕。可見楚國並不履行對王室貢賦。又如《左傳‧僖公二十八年》傳「天王狩獵於河陽」表明，晉實召王，為其辭逆而意順，故經以王狩為辭〔註 132〕，可見王之地位。又如《僖公二十四年》顯示，鄭伯竟然扣押天子使臣〔註 133〕，由此可見，天子在鄭伯心目中的地位。以上諸例均說明周王對於諸侯的實際控制力的衰弱。至於卿大夫、家臣專政，則更加彰顯周王的實際權力與地位一落千丈〔註 134〕。

〔註 125〕晁福林：《夏商西周的社會變遷》267 頁。

〔註 126〕晁福林：《夏商西周的社會變遷》269 頁。

〔註 127〕顧炎武云，傳言平王東遷，蓋周之臣子美其名爾，綜其實不然。凡言遷者，自彼爾而之此之辭，盤庚遷於殷是也。幽王之亡，宗廟社稷以及典章文物蕩然皆盡，鎬京之地已為西戎所有。平王乃自申東保於洛，天子之國與諸侯無異，而又有攜王與之頡頏並為人主者二十年，其得存周之祀幸矣，而望其中興哉！（見於《日知錄集釋（外七種）》（上冊）206 頁。）

〔註 128〕晁福林：《論春秋霸主》12 頁，《史學月刊》12～18 頁，1991 年 5 期。

〔註 129〕楊伯峻：《春秋左傳注》（修訂本）104～106 頁。

〔註 130〕楊伯峻：《春秋左傳注》（修訂本）142～143 頁。

〔註 131〕楊伯峻：《春秋左傳注》（修訂本）209 頁。

〔註 132〕楊伯峻：《春秋左傳注》（修訂本）473 頁。

〔註 133〕楊伯峻：《春秋左傳注》（修訂本）419～420 頁。

〔註 134〕參看瞿同祖：《中國封建社會》186～194 頁。瞿氏所論之線索可從，然對於

2. 孔子對歷史與現實的反思與德治思想的提出

上文已經指出，不管孔子是否修、作《春秋》，孔子對於春秋時期之歷史應該是有相當深入的瞭解的。所以上文所引《論語・季氏篇》孔子所云「天下有道」、「天下無道」之論，正指出了春秋時代的狀況，誠然，孔子的認識不可能達到今人對此問題認識的深度。但無疑地，孔子對此種歷史與現實進行了深度的思考。其開出的救世之良方即是「德治」，所謂「爲政以德，譬如北辰，居其所而眾星拱之」，所謂「導之以德，齊之以禮，有恥有格」。徐復觀先生指出，孔子德治思想產生是基於一基本立場與兩個背景的。孔子的思想主要是通過人的自覺、向上，以達到人格的完成，亦即是要每個人發現自己的德，完成自己的德。作爲統治者的人君也是人，而且是負有更大責任的人，則人君應完成自己的的，使首先能作爲一個人而站立起來。這是一基本立場。孔子德治思想的提出兩個背景，其一，統治者與被統治者的一切矛盾，是由統治者採用與被統治者兩種不同的行爲標準所發生的。而統治者一切不合理的要求，都是來自統治者把自己的行爲，安放在對人民要求標準之外。孔子針對這種情形，便首先要使統治者把要求於人民的，先要求於自己，先從自己實現，因爲政治問題的發生，皆是出在統治者的自身，而不是出自老百姓。因此，在消極方面，即是要減少乃至減掉統治者對人民的要求，使人民在精神與物質生活上能多得到自由的保障。其二，即使是正常的政、刑，所收的效果有限，只能使人民苟且免於罪，並不能使人民有以犯罪爲恥之心，不能從根本上解決問題。政、刑爲統治者所加以被統治者的強制力量，孔子看輕其效果，實際是認定人民的問題是不能靠強制力量加以解決的〔註135〕。我們參照上文春秋時期的歷史情實，徐氏所論，與此正相一致。

三、《尚書》與孔子德治思想產生的歷史背景比較之小結

周初統治者提出德治思想，是在一個王朝取代另一個王朝之際，統治者處於卜昇期，爲了穩定社會秩序、鞏固統治地位而提出的，是由統治階級內部通過對歷史與現實的反思主動提出的郭沫若所云之「母題」。春秋時期孔子提出的德治思想，是在原先的社會制度日趨衰落，新興的制度正在醞釀，是

　　具體例證之闡釋，似乎頗有可以商榷地方，即對有些例子的解說似乎不符合原意。
〔註135〕徐復觀：《中國思想史論集》185～187 頁（《孔子德治思想發微》）。

針對當時社會秩序混亂現實而言的。即此而論，時代已經發生了變化，與此種變化相適應，必然有思想上的激蕩，《尚書》與孔子的德治思想的即是順應社會變革而產生。

第四節　《尚書》與孔子德治思想的思想基礎

一、《尚書》德治思想的思想基礎

《尚書》德治思想，其思想基礎是周人的天命觀，而周人對「天命」是信還是疑？前面有關天命觀之討論時曾論及此問題，現在結合德治思想再加以探討。

《尚書》之《牧誓》、《大誥》、《召誥》、《君奭》、《多方》、《立政》、《顧命》、《文侯之命》等篇章中顯示，周統治者多有言及受天命，《詩經》中亦多有言及周受天命。既言受天命，自是表現了周統治者對天命的信任。然《尚書》之《大誥》、《康誥》、《君奭》等篇章中亦多有言及類似於「天不可信」之懷疑天命之處，《詩經·大雅》中《大明》、《蕩》等篇中亦多言之。

針對這種矛盾現象，郭沫若以爲，周人對於天是取懷疑的態度的，因爲殷人信仰上帝，但結果遭到失敗，其天下爲周人所得，周人自然要對天產生懷疑。尊崇天的話是對待著殷人或殷的舊時屬國說的，而有懷疑天的說話是周人對著自己說的。「這就表明著周人之繼承殷人的天的思想只是政策上的繼承，他們是把宗教思想視爲了愚民政策。自己儘管知道那是不可信的東西，但拿來統治素來信仰它的民族，卻是很大的一個方便。自然發生的原始宗教成爲了有目的意識的一個騙局。」〔註 136〕趙光賢先生的觀點與郭沫若的觀點略所不同，趙先生指出，周人也相信天命，也占卜，但不像殷人那樣迷信天命。「值得注意的是，儘管周人在官書上和貴族們在所鑄寶器的銘文上經常談天命，實際上往往是官樣文章，作者並不一定那樣相信，至少一些先覺之士對天命是持懷疑態度的。」〔註 137〕郭沫若、趙光賢兩先生均以爲因爲對天命的懷疑而導致了德、敬德思想的產生〔註 138〕。

〔註 136〕郭沫若：《郭沫若全集》歷史編 1，第 334～335 頁（《先秦天道觀之進展》）。
〔註 137〕趙光賢：《周代社會辨析》142～144 頁。
〔註 138〕分別見於郭沫若，《先秦天道觀之進展》，《郭沫若全集》歷史編 1，第 335～337 頁。趙光賢，《周代社會辨析》144～145 頁。

　　徐復觀先生指出，周初的天、帝、天命等觀念，都是屬於殷文化的系統。周之克殷，乃係一個有精神自覺的統治集團，克服了一個沒有精神自覺或自覺得不夠的統治集團〔註139〕。徐氏針對上述的矛盾現象指出，周人對於其政權的根源及行為的最後依據訴之於最高神的天命。具有人格神的天命對於人僅居於監察的地位，監察的準據，乃是人們行為的合理與不合理。「於是天命（神意）不再是無條件地支持某一統治集團，而是根據人們的行為來作選擇。這樣一來，天命漸漸從它的幽暗神秘的氣氛中擺脫出來，而成為人們可以通過自己的行為加以瞭解、把握，並作為人類合理行為的最後保障。」根據《尚書》中天命根據人們行為以作選擇的情形，天命既以人自身之德為依歸，則天命對於統治者的支持，乃是附有很嚴格地條件的；這與過去認為天命是無條件地支持一個統治者，大異其趣；所以便由此而感到「天命不易」的觀念。觀乎夏商、殷周之際，一有失德，天命即轉向他人，於是有「天命靡常」的觀念。更以合理之精神投射於天命之上，而又有天命不可知，不可信賴的思想。「天命不可知，不可信，是說離開了自己的行為而僅靠天命，則天是不易把握，是無從信賴的。天命既無從信賴，則惟有返而求之於人的自身；這便漸漸從宗教對神的依賴性中解脫出來了。」〔註140〕趙伯雄先生指出：周人基於對喪失天命的恐懼心理，對殷代的天命得失進行了冷靜的思考，從而把治亂興亡的原因歸結到人事。周人所說的「惟命不于常」、「天不可信」，並非是懷疑天命的存在，而是表達出對於天改易的恐懼心理。「在周人那裏，上帝就是這樣無所不在，無所不為。人的一切行為，似乎於冥冥中都有上帝在指引。表面上看是人在活動，但實際上是上帝在假手於人來實現某種目的。……周人篤信天命鬼神，於程度上一點也不比殷人為輕，但他們的思維方式自有其特點。他們拓展了皇天上帝活動的領域，把人的一切政治活動都與上帝聯繫了起來。」〔註141〕許倬雲亦指出，周人以蕞爾小邦，國力遠遜於商，居然在牧野一戰而克商。周人一方面對如此成果有不可思議的感覺，必須以上帝所命為解，另一方面又必須說明商人獨有的卜帝居然會放棄對商人的護祐，勢須另據血緣及族群關係以外的理由，以說明周之膺受天命。「於是上帝賜周以

〔註139〕徐復觀：《中國人性學史》14～18頁。
〔註140〕徐復觀：《中國人性學史》22～24頁。
〔註141〕劉澤華：《中國傳統政治思維》15～19頁。可參看劉澤華《先秦政治思想史》30～35頁，南開大學出版社，1984年。

天命，是由於商人失德，而周人的行為卻使周人中選了。」〔註142〕許氏所論，當是同於上述兩家觀點。

劉家和先生論及周統治者神化王權時曾經指出周統治者對於天和人的關係的認識兩個重要變化，其一，就是把這種關係既理解授命者與受命者的關係，又理解為血緣性的關係。其二，就是不再把天命看作永恒不變的，而是看作會因條件變化而變化的，並且那條件不在天上而在人間。周統治者的天命無常的看法不僅來自周之代商，而且追溯到了以前的商之代夏。同時意識到天命對夏、商不是永恒的，對周也不可能是永恒的。周統治者從變化無常的天命中極力尋求出不變的或可信的因素，意識到所謂「天命」（實即王權）的得失，關鍵在於統治者本身的明德或失德。不把成敗得失的終極原因歸之於天，而歸之於自身的有德與否，周統治者的這種天命王權觀中已經顯示了某些人定論的覺醒意識。周統治者還意識到要從民情人心中去把握變化莫測的天命，在客觀上給自己的天命王權說中加進了某種理性的因素，即自覺或不自覺地把天上的、虛幻的天命還原為人世的、現實的人心。〔註143〕顯然，這兩方面的變化並沒有否定天命的存在。劉先生的論述其實亦很好的說明了殷周天命觀的不同，由此我們可以看出天命觀至於周的進展情況。

因此，我們可以看出，周人還是相信天命的，只是周人心目中的天命具有了善惡觀念，而且是賞善罰惡的，賞善罰惡的依據在於統治者的行為是否合理，而統治者的行為是否合理的最終依據在於民意；天命是依據民意的。亦即是說周人賦予了或者說從歷史與現實的反思中認識到了天具有賞善罰惡的功能，正因為如此，才提出了德治思想，從而把重心放在自身的行為上。由此我們以為，《尚書》德治思想的產生是基於對能賞善罰惡的天的信任，而非對於天命的懷疑。

二、孔子德治思想的思想基礎

孔子以為「善人為邦百年，亦可以勝殘去殺矣」（《子路》）這句話說得對〔註144〕，又云，「如有王者，必世而後仁。」（《子路》）治理國家，雖任重道遠，但卻是可為的，前途也是光明的。孔子為何相信善人、王者之為政？顯

〔註142〕許倬云：《西周史》101 頁。
〔註143〕劉家和：《論中國古代王權發展中的神化問題》537～542 頁。
〔註144〕參看楊伯峻：《論語譯注》137 頁。

然是他們施行的是德治，因此，孔子相信的是德治的效用。然而爲何孔子如此相信德治的效果？孔子云：「性相近也，習相遠也。」（《陽貨》）又云，「政者，正也。子帥以正，孰敢不正？」（《顏淵》）又云：「子欲善而民善亦。君子之德風，小人之德草。草上之風，必偃。」（《顏淵》）又云：「其身正，不令而行，其身不正，雖令不從。」（《子路》）又云「苟正其身矣，於從政乎何有？不能正其身，如正人何？」（《子路》）如此，則孔子是認爲統治者的行爲必然會影響被統治者的行爲，此爲身教而非言教，是德而非政，是禮而非刑。徐復觀先生指出，孔子的這種信任的根據即是處於對人的信賴，對人性的信賴。〔註145〕看來徐先生是探到了現象的本質。

　　既然談及人性，似乎不可避免地要論及人性善惡的問題。那麼在孔子看來，人性是善的還是惡的？《論語》中「性」字兩處出現，但孤立地看，並不能說明其所謂性是善或惡。孔子云：「性相近，習相遠也。」（《陽貨》）朱熹云：「此所謂性，兼氣質而言者也。氣質之性，固有美惡之不同矣。然以其初而言，則皆不甚相遠也。但習於善則善，習於惡則惡，於是始相遠耳。」又引程子曰：「此言氣質之性。非言性之本也。若言其本，則性即是理，理無不善，孟子之言性善是也。何相近之有哉？」〔註146〕戴震、李光地、焦循及劉寶楠皆以爲孔子、孟子二者均主張性善說〔註147〕。徐復觀先生指出，朱熹認爲孔子此處所言之性，指的是氣質之性；此一說法並不符合孔子的本意〔註148〕。又子貢說：「夫子之文章，可得而聞也；夫子之言性與天道，不可得而聞也。」（《公冶長》）朱熹云：「性者，人所受之天理；天道者，天理自然之本體，其實一理也。」〔註149〕徐先生於此指出朱熹此處所言性爲義理之性；孔子的人性學說是主張人性善的〔註150〕。劉起釪先生指出，《召誥》所云「若生子，罔不在厥初生自貽哲命」一語，爲我國人性論的最早文獻。《蔡傳》云「初生習爲善則善矣」，可見周公的意思，善是要自己習出來的。這是性無善無不善論，和孟、荀說都異而與告子、世碩卻同。告子之言曰：「性猶湍水也，決諸東方則東流，決諸西方則西流。」（《孟子・告子上》）世碩之言曰：「舉

〔註145〕徐復觀：《孔子德治思想發微》，《中國思想史論集》187頁。
〔註146〕朱熹：《論語集注》175～176頁。
〔註147〕參看劉寶楠：《論語正義》676～677頁。
〔註148〕徐復觀：《中國人性論史》（先秦篇）68～70頁。
〔註149〕朱熹：《四書章句集注》79頁（《論語集注》）。
〔註150〕徐復觀：《中國人性論史》（先秦篇）71～80頁。

人之善性養而致之則善長，惡性養而致之則惡長。」（《論衡・本性篇》）這都是「自貽哲命」的說法〔註 151〕。孔子的人性說或許與此一致。這一觀點似乎在劉家和先生那裏得到了論證。

劉家和先生指出，孔子的仁學說裏的仁，是要從個人自身的道德人格建立作起，自己覺悟到自己是人，然後才可能把別人也當作人。首先承認個人人格的重要性，承認個人具有一種內在的或潛在的理性，這理性正是人類理性的來源〔註 152〕。劉先生這裏所說的理性，當是指人對於事物的性質與功能的思考與論證〔註 153〕。這裏當是指對人本身的性質與功能的思考與論證。可見，這裏的理性指的是人的認知能力。蔣重躍先生指出，「孔子突破了傳統道德的氏族界限，提出了普遍的人性概念，應當說具有革命性的意義。如果說在中國歷史上是孔子第一個發現了人，也不為過。孔子倡導的仁學就是這種人性論的生動體現。」孔子所謂使人相近的人性包含著理性因素或道德的傾向，在人的內部又似乎潛在著某種非理性因素或非道德化傾向〔註 154〕。蔣先生在這裏用的「又似乎」字眼，顯得非常愼重，其立論依據是孔子常把人劃分為君子和小人。顯然，這裏的君子和小人，應當主要是從道德的層面來劃分的〔註 155〕。而道德有高低之分，並無優劣之分。因此，蔣先生試圖發展劉先生的觀點所使用的論據似乎存在問題。從而我們認為，如果從理性的角度來闡釋孔子的人性學說，則不能說人性是善的，亦不能說人性是惡的。因為人的認知能力，有高下之分，但無優劣之分，亦無善惡之分。我們查看劉先生精心撰寫的兩部論文集中相關的文章，雖然先生並沒有明確提出孔子所云的人性是善還是惡〔註 156〕，但據此似乎可以認定劉先生的觀點是認為孔子所

〔註 151〕 劉起釪：《尚書校釋譯論》1452 頁。《召誥》「討論」。
〔註 152〕 劉家和：《論古代軸心時期的文明與原始傳統的關係》,《古代中國與世界》471頁。
〔註 153〕 劉家和：《歷史理性在古代中國的發生》,《史學、經學與思想》49〜50 頁。
〔註 154〕 蔣重躍：《韓非子的政治思想》129〜130 頁。
〔註 155〕 李澤厚：《孔子再評價》,《中國古代思想史論》22 頁之第六個注釋，天津社會科學院出版社，2004 年。
〔註 156〕 儒家的人性論，據蔣重躍先生的研究，孟子倡言性善，孟子的人性概念主要是指人心，即人的天生的同情本能或曰道德傾向；荀子倡言性惡，荀子的人性概念重要是指人情。孟子和荀子都承認道德源於人心，嗜欲源於性情，孟子把心「心」叫做性，荀子把「情」叫做性，孟子主張發揚道德的人性，荀子主張限制嗜欲的人性，兩者殊途同歸，最後都落到了道德實踐的出發點上。

云人性是無所謂善惡的，這是從理性的視角來考察這一問題所得出的結論。我們以爲，或許這更加能接近孔子的思想實際。認識到這一點，我們就能更深入理解爲何孔子反覆強調不斷修養學習的重要性。孔子云，「德之不修，學之不講，聞義不能徙，不善不能改，是吾憂也。」（《述而》）孔子亦自稱是好學〔註157〕，其云：「十室之邑，必有忠信如丘者焉，不如丘之好學也。」（《公冶長》）爲什麼孔子如此強調學習修養的重要性，是因爲人常常會犯錯誤，不管是小人或是君子。但小人犯錯誤，必加以掩飾，所以子夏指出，「小人之過也必文。」（《子張》）而君子則會加以改正。所以子貢指出，「君子之過也，如日月之食焉：過也，人皆見之；更也，人皆仰之。」（《子張》）而人們犯錯誤是與人們的認知能力分不開的。只有加強修養學習，才可以少犯錯誤；即使犯了錯誤，也才能加以改正。論者多舉孔子評價管仲之例子論及仁與禮的關係〔註158〕，因爲孔子既認定管仲不知禮，又許與管仲以仁，而「顏淵問仁」〔註159〕則顯示仁與禮的一致性，所以仁與禮之關係顯得矛盾。論者或以爲孔子注重大功德而不拘泥於禮〔註160〕，或以爲「禮指的是政治化的禮樂制度，它和與仁有密切關係的禮樂文化截然不同」〔註161〕，或以爲禮高於仁〔註162〕，或以爲是政治評價與道德評價的不同評價標準〔註163〕，解說不一。事實上，孔子論管仲不知禮，是僭越的行爲，是「是可能忍也，孰不可忍也」〔註

見於《韓非子的政治思想》130～133 頁。
〔註157〕據楊伯峻先生此爲喜歡學問。見《譯注》53 頁。
〔註158〕《論語‧八佾》子曰：「管仲之器小哉！」或曰：「管仲儉乎？」曰：「管氏有三歸，官事不攝，焉得儉？」「然則管仲知禮乎？」曰：「邦君樹塞門，管氏亦樹塞門。邦君爲兩君之好，有反坫，管氏亦有反坫。管氏而知禮，孰不知禮？」《論語‧八佾》子路曰：「桓公殺公子糾，召忽死之，管仲不死。」曰：「未仁乎？」子曰：「桓公九合諸侯，不以兵車，管仲之力也。如其仁，如其仁。」
〔註159〕《論語‧顏淵》顏淵問仁。子曰：「克己復禮爲仁。一日克己復禮，天下歸仁焉。爲仁由己，而由人乎哉？」顏淵曰：「請問其目。」子曰：「非禮勿視，非禮勿聽，非禮勿言，非禮勿動。」顏淵曰：「回雖不敏請事斯語矣。」
〔註160〕周振甫：《孔子論禮》，《理論研究》1978 年 6 期。
〔註161〕李淑華：《試論孔子對傳統禮樂文化的貢獻》，《孔子研究》1994 年 4 期。
〔註162〕蔡尚思：《〈論語〉真相與有關名著》，《傳統文化與現代化》1998 年 3 期。
〔註163〕東方朔、林紅成，《政治與道德之分解》，《南京師範大學文學院學報》2005 年 1 期。
〔註164〕「忍」楊伯峻先生譯之爲「狠心」；一般人把它解爲「容忍」、「忍耐」。見《譯注》21 頁。無論哪一種解說，均指出管仲行爲的嚴重性。

164〕。劉家和先生於此以爲，這個矛盾應從動態去看，因爲仁是一個不斷修養的過程，此時仁，未必彼時仁，此地方做到仁，未必彼地方做到仁，孔子云：「回也，其心三月不違仁，其餘則日月至焉而已矣。」（《雍也》）所以仁與禮是相統一的，不矛盾〔註165〕。劉先生此說較爲通達，正可以說明孔子爲何要強調不斷修養學習的重要性。仁人如管仲都要犯錯誤，何況他人。故而修養學習之重要性不待言。

　　需要指出的是，孔子的人性學說是與春秋時期大量顯現的人本思想相一致的，或者說是蘊育於春秋時期的人本思想中的。劉家和先生指出，人本思想本義是關心或致力於人的利益（而非神的利益）的思想體系。「這種思想的基本要求是，把人看作人而非神或任何其他非人之物，同時以人事而非天心或神意來解釋人事。」「人本思想不等於無神論，它並不要求人們在思想上排除對於神的信仰，而只要求人們在處理人神或天人關係時以人爲本。」〔註166〕春秋時期的人本思想大量地展現在《左傳》中，首先表現在以人而非神爲目的這一點上，更大量地表現在主要以人事說明人事的成敗得失上〔註167〕。正是在人本思想的大環境裏面蘊育了孔子的人性學說。

三、《尚書》與孔子德治思想的思想基礎比較小結

　　周初統治者的德治思想，作爲一種政治思想，是與天命思想緊密相關的。由於周人從歷史與現實的反思中認識到了或者說賦予了天具有賞善罰惡的功能，提出了德治思想，從而把重心放在自身的行爲上。《尚書》德治思想的產生是基於對賞善罰惡天的信任，而非對於天命的懷疑。而孔子德治思想，雖然與天命思想關係還是相當密切，但在孔子那裏，德治的實質即是仁治〔註168〕，德政已經發展成了仁政〔註169〕。因此，孔子的德治思想，即如徐復觀先生所指出的，是基於對人性的信賴；孔子的人性學說則是在春秋時代人本思想的大環境裏面蘊育形成的。

〔註165〕筆者於 2006 年第三學期以此請教於先生書房。
〔註166〕劉家和：《〈左傳〉中的人本思想與民本思想》，《史學、經學與思想》357 頁。
〔註167〕劉家和：《〈左傳〉中的人本思想與民本思想》，《史學、經學與思想》358～362頁。
〔註168〕趙光賢，《論孔子學說中「仁」與「禮」的關係》，《北京師範大學學報》，1985年第 1 期。
〔註169〕劉家和，《先秦儒家仁禮學說新探》，《古代中國與世界》382 頁。

第五節　德治之施德者與受德者

　　《尚書》與孔子德治思想提出的歷史背景之不同既如上章所述，德治之施德者與受德者所指爲何？本節擬從以下三方面來加以論述：一、西周春秋時代之社會結構簡析；二、《尚書》、孔子德治之施德者與受德者；三、《尚書》、孔子德治之施德者與受德者比較之小結。

一、西周春秋時代之社會結構簡析

　　爲了更好地瞭解德治的施德者與受德者，我們有必要對西周時代的社會結構作一簡單的分析。從童書業、楊寬、何茲全、顧德融、朱順龍等先生的研究來看〔註170〕，西周至於春秋時期，社會結構之大體框架基本一致，天子、諸侯、卿、大夫、士屬於一個階層，庶人、工、商屬於一個階層，奴隸屬於一個階層。這是從外在形態來看的結果。如果從內在的經濟政治地位來看，三個階層存在著巨大的變化。茲據上述諸位先生的研究從經濟和政治的地位角度來作一簡介，以期對德治思想的主體和客體有更好的把握。

　　有關西周和春秋時代的社會結構，《國語》、《左傳》爲我們提供了大致的線索。如《國語・晉語四》記述了晉文公執政後當時社會各階層的狀況云：「公食貢，大夫食邑，士食田，庶人食力，工商食官，皂隸食職，官宰食加。政平民阜，財用不匱。」《左傳・昭公七年》楚國芉尹無宇對楚靈王談到周代的社會等級時云：「天有十日，人有十等。下所以事上，上所以共神也。故王臣公，公臣大夫，大夫臣士，士臣皂，皂臣輿，輿臣隸，隸臣僚，僚臣僕，僕臣臺。馬有圉，牛有牧，以待百事。」又《桓公二年》載晉臣師服談到西周的等級建制時云：「故天子建國，諸侯立家，卿置側室，大夫貳宗，士有隸子弟，庶人、工、商、皂隸不知遷業。」又《襄公九年》楚國大臣子囊談到春

〔註170〕童書業，《春秋左傳研究》（校訂本）：西周春秋制度文化之部（71）宗法制與分封制，（72）奴隸制，（73）釋「民」，（74）釋「國人」附釋「輿人」，（75）世族制，（76）爵位，（92）甲士；春秋左傳札記（22）宗法、封建之制，（23）天子、諸侯、大夫、士，（24）庶人、工、商，（25）奴隸，（64）天子、諸侯、卿、大夫、士地位之變遷，（65）庶人、工、商地位之變遷及「國人」起義，（66）奴隸地位之變遷。何茲全，《何茲全文集第三卷・中國古代社會》「由部落到國家」之「階級分化和演變」部分。楊寬，《西周史》第三編西周王朝的政權機構、社會結構和重要制度第一章至第五章之內容。顧德融、朱順龍，《春秋史》第六章之第一節內容。

秋時晉國的政治狀況時云：「其卿讓於善，其大夫不失守，其士競於教，其庶人力於農穡，商、工、皁隸不知遷業。」所以顧德融、朱順龍二先生據此指出，西周至春秋時的社會等級是有天子、諸侯、卿大夫、士、庶人、工商、皁隸等各等級組成的。其中天子、諸侯、卿大夫、士都是有官職、有封邑或土地的統治者，應該屬於貴族階級，庶人、工商、皁隸基本上是勞動者，他們無官職、無土地，是被統治階級。其中庶人、工商的社會地位要高於皁隸，是被統治者中的上層，皁隸及其以下等級是被統治者中的下層，應屬奴隸階級〔註171〕。我們對此稍加分析。

（一）貴族之經濟政治地位。

上述結構變遷之始，當於第一階層，而變遷之巨，亦莫如第一階層。童書業先生指出，孔子所云「天下有道，在禮樂征伐自天子出；天下無道，則禮樂征伐自諸侯出。自諸侯出，蓋十世希不失矣；自大夫出，五世希不失矣；陪臣執國命，三世希不失矣。天下有道，則政不在大夫；天下有道，則庶人不議」略可代表春秋時代天子、諸侯、大夫、士之變遷，蓋逐層倒塌，而最後士興，以貴族下層與庶人上層合成新興之「士夫」，爲後世官僚集團之前身；而一部分諸侯、大夫亦集中權力，轉化成專制君主，戰國時代中央集權之封建國家在形成中〔註172〕。此正指出了巨大變遷的大致趨勢。事實上，第一階層的變遷則集中反映在周王朝經濟、政治控制能力的衰退上。楊寬先生指出，西周王朝實行重要官爵世襲制，但按禮必須由天子重加冊封。不僅諸侯世襲按禮要由天子加封，卿大夫與近臣繼嗣祖考的官職也要周王重加冊命。不僅王臣去世，王臣之子繼承父職，常由周王重加冊命；周王去世，新王繼嗣即位以後，也要對舊臣重加冊命。〔註173〕這可以在某種程度上反映出周天子具有極強的政治控制權力。《左傳·定公四年》記錄了西周時魯、衛、晉三國分封的具體情況，晁福林先生因此指出，分封時所賜予的典策儀仗之類的東西，代表著周王朝從政治上對於所封諸侯國的認可和支持，分封時所舉行的授民授疆土的儀式，表示新的諸侯國擁有土地和民眾的權力；分封不僅是政治關係的確立，而且也是經濟關係的確立〔註174〕（前文已引）。

〔註171〕顧德融、朱順龍：《春秋史》335～336頁。
〔註172〕童書業：《春秋左傳研究》（校訂本）311頁。
〔註173〕楊寬：《西周史》364～365頁。
〔註174〕晁福林：《夏商西周的社會變遷》267頁。

而這正體現了周政權在政治、經濟上具有極大的控制力。懿王（公元前 907
～前 898 年）之時，王室遂衰〔註175〕。據師獸簋、師燮簋所載錄，到夷王
（公元前 887～前 858 年）時，大權就落到執政大臣伯龢父的手中，伯龢父
也同周王一樣，用冊命禮來命臣屬繼襲祖考的職司行事了。周王舉行冊命禮
時，所發佈的命令，稱為「王若曰」，這時白（伯）龢父舉行冊命禮而發號
施令，竟也稱為「白（伯）龢父若曰」了。而據師訊鼎載錄，師望不稱自己
為王臣，而自稱為「大師小子」，說明當時太師的權勢已凌駕國王之上。又
據柞鍾載錄，受命者並不感謝王恩，卻是感謝太師而作鍾。周王根本已經不
在受命者的眼中，說明當時正由太師專權，王不過是傀儡而已〔註176〕。而
到了春秋時代，周王室更加衰微，春秋霸權遞興則從一個側面反映了周王權
力的旁落，我們於前文「以王權為視角觀察西周與東周（春秋）之社會變化」
中已經論及此一問題，從周天子與諸侯的具體關係上可以看出周王權控制力
的嚴重削弱，這主要體現在經濟、政治權力上。至於卿大夫、家臣專政，則
更加彰顯周王的實際權力與地位一落千丈。這就從王室內外反映出周天子實
際控制力的衰退。

　　封國制度之初衷是用政治分權的辦法來加強貴族階級的統治地位和力量
〔註177〕。封國諸侯，除了對天子應盡一些義務外，在其封疆之內，有徵稅、
徵賦、強制人民服兵役及各種勞役的權利。在諸侯與其境內臣民都有君臣關
係。在西周時期，這些大小封國是半獨立的國家；東遷以後，王室衰微，它
們事實上成為獨立的國家。之所以能成為半獨立乃至於完全獨立的國家，是
因為諸侯們有世襲佔有大片土地的權利。從佔有到所有，土地私有製成為獨
立或半獨立的物質基礎。與封國是諸侯的領地性質一樣，採邑是卿大夫的領
地。採邑最終成了卿大夫的世襲領地，卿大夫在其採邑之內，正如諸侯在其
封國之內一樣，也設官職，建軍隊，還有徵稅、徵賦，以及強迫人民服各種
徭役的權力。在卿大夫統治下的臣民與其也發生君臣關係，即人身隸屬關係，
要為卿大夫效忠，為其做各種各樣的義務。所以趙光賢先生指出，封建國家

〔註175〕司馬遷：《史記》140 頁（《周本紀》）。編年採用萬國鼎編，萬斯年、陳夢家
　　　　補訂《中國歷史紀年表》，北京：中華書局，2005 年。
〔註176〕見於楊寬：《西周史》365～366 頁、358 頁。
〔註177〕趙光賢先生把封國制度與宗法制度比作封建社會整個上層建築的兩大柱石。
　　　　見《周代社會辨析》110 頁。

的一個鮮明的特點，即是天子，諸侯、卿大夫都有自己的疆土、人民、政權、官員、法律、軍隊、財賦等等，形成獨立的或半獨立的國家。〔註178〕事實上這種制度的發展最終導致了尾大不掉的狀況。春秋初，《左傳·桓公二年（公元前710年）》師服曾指出，「國家之立也，本大而末小，是以能固」〔註179〕。而社會的發展卻形成了「本小末大」的局面，諸侯漸而卿大夫漸而陪臣逐步控制了經濟政治權力，因而有孔子「天下無道」之歎。

（二）國人、庶人，工、商之經濟政治地位

在這種社會結構中，國人的身份似乎比較特殊。童書業先生以爲，「國人」爲國都中之人。春秋以上之「國」本指國都所在之城市，其範圍初不甚大。「國人」有廣狹三義，其一，國都城中之人，其二，國都城內外之人，其三，泛指本國疆域內之人。所以童先生以爲國都範圍內之「國人」包括士、農、工、商；國都城內之人之「國人」，則主要指士、工、商〔註180〕。楊寬先生以爲，從西周初期直到春秋時代，天子的王畿和諸侯的封國都存在有鄉遂制度，此種制度爲當時社會的主要結構。「國人」是天子的王城和諸侯的都城中「鄉」的居民，是貴族中基層的下層，屬於「士」一級，既是國家軍隊中的甲士、戰士，又是貴族基層的支柱。「遂人」是王城和都城郊外「野」、「鄙」、「遂」的農民，也包括卿大夫所屬採邑的農民，亦稱爲「庶人」、「庶民」、「野人」、「鄙人」或「氓」〔註181〕。徐亮工先生則以爲，「國人」與「國野」之制無關，它是春秋時期東方各諸侯國等級佔有制進一步發展的特定產物。「國人」作爲國君公室直接管轄的臣民，與卿大夫之家的「私屬」相區別存在〔註182〕。何茲全先生以爲，國野之分，源自於西周分封，「周王分封諸侯，新貴族帶領同族周人和分給他們的商族人到新地建立國家，一般是周人居住邑中，商人居住野，這就有了國、野之分，也就出現了居住國中的人稱國人，居住在野的人稱作野人。」國人最初包括貴族，但主要的是貴族以外的周族自由平民。〔註183〕劉家和先生亦指出，國人有廣狹二義。廣義地說，凡國中之人（包括貴族、

〔註178〕趙光賢：《周代社會辨析》114頁、118頁。

〔註179〕楊伯峻：《春秋左傳注》（修訂本）94頁。

〔註180〕童書業：《春秋左傳研究》（校訂本）120～121頁。顧德融、朱順龍兩先生的看法類似於此，參看《春秋史》343～344頁。

〔註181〕楊寬：《西周史》420、424頁。

〔註182〕徐亮工：《「國人」新解》，見於唐嘉弘主編《先秦史論集》103～129頁。

〔註183〕何茲全：《何茲全文集第三卷·中國古代社會》1157～1158頁。

國君）皆在其內，狹義地說，則指國中一般公民〔註184〕。可見諸家對於「國人」產生及所包含對象的看法並不一致。

有關「國人」與「庶人」進一步的區別，楊寬先生認爲西周春秋間被稱爲「國人」的「鄉」中居民，是具有完全公民權的統治階層。他們的社會組織，長期保留有「村社」的因素，「村社」的一切成員都被視爲有平等的權利，其土要的物質基礎就是土地。他們還保留有村社土地所有制的形式，每個成員可以有一塊質量和數量大體相等的份地。當時的國家和執政的貴族，爲了統治廣大群眾，很注意這群公民的團結一致，防止他們中間發生顯著的財產分化，特別是佔有耕地不平均。而居於「遂」或「野」、「鄙」的居民，也長期保留有「村社」的組織形式，有平均分配耕地的習慣〔註185〕。據此而論，是否擁有份地並非「國人」與「庶民」的區別。楊寬先生以爲其區別是體現在權力和義務上：國人具有參與政治、教育、選拔的權力，有服兵役的義務；國家危難和改立國君等大事，要徵詢國人的意見，同時國人經常可以評論國君，甚至流放暴虐的國君。庶民沒有任何政治權利，也沒有資格成爲正式戰士；庶民要集體耕種「井田制」的「大田」（或稱「甫田」），又要耕種「井田制」的「私田」（即份地），更要對貴族隨時貢獻和服役，貢獻包括紡織品和獵得物，服役包括修屋和貴族家中雜務，同時還要接受貴族的召集，參與狩獵和防守及出征〔註186〕。晁福林先生則指出，西周前期和中期並未有「國人」之稱。《國語·周語上》載「厲王虐，國人謗王」，「宣王在邵公之宮，國人圍之」。此「國人」指國都內之人。可見在西周後期「國人」之稱才出現。西周時期屢見的「庶人」與「國人」的區別就在於是否有土地所有權。「庶人」只是井田制度下的農夫，對於土地只有只有佔有和使用的權力；「國人」則是擁有個人私有土地者。「國人」是隨著土地私有制的發展而壯大的。春秋中、後期，「國人」的力量特別強大，跟這個時候土地所有權的下移很有關係。春秋時期，「國人」概念擴大的時候，凡本國之人也就都可以稱爲「國人」，但這種「國人」也當是擁有一定數量的土地者〔註187〕。晁先生又指出，周代的「士」是很複雜的一個階層，它有一部分屬於下層貴族，另有一部分屬於上層的庶

〔註184〕劉家和：《楚邦的發生和發展》，《古代中國與世界》323頁。

〔註185〕楊寬：《西周史》421、423頁。

〔註186〕楊寬：《西周史》421、424～425頁。

〔註187〕晁先生提出了西周前期和中期國都內之人爲何不以「國人」相稱這一問題，但似乎並未加以回答。見於晁福林，《夏商西周的社會變遷》303頁第53條注釋。

人。平民的上層在從西周後期開始稱爲「國人」，平民的下層在周代稱爲「庶
人」，庶人和國人之間並無截然界限〔註188〕。看來，問題的癥結在於西周後期
出現的被稱爲「國人」與西周時代稱爲「庶人」二者之間是居於何種關係。《尚
書‧洪範》所云「汝則有大疑，謀及乃心，謀及卿士，謀及庶人，謀及卜筮」，
《梓材》所云「以厥庶民暨厥臣達大家，以厥臣達王，惟邦君」，《詩經‧大
雅‧卷阿》所云「鳳凰于飛，翽翽其羽，亦集爰止。藹藹王多吉士，維君子
使，媚于天子。鳳凰于飛，翽翽其羽，亦傅于天。藹藹王多吉士，維君子命，
媚于庶人」，可見，《書》《詩》中均顯示了庶人有一定之政治地位，能參與國
事。國有大疑，要謀及卿士，也要謀及庶人；貴族要取悅於天子，也要取悅
於庶人，這都說明庶人在政治上是有地位的〔註189〕。此三則似乎均爲西周早
期的材料〔註190〕，楊寬先生似乎並未對此數則材料作出說明。晁福林先生又
據孔子所云「天下有道，則庶人不議」指出，「這種可以對國事發表議論的庶
人與『謗王』的國人應當沒有什麼區別。」〔註191〕似乎也沒有揭示出周初「庶
人」與西周末「國人」之區別與聯繫。或許還是何茲全先生的論述較爲通融，
何先生指出，西周春秋時期，有「眾」和「庶」，亦稱眾人、庶人或庶民。從
起源上看，眾可能來自商，庶來自周。眾、庶都是勞動者，特別是從事農業
的勞動者。又指出，西周春秋時期，是民族大融合時期，也是階級分化、演
變比較顯著的時期，殷人、周人逐漸融合一起，階級關係也有了新的調整。
春秋時期，殷人、周人間的不平等逐漸消失了，眾人、庶民都混同起來稱作
「民」；民甚至包含了國人。此時期仍有國人，而且很活躍，這可以認爲國人

〔註188〕晁福林：《夏商西周的社會變遷》373頁。又可參見晁先生《論周代國人與庶
　　　　人社會身份的變化》，《人文雜誌》98～105頁，2000年3期。
〔註189〕何茲全：《何茲全文集第三卷‧中國古代社會》1166～1167頁。
〔註190〕關於《洪範》，《史記‧周本紀》云：「武王已克殷後二年，問箕子殷所以亡。
　　　　箕子不忍言殷惡，以存亡國宜告。武王亦醜，故問以天道。」《宋世家》也云：
　　　　「武王既克殷，訪問箕子。」接著載錄了此篇全文。《尚書大傳》云：「武王
　　　　既勝殷，繼公子祿父，釋箕子囚。……箕子既受周之封，不得無臣禮，故於
　　　　十三祀來朝，武王因其朝而問《洪範》。」由此可見《洪範》爲周武王訪問箕
　　　　子的話。《書序》則云：「武王勝殷，殺紂，立武庚，以箕子歸，作《洪範》。」
　　　　《偽孔傳》云：「歸鎬京，箕子作之。」儘管對其作者有爭論，但是該篇爲周
　　　　初作品則無疑。參見劉起釪《尚書校釋譯論》該篇「討論」。關於《梓材》，
　　　　此篇爲周公誥康叔誥辭，顯然爲周初文獻，此篇雖有爭論，然此處則無疑。
　　　　參見劉起釪《尚書校釋譯論》該篇「解題」及「討論」。《詩經‧大雅‧卷阿》
　　　　舊說以爲召康公戒成王，看來也是周初的作品。
〔註191〕晁福林：《夏商西周的社會變遷》373～374頁。

和民還沒有完全混同。民雖然逐漸成爲大名可以包括國人,而一部分國人仍活躍於政治舞臺。這部分國人,大約是居住於城邑的人,是民中的上層〔註 192〕。

雖然對於「國人」所確指的對象諸家看法有異,但是對於「國人」之重要地位,似無異詞。童書業先生即指出,「國人」(主要爲士)在西周後期及春秋時地位極爲重要。國之盛衰、勝敗,國君及執政之安否,貴族之能否保其宗族及興盛,幾悉決定於「國人」〔註 193〕。例如國人驅逐國君下臺。《左傳・僖公二十八年》:「晉侯、齊侯盟於斂盂。衛侯請盟,晉人弗許。衛侯欲與楚,國人不欲,故出其君,以說於晉。衛侯出居於襄牛。」而當時人對此並不覺得過分,《左傳・襄公十四年》:「師曠侍於晉侯。晉侯曰:『衛人出其君,不亦甚乎?』對曰:『⋯⋯天之愛民甚矣,豈使一人肆於民上以從其淫而棄天地之性?必不然矣。』」師曠之言,應當代表了當時很多了人看法。又如國人也能驅逐貴族。《左傳・哀公十一年》:「夏,陳轅頗出奔鄭。初,轅頗爲司徒,賦封田以嫁公女;有餘,以爲己大器。國人逐之,故出。」又如國人在貴族間的爭鬥中往往起決定勝負的作用。《左傳・文公二十八年》載錄:宋成公卒後,昭公去群公子,於是「穆、襄之族率國人以攻公,殺公孫固、公孫鄭於公宮」。《左傳・襄公三十一年》:「莒犁比公生去疾及展輿。既立展輿,又廢之。犁比公虐,國人患之。十一月,展輿因國人以攻莒子,弒之,乃立。」〔註 194〕國人在政治上又如此重要的地位,首先是由於國人有權,有從氏族延續下來的氏族成員的民主權。其次是因爲國人人數眾多,出兵打仗依靠它〔註 195〕。

上述爲國人、庶人之經濟與政治地位之大要。下面再略說工、商之經濟與政治之地位。

童書業先生指出,西周時代之手工業,蓋有金屬工(《詩・公劉》等)、木工、玉石工(《詩・淇奧》等)、陶工(《詩・綿》等)、紡織工、皮革工、營造工、武器工等。各門工人統稱爲「百工」(《令彝銘》、《蔡毁銘》、《師毀毁銘》、《伊毀銘》、《書・康誥》、《酒誥》、《洛誥》等),所謂「百工」指有官長率領之官府手工業者(但最主要之手工業仍爲與農業相結合之家庭紡織

〔註 192〕何茲全:《何茲全文集第三卷・中國古代社會》1165、1169～1171 頁。
〔註 193〕童書業:《春秋左傳研究》(校訂本)128 頁。
〔註 194〕參見童書業:《春秋左傳研究》(校訂本)128～131 頁;楊寬,《西周史》408～411 頁;何茲全,《何茲全文集第三卷・中國古代社會》1161～1164 頁。
〔註 195〕何茲全:《何茲全文集第三卷・中國古代社會》1160 頁。

業，多由家庭婦女擔任。《詩・葛覃》、《東門之枌》、《七月》、《巷伯》、《大東》、《瞻卬》等篇可證）。「百工」之身份與「商人」略等，低於「庶人」而高於奴隸，然常與奴隸並舉，可見其爲賤役（見《師設設銘》、《伊設銘》等）。「百工」居肆作工，必有工師等率領之。商人似亦有商官統率，商官即所謂「賈正」之類。「工商食官」，則官府工商業者皆食祿於官府，故爲貴族官府服役。然「工商」確實列於一般所稱「國人」之內，比較接近貴族〔註196〕。而顧德融、朱順龍二先生指出，庶人和工、商應屬於同一階層；工、商和庶人一樣在政治上有議政的權力。『百工』不能一概而論，其中存在不同的階層，既有官吏，又有平民，還有奴隸。但多數史料往往將庶人、工、商同列，說明百工從總體上來說是介於宗族貴族和奴隸之間，和庶人社會地位相同的平民階層，也即一般宗族公社成員。」〔註197〕但春秋時期的商人的勢力、實力十分強大，雖其社會地位未必提升。例如，《左傳・昭公十六年》載錄鄭桓公盟與商人云：「爾無我叛，我無強賈，毋或匄奪。爾有利市寶賄，我勿與知。」〔註198〕晁福林先生據此指出商人在西周後期的政治舞臺上的影響呈上昇趨勢〔註199〕。《左傳・僖公三十三年》載錄秦師襲鄭，「及滑，鄭商人弦高將市於周，遇之，以乘韋先，牛十二犒師，曰：『寡君聞吾子將步師出於敝邑，敢犒從者。不腆敝邑，爲從者之淹，居則具一日之積，行則備一夕之衛。』且使遽告於鄭。」〔註200〕由此可見鄭商人的經濟實力不同一般，社會地位當亦不低。又《左傳・成公四年》載錄云：「荀罃之在楚也，鄭賈人有將寘諸褚中以出。既謀寘，未行，而楚人歸之。賈人如晉，如寘出己。賈人曰：『吾無其功，敢有其寘乎？吾小人，不可以厚誣君子。』遂適齊。」〔註201〕此可以反映出商人似乎已經參與政治，其實力令貴族刮目相看，雖其身份仍爲「小人」。又《國語・晉語八》「叔向均秦楚二公子之祿」條云：「夫絳之富商，韋藩木楗以過於朝，惟其功庸少也，而能金玉其車，文錯其服，能行諸侯之賄，而無尋尺之祿，無大績於民故也。」〔註202〕「無

〔註196〕童書業：《春秋左傳研究》（校訂本）122～123頁。
〔註197〕顧德融、朱順龍：《春秋史》341～342頁。
〔註198〕楊伯峻：《春秋左傳注》（修訂本）1380頁。
〔註199〕晁福林：《夏商西周的社會變遷》374頁。
〔註200〕楊伯峻：《春秋左傳注》（修訂本）495頁。
〔註201〕楊伯峻：《春秋左傳注》（修訂本）816頁。
〔註202〕上海師範大學古籍整理研究所校點，《國語》476頁。

尋尺之祿」當言其祿少，因爲「工商食官」，應該有祿。此則材料反映晉國富商雖政治地位較低，但其經濟實力十分強盛，「能行諸侯之賄」。

（三）奴隸的經濟政治地位

童書業先生指出，西周、春秋時，奴隸之名甚繁，其總名則常爲「臣妾」，即男女奴隸。並經考訂歸納奴隸之種類如下：曰「皂隸」，官府奴隸；曰「輿」（與《左傳》所常見之「輿人」似不同），其地位與皂隸略等；曰「僚」，其地位蓋次於「皂隸」等而屬於家庭奴隸範疇；曰「僕」，家庭僕役；曰「臺」，最下等之奴隸，蓋賤「僕」；曰「圉」，養馬之奴隸；曰「牧」，養牛之奴隸；曰「豎」，守藏司事之奴隸，亦家庭童僕之類。曰「奴」，亦家庭奴隸；曰「婢」，下等之「妾」，亦家庭奴隸；曰「徒人」，似亦家庭執役之奴隸；曰「閽」，司門之奴隸；曰「小臣」，是否奴隸尚待考（然僖公四年：「與犬，犬斃；與小臣，小臣亦斃。」小臣與犬同類，且可隨意試毒殺之，則似爲奴隸，蓋亦臣僕之類）。其工作大致可分爲四類：其一，家庭執役。其二，從事畜牧業。其三，亦有從事農業者。其四，從事手工業。奴隸之來源主要爲罪犯及戰俘。〔註203〕《國語·晉語四》「皂隸食職」，注「食職，各以其職大小食祿」〔註204〕。皂、隸食祿於官府，童先生據此以爲皂、隸爲奴隸之地位較高者之類〔註205〕。但奴隸既多爲罪犯或者戰俘，其地位在社會各階層中顯然是最低的。因爲臣妾一般是可被任意殺戮的，且在人殉中主要用的是「小臣」和「姬妾」〔註206〕，由此可以反映，奴隸是無經濟政治地位可言的，儘管奴隸在貴族的經濟生活中起了重要作用。

（四）貴族平民奴隸身份的變遷

另外，需要指出的是，雖然西周至於春秋時期社會的總體結構並未發生根本的變化，但社會各階層發展至於春秋時期，其地位之升降正日益加劇。童書業先生指出，春秋時期，天子、諸侯、卿、大夫、士地位變遷，庶人、工、商地位變遷，奴隸地位變遷〔註207〕。各階層之間，流動也加劇，有貴族

〔註203〕童書業：《春秋左傳研究》（校訂本）115～119頁。顧德融、朱順龍二先生又歸納出另外兩種來源，一爲貢奉贈送，一爲交換購得來。見其著《春秋史》348頁。

〔註204〕上海師範大學古籍整理研究所校點，《國語》371～372頁。

〔註205〕童書業：《春秋左傳研究》（校訂本）115頁。

〔註206〕顧德融、朱順龍：《春秋史》345、500頁。

〔註207〕童書業：《春秋左傳研究》（校訂本）311～313頁。

降為奴隸，庶人、工、商上昇為官吏，奴隸上昇為自由民。如《左傳·昭公三年》記載晉叔向與齊晏嬰談論晉國之社會情形時云「欒、郤、胥、原、狐、續、慶、伯降在皂隸」，楊伯峻先生注云「此八氏之先，欒枝、郤缺、胥臣、先軫、狐偃五氏皆卿，續簡伯、慶鄭、伯宗皆大夫」〔註208〕，此為貴族降為奴隸〔註209〕。又有庶人、工、商因軍功升為官吏，奴隸因軍功獲得自由民身份，如《左傳·哀公二年》晉國趙鞅為了戰勝鄭國軍隊，發佈誓言云「克敵者，上大夫受縣，下大夫受郡，士田十萬，庶人、工、商遂，人臣隸圉免」〔註210〕，顯示庶人、工、商可由軍功升為官吏〔註211〕，奴隸可因軍功而獲得自由民的身份。又如《左傳·襄公二十三年》云：斐豹原是奴隸，「著於丹書」。「欒氏之力臣曰督戎，國人懼之。斐豹謂宣子曰：『苟焚丹書，我殺督戎。』」宣子喜，曰：『而殺之，所不請於君焚丹書者，有如日！』」〔註212〕此亦指出奴隸可因功勞而上昇為自由民。

二、《尚書》、孔子德治之施德者與受德者

王國維云：「周人之制度之大異於商者，一曰立子立嫡之制，由是而生宗法及喪服之制，並由是而有封建子弟之制、君天子臣諸侯之制；二曰廟數之制；三曰同姓不婚之制。此數者，皆周之所以綱紀天下。其旨則在納上下於道德，而合天子、諸侯、卿、大夫、士、庶民以成一道德之團體，周公製作之本意，實在於此。」〔註213〕確實，《尚書》之德治思想表現極為突出，正合乎王氏所論周公製作此三方面制度之旨。我們這裏並不討論周人此三方面之制度是否皆大異於商者，而試圖對此處所云「道德之團體」作一分析。然而德治之施德者與受德者為何？王國維又指出，凡制度、典禮所及者，除宗法、喪服數大端外，上自天子、諸侯，下至大夫、士止，民無與焉，所謂「禮不下庶人」。可是周之政治並非但為天子、諸侯、卿、大夫、士設，而不為民設。凡有天子、諸侯、卿、大夫、士者，以為民，有制度、典禮以治；

〔註208〕楊伯峻：《春秋左傳注》1236頁，北京：中華書局，2000年。
〔註209〕童書業先生指出，蓋八族犯罪，降為賤役；此「皂隸」雖未必全指奴隸，然可能有奴隸在內。見於《春秋左傳研究》（校訂本）118頁。
〔註210〕楊伯峻：《春秋左傳注》（修訂本）1614頁。
〔註211〕童書業：《春秋左傳研究》（校訂本）312頁。
〔註212〕楊伯峻：《春秋左傳注》（修訂本）1075頁。
〔註213〕王國維：《殷周制度論》，《觀堂集林》453～454頁。

天子、諸侯、卿、大夫、士，使有恩以相洽，有義以相分，而國家之基定，爭奪之禍泯。「且古之所謂國家者，非徒政治之樞機，亦道德之樞機也。使天子、諸侯、卿、大夫、士各奉其制度、典禮，以親親、尊尊、賢賢，明男女之別於上，而民風化於下，此之謂治。反是，則謂之亂。是故天子、諸侯、卿、大夫、士者，民之表也；制度、典禮者，道德之器也。周人為政之精髓，實存於此。」王氏指出，《禮經》言治之迹者，但言天子、諸侯、卿、大夫、士；而《尚書》言治之意者，則惟言庶民，「故知周之制度、典禮，實皆為道德而設。而制度、典禮之專及大夫、士以上者，亦未始不為民而設也。」〔註214〕此所謂「使天子、諸侯、卿、大夫、士各奉其制度、典禮，以親親、尊尊、賢賢，明男女之別於上，而民風化於下，此之謂治。反是，則謂之亂。是故天子、諸侯、卿、大夫、士者，民之表也；制度、典禮者，道德之器也」者，顯示德治之施德者即是天子、諸侯、卿、大夫、士等「民之表」，自然，德治之受德者即是民。侯外廬先生即指出，周禮的道德觀念是「專及」的，「德」是公族君子的，不是國民的〔註215〕。這種論述大致亦應該符合西周至於春秋時期之實際的。

因此，我們結合上述社會結構的分析，顯然可以認為《尚書》德治之施德者為貴族，主要包括天子、諸侯、卿大夫及各級官僚。而德治之受德者，自然主要應該是國人、庶人；工、商。而由下文論及《尚書》德治思想包括敬天孝祖，在周統治者看來，「懷保小民」即所以「敬事上帝」，而「敬事上帝」就是要「懷保小民」；敬天與保民是一而二、二而一的事情〔註216〕。孝祖同樣是想獲得祖神的庇祐。因此，天、祖亦皆成為德治之受德者，但貴族的行為更應該對上天及祖宗負責。現在的問題是，奴隸是否是包括在此德治之受德者之中。我們的回答是肯定的。例證一，《尚書·梓材》云：「女若恒越曰：我有師師司徒司馬司空尹旅。曰予罔厲殺人。亦厥君先敬勞，肆徂厥敬

〔註214〕王國維：《殷周制度論》，《觀堂集林》475～477 頁。
〔註215〕侯外廬：《中國古代社會史論》82 頁，河北教育出版社，2003 年。此處看來並非否定「民德」，《尚書》中有言及「民德」處，如《君奭》云「惟乃知民德，亦罔不能厥初，惟其終」(《盤庚》云「式敷民德，永肩一心」，郭沫若指出卜辭和殷人的彝銘中沒有「德」字，「德」字為周代的文字。見於《先秦天道觀之進展》15 頁。劉起釪認同此一意見，見於《尚書校釋譯論》962～964 頁《盤庚》、1035 頁《高宗肜日》、1208 頁《洪範》等處。)，《尚書》中也有言及「天德」處，如《呂刑》云「惟克天德，自作元命，配享在下」。
〔註216〕劉家和：《論中國古代王權發展中的神化問題》，《古代中國與世界》541 頁。

勞；肆往奸宄殺人曆人宥，肆亦見厥君事戕敗人宥。王啓監厥亂爲民。」這是周公囑咐康叔以身作則，謹身率下，特別在用刑方面要注意〔註217〕。劉家和先生釋讀爲：「你要經常地說：我的諸位僚友師師司徒司馬司空尹旅們，我不會濫殺人。那裏的邦君能率先敬勞（人民），如果你去，那裏的人民也會敬勞（於你）。如今你去，那裏有奸宄（之徒）殺害人曆（鬲）和人宥（友）的事，也就可見那裏的邦君幹過傷害人宥（友）的事。王將要以民爲鑒來衡量那裏的治亂。」〔註218〕顯然這是要求康叔對人曆人宥要愼罰，屬於德治思想的內容。劉先生考證以爲不能把人曆一律說成奴隸，但可以推定，一個城邦的統治者只要具備必要和可能的條件，就會把一部分人曆（鬲）或黎民降爲奴隸〔註219〕。可見這裏的人曆應該是包含奴隸的。例證二，《尚書·梓材》云：「王啓監厥亂爲民，曰：『無胥戕！無胥虐！至于敬寡，至于屬婦，合由以容。』王其效邦君越御事，厥命曷以？引養、引恬。自古王若茲監，罔攸辟。」劉起釪先生譯文云：「做王的察視他所治的人民，該說：『不要相互傷殘呀！不要相互壓迫呀！直到鰥寡，直到賤妾，都要把他們聯絡起來，讓他們有個安頓處。』做王的督導諸國君和管事的人，他發出大命令該以哪一項居先呢？那無非是關於長期的養育人民和安定人民的問題，這是從古以來的國王都這般地察視他的國家的，他們的最高目標原是期望沒有地方可以用著他的刑法呀！」〔註220〕此處反映的是保民的德治思想。又屬婦，《小爾雅》曰：「妾婦之賤者謂之屬婦女。屬，逮也。逮婦之名言其微也。」莫栻云：「妾婦之賤者，如周有隸役之奚，漢有入宮之婢是也。」可見，屬婦是屬於奴隸一類的人。劉起釪先生因此指出，「此篇說『至於敬寡，至於屬婦』，這是眞正注意到平民階級和奴隸階級的明證。」〔註221〕因此，《尚書》之德治思想，其受德者應該包括奴隸在內。

而孔子的德治思想，其主體雖然還是貴族等當政者，但天子大權已經旁落，諸侯爭霸，甚至陪臣執國命，當政者內部已經發生了很大的變化，這就是說，德治之施德者在貴族內部有所變化。至於德治之受德者，國人（士爲主要成分）、庶人；工、商應該還是主體。那麼奴隸是否包括在內呢？看來應

〔註217〕劉起釪：《尚書校釋譯論》1424頁。
〔註218〕劉家和：《〈書·梓材〉人曆、人宥試釋》，《古代中國與世界》169頁。
〔註219〕劉家和：《〈書·梓材〉人曆、人宥試釋》，《古代中國與世界》179～180頁。
〔註220〕劉起釪：《尚書校釋譯論》1428頁。參見王世舜《尚書譯注》178頁。
〔註221〕劉起釪：《尚書校釋譯論》1430頁。

該是包括在內的。《論語・鄉黨》云:「廄焚。子退朝,曰:『傷人乎?』不問馬。」鄭曰:「重人賤畜。」〔註222〕朱熹云:「非不愛馬,然恐傷人之意多,故未暇問。蓋貴人賤畜,理當如此。」〔註223〕此「人」當指養馬之奴隸曰「圉」者。趙光賢先生已經指出,春秋時人普遍反對人殉,孔子反對用俑,也就是反對人殉〔註224〕。而當時的人殉是包括奴隸在內的。由此可見,孔子的德治之受德者是包括奴隸在內的。這正如趙先生所指出,孔子「仁」的人生哲學是對奴隸制的根本否定,因為孔子承認人都有人格、反對殺人、反對人殉、人祭;孔子愛人是沒有階級、範圍的。〔註225〕如上所述,由於貴族、平民甚至奴隸身份的變遷,此德治之受德者內部也已經至少發生了量的變化。那麼,孔子德治之受德者是否包括天、祖先(神靈)呢?看來應該不包括在其內的。如前所述,那是因為實際上在孔子德治思想裏面,敬天與孝祖已經倫理化了,孔子所重視的是當政者或者君子的敬、孝的精神對於一般人的示範作用,也就是說,敬天與孝祖成了手段,而不是目的。

三、《尚書》、孔子德治之施德者與受德者比較之小結

《尚書》之德治思想,當是以周公為代表的周初統治者的德治思想,之所以提出德治思想,當是因為周朝的統治者在戰勝並取代了殷朝以後,開始總結前朝失敗及自己勝利的經驗。他們發現,殷代以及從前的夏代所以失敗,關鍵在於失去了民心的支持,而殷、夏的失去民心,關鍵又在於他們自己的失德。周統治者已經有條件地把「德」推廣施用於被征服的人民,使原始的禮中的「德」的部分的重要性超出了「刑」的部分。這是一次重要的變革,是對原始傳統的一次重要調整〔註226〕。顯然,周初統治者提出德治思想(《尚書》中的德治思想)是出於穩定、鞏固政權的需要,也就是說以周公為代表的周初統治者的德治思想是圍繞一家政權得失而展開的,他們認識到德治之客體對於獲取、穩定、鞏固政權的重要性。我們從分析各階層的經濟政治地

〔註222〕 《十三經注疏》2495 頁(《論語注疏》)。

〔註223〕 朱熹:《四書章句集注》121 頁(《論語集注卷五》)。

〔註224〕 趙光賢:《周代社會辨析》155~156 頁,人民出版社,1980 年。

〔註225〕 趙光賢:《論孔子學說中「仁」與「禮」的關係》,《北京師範大學學報》1985 年 1 期。

〔註226〕 劉家和:《論中國古代軸心時期的文明與原始傳統的關係》,《古代中國與世界》465 頁。

位即可知認識到這種重要性於一斑；甚至奴隸，也在家庭雜役、農業、手工業中具有重要作用。而孔子的德治思想是針對當時禮崩樂壞的「無道的天下」提出的，其出發點似乎並非是爲了某個政權，而是爲了實現「禮樂文明社會」，一個突出的事實就是：《論語・陽貨》云：「公山弗擾以費畔，召，子欲往。子路不說，曰：『末之也，已，何必公山氏之之也？』子曰：『夫召我者，而豈徒哉？如有用我者，吾其爲東周乎？』」孔曰：「弗擾爲季氏宰，與陽虎共執季桓子，而召孔子。」孔《注》又指出，「興周道於東方故曰東周」。〔註227〕朱熹指出，子路之言，其意爲「道既不行，無所往矣，何必公山氏之往乎」；孔子之意爲「必用我，我興周道於東方」。〔註228〕又孔子是極其重視禮的，《論語・八佾》孔子曰：「夏禮，吾能言之，杞不足徵也；殷禮，吾能言之，宋不足徵也。文獻不足故也。足，則吾能徵之矣。」又說「周監於二代，郁郁乎文哉！吾從周。」《論語・述而》孔子曰：「甚矣吾衰也！久矣吾不復夢見周公！」周公是制訂周禮的重要人物，孔子對其極其敬仰，此應該是重要原因之一。由此觀之，孔子關注的重點在於社會秩序的建立。

因此，《尚書》中以周公爲代表的統治階級的德治思想的提出，主要是認識到民心在政權得失方面所起的決定性的作用，其德治思想主要著眼於家族民眾（當然，其方法是通過注重統治者自身行爲「敬德」來獲得家族民眾的支持）。而孔子德治思想的提出，主要是認識到貴族君子在社會秩序建設方面的道德示範作用，或者說孔子寄希望於當政者的道德示範作用，所謂「君子之德風，小人之德草，草上之風，必偃」（《論語・顏淵》），可見孔子的德治思想著眼於貴族君子。正如上一章節所指出，因爲在孔子看來，統治者與被統治者中間的矛盾，是要從統治者本身求得解決；當時政治問題的發生，皆出於統治者的自身，而不是出自老百姓〔註229〕。由此可見，《尚書》德治思想與孔子德治思想均是在統治者（當政者）與被統治者之間展開，其運行方式是自上而下的單向的。當然，在《尚書》與孔子德治之施德者貴族那裏，其中的諸侯、卿、大夫、士，其中之一級對於上一級來說是受德者，對於下一級來說，則是施德者，是一身而兼二種角色〔註230〕。

〔註227〕《十三經注疏》2524 頁（《論語注疏》）。
〔註228〕朱熹：《四書章句集注》176～177 頁（《論語集注卷五》）。
〔註229〕徐復觀：《中國思想史論集》186 頁（《孔子德治思想發微》）。
〔註230〕此觀點源自於易寧先生。

　　孔子的德治思想源自於周公，其德治的實質就是仁治〔註231〕。而仁治之
「仁」，其最根本的含義即是愛人，前提「是承認對方和自己一樣是人，承認
別人和自己一樣是人，然後才能愛他。」〔註232〕因此，周公主張的德政，只
是把人當作臣民（subject）來愛護，而孔子主張仁政，則是要把人當作人（human
being）來愛了〔註233〕。孔子的仁是有等差的博愛的〔註234〕，西周的貴族家
族極其龐大，可能含有三個以至於四個旁系，但這種含有幾世代親屬的貴族
家族內部，父與子、兄與弟之間的血緣親族關係雖然仍被貴族們所強調，並
用聚居、族宴等形式極力維護，但其彼此之間相處的準則卻是一種嚴格的等
級關係〔註235〕，周公主張的德政把人當作臣民來愛護似乎也應該有等差的。
這從施德者與受德者的角度可以看出孔子對於周公德治思想的繼承與發展。

第六節　《尚書》與孔子德治思想之內容

　　《尚書》與孔子德治思想的歷史背景、對象之比較既如上述，則其具體
內容為何？本節擬從以下三方面加以闡述：一、《尚書》德治思想的內容；二、
孔子德治思想的內容；三、《尚書》與孔子德治思想的內容的比較之小結。

一、《尚書》德治思想的內容

　　晁福林先生曾對卜辭「喪眾」一詞深入探討，指出其義實際是指失去眾
的支持。「不喪眾」意即不會失去眾的支持。眾在商代社會是有地位的勞動者，
作為氏族成員，其意願具有相當的作用。卜辭顯示氏族首領須得族眾的擁戴〔註
236〕。統治者既已擔心「喪眾」，自然可能是認識到眾的作用，因而即可能對
眾加以重視並予以關心。因此，我們以為，商統治者這種「不喪眾」的思想
即是德治思想產生的萌芽。至於周代，或許正是由於喪眾而導致了殷廢亡而
周則由於得眾而興替，故而德治思想被凸現了。郭沫若先生指出，「敬德」的

〔註231〕趙光賢：《論孔子學說中「仁」與「禮」的關係》，《北京師範大學學報》57
　　　　～64頁，1985年1期。
〔註232〕趙光賢：《周代社會辨析》157頁。
〔註233〕劉家和：《論中國古代軸心時期的文明與原始傳統的關係》，《古代中國與世界》
　　　　466頁。
〔註234〕劉家和：《先秦儒家仁禮學說新探》，《古代中國與世界》386頁。
〔註235〕朱鳳瀚：《商周家族形態研究（增訂本）》301頁、309頁。
〔註236〕晁福林：《夏商西周社會的變遷》257～263頁。

思想在周初的幾篇文章中就像同一個母題的和奏曲一樣，翻來覆去地重複著〔註237〕。侯外廬先生指出，「在周代，先王和上帝開始分離，再由先王表示出社會屬性，這就是『德』發現的源泉。」〔註238〕趙光賢先生也指出，是周公開始把「明德」、「敬德」當作一個政治口號提出來。「特別是不講空論，而是引歷史爲鑒戒，用歷史的證據加以說明。從這一點很能看出周人思想的特點。」〔註239〕劉起釪先生也指出，《尚書》西周各篇中，處處充滿著重德的文句，突出德治的思想，炫耀祖宗的德業〔註240〕。韋政通先生也指出，「道德意識和道德觀念起於周初，主要的契機是在王權的轉移上。」〔註241〕劉家和先生也指出，《尚書·周書》中的《大誥》《康誥》《酒誥》《梓材》《召誥》《洛誥》《多士》《無逸》《君奭》《多方》《立政》等篇，幾乎篇篇都強調德的重要性。周公作爲一位傑出的政治家和思想家，從殷之代夏與周之代殷的歷史中發現了「天命」之得失與德之有無二者之間有著正比的關係〔註242〕。確實，《尚書》之《周書》部分，具有極其突出的德治思想。恰如王國維指出，「是殷周之興亡，乃有德與無德之興亡，故克殷之後，尤兢兢以德治爲務。」〔註243〕

《康誥》是周成王時期周公在攝政稱王的情況下對康叔的誥辭〔註244〕，提出了明德慎罰的政治主張，統治者應該「無康好逸」、「用康保民」、「若保赤子，惟民其康乂」，施行刑罰應該注意違法者的認罪態度，用法應嚴明公正，勿以己意干擾法律。可見慎罰是從消極方面獲取民心，明德則是從積極方面獲取民心，從而穩定、鞏固自己政權。這些均集中反映了以周公爲代表的周

〔註237〕郭沫若以爲「敬德」的思想是周人所獨有的思想。《商書》的《高宗肜日》雖也有這種同樣的思想，但該篇文章真實性可疑。一個旁證是卜辭和殷人的彝銘中沒有德字，而在周代的彝銘中如成王時的《班簋》和康王時的《大盂鼎》都明白地有德字表現著。見於郭沫若，《先秦天道觀之進展》，《青銅時代》15頁，中國人民大學出版社，2005年。

〔註238〕侯外廬：《中國古代社會史論》82頁。

〔註239〕趙光賢：《周代社會辨析》145頁。

〔註240〕劉起釪：《古史續辨》（《從殷商的尊神尚鬼重刑到西周的德教之治》），中國社會科學出版社，1991年。

〔註241〕韋政通：《中國思想史》27頁。

〔註242〕劉家和：《關於殷周的關係》，《史學、經學與思想》288頁。

〔註243〕王國維：《殷周制度論》，《觀堂集林》479頁。

〔註244〕有關《康誥》爲周代哪一個王的誥辭，有如下諸說，其一，以爲是周公相成王封康叔於衛的誥辭，《逸周書》、《左傳》、《史記》主之。其二，以爲是成王的誥辭，漢代出現的《書序》主之。其三，以爲是武王的誥辭，宋代胡宏、吳棫、朱熹、蔡沈主之。見於劉起釪《尚書校釋譯論》1362～1365頁。

初統治者的德治思想。又《酒誥》〔註245〕是周公告誡康叔勿蹈殷人酗酒亡國的覆轍的誥詞。其中論及應該敬天愼祀，不應該暇逸嗜飲、肆虐享樂，「誕惟厥縱淫泆於非彝，用燕喪威儀」，使得「民罔不衋傷心」。又《梓材》指出在上位者要以身作則，謹身率下，尤其在用刑方面；要注重養民安民，惠及孤苦無告的小民。「至于敬寡，至于屬婦，合由以容」之「屬婦」，《小爾雅》：「妾婦之賤者謂之屬婦。屬，逮也。逮婦之名，言其微也。」（前文已引）劉起釪先生據此以爲，「這是眞正注意到平民階級和奴隸階級的明證。說『無胥伐，無胥虐』，明明這些是被壓迫的階級。這篇裏主張王應對這被壓迫階級要『容』，要『養』，要『恬』，可見作誥者確能顧到全部民眾。」〔註246〕又《召誥》中有較爲突出的重民思想，正如劉起釪先生所分析，云「夫知保抱攜持厥婦子以哀籲天：『徂，厥亡出執！』嗚呼，天亦哀于四方民，其眷命用懋」，見得紂的亡國是由於把不住小民。云「有王雖小，元子哉！其丕能誠於小民！今休王不敢後。用顧畏于民碞」，要成王能順從民意，懷柔相處。云「其惟王勿以小民淫用非彝；亦敢殄戮；用乂民若有功」，要成王不要多役使小民，且不用刑罰作惟一的治理方法。云「其惟王位在德元，小民乃惟刑用于天下，越王顯」，要成王以身作則，用德行來做小民模範，小民的德行提高時自然更顯得王的偉大。云「欲王以小民受天永命」，這就是他看出了周家的統治權是建立在小民的基礎上，要鞏固其統治權就非把小民弄得伏貼不可〔註247〕。又《洛誥》論及要重視小民、厚待官長、敬愼祭祀、篤行文武成烈以孝祖等諸內容。又《多士》是周公主要針對遷洛的殷商王族的訓話，周公用天命來說服、壓制殷人：滅殷是天命，遷殷亦是天命，不任殷人官職亦天命，而武庚反周是違抗天命，遷洛的殷人如其不安於新邑也是違抗天命。其中亦論及要「明德恤祀」而不能「誕淫厥泆，罔顧于天顯民祗」。又《無逸》內容主要爲周公教誨成王不要「淫于觀，于逸，于遊，于田」而應知稼穡之艱難及小民之疾苦等方面，並指出君與民應相保相教且君主還應該善於納諫。此篇所論是對君的要求。又《君奭》內容論及應敬念上天之威嚴與下民，並顯示了賢臣對於治國的重要性。又《多方》〔註248〕主要內容是周公要叛亂人員認清天

〔註245〕先秦時，《康誥》、《酒誥》、《梓材》合稱「《康誥》三篇」。見於劉起釪《尚書校釋譯論》1380 頁，《酒誥》篇「解題」。
〔註246〕劉起釪：《尚書校釋譯論》1430 頁，《梓材》「討論」。
〔註247〕劉起釪：《尚書校釋譯論》1451 頁，《召誥》「討論」。
〔註248〕《多方》辭成於成王三年，《康誥》《酒誥》《梓材》作於成王四年，《多士》

命，老實服從周的統治，其中亦論及明德慎罰保民則得天下，敗德則失民失天下〔註249〕，其所云「逸厥逸，圖厥政，不蠲烝，天惟降時喪」即「荒淫於逸樂，敗壞了政事，不潔奉其祭祀，因而天降了喪亡」之意，也即是不敬天不孝祖不保民之意。又《立政》主要內容是周公對成王講建立官長、組織政權機構、行政用人諸方面，特別強調君主不要干預、干擾司法，其中也論及要敬天，論及用賢俊，所謂「勿以憸人，其惟吉士」。又《呂刑》集中討論了制訂、施行刑罰須以德為主導，如其所云「五刑之疑有赦，五罰之疑有赦」、「上刑適輕下服，下刑適重上服」等處，較集中體現了寬以待民的「祥刑」的原則。又《文侯之命》為周平王（公元前 770～前 720 年）賜晉文侯之命〔註250〕，言及耆宿老成之臣的重要性，並論及孝祖與保民的內容。《秦誓》秦穆公用自己的切身教訓說明任用忠良之士的重要性；忠良之士品質優良，能造福子孫黎民，姦邪之人品質惡劣，貽害子孫黎民。

上述諸篇為《尚書‧周書》中的大部分，由此可見德治思想在《周書》中的顯著表現。由此我們也確實可以看出，《尚書》中德的內容主要包括三方面，第一是敬天，即虔誠地崇奉上帝。第二是孝祖，即繼承先王、先公的功業。第三是保民，即鞏固對人民大眾的統治。〔註251〕武王討伐紂揭露其罪狀云：「今商王受惟婦言是用，昏棄厥肆祀弗答，昏棄厥遺王父母弟不迪；乃惟四方之多罪逋逃，是崇是長，是信是使，是以為大夫卿士；俾暴虐于百姓，以姦宄于商邑。今予發惟恭行天之罰。」（《尚書‧牧誓》）紂德如此，正可從反面說明德的內容。《尚書》中德治思想內容大致可以從以上三方面得到說明。我們以為德的內容應該體現在對天、祖先、民三者的態度上，其最終的

《召誥》作於成王五年，《洛誥》作於成王七年。見於劉起釪《尚書校釋譯論》1609 頁，《多方》篇前「解題」。

〔註249〕劉起釪指出，「明德慎罰」乃周公懲於殷代酷用刑罰吸取歷史教訓所提出的新的政治原則，用以救偏補弊，糾正殷人之尚鬼重刑這一特點而提出來的。並不是殷代就已有了這一原則，周公把自己總結歷史所得出的理論性原則，在談到殷代賢王時也說成如此，稍有點美化商代實際。見於《尚書校釋譯論》1626～1627 頁，《多方》篇之校釋。

〔註250〕此篇中的晉文侯與周王為何人，有二說，其一為《史記》及《新序》所說的周襄王（公元前 651～前 619 年）命晉文公為侯伯，因而發佈此命書。其二為《書序》、鄭玄、偽孔本與《蔡傳》等皆說為周平王（公元前 770～前 720 年）命晉文侯為侯伯的命書。見劉起釪《尚書校釋譯論》2128～2136 頁該篇「討論」。

〔註251〕侯外廬等：《中國思想史綱》25 頁。

落腳點則是政權的穩定與鞏固上。因此，德的內容體現的是德治思想的內容。

敬天孝祖此二方面自為一般的宗教信仰，德治思想的特出之點乃在於保民這一方面。《尚書》中許多篇章，敬天孝祖的思想相當突出，然而其中所佔篇目最多的《周書》中的大多數篇章中，保民思想更是突出。如上所述，如《康誥》云「用保乂民」、「用康保民」、「若保赤子，惟民其康乂」，又如《無逸》云「能保惠于庶民，不敢侮鰥寡」、「懷保小民，惠鮮鰥寡」、「用咸和萬民」，又如《大誥》云「迪民康」，又如《梓材》云「子子孫孫永保民」，又如《洛誥》云「誕保文武受民」等等。如何保民？消極地說來，就是要慎罰〔註252〕，積極地說來就是要惠民；用賢人是實現慎罰、惠民政策的重要保障。趙光賢先生指出，「明德」的具體內容從積極方面說，是教育、孝友、勤勞；從消極方面說，是慎刑、無逸、戒酒〔註253〕。又指出，周統治者提出「保民」的真實目的在於保住周人的王位和政權〔註254〕。其實，「明德」的目的是為了保民，最終目的同樣是為了保住周人的王位和政權。這應該是以周公為代表的周初統治者德治思想的出發點。

《尚書·周書》體現的主要是以周公為代表的周初統治者的德治思想。作為統治者，必須既要處理好與處於上位的天與祖先的關係，又要處理好與處於下位的民的關係。殷周之際的劇變說明了以紂為代表的殷末統治者處理與此三者關係的失敗。在處理與天的關係方面，思想發展到殷周之際，大概還無人敢以懷疑天，因為甲骨卜辭顯示殷人還是極端迷信天，殷人的文化應該是發展到了當時的最高水平，西周的文化水平縱然與此相當，以周公為代表的周人猝然間卻懷疑天，這似乎難以合乎思想發展的軌跡，因為這確實來了一個一百八十度的轉彎。現實的教訓應該是促使了以周公為代表的周初統治者以其自身列為反思的對象，然後才是把天列為反思的對象。以周公為代表的周初統治者主要通過紂的行為（紂德）與文王的行為（文王之德）的對比，發現政權的得失原來在於德之有無，紂之行惡與文王之行善導致了這種

〔註252〕劉起釪先生指出，《康誥》篇提出了「明德慎罰」的周王朝關於刑法的總的政治原則，《立政》篇提出王權勿干預司法的重要設想，《呂刑》篇提出了刑法的具體內容與實施原則，《堯典》「象以典刑」、《皋陶謨》「象刑惟明」皆簡述原則，此數篇體現了周代關於刑法的完整體系。見於《尚書校釋譯論》1900頁《呂刑》篇校釋解題。

〔註253〕趙光賢：《周代社會辨析》145頁。

〔註254〕趙光賢：《周代社會辨析》150頁。

令人震撼的的結果，從而自然地賦予或者更恰當地說應該是認識到天有賞善罰惡的的功能，這種功能或許可以從現實中民眾所具有的近善遠惡的行爲得到反映。或許正是由於民眾的意志（民心的向背）在殷亡周興的劇變中所凸現的關鍵性作用，促使了當政者把這種顯而易見的民的意志與冥冥之中天的意志聯繫起來；這種聯繫應該是顯示了某種一致性，而不應該是相反的，也就是說，德治思想的產生並非是對於天的懷疑而應該是對於天的某種人性化的認識的結果。〔註255〕

二、孔子德治思想的內容

孔子鮮明地提出「德治」主張於《爲政》：子曰：「爲政以德，譬如北辰，居其所而眾星共之。」包曰：「德者無爲，猶北辰之不移而眾星共之。」邢昺疏指出，爲政以德者，言爲政之善莫若以德。德者，得也。物得以生謂之德，淳德不散，無爲化清，則政善矣。譬如北辰居其所而眾星共之者，北辰常居其所而不移，故眾星共尊之，以況人君爲政以德，無爲清靜亦眾人共尊之也〔註256〕。朱熹釋之云：政之爲言正也，所以正人之不正也。德之爲言得也，得於心而不失也。爲政以德，則無爲而天下歸之，其象即如眾星四面旋繞而歸向北辰（天之樞）〔註257〕徐復觀先生指出，何晏、邢昺、朱熹之解顯得空洞籠統，徐先生從《朱子語類》卷十三對「爲政以德」的解說出發，以爲「爲政以德」即是人君以自己內外如一的規範性行爲來從事於政治〔註258〕。其實孔子所云德治之主體當是執政者，以人君爲代表的統治者，並不能單言人君。那麼，孔子德治思想的內容包括哪些內容呢？《尚書》德治思想中已經論及，其實執政者主要要處理兩大方面的關係，其一是統治者（代表其政權）與天（天命）、祖先（鬼神）的關係，其二是統治者與被統治者的關係，一般而論是貴族與民的關係。這即是《尚書》中表現出的以周公爲代表的周初統治者德治思想的兩大方面的內容。孔子德治思想是否亦包括此兩方面的內容呢？

〔註255〕前文討論「天命觀」，我們認同徐復觀等人的觀點，認爲周初統治者產生的並非是對天命的懷疑的思想，我們以爲應該是周初以周公爲代表的統治者賦予或者更恰當地說是認識到天具有了賞善罰惡的功能，對天產生了某種人性化的認識。

〔註256〕《十三經注疏》2461 頁（《論語注疏》）。

〔註257〕朱熹：《四書章句集注》53 頁。

〔註258〕徐復觀：《中國思想史論集》183 頁（《孔子德治思想發微》）。

我們來試作分析。

第一方面，前面已經論述，孔子相信天命，也敬鬼神。孔子沒有否定天命，但對天命的威力加了限制；對於鬼神，孔子不明確地否認其存在，但也不強調其存在〔註 259〕。事實上，正如劉家和先生指出，孔子繼承西周傳統，一方面承認作爲神的天，另一方面對作爲神的天又抱一種冷靜的存疑的態度。孔子的原則是不理開人事而單獨地談天道〔註 260〕。由此看來，實際上在孔子德治思想裏面，敬天與孝祖已經倫理化了，孔子所重視的是當政者或者君子的敬、孝的精神對於一般人的示範作用，也就是說，敬天與孝祖成了手段，而不是目的。孔子繼承的正是周初以來的敬的觀念，這是一種自覺的心理狀態，即是主動的，反省的，因而是內發的心理狀態〔註 261〕。孔子跳出被「天」（上帝）統治的樊籠，走向人間；他從「天人之際」走向「人人之際」，在德的基礎上，提出「仁」來〔註 262〕。因此，我們以爲，孔子德治思想裏面敬天與孝祖的思想是建立在保民基礎之上的；敬天與孝祖的思想也因此不能單獨成爲孔子德治思想的內容。如此看來，孔子的德治思想，其內容僅僅是集中在如何處理貴族與民的關係上，也即是執政者需要處理的第二方面的關係方面上。我們來看看孔子如何來論述的。先來看孔子所論相關的「爲政」議題。

在《顏淵篇》中，如：子貢問政。子曰：「足食，足兵，民信之矣。」子貢曰：「必不得已而去，於斯三者何先？」曰：「去兵。」子貢曰：「必不得已而去，於斯二者何先？」曰：「去食。自古皆有死，民無信不立。」又如：齊景公問政於孔子。孔子對曰：「君君、臣臣、父父、子子。」公曰：「善哉！信如君不君、臣不臣、父不父、子不子，雖有粟，吾得而食諸？」又如：哀公問於有若曰：「年饑，用不足，如之何？」有若對曰：「盍徹乎？」曰：「二，吾猶不足，如之何其徹也？」對曰：「百姓足，君孰與不足？百姓不足，君孰與足？」又如：子張問政。子曰：「居之無倦，行之以忠。」又如：季康子問政於孔子。孔子對曰：「政者，正也。子帥以正，孰敢不正？」又如：季康子患盜，問於孔子。孔子對曰：「苟子之不欲，雖賞之不竊。」又如：季康子問政於孔子曰：「如殺無道，以就有道，何如？」孔子對曰：「子爲政，焉用殺？

〔註 259〕馮友蘭：《中國哲學史新編》174～175 頁。
〔註 260〕劉家和：《古代中國與世界》516 頁（《關於中國古代文明特點的分析》）。
〔註 261〕徐復觀：《中國人性論史》（先秦篇）20 頁。
〔註 262〕楊向奎：《宗周社會與禮樂文明》（修訂本）422 頁。

子欲善而民善矣。君子之德風，小人之德草，草上之風，必偃。」從《顏淵篇》討論爲政的問題看來，孔子的德治思想是在強調貴族與民的關係，即統治者與被統治者之間的關係，要讓人民對政府有信心。然而其要求則在貴族統治者方面，要「君君，臣臣」，即君要像個君，臣要像個臣，做好自己的本職工作；當政者不能貪欲，應該爲民著想，讓百姓富足；爲政者自身要正，要用自身的德行影響人民。

在《子路篇》中，如：子路問政。子曰：「先之勞之。」請益。曰：「無倦。」又如：仲弓爲季氏宰。問政。子曰：「先有司，赦小過，舉賢才。」曰：「焉知賢才而舉之？」曰：「舉爾所知，爾所不知，人其舍諸？」又如：子路曰：「衛君待子而爲政，子將奚先？」子曰：「必也正名乎！」子路曰：「有是哉，子之迂也！奚其正？」子曰：「野哉，由也！君子於其所不知，蓋闕如也。名不正，則言不順；言不順，則事不成；事不成，則禮樂不興；禮樂不興，則刑罰不中；刑罰不中，則民無所錯手足。故君子名之必可言也，言之必可行也。君子於其言，無所苟而已矣。」又如：子曰：「其身正，不令而行；其身不正，雖令不行。」又如：子適衛，冉有僕。子曰：「庶矣哉！」冉有曰：「既庶矣，又何加焉？」曰：「富之。」曰：「既富矣，又何加焉？」曰：「教之。」又如：子曰：「『善人爲邦百年，亦可以勝殘去殺矣。』誠哉是言也！」又如：子曰：「苟正其身矣，於從政乎何有？不能正其身，如正人何？」又如：葉公問政。子曰：「近者說，遠者來。」又如：子夏爲莒父宰，問政。子曰：「無欲速，無見小利。欲速，則不達；見小利，則大事不成。」在此篇中，孔子的德治思想同樣是在強調爲政者自身的修德，強調爲政者自身德行的影響力，自己給百姓帶頭，勤勉工作，孔子所謂「其身正，不令而行；其身不正，雖令不行」，「苟正其身矣，於從政乎何有？不能正其身，如正人何」；要重視人才，要重視名分；爲政要「無欲速，無見小利」，看得長遠，對於百姓，要「庶、富、教」。

顯然，孔子的德治思想均是對統治者提出的要求，因爲在孔子看來，統治者與被統治者中間的矛盾，是要從統治者本身求得解決；當時政治問題的發生，皆出於統治者的自身，而不是出自老百姓〔註263〕。具體而言，德治思想之內容體現就體現在愛民，富民，教民；舉賢，統治者以身作則，無爲而治。「愛民」，「教民」，「富民」，均爲利民的表現。「無爲而治」可使民不受干

〔註263〕徐復觀：《孔子德治思想發微》，《中國思想史論集》186 頁。

擾，因其自然，更好地得到發展。統治者「以身作則」，使其行為受到某些「制約」，以及治國「用賢」，對民顯然也有利。可見「爲政以德」的核心是利民〔註264〕。我們以爲這種概括是符合孔子德治思想內容實際的。這些解說，解決了如何利民問題。如果我們進一步問，爲什麼要利民呢？顯然，這是孔子對當時禮崩樂壞的動蕩社會之動蕩原因探索出來的答案。如上所述，孔子認識到政治問題的發生源自統治者自身，統治者剋制私欲，發揮執政者自身良好的行爲的示範作用，「因民之所利而利之」以達到富民，教之（尤其是統治者自身行爲的示範作用，即身教，所謂「苟子之不欲，雖賞之不竊」）而化民，從而使實現「君君、臣臣、父父、子子」上下尊卑有序的禮樂社會，重現禮樂文明。如果我們再進一步問，爲什麼能利民？在等級社會裏，貴族於下層人民是有及其巨大的差別，不管是在經濟生活，還是政治生活，還是文化生活等方面。雖然有如此的差別，但是孔子找到了其共同點，那就是貴族與下層人民皆是人，也就是說，孔子發現了「人」，人是人，不是其他動物。因爲孔子承認人都有人格、反對殺人、反對人殉、人祭；其愛人是沒有階級、範圍的〔註265〕。前文所引楊向奎先生指出，孔子跳出被「天」（上帝）統治的樊籠，走向人間；他從「天人之際」走向「人人之際」，在德的基礎上，提出「仁」來。「仁」的前提，是承認對方和自己一樣是人，承認別人和自己一樣是人，然後才能愛他〔註266〕。從仁的實現途徑來看，也體現了對人的充分尊重〔註267〕。孔子提出的「仁」，只把人當作人，而不把非人當作人。這正是人類精神覺醒的一個明顯的標誌，也就是中國古代軸心期文明正式開始的一個重要標誌〔註268〕。趙光賢先生或許正是從這個意義上說，德治的實質就是仁治〔註269〕；這確實是看到了問題的本質。顯然，孔子的這種「仁」的思想，是滋生於春秋時人普遍反對人殉的思想土壤的〔註270〕，這或許可以看作是春秋時期

〔註264〕游喚民：《孔子德治思想新探》，《湖南師範大學社會科學學報》58～60頁，1992年4期。
〔註265〕趙光賢：《論孔子學說中「仁」與「禮」的關係》，《北京師範大學學報》1985年1期。
〔註266〕趙光賢：《周代社會辨析》157頁。
〔註267〕劉家和：《先秦儒家仁禮學說新探》，《古代中國與世界》385～386頁。
〔註268〕劉家和：《論中國古代軸心時期的文明與原始傳統的關係》，《古代中國與世界》462頁。
〔註269〕趙光賢：《論孔子學說中「仁」與「禮」的關係》，《北京師範大學學報》1985年1期。
〔註270〕參見趙光賢：《周代社會辨析》155～156頁。

人本思想的昇華〔註271〕。那麼，孔子的「愛人」，淹沒了階級差別嗎？「仁者從自己出發，最近的是父母兄弟，能做到孝弟，就可以進一步推到君臣上下之間，就不會犯上作亂。由己及人，由近而遠，由孝而忠，由父父子子而君君臣臣，這無疑是孔子的思想。對於這個思想，如果從仁的角度來看，它是推己及人的逐步外推的階梯；如果從禮的角度來看，它又是人己之間的層層區別和界限。孔子的仁是有等差的博愛，而不同於墨子的無差別的兼愛；這樣就不能沒有禮的層次來作爲階梯。孔子的禮義是以和爲貴的（即因差別而和諧的）秩序，於先前『禮不下庶人』的原則不同，不能把禮橫亘於人與人之間的鴻溝；這樣，禮的不同層次間的界限，同時又必須是橋梁，而這種橋梁恰恰就是仁。」〔註272〕因此，孔子仁的思想並非是對人的等級劃分的否定。

三、《尚書》與孔子德治思想的內容的比較之小結

侯外廬先生指出，《尚書》中德的內容主要包括三方面，第一是敬天，即虔誠地崇奉上帝。第二是孝祖，即繼承先王、先公的功業。第三是保民，即鞏固對人民大眾的統治。《尚書》中德治思想內容大致可以從以上三方面得到說明。我們以爲德的內容應該體現在對天、祖先、民三者的態度上，其最終的落腳點則是政權的穩定與鞏固上。因此，德的內容體現的是德治思想的內容。敬天孝祖此二方面自爲一般的宗教信仰，德治思想的特出之點乃在於保民這一方面。《尚書》中許多篇章，敬天孝祖的思想相當突出，然而其中所佔篇目最多的《周書》中的大多數篇章中，保民思想更是突出。

在孔子德治思想裏面，敬天與孝祖已經倫理化了，孔子所重視的是當政者或者君子的敬、孝的精神對於一般人的示範作用，也就是說，敬天與孝祖成了手段，而不是目的。因此，我們以爲，孔子德治思想裏面敬天與孝祖的思想是處於從屬地位的，是服從於保民思想的；敬天與孝祖的思想也因此不能單獨成爲孔子德治思想的內容。

〔註271〕有關春秋時期人本思想，參見劉家和，《〈左傳〉中的人本思想與民本思想》，《史學、經學與思想》356～362 頁，北京師範大學出版社，2005 年。劉先生指出，人本思想的基本要求是，把人看作人而非神或任何其他非人之物，同時以人事而非天心或神意來解釋人事。人本思想不等於無神論（Atheism），它並不要求人們在思想上排除對於神的信仰，而只要求人們在處理人神或天人關係時以人爲本。見該書 357 頁。

〔註272〕劉家和：《先秦儒家仁禮學說新探》，《古代中國與世界》386～387 頁。劉先生論孔子的仁和禮的關係，見於該書 387～388 頁。

本章小結

以周公爲代表的周初統治者提出的德治思想，這是對原始傳統的一次重要調整；孔子的德治（仁治）思想，發揚了周公開創的調整傳統的傳統，同時又達到精神上的一次突破。孔子主張的「仁」反映了人類精神的覺醒，也標誌了中國軸心期文明的開端〔註273〕。儘管如此，作爲兩種相承的政治思想，《尚書》德治思想與孔子德治思想均是在統治者（當政者）與被統治者之間展開，由於其運行方式僅僅是自上而下的單向的，使得二者（或者合二爲一爲言儒家德治思想）不可避免有其難以克服的局限性。徐復觀先生指出，儒家所祖述的思想，站在統治這一面來看，總是居於統治者的地位來爲被統治者想辦法，總是居於統治者的地位以求解決政治問題，而很少以被統治者的地位去規定統治者的政治行動，很少站在被統治者的地位來謀政治問題。「正因爲這樣，所以雖然尊重人性，以民爲本、以民爲貴的政治思想，並且由仁心而仁政，也曾不斷考慮到若干法良意美的措施，以及含有若干民主性的政治制度，但這一切都是一種『發』與『施』的性質（文王發政施仁），是『施』與『濟』的性質（博施濟眾），其德是一種被覆之德，是一種風行草上之德，而人民始終處於一種消極被動的地位，儘管以民爲本，而終不能跳出一步，達到以民爲主。於是政治問題總是在君相手中打轉，以致眞正政治的主體沒有建立起來，一直到明末，黃梨洲氏已指明君主是客，天下是主，但跳出君主圈子之外，在人民身上來想政治的辦法，這只隔著薄薄的一層紙，而這層薄紙終不曾被中國文化的負擔者所拆穿，則當思想結集之初，所受的歷史條件的限制，即是只站在統治者的立場來考慮政治問題的特殊條件的限制，是值得我們深思長歎的。」〔註274〕徐先生所見，眞是獨到！就是在今天，這種總結仍然應該有其重要意義。

結合孔子之時代背景及其文獻現狀，孔子的德治思想所受影響之最重要典籍應該非《尚書》莫屬。但由於時代的不同，歷史的境況不同，德治思想的具體內容毫無疑問曾有變化，可是孔子對於此一思想思考問題的方式，則沒有發生變化。因此，我們以爲，《尚書》德治思想影響孔子的德治思想最突

〔註273〕劉家和：《論中國古代軸心時期的文明與原始傳統的關係》，《古代中國與世界》466 頁。

〔註274〕徐復觀：《儒家政治思想的構造及其轉進》，《中國思想史論集》247～248 頁。具體的局限性闡述見於該書 248～249 頁。

出的是思維方式方面的，也就是徐復觀先生指出的自上而下的方式。所以說，
孔子的德治思想與《尚書》的德治思想在思維方式上是一致的。

結　語

　　探討孔子與《尚書》的關係，本論文主要從三個方面逐層展開，其一，學術史上對於此問題的論述，其二，《論語》引《書》若干問題的考論，其三，《尚書》與孔子德治思想的比較。

　　學術史上對於此問題的爭論焦點在於孔子是否刪次《書》及作《書序》上。從出土文獻證據、目錄學的角度來分析，司馬遷、劉向、劉歆、班固等人的說法當有所依據。因此，其說法不容輕易給予否定。這是從文獻流傳的角度來說的。

　　對於《論語》引《書》，陳夢家、劉起釪等先生作了很好的文獻梳理工作，為進一步研究打下了良好的基礎。《論語》引《書》，基本是符合《書》的原來的語境意義。春秋時期人們「斷章取義」地引用《詩》，孔子或是開了先河，而於《書》的引用，則似乎未必是此類現象。這是從具體文獻研究上來揭示孔子與《尚書》的關係。

　　自漢至有清，人們普遍認為《尚書》的思想即是孔子的思想，其原因蓋與孔子刪作《尚書》的認識相關。對於《尚書》與孔子思想的討論，德治思想是其重要的突出的方面，本文即選取此方面從德治思想產生的歷史背景、德治思想的主體與客體、德治思想的內容等三方面展開比較，試圖在前人研究的基礎上達到對於此問題的更為深入的認識。由於德治思想與天命思想聯繫緊密，我們對於《尚書》與孔子的天命觀也作了梳理。這是從思想層面來探討孔子與《尚書》的關係。

　　天命思想方面，《尚書》反映的天命觀，西周以前，是神重於人，人的一切行動都要受上帝的擺佈，殷商時代即對至上神有絕對信仰。西周時期，是

神人並重，神的作用要通過人來實現，人們開始懷疑神任意干預人事的作用，在敬神的同時，也注重人事；西周初年，神的地位依然不可動搖，但周人卜筮，是有疑才卜，所謂卜以決疑，而神也具有了道德屬性，有善惡標準，神意體現民意。從西周末年起，神即被懷疑、詛咒，至於春秋戰國時期，是人重於神，神處於人的附庸地位。春秋時期的思想家（政治家）雖沒有明顯地否定天命，但關注重點已經放在了民意、君德上；孔子的天命觀即與此大的思想背景下的思想相一致。

德治思想方面，《尚書》德治思想是周初統治者在一個王朝取代另一個王朝之際，統治者處於上昇期，為了穩定社會秩序、鞏固統治地位而提出的，是由統治階級內部通過對歷史與現實的反思主動提出的，是基於對賞善罰惡天的信任，而非對於天命的懷疑。春秋時期孔子提出的德治（仁治）思想，是在原先的社會制度日趨衰落，新興的制度正在醞釀，是針對當時社會秩序混亂現實而言的，是在春秋時代人本思想、民本思想的大環境裏面蘊育形成的。

關於德治之施德者與受德者，《尚書》與孔子德治之施德者與受德者均大致相同，其中的諸侯、卿、大夫、士，其中之一級對於上一級來說是受德者，對於下一級來說，則是施德者，是一身而兼二種角色。在孔子的德治思想裏，德治之施德者在貴族內部有變化，受德者內部也有變化，其各階層之間，有貴族降為奴隸，庶人、工、商上昇為官吏，奴隸上昇為自由民。此二者對象之區別即如劉家和先生指出的，前者把人當作臣民來愛護，後者則是要把人當作人來愛。

《尚書》中德治思想的內容主要包括三方面，第一是敬天，即虔誠地崇奉上帝。第二是孝祖，即繼承先王、先公的功業。第三是保民，即鞏固對人民大眾的統治。孔子德治思想裏面敬天與孝祖的思想是處於附庸的地位，是服從於保民思想的；敬天與孝祖的思想也因此不能單獨成為孔子德治思想的內容。

事實上，在思想比較方面，我們強調《尚書》與孔子德治思想方面的異同，但我們的目的是要說明孔子與《尚書》的關係，我們的行為是否游離了我們的目的？孔子德治思想之淵源，如果結合現今我們所能掌握的春秋時代文獻流傳實際狀況來考察，我們以為，給予孔子德治思想影響最大的文獻應該是《尚書》，《尚書》德治思想與孔子德治思想的思維模式是一致的，一種

思想不會憑空產生，因此，我們認爲，這種思維模式的一致性，這種一致性說明，孔子德治思想受到《尚書》文獻的影響，而這應該是孔子與《尚書》關係的一種很好說明。

　　總而言之，孔子與《尚書》之刪編關係此一問題千餘年來懸而未決的爭論，我們與此做出梳理，以爲目前宜遵從司馬遷、班固之意見，因爲後人之說多出推論，並無實據。如何深入探討孔子與《尚書》之關係，我們針對《論語》之於《尚書》具體之引文、二者蘊含思想之較爲突出者即德治思想方面做出了實證辨析，庶幾逃離刪編之辯漩渦而能愈見其關係之密切者。何者？刪編之說，無見於《論語》及先秦他書，而孔子以《尚書》授生徒顯見於《論語》，此孔子之思想與《尚書》之思想比較之根據所在。又其引《尚書》，雖則至少，然僅此數則亦能見孔子之態度，斷章取義之說，於《詩》則可，於《書》則似未必全相稱。

　　由此可見，我們探討孔子與《尚書》的關係，這種關係的揭示在很大程度上是從《論語》與《尚書》之間的比較得出的。如果我們研究的視角是全方位的，有關這種關係的認識就應該會顯得更加全面。對於學術史上有關孔子與《尚書》關係的爭論，我們從有限的出土文獻證據與目錄學的角度作了些分析與推論，結論當然不能令人信服。對於《論語》引《書》，也應該在有關的理論的指導下（比如「詮釋學」）並結合先秦諸子引《書》狀況加以研究，這樣應該會做得更有深度與厚度。對於孔子與《尚書》思想方面的研究，我們僅從兩方面了作了些梳理與分析。事實上，還可以從經濟、法律等更多的角度探析，且置其於世界的背景下進行研究，從而把孔子與《尚書》關係的認識在廣度與深度上得到提升。從文學與史學的角度來看，對《尚書》與《論語》的比較研究，從而探討孔子與《尚書》的文學與史學思想，並進而探討文史之間的關係，也是很有意義的。這些應該是繼續努力的方向。

參考文獻

一、傳統文獻

1. 《十三經注疏》，浙江古籍出版社，1998 年。
2. 黎翔鳳，梁運華：《管子校注》（上冊，新編諸子集成），中華書局，2004 年。
3. 吳毓江，孫啟治：《墨子校注》（上冊，新編諸子集成），中華書局，1993 年。
4. 王先謙：《荀子集解》（《新編諸子集成》），中華書局，1997 年。
5. 王先慎：《韓非子集解》，中華書局，2003 年。
6. 《呂氏春秋》（諸子集成），上海書店，1986 年。
7. 劉向、趙善詒：《說苑》，華東師範大學出版社，1985 年。
8. 《四部備要・子部・法言》，上海中華書局，1936 年。
9. 韓嬰、許維遹：《韓詩外傳》，中華書局，1980 年。
10. 司馬遷：《史記》，中華書局，2002 年。
11. 班固：《漢書》，中華書局，1996 年。
12. 范曄：《後漢書（一）》，中華書局，1965 年。
13. 陳立：《白虎通疏證》，中華書局，1997 年。
14. 王充：《論衡》，上海人民出版社，1974 年。
15. 《四部備要・子部・廣弘明集》，上海中華書局，1936 年。
16. 蕭統、李善：《文選》（上冊），中華書局，1977 年。
17. 魏徵等：《隋書》（經籍志），中華書局，1973 年。
18. 魏徵：《群書治要》（七）（叢書集成初編），中華書局，1991 年。

19. 房玄齡等：《晉書》（第三冊），中華書局，1974 年。

20. 陸德明、黃焯：《經典釋文》，中華書局，1983 年。

21. 劉知幾，浦起龍：《史通通釋》（上冊），上海古籍出版社，1978 年。

22. 顏師古：《匡謬正俗》（叢書集成新編），中華書局，1991 年。

23. 岳珂：《刊正九經三傳沿革例（及其他一種）》（叢書集成初編），中華書局，1991 年。

24. 王溥：《五代會要》，中華書局，1998 年。

25. 姚寬、陸游、蔣凡禮：《西溪叢語 家世舊聞》，中華書局，1993 年。

26. 李昉等：《太平御覽》（三），中華書局，1985 年。

27. 王欽若等：《冊府元龜》（第一冊），中華書局，1982 年。

28. 歐陽修、宋祁：《新唐書》（第五冊），中華書局，1975 年。

29. 鄭樵：《通志》，中華書局，1987 年。

30. 朱熹：《四書章句集注》，中華書局，2001 年。

31. 朱熹：《詩集傳》，上海古籍出版社，1980 年。

32. 蔡沈：《書經集傳》，中國書店，1994 年。

33. 黎靖德、王星賢：《朱子語類》，中華書局，1994 年。

34. 馬端臨：《文獻通考·經籍考》，華東師大出版社，1985 年。

35. 脫脫等：《宋史》（三七），中華書局，1977 年。

36. 顧炎武：《金石文字記（及其他一種）》（二）（叢書集成初編），中華書局，1991 年。

37. 顧炎武、黃汝成：《日知錄集釋》（外七種）（上、中冊），上海古籍出版社，1985 年。

38. 紀昀等：《（景印文淵閣）四庫全書》（第 55 冊）（林之奇《尚書全解》），臺北商務印書館，1986 年。

39. 紀昀等：《（景印文淵閣）四庫全書》（第 56 冊）（夏僎《尚書詳解》）。

40. 紀昀等：《（景印文淵閣）四庫全書》（第 56 冊）（史浩《尚書講義》）

41. 紀昀等：《（景印文淵閣）四庫全書》（第 57 冊）（呂祖謙、時瀾《增修東萊書說》）。

42. 紀昀等：《（景印文淵閣）四庫全書》（第 59 冊）（錢時《融堂書解》）。

43. 紀昀等：《（景印文淵閣）四庫全書》（第 59 冊）（陳經《尚書詳解》）。

44. 紀昀等：《（景印文淵閣）四庫全書》（第 60 冊）（陳大猷《書集傳或問》）。

45. 紀昀等：《（景印文淵閣）四庫全書》（第 60 冊）（胡士行《尚書詳解》）。

46. 紀昀等：《（景印文淵閣）四庫全書》（第 60 冊）（魏了翁《尚書要義》）。

47. 紀昀等：《（景印文淵閣）四庫全書》（第 60 冊）（金履祥《尚書表注》）。

48. 紀昀等：《（景印文淵閣）四庫全書》（第 61 冊）（吳澄《書纂言》）。

49. 紀昀等：《（景印文淵閣）四庫全書》（第 61 冊）（許謙《讀書叢說》）。

50. 紀昀等：《（景印文淵閣）四庫全書》（第 61 冊）（董鼎《書傳輯錄纂注》）。

51. 紀昀等：《（景印文淵閣）四庫全書》（第 62 冊）（黃鎮成《尚書通考》）。

52. 紀昀等：《（景印文淵閣）四庫全書》（第 62 冊）（王充耘《讀書管見》）。

53. 紀昀等：《（景印文淵閣）四庫全書》（第 62 冊）（朱祖義《尚書句解》）。

54. 紀昀等：《（景印文淵閣）四庫全書》（第 62 冊）（陳師凱《書蔡傳旁通》）。

55. 紀昀等：《（景印文淵閣）四庫全書》（第 64 冊）（王樵《尚書日記》）。

56. 紀昀等：《（景印文淵閣）四庫全書》（第 64 冊）（陳第《尚書疏衍》）。

57. 紀昀等：《（景印文淵閣）四庫全書》（第 64 冊）（梅鷟《尚書考異》）。

58. 紀昀等：《（景印文淵閣）四庫全書》（第 64 冊）（馬明衡《尚書疑義》）。

59. 紀昀等：《（景印文淵閣）四庫全書》（第 65 冊）（庫勒納、葉方藹《日講書經解義》）。

60. 紀昀等：《（景印文淵閣）四庫全書》（第 66 冊）（朱鶴齡《尚書埤傳》）。

61. 紀昀等：《（景印文淵閣）四庫全書》（第 66 冊）（毛奇齡《古文尚書冤詞》）。

62. 紀昀等：《（景印）文淵閣四庫全書》（210 冊）（毛奇齡《論語稽求篇》）。

63. 紀昀等：《（景印文淵閣）四庫全書》（第 1318 冊）（朱彝尊《曝書亭集》）。

64. 永瑢等：《四庫全書總目》，中華書局，1995 年。

65. 阮元：《清經解》（第二冊江聲《尚書集注音疏》），上海古籍出版社，1988 年。

66. 阮元：《清經解》（第三冊王鳴盛《尚書後案》），上海古籍出版社，1988 年。

67. 阮元：《清經解》（第四冊段玉裁《古文尚書撰異》），上海古籍出版社，1988 年。

68. 阮元：《揅經室集（上）》，中華書局，2006 年。

69. 王先謙：《清經解續編》（第二冊陳壽祺《尚書大傳輯校》），上海古籍出版社，1988 年。

70. 王先謙：《清經解續編》（第二冊宋翔鳳《尚書譜》）。

71. 王先謙：《清經解續編》（第二冊劉逢祿《尚書今古文集解》）。

72. 王先謙：《清經解續編》（第四冊陳喬樅《今文尚書經說考》）。

73. 王先謙：《清經解續編》（第五冊魏源《書古微》）。

74. 王先謙：《清經解續編》（第五冊俞樾《群經平議》）。

75. 閻若璩：《古文尚書疏證》（上冊），上海古籍出版社，1987 年。
76. 顧棟高、吳樹平、李解民：《春秋大事表》，中華書局，1993 年。
77. 段玉裁：《說文解字注》，上海古籍出版社，1998 年。
78. 孫星衍：《尚書今古文注疏》，中華書局，2004 年。
79. 劉寶楠，高流水：《論語正義》，中華書局，1998 年。
80. 章學誠，葉瑛：《文史通義校注》（《校讎通義》），中華書局，2004 年。
81. 龔自珍，王佩諍：《龔自珍全集》，中華書局，1959 年。
82. 崔述、顧頡剛：《崔東壁遺書》，上海古籍出版社，1983 年。
83. 馬瑞辰：《毛詩傳箋通釋》，中華書局，2005 年。
84. 皮錫瑞：《今文尚書考證》，中華書局，2004 年。
85. 皮錫瑞、周予同：《經學歷史》，中華書局，2004 年。
86. 皮錫瑞：《經學通論》，中華書局，2003 年。
87. 張之洞，范希曾：《書目答問補正》，上海古籍出版社，2001 年。
88. 崔適：《史記探源》，中華書局，2001 年。
89. 康有為：《新學偽經考》，三聯書店，1998 年。
90. 康有為：《孔子改制考》，中華書局，1988 年。
91. 章太炎：《國故論衡》，漢文書屋，中華民國廿二年。
92. 王國維：《觀堂集林》，中華書局，2004 年。

二、近人論著

1. 楊樹達：《詞詮》，中華書局，1979 年。
2. 楊樹達：《論語疏證》，上海古籍出版社，2006 年。
3. 楊伯峻：《論語譯注》，中華書局，2004 年。
4. 楊伯峻：《春秋左傳注》，中華書局，2000 年。
5. 楊伯峻、楊逢彬：《孟子注譯》，嶽麓書社，2001 年。
6. 顧實：《漢書藝文志講疏》，上海古籍出版社，1987 年。
7. 余嘉錫：《余嘉錫說文獻學》，上海古籍出版社，2001 年。
8. 羅根澤：《羅根澤說諸子》，上海古籍出版社，2001 年。
9. 張舜徽：《史學三書平議》，中華書局，1983 年。
10. 張舜徽：《漢書藝文志通釋》，湖北教育出版社，1990 年。
11. 陳國慶：《漢書藝文志注釋彙編》，中華書局，2006 年。
12. 童書業：《春秋左傳研究》（校訂本），中華書局，2006 年。
13. 錢鍾書：《管錐編》（第一冊），中華書局，1986 年。

14. 于省吾：《雙劍誃群經新證 雙劍誃諸子新證》，上海書店出版社，1999年。

15. 孫欽善：《中國古文獻學史簡編》，高等教育出版社，2001年。

16. 陳夢家：《殷虛卜辭綜述》，中華書局，2004年。

17. 陳夢家：《尚書通論》，中華書局，2005年。

18. 萬國鼎、萬斯年、陳夢家：《中國歷史紀年表》，中華書局，2005年。

19. 顧頡剛：《古史辨（一）》，上海古籍出版社，1982年。

20. 顧頡剛：《古史辨（二）》，上海古籍出版社，1982年。

21. 顧頡剛：《古史辨（五）》，上海古籍出版社，1982年。

22. 呂思勉：《古史辨（七）》，上海古籍出版社，1982年。

23. 顧頡剛：《顧頡剛古史論文集（一）》，中華書局，1988年。

24. 顧頡剛：《顧頡剛古史論文集（二）》，中華書局，1988年。

25. 顧頡剛，顧廷龍：《尚書文字合編》，上海古籍出版社，1996年

26. 劉起釪：《古史續辨》，中國社會科學出版社，1991年。

27. 劉起釪：《尚書學史（訂補本）》，中華書局，1996年。

28. 劉起釪：《尚書源流及傳本考》，遼寧大學出版社，1997年。

29. 劉起釪：《尚書校釋譯論》，中華書局，2005年。

30. 馬雍：《〈尚書〉史話》，中華書局，1982年。

31. 王世舜：《尚書譯注》，四川人民出版社 1985年。

32. 蔣伯潛：《十三經概論》，上海古籍出版社，1983年。

33. 蔣善國：《尚書綜述》，上海古籍出版社，1988年。

34. 朱維錚：《周予同經學史論著選集（增訂本）》，上海人民出版社，1996年。

35. 劉夢溪：《中國現代學術經典‧廖平卷》，河北教育出版社，1996年。

36. 劉夢溪，《中國現代學術經典‧章太炎卷》，河北教育出版社，1996年。

37. 劉夢溪：《中國現代學術經典‧顧頡剛卷》，河北教育出版社，1996年。

38. 郭沫若：《郭沫若全集》歷史編（1），人民出版社，1982年。

39. 馮友蘭：《中國哲學簡史》，北京大學出版社，1985年。

40. 馮友蘭：《中國哲學史新編》（上），人民出版社，2001年。

41. 任繼愈：《中國哲學史》（第一冊），人民出版社，1999年。

42. 匡亞明：《孔子評傳》，齊魯書社，1985年。

43. 金景芳：《古史論集》，齊魯書社，1982年。

44. 金景芳等：《孔子新傳》，湖南出版社，1991年。

45. 金景芳、呂紹綱：《尚書‧虞夏書新解》，遼寧古籍出版社，1996 年。

46. 胡適：《中國哲學史大綱》，東方出版社，1996 年。

47. 錢穆：《國學概論》，商務印書館，2005 年。

48. 錢穆：《孔子傳》，三聯書店，2002 年。

49. 錢穆：《先秦諸子繫年》，商務印書館，2005 年。

50. 徐復觀：《中國思想史論集》，上海書店出版社，2004 年。

51. 徐復觀：《中國人性學史（先秦篇）》，上海三聯書店，2001 年。

52. 屈萬里：《尚書今注今譯》，臺灣：商務印書館，1969 年。

53. 鄒衡：《夏商周考古學論文集》，文物出版社，1980 年。

54. 齊思和：《中國史探研》，北京：中華書局，1981 年。

55. 楊向奎：《宗周社會與禮樂文明》（修訂本），人民出版社，1997 年。

56. 彭邦炯：《商史探微》，重慶出版社，1988 年。

57. 瞿同祖：《中國封建社會》，上海人民出版社，2005 年。

58. 楊寬：《西周史》，上海人民出版社，2004 年。

59. 許倬云：《西周史》，三聯書店，1994 年。

60. 徐中舒：《先秦史論稿》，巴蜀書社，1992 年。

61. 翦伯贊：《先秦史》，北京大學出版社，2001 年。

62. 顧德融、朱順龍：《春秋史》，上海人民出版社，2003 年。

63. 上海師範大學古籍整理研究所校點：《國語》，上海古籍出版社，1998 年。

64. 黃懷信：《逸周書校補注釋》（修訂本），三秦出版社，2006 年。

65. 唐嘉弘：《先秦史論集》，中州古籍出版社，1989 年。

66. 劉澤華：《先秦政治思想史》，南開大學出版社，1984 年。

67. 劉澤華：《中國傳統政治思維》，吉林教育出版社，1991 年。

68. 朱鳳瀚：《商周家族形態研究》（增訂本），天津古籍出版社，2004 年。

69. 李澤厚：《中國古代思想史論》，天津社會科學院出版社，2004 年。

70. 侯外廬：《中國古代社會史論》，河北教育出版社，2003 年。

71. 侯外廬等：《中國思想史綱》，上海書店出版社，2004 年。

72. 趙光賢：《周代社會辨析》，人民出版社，1980 年。

73. 趙光賢：《孔學新論》，巴蜀書社，1992 年。

74. 趙光賢：《論孔子學說中「仁」與「禮」的關係》，《北京師範大學學報》，1985 年 1 期。

75. 白壽彝：《中國通史》第三卷，上海人民出版社，1995 年。

76. 白壽彝：《中國史學史論集》，中華書局，1999 年。

77. 何茲全:《何茲全文集第三卷（中國古代社會）》,中華書局,2006 年。

78. 劉家和:《古代中國與世界》,武漢出版社,1997 年。

79. 劉家和:《史學、經學與思想》,北京師範大學出版社,2005 年。

80. 劉家和:《從「三代」反思看歷史意識的覺醒》,《史學史研究》,2007 年第 1 期。

81. 晁福林:《論春秋霸主》,《史學月刊》,1991 年 5 期。

82. 晁福林:《先秦時期「德」觀念的起源及其發展》,《中國社會科學》,2005 年第 4 期。

83. 晁福林:《夏商西周的社會變遷》,北京師範大學出版社,1999 年。

84. 晁福林:《先秦社會形態研究》,北京師範大學出版社,2003 年。

85. 易寧:《〈尚書·甘誓〉「予則孥戮汝」考釋》,《史學史研究》,2002 年第 1 期。

86. 易寧:《〈尚書·盤庚〉「亂越我家」考釋》,《北京師範大學學報》（社科）,2003 年 2 期。

87. 蔣重躍:《韓非子的政治思想》,北京師範大學出版社,2000 年。

88. 周振甫:《孔子論禮》,《理論研究》1978 年 6 期。

89. 蔡尚思:《孔子思想體系》,上海人民出版社,1982 年。

90. 蔡尚思:《〈論語〉真相與有關名著》,《傳統文化與現代化》1998 年 3 期。

91. 王德培:《〈書〉傳求是札記（上）》,《天津師大學報》,1983 年第 4 期。

92. 張漢東:《孔子作〈春秋〉考》,《齊魯學刊》,1988 年 4 期。

93. 王和:《孔子不修〈春秋〉辨》,《史學理論研究》,1993 年 2 期。

94. 游喚民:《孔子德治思想新探》,《湖南師範大學社會科學學報》,1992 年 4 期。

95. 游喚民:《尚書思想研究》,湖南教育出版社,2001 年。

96. 張松輝:《論先秦天命觀發展的三個階段》,《南都學壇》1990 年第 5 期。

97. 沈長雲:《論孔子對周公「德」、「禮」思想的繼承和發展》,《河北師範大學學報》,2000 年第 1 期。

98. 龐樸:《孔孟之間——郭店楚簡的思想史地位》,《中國社會科學》1998 年第 5 期。

99. 姜廣輝,《郭店楚簡與〈子思子〉——兼談郭店楚簡的思想史意義》,《哲學研究》1998 年第 7 期。

100. 姜廣輝:《中國經學思想史（第二卷）》,中國社會科學出版社,2003 年。

101. 陳來:《郭店楚簡之〈性自命出〉篇初探》,《孔子研究》1998 年第 3 期。

102. 陳來:《儒家系譜之重建與史料困境之突破——郭店楚簡儒書與先秦儒學

研究》，1999 年 10 月武漢「郭店楚簡國際學術研討會」論文集，湖北人民出版社，2000 年。

103. 陳來：《古代思想文化的世界》，三聯書店，2002 年。

104. 廖名春：《郭店楚簡儒家著作考》，《孔子研究》，1998 年第 3 期。

105. 廖名春：《郭店楚簡〈緇衣〉引〈書〉考》，《西北大學學報（哲社版）》2000 年 1 期。

106. 丁四新：《郭店楚墓竹簡思想研究》，北京：東方出版社，2000 年。

107. 郭沂：《郭店竹簡與先秦學術思想》，上海教育出版社，2002 年。

108. 晉榮東：《略論郭店楚簡的思想史意義及其限度》，《人文雜誌》，2001 年第 1 期。

109. 李天虹：《從〈性自命出〉談孔子與詩、書、禮、樂》，《中國哲學史》2000 年第 4 期。

110. 顧永新：《〈七經孟子考文補遺〉考述》，《北京大學學報（哲社版）》，2002 年 1 期。

111. 河北省文物研究所定州漢墓竹簡整理小組：《論語》，文物出版社，1997 年。

112. 荊門市博物館：《郭店楚墓竹簡》，文物出版社，1998 年。

113. 李孝定：《甲骨文字集釋》，中央研究院歷史語言研究所，民國五十九年。

114. 于省吾：《甲骨文釋林》，中華書局，1996 年版。

115. 周法高：《金文詁林》，香港中文大學出版，1974 年。

116. 容庚編、張振林、馬國權：《金文編》，中華書局，1985 年。

117. 戴家祥：《金文大字典》，學林出版社，1995 年。

118. 王力：《同源字典》，商務印書館，2002 年。

119. 裘錫圭：《文字學概要》，商務印書館，2005 年。

後　記

　　拙著基於博士論文而稍有修訂，承蒙花木蘭文化出版社之善意，即要出版，真乃喜事。一介書生，而有「立言」之機會，戰戰兢兢之際，感慨係焉。

　　乙酉之秋，由省城入京城，投於師大史學所易寧師門下習中國古代學術思想史，誠為惶恐。於資料室，觸及白壽彝、趙光賢等諸先生之親筆簽名借閱卡，激動之餘，惴惴不已：以己愚鈍之資質，而從事於「名山」之事業，心雖有餘而力則定然不足。夫子云：「力不足者，中道而廢，今汝畫。」既來之，則安之。期間，易寧師耳提面命，選題、框架甚至於字句標點，無不傾注心血。

　　論文寫作部份關節處，亦得太老師劉家和先生、蔣重躍老師之指點啟發。於「愚庵齋」中，多次聆聽太老師之教誨，為學為人，真如沐春風，幸福感難以言表，這或許是上蒼於寒微者之額外賞賜吧。於辦公室，蔣老師具體而微，讓人受益良多。

　　論文答辯，同時亦幸得晁福林先生、楊共樂老師、郭小凌老師、王和老師、鄭殿華老師等之批評。此次出版，劉先生所指出「增字解經」、晁先生指出重視出土文獻之研究等問題，均有待再作辨析與加強。

　　畢業數年，每每憶及師大之師友、師大之氛圍，以有機會求學師大為幸；而師大之人文，亦化為人生旅程中之精神慰藉。

　　若入讀研究生算學術研究工作之始，自當不能忘記南昌大學時三位導師。壬午之秋，大學畢業五載，由虔城入洪城，得幸從王德保老師習中國古典文獻學。王老師鼓勵之言言猶在耳，此後並工作、生活均受恩惠。龔聯壽老師楹聯文獻整理、易平老師《史記》文獻研究，於純粹學問中均讓人真切

地感受到老師之人格精神。此等受益必將終身。

稚嫩之作之疏漏錯誤，自是弟子學力不足所致，若拙作有些微成績，實為良師訓導之功。

十年來，亦幸得諸同窗之砥礪與親戚之資助。可以想見，若沒有同窗、親戚之幫助與鼓勵，發甦學業之完成將會更加艱難。

贛江兩岸，京九一線，草木枯榮，逝者如斯幾度春秋！親戚之情，師友之誼，常駐心田。

是為後記。